A VIAGEM DE SONHOS

A VIAGEM DE SONHOS

Geraldo Villin Prado

OCTAVO

São Paulo

2020

Editor
Isildo de Paula Souza

Preparação
Marta de Sá

Revisão
Patrícia Weiss
Raul Flores

Projeto gráfico e capa
Casa de Ideias

Fotografias
Acervo do autor

Dados Internacionais de Catalogação na Publicação (CIP)
(Câmara Brasileira do Livro, SP, Brasil)

Prado, Geraldo Villin
A viagem de sonhos / Geraldo Villin Prado.– São Paulo : Octavo, 2020.

ISBN 978-85-63739-62-9

1. Ficção brasileira 2. Viagens - Narrativas pessoais I. Título.

19-31464 CDD-B869.3

Índices para catálogo sistemático:

1. Ficção : Literatura brasileira B869.3

Cibele Maria Dias - Bibliotecária - CRB-8/9427

Grafia atualizada conforme o Novo Acordo Ortográfico da Língua Portuguesa.

[2020]

EDITORA OCTAVO Ltda.
editora@octavo.com.br
www.octavo.com.br

Fô, sem você, não conseguiria. Obrigado pela paciência!

MENDOZA
R A
40
RASTRO DA
SERPENTE
NO VALE DO RIBEIRA
CAPÃO BONITO
250

SUMÁRIO

PARTE QUATRO

PARTE CINCO

INTRODUÇÃO

Esta história é uma ficção integralmente baseada em fatos reais.

Depois de quatro viagens internacionais, as três primeiras na companhia de meus irmãos e outros membros do Aloprado's, nosso motoclube familiar, e a última, sozinho, decidi escrever um livro que pudesse retratar minha paixão pelas motocicletas.

O primeiro manuscrito levou exatos nove meses para ser concluído, com o nome inicial de *Relatos*. Após sua conclusão e durante a última revisão, fiquei meio frustrado com o resultado, que mais parecia um relatório, com a narrativa um tanto factual.

Incomodado, repensei a estrutura e resolvi transformar o relato biográfico em uma ficção, imaginando uma hipotética viagem que fosse resultante da integração das quatro viagens que realizei em uma única, mantendo integralmente o conteúdo da primeira versão.

Para viabilizar essa integração, foi necessário criar três dias fictícios, interligando todos os trechos reais percorridos em distintos momentos. Para ter mais liberdade com o texto, optei por narrá-lo na terceira pessoa, tomando o cuidado de, mesmo para os dias imaginários, apresentar eventos que ocorreram de verdade naquelas viagens, em etapas que ficaram fora do roteiro idealizado para o livro, compostas basicamente de seus inícios e fins. Apesar de serem de menos interesse, esses trechos "abandonados" totalizaram mais de 10 mil quilômetros.

Não existe no livro nenhum fato que não tenha ocorrido, mas pode haver alguns que não tenham acontecido exatamente como descrito. Esse aspecto não deve ser creditado à imaginação, mas, sim, às falhas de memória. Independentemente disso, o arquivo de mais de 1,7 mil fotografias e alguns vídeos me impede de mentir, ou melhor, inventar, e ajuda a refrescar as lembranças.

Ter completado este relato, depois de inúmeras horas e de mais de catorze meses de trabalho e muita disciplina, me faz valorizar e admirar ainda mais os grandes escritores e autores de ficção, pois houve um esforço gigantesco e exaustivo. Ainda assim, peço desculpas pela total falta de talento para o ofício, sem falsa modéstia.

A ideia de registrar em livro as viagens nasceu durante a primeira delas e foi crescendo com o decorrer das demais. Foram tantas as coisas que vimos, ouvimos e vivenciamos que, à medida que tudo se acumulava, dois grandes temores me acudiam. O primeiro, o medo de esquecer os detalhes que fazem a diferença, principalmente após a conclusão da última viagem, a qual eu fiz sozinho. O segundo, uma incômoda sensação de não transmitir com fidelidade as verdadeiras emoções de cada uma delas, talvez pela incapacidade de narrar ordenadamente os grandes marcos dessas aventuras.

Espero que, ao descrever todas essas experiências numa história com começo, meio e fim, aflore um pouco as emoções e sensações realmente curtidas. Se não atingi esse objetivo, foi em virtude da mediocridade deste escritor, e não das aventuras em si.

Por fim, ter acabado de escrever este livro e completado as quatro viagens não significa que minha história em duas rodas terminou. Muito pelo contrário; o próprio livro, a partir de uma leitura atenta, indica o próximo roteiro de sonhos que planejo realizar em breve. Se o farei sozinho ou acompanhado, ainda é cedo para definir. Quanto ao momento, tenho certeza de que será mais cedo do que muitos pensam.

PARTE UM

01

CRISE DE MEIA-IDADE?

Com o aproximar dos sessenta anos e tendo completado mais de 35 anos de trabalho, João Gabriel decidiu se aposentar, apesar de que não conseguia se imaginar em casa jogando damas, muito pelo contrário. A tempos desejava iniciar um novo ciclo, empreender algo que fosse mais que um meio de subsistência, idealmente uma nova oportunidade de aprendizado e crescimento. Não se sentia velho para parar definitivamente.

E essa vontade de recomeçar era o real motivo para sua decisão de encerrar a vida de executivo, que até era bem-sucedida. Durante o longo período consumido em reflexões sobre como poderia ser a aposentadoria e sem negar um frio na barriga ao pensar no desconhecido, convenceu-se de que era por demais desmotivante continuar onde estava.

Sempre fora uma pessoa ansiosa, mas, curiosamente, durante esse período complexo, esteve calmo e passou a agir com muita ponderação. Aos poucos, cresceu a certeza de que o momento poderia se transformar em uma grande oportunidade de vida, em que aproveitaria toda a experiência acumulada como executivo para se reciclar. Estava disposto a encarar o desafio do inédito, buscar um novo foco profissional sem se limitar às escolhas do passado e mais adaptado ao mundo atual, ou seja, estava à procura de um novo ritmo para sua vida, que lhe permitisse maior capacidade de decisão sobre o que e como fazer, sem a natural limitação de uma grande empresa.

Para isso, decidira assumir os riscos do desafio. Seus pensamentos recorrentes sobre o novo, o desconhecido, a liberdade para tomar decisões e o desenvolvimento de novas capacidades para atuação em ambientes diversos, em vez de o afligir, o motivavam cada vez mais. Até que, com esse espírito, renovado e otimista, ele passou a encarar os novos tempos. Era o final de 2014.

De todas as mudanças propostas ou imaginadas para sua vida, uma ganhou especial prioridade — a relativa às aventuras com motocicleta. Não que ele fosse um grande motociclista, mas era, sem sombra de dúvida, um apaixonado pelas motocicletas. Na verdade, ele sempre sentiu um enorme prazer em rodar pelas estradas, de preferência as secundárias, sozinho ou acompanhado, na maioria das vezes, de seus irmãos.

Pertencente à uma família de fanáticos por motocicletas e grande o suficiente para formar um clube de motociclistas, de fato, João Gabriel, ou JG, como todos o chamam, acompanhado de seus cinco irmãos, seu filho e seu sobrinho criaram um motoclube real e particular. Tão particular que só os seus familiares são associados. O que em um breve instante fora apenas uma brincadeira entre eles acabou por se tornar realidade — com documentação, registros, símbolos e tudo mais que lhe fosse de direito.

O motoclube surgiu enquanto eles organizavam a primeira grande viagem, com destino ao deserto de Atacama, no Chile. Por coincidência, foi a oportunidade que tiveram para reunir o maior número de pessoas com o objetivo de fazer uma expedição motociclística. Na ocasião, JG contou com a companhia de seu filho, Maldo, dos irmãos Max e Rubinho, além de Valentim, o autor da brincadeira que resultou no clube, de seu sobrinho Espiga, e de um amigo de seu filho, companheiro de escola, conhecido por Joca. Um grupo grande, inexperiente e muito, muito divertido.

A viagem para o Atacama, no verão de 2012, não foi apenas a realização de um antigo sonho que ele guardava consigo, mas também o início de algo que marcaria definitivamente sua vida. Foi a partir dessa experiência que aflorou um desejo profundamente enraizado de conhecer lugares e caminhos sentado em uma motocicleta, como um remédio para neutralizar o estresse da vida cotidiana e cuja força ele desconhecia! Ao decidir pela mudança de ritmo e de vida, esses desejos ganharam ainda mais relevância.

Depois do sucesso da aventura pelo Atacama, JG sentiu necessidade de superar outros desafios há muito sonhados em termos de viagens de aventura, que iam desde percorrer o altiplano da Bolívia e do Peru, com destaque para Machu Picchu, até a conquista do Ushuaia, no extremo sul do continente.

Assim, fica fácil entender que uma nova viagem planejada, justamente pelo altiplano peruano, transformou-se em prioridade desde os seus primeiros dias como desempregado, como era o hábito ao se referir ao seu novo momento de vida. O plano de vida que cuidadosamente imaginara a partir da tal aposentadoria reservava em sua agenda um período para a aventura, devidamente bloqueado e sagrado. Nada seria agendado e nenhum acordo seria firmado que comprometesse essas datas.

Juntos, JG, Valentim e Rubinho, três dos irmãos, decidiram que realizariam no inverno de 2015 aquela que seria a maior aventura deles até então, percorrendo quase quase 7 mil quilômetros por estradas e caminhos nas mais diversas condições e sob variados climas, por dezesseis dias, pelo norte da Argentina, atravessando a Bolívia e o Peru até adentrar na Amazônia, mais precisamente pelo Acre.

Os desafios e experiências acumulados nessas duas viagens foram a base para que JG enfrentasse, pouco mais de dois anos depois, no verão de 2018, a epopeia de seguir em sua primeira aventura-solo, descendo pela mítica Ruta 40, na Argentina, até Ushuaia, com retorno pela Carretera Austral, pelo lado chileno. Uma decisão que exigiu muito mais que coragem. Viajar quase 15 mil quilômetros por 25 dias, enfrentando temperaturas que variaram de 1 grau negativo a 40 graus graus positivos no mesmo dia, foi algo único que não só impregnou sua retina com paisagens deslumbrantes, nunca mais esquecidas, como marcou sua alma com as experiências vividas, sobretudo pelas demonstrações de solidariedade.

Quando ele voltou do Ushuaia, uma certa aura de depressão começou a rondá-lo, por sentir ter-se esgotado praticamente todas as suas metas de passeios e viagens. Ele havia acumulado uma bagagem superior a 30 mil quilômetros em quatro extensos roteiros, dos quais três foram percorridos fora do país. A essas aventuras somaram-se um sem-número de pequenos passeios, chamados de "bate e volta" pelos irmãos e seus companheiros, que variavam de duzentos a quinhentos quilômetros percorridos numa única manhã, quase sempre por trilhas e caminhos em boa parte sem pavimento, a grande maioria desconhecida pelos motociclistas.

No período de rescaldo depois da última viagem, ele ouvia permanentemente uma vozinha batendo sempre na mesma tecla em seu subconsciente que muito o incomodava:

– E agora, qual será a sua próxima viagem?

Mas havia uma variação a essa pergunta, que era muito pior para ele:

– Haverá uma próxima?

Experimentara algumas das mais icônicas estradas no Brasil e em países vizinhos, visitando lugares de rara beleza, alguns exóticos e inusitados. Tudo isso acabara? A sensação de euforia por ter realizado seus desejos não aplacava a vontade de continuar rodando por lugares e caminhos exuberantes e de vivenciar a liberdade pilotando uma motocicleta. É como um vício que cria um grande problema. Para onde ir agora?

Todas as vezes que essa conversa sobre potenciais viagens tinha início, surgia uma nuvem, cada vez mais escura, que embaçava seu raciocínio. Ele temia que qualquer opção de destino ou roteiro parecesse irrelevante em comparação ao que vivera ao longo dos anos ao percorrer as estradas em cima de uma motocicleta. Selvas, geleiras, desertos, grandes altitudes, curvas agressivas, travessias de rios, lama, pó, chuva, neve e sol escaldante fizeram parte de eventos e situações experimentados e muito curtidos.

Mas ele também sofria com uma outra interrogação que volta e meia surgia para turvar ainda mais seus pensamentos. A idade indicava que não haveria muito mais anos pela frente para encarar os desafios de uma expedição motociclística, principalmente considerando os aspectos de saúde e o preparo físico. Será que chegara a hora de se contentar com aqueles pequenos trechos entre São Paulo e sua chácara no interior do estado?

Além disso, a própria ida ao Ushuaia sem companhia, quando nenhum de seus irmãos e amigos dispunha de tempo hábil para acompanhá-lo, foi um sinal claro de que, ao mesmo tempo que todos estavam envelhecendo, ou melhor, acumulando experiências, como preferia acreditar, também estavam envolvidos pelo cotidiano e pela luta pela sobrevivência, o que lhe dificultava cada vez mais dispor de tempo para o ócio que os longos roteiros demandam.

Também foi essa experiência-solo que lançou por terra a antiga sensação de que, sem companhia, seria muito difícil viver uma aventura. Sua ida ao Ushuaia lhe proporcionara um período único de aprendizado, que desmitificou alguns temas que sempre foram chavões, como solidão, segurança, isolamento e outros. Em contraste, o roteiro executado sem os companheiros lhe ensinara que ambas as maneiras de viajar garantem a mesma satisfação, embora de formas diferentes!

Por isso, em algum momento, ele decidiu romper com o ciclo de marasmo e baixo-astral que a sensação de ter exaurido as opções realmente diferenciadas para uma nova viagem de motocicleta gerara e resolveu se mexer, iniciando um exercício, a princípio teórico e sem data para ser concluído, por meio do qual propunha definir não a próxima, mas *a* viagem, aquela que ele poderia qualificar como ideal. Iniciou, então, um planejamento para colocá-la em prática, mesmo que nunca tivesse oportunidade de realizá-la, nomeando-a de *a viagem de sonhos*.

Começou por uma definição básica, transformada quase em dogma, ao definir que, qualquer que fosse o roteiro, este seria totalmente flexível, sem nenhuma regra ou restrição de tempo, ou seja, a viagem duraria o tempo que fosse necessário, com a principal premissa de que o caminho fosse explorado, mais até que o próprio destino, lema que ele sempre perseguiu como motociclista.

Tudo aquilo em que acreditava e que aprendera com as aventuras anteriores serviria de referência ao idealizar essa viagem, e ele não abriria concessões, tão naturais quando planejamos qualquer coisa. Deveria ser a viagem perfeita, como se almejam as viagens de sonhos!

Claro que perfeição só é possível no papel e enquanto se planeja. Na prática, ele sempre soubera que os imprevistos gerariam inúmeras alterações; no entanto, esses detalhes nem tão pequenos seriam parte das premissas que o orientariam. Ele estaria pessoalmente preparado para se adaptar aos fatos que pudessem afetar seus planos a qualquer instante e, principalmente, não deixaria que imprevistos diminuíssem seu prazer de viajar. Uma questão mais de espírito do que qualquer outra coisa.

Com esses princípios, imaginou levar esse conceito de flexibilidade ao limite ao idealizar uma viagem que lhe permitisse ter companhias variadas em cada etapa, sempre pensando em seus irmãos, seus parceiros nas experiências anteriores, permitindo que participassem de acordo com suas reais disponibilidades.

2

COMO DEVERIA SER

Uma viagem de sonhos! Mas o que isso realmente significa? Para JG, a resposta sempre foi muito simples, e a viagem existia antes mesmo da ideia de realizá-la, pois ele era consciente de que sempre esteve em busca da aventura ideal com sua moto.

"A viagem que almejo permite visitar todos os destinos imperdíveis de que ouço falar, sobre uma moto, percorrendo caminhos muito especiais, desafiadores e icônicos", afirmara ele.

Uma resposta bastante simples para algo bem complexo. Muita coisa deve ser feita para que se alcance um objetivo nada modesto como esse.

Mas, independente do grau de dificuldade de uma tarefa como essa, todos os seus conhecidos sabem que, quando JG põe algo na cabeça, as providências começam. E assim foi, a princípio, com uma discussão que nem era tão nova. Deveria usar a moto atual ou finalmente encararia a troca por algum modelo mais novo? Desde as preparações para a viagem ao Ushuaia essa questão frequentara sua mente e os debates com seus parceiros.

Consciente da longa distância a ser percorrida em poucos dias para aquela aventura, era imensa a preocupação em relação a eventuais problemas que pudessem surgir em consequência do desgaste natural de peças em fim de vida útil. Quando a viagem para o Ushuaia já estava bem próxima, sua moto, carinhosamente apelidada de Pimentinha, acumulava pouco mais de 35 mil quilômetros e completaria os 50 mil no meio do nada. Não seria o melhor momento para correr riscos!

Contudo, diversas razões o fizeram não prosseguir na estratégia da troca. A primeira e uma das mais importantes foi a firme crença de que não se deve encarar um desafio desses sem ter muito domínio, conhecimento e confiança no equipamento. Ao mesmo tempo que a Pimentinha era conhecida e confiável, ele receava depender de uma moto nova sem suficiente tempo de uso num roteiro tão complexo.

Na época, sabia-se que o fabricante estava para lançar um modelo atualizado da moto de JG. Isso lhe gerava um certo desconforto, pois trocar a moto por uma nova e logo depois vê-la ser considerada obsoleta seria algo muito desagradável. Essa expectativa se confirmou com o lançamento da nova moto, que trazia evoluções tecnológicas radicais na motorização, como ele pôde constatar logo após voltar do Ushuaia.

Existia, no entanto, outra questão, que ele encarava mais como uma lenda do que suportada por fatos comprovados. Diziam que uma moto como a dele atinge o auge após os 40 mil quilômetros rodados, e, se o proprietário tem a desfaçatez de vendê-la antes, deixará de usufruir de sua melhor *performance*.

Ele não era convicto da veracidade disso, mas ficou impressionado com a irredutibilidade dos técnicos da concessionária, que não se mostraram muito animados a fazer a troca, ainda que, ao agirem assim, perdessem uma oportunidade de negócio. A recomendação fora para deixar uma troca da moto para a volta!

Por essas razões, ele acabou partindo para o Ushuaia com a Pimentinha em mais uma aventura de grande êxito. Inclusive, ele afirma categoricamente que percebeu a significativa melhora do funcionamento dela depois de atingir os 40 mil quilômetros, fato ocorrido logo no início do trecho pela Ruta 40, na Argentina. O que considerava ser lenda passou a ser verdade, pelo menos para ele!

"A Pimentinha voltou muito melhor do que saiu, ainda que tenha sido castigada nos trechos de cascalho e rípio. Não só o consumo melhorou, atingindo médias inéditas, como está mais suave e macia", declarou.

Entretanto, para a sonhada nova aventura, que, se ocorresse, seria em médio ou longo prazo, o ciclo da gloriosa Pimentinha estaria encerrado, e seria melhor trocá-la pelo novo modelo. A moto iria percorrer algo entre 25 e 30 mil quilômetros adicionais, ou seja, se ele a usasse na viagem, ela ultrapassaria 100 mil quilômetros ao final do trajeto, boa parte desse percurso sob uso intensivo em estradas ou caminhos rudimentares. Um risco alto, até porque ele sabia que enfrentaria dificuldades para eventuais manutenções, pois são poucas as cidades que dispõem de boa infraestrutura para reparos ao longo desses roteiros mais exóticos.

De todo modo, o tempo para decidir e agir era perfeito. Não havia pressa para a troca, pois a viagem não se daria imediatamente. Também era fato que existia um prazo razoável para a efetiva disponibilidade da nova motocicleta. Ele aproveitaria esse tempo não só para planejar com calma todo o roteiro, cujo destino e etapas ainda seriam estabelecidos, mas, após a troca, usaria a moto intensivamente para conhecê-la e atingir o mesmo grau de confiança que sentia em relação à Pimentinha.

Por coincidência, dois dos seus irmãos e companheiros em outras viagens também estavam temporariamente sem moto. Valentim vendera a sua recentemente, aproveitando uma oferta tentadora de um interessado que se apaixonou por ela, e ainda não comprara outra. Até aí, nenhuma novidade, pois este era um *habitué* roleiro desde antes da adolescência. E o caso do Rubinho era pior, porque a moto dele fora roubada no final de 2017, na véspera em que JG partiria para o Ushuaia, e ele continuava sem moto desde então, embora afirmasse que isso seria corrigido em breve, provavelmente nos próximos meses. Como a viagem realmente não ocorreria em curto prazo, sobraria tempo para tudo se ajeitar.

Salvo a questão das motocicletas, em teoria, resolvida, restavam outros dois grandes entraves para uma viagem que preenchesse totalmente a ambiciosa definição da expedição perfeita. O primeiro e principal era a questão do tempo disponível, pois não basta chegar ao destino almejado. Para visitar as atrações que motivam a ida ao local, é preciso ficar algum tempo pela região. Se for uma cidade, menos mal; no entanto, às vezes, essas atrações são de difícil acesso e exigem algum ponto de apoio ou até meios alternativos de locomoção. Assim, esses destinos prioritariamente acabam definindo os pontos de parada. É comum também a necessidade de se fazerem reservas com razoável antecedência para acessá-los.

Um aprendizado das experiências passadas é dar preferência a conhecer as atrações por meio de *tours* guiados, evitando-se ir de moto, por diversos motivos; desde proporcionar ao viajante um pouco de descanso da pilotagem até permitir que ele aproveite a viagem e conheça, por intermédio do guia, detalhes sobre os lugares que está visitando. Contudo, o principal é que os passeios organizados oferecem uma melhor infraestrutura para o turista, principalmente em termos de alimentação e suporte nos lugares de difícil acesso.

O segundo entrave é a questão das distâncias. Além de influir diretamente no prazo das viagens, isso implica em ajustes precisos para atender simultaneamente a alguns quesitos, como a autonomia da moto, o limite de quilometragem adequado para o motociclista percorrer num único dia, a disponibilidade de pontos de pernoite e a mínima infraestrutura disponível para emergências ao longo dos caminhos. O Brasil é um país de dimensões continentais, por isso seus vizinhos, ainda que sejam menores, estão sempre muito longe.

Esses dois pontos, que influenciam um ao outro, acabam por engessar os roteiros. Para um planejamento eficaz, mais que a técnica, o que realmente faz diferença é a experiência acumulada. Erros e acertos das oportunidades anteriores foram a base para o sucesso. E nesse campo JG se sentia pós-graduado. Mesmo reconhecendo que muita coisa iria falhar, ele vivera várias experiências no passado que lhe permitiam mitigar os imprevistos.

"Nada nos ensinou mais como motociclistas que os erros em nossas viagens. Se escrevêssemos um manual do que não fazer ao planejar um roteiro, este teria mais de um volume", declara.

Planejar as viagens da turma sempre foi sua praia, e, como todos os roteiros anteriores foram diferentes em termos de prazos, distâncias, números de acompanhantes, entre outros fatores, ele acumulara um bom conhecimento sobre o que funciona e, principalmente, sobre o que não funciona. Sempre que provocado, JG recita suas regras de ouro para um planejamento ideal. Conhece e está habituado com os *softwares* de roteirização, domina as pesquisas sobre o que encontrar, de postos de serviços a hotéis e pontos de apoio para eventuais emergências, e acumulou uma experiência diferenciada e interessante quando viajou sozinho, ao aprender a reconhecer os limites que deve respeitar.

Embora planejar fosse algo que não impusesse grandes dificuldades, a viagem de seus sonhos exigia muito mais. Era necessário resolver quais seriam as atrações que desejava visitar, definir o tempo mínimo exigido para cada uma dessas visitas, escolher as cidades ou vilas que tivessem acomodações para pernoite e, ainda, saber quais locais demandavam reservas antecipadas e com que antecedência estas deveriam ser feitas. Algumas coisas não podem ser adquiridas de última hora, como ingressos e passagens de balsa para alguns lugares, por exemplo.

Nada que fosse inusitado ou difícil de fazer, mas tudo exige tempo e dedicação, o que não era problema. Ele teria mesmo que aguardar a disponibilidade da moto nova, entre seis a oito meses, e levaria um bom tempo para poder dispor da quantidade de dias que imaginava ser necessário. Portanto, a pressa não estava em seus planos.

Mas, para começar, ele deveria definir em linhas gerais para onde essa viagem de sonhos o levaria. E essa pergunta passou a habitar sua mente em uma frequência além do desejável. Mais de uma vez ele provocou seus irmãos e os amigos motociclistas com a pergunta que fazia a si mesmo:

"Se dispusesse de tempo e liberdade total para empreender uma viagem de moto, para quais destinos você iria e por quê?".

As respostas, apesar de variadas, tinham algo em comum, aquela lista de lugares imperdíveis elaborada ao longo dos anos; lugares que, salvo raríssimas exceções, ele tivera a oportunidade de visitar. Uma grande variação que surgia de tempos em tempos era a alternativa de um roteiro que fazia um paralelo com o relato conhecido como *Diários de Motocicleta*, de Che Guevara, inclusive transformado em um filme de mesmo nome bem conhecido, dirigido pelo cineasta Walter Salles. Uma viagem por toda a América do Sul, a partir da Argentina até a Venezuela. Outros viajantes estenderam esse roteiro até o Alasca, cruzando a América Central e os Estados Unidos, preferivelmente pela Costa Leste.

Era um roteiro conhecido, e o próprio JG tem amigos que o fizeram, além de ele próprio tê-lo estudado em outras ocasiões no passado, embora nunca tenha se motivado. É um roteiro de pelo menos noventa dias, só para a ida, se considerado o despacho da moto a partir do ponto final, normalmente de navio. O principal incômodo, além do tempo necessário, são os vários países acima do Peru, que, apesar de terem paisagens bonitas, não são tão marcantes como os que oferecem os desertos, os lagos e as geleiras ao sul da Cordilheira dos Andes. Ao norte, acaba-se tendo, segundo seu entendimento, *mais do mesmo* em termos de paisagens e locais.

Claro que essas opiniões são relativas; tudo é questão de gosto ou mesmo de espírito, mas uma coisa é evidente: para JG, nada se compara ao sul latino. E, qualquer que fosse o roteiro, a viagem de seus sonhos teria de suplantar todas as anteriores.

Essa questão se prolongou por muito tempo, e muita conversa rolou até que surgiu uma situação inesperada que produziu o famoso clique. Eureca!

Um dos seus sócios e parceiros nos empreendimentos que desenvolve, bem mais jovem, sempre se mostrou interessado em entrar para o grupo dos motociclistas. E é claro que JG o incentivava. Tanto que acabou por ajudá-lo a escolher sua motocicleta e até foi junto quando este foi comprá-la. Em uma das várias conversas sobre roteiros e destinos para viajar, surgiu a oportunidade de mostrar as viagens realizadas no Google Maps. Assim que Barba viu os roteiros plotados na tela, disparou um comentário absolutamente inocente:

"Nossa... Já imaginou que poderiam ser feitas uma seguida da outra? Cara, sair por aqui por baixo e voltar lá por cima? Seria muito massa!"

Na hora, JG não falou nada, mas ficou com uma enorme pulga atrás da orelha, que ameaçava se transformar num elefante! E por que não? Essa pergunta passou a ser um pensamento recorrente.

Olhando atentamente o mapa, é muito natural sair pelo sul, seguir em direção ao Ushuaia pelo caminho que percorrera, voltar pelo Chile e seguir atravessando o norte argentino, passar pela Bolívia e pelo Peru até entrar na Amazônia. Se fizesse um roteiro assim, não importa se o sentido fosse pelo sul, como descrito, ou invertido, tudo que avaliava como mais interessante e que valia a viagem seria alcançado numa única sequência.

Aquilo o deixou excitado. Até porque, hipoteticamente, incluiria o único trecho da antiga lista de desejos ainda não realizado, a travessia da Transpantaneira e uma visita a Bonito, ambos no Brasil e não visitados por ele na época em que fizera a viagem ao Peru por absoluta falta de tempo, o que o obrigou a despachar a motocicleta a partir de Rio Branco, no Acre. Sentia-se como se tivesse inventado a roda. Ou melhor, copiado a roda que Barba inventou sem saber e sem querer.

Por trás desse *insight*, uma enxurrada de questões começou a surgir, mas a principal era: quanto tempo seria necessário para completá-la? Foi quando JG teve uma ideia. Montaria um roteiro básico a partir dos dados das viagens realizadas e definiria um tempo mínimo para as atrações que seriam revisitadas ou finalmente conhecidas. Concessões que fez ao longo das aventuras passadas seriam desprezadas e prazos, caminhos e locais seriam escolhidos considerando as condições ideais.

A viagem de seus sonhos talvez fosse a soma de todas as viagens feitas, porém, em condições próximas à perfeição. De fato, isso poderia ser um verdadeiro sonho. Então, ele pensou: mãos à obra. Mas, antes, prevenido, tomou uma decisão. Iria planejar e estudar esse roteiro sem comentar com ninguém, pois não queria ser influenciado por todas aquelas objeções que sempre surgem ao envolver terceiros, tipo "*isso pode, mas aquilo não dá*", "*isso não me atende*", etc.

Exatamente por saber que seria uma viagem que, se ocorresse, não aconteceria num prazo inferior a um ano, ele dispunha de tempo suficiente para evoluir em seu trabalho sem confusão e interferência desnecessária. Afinal, era a sua viagem de sonhos!

3

ONDE TUDO COMEÇOU

Antes de avançar, é importante fazer uma retrospectiva e esclarecer a profunda relação de JG com as motos, tecida muitos anos antes.

Recém-formado e começando a vida como engenheiro, comprou sua primeira motocicleta, uma *trail* de 250 cilindradas e, foi aprender a pilotá-la na Amazônia, onde trabalhava, a 230 quilômetros de Marabá, no Pará, Norte do Brasil.

Com certeza sua fixação por estradas secundárias, paisagens exóticas e lugares distantes teve início nesse período. Por lá, ele só rodou por trilhas e caminhos rudimentares no entorno da obra, sem nunca experimentar o asfalto. Em resumo, há mais de quarenta anos ele mantém uma paixão por rodar pelo mato, da mesma forma que se apaixonou pela Amazônia depois de viver num local onde, salvo a vila provisória de operários, ainda em construção à época, e alguns poucos caminhos de serviço, nada mais existia além de árvores, rios, bichos, minérios e malária. Um maravilhoso e desafiante campo de treinamento para um pretenso piloto iniciante em *trail*. Iniciante é muita generosidade, pois nem dar a partida na moto, que ainda era a pedal, ele conseguiu na primeira tentativa.

Por esses caminhos de terra e pó, ele pilotou por dois anos, tomou seus primeiros tombos, entre os quais um único sério, quando descobriu o quanto dói fraturar a costela, e aprendeu que moto exige carinho, respeito e atenção, dando como retorno um enorme prazer e muita emoção. Ou seja, muito semelhante a uma maravilhosa companheira. Foi por essas e outras que ele apelidou sua penúltima motocicleta, vermelha malagueta como a sua primeira moto, de Pimentinha, pois dizia que, apesar de linda e cheirosa, sabia ser bastante ardida quando provocada.

Também foi nessa época que sua vocação estradeira se consolidou e enraizou, pois, depois de retornar à civilização e estrear no asfalto, com mais de 15 mil quilômetros percorridos exclusivamente por terra, ele percebeu que não se sentia confortável na cidade. Realmente não é sua praia disputar espaço com os veículos de quatro rodas.

Naqueles anos passados na floresta, os quais ele considerou como um momento de exílio voluntário, aconteceram dois fatos inesquecíveis que influenciam até hoje seu comportamento como motociclista.

Trabalhar num local tão ermo e sem contato com o mundo desenvolvido e civilizado, completamente desprovido de infraestrutura básica, provoca uma adaptação forçada em qualquer ser humano, inclusive em termos de convívio social. As pessoas com quem se compartilha o dia a dia são poucas, sempre as mesmas, e estão lá por um único motivo, o trabalho! Goste-se ou não, são eles os colegas, os vizinhos e os únicos conhecidos com quem é possível dividir os dias e as noites. Pior, é difícil preencher o pouco tempo ocioso com coisas que vão além do famoso tripé composto de comer, beber e papear. E são justamente essas as ocasiões mais propícias a surgir as grandes besteiras.

Como a situação curiosa que ocorrera um ano após a chegada da motocicleta. Era comum nas horas de bate-papo regadas a cervejas estupidamente geladas a discussão sobre qual tipo de veículo é melhor ou mais rápido ou mais qualquer coisa, formando sempre duas turmas, compostas pelos pró–carro, de um lado, e pelos pró-moto, de outro, esses últimos em menor número. É claro que JG sempre se alinhava com a tropa de choque de defesa das motocicletas, ainda que não fosse um motociclista qualificado. Na verdade, ele era exatamente o oposto, um *pré-motociclista*, se é que existe isso!

Um colega, cuja paixão por carros era tão ou mais significativa que a dele pelas motos, certa feita, soltou uma afirmação bombástica ao comentar sobre um caminho que levava ao ponto em que originalmente fora descoberto o minério de ferro alguns anos antes. Era uma estradinha de terra com muito pó, mas firme, entre a região onde hoje se situa a cidade de Carajás, no alto da Serra Norte, e esse local pioneiro, no platô da Serra Sul, a aproximadamente 40 quilômetros de distância e com vários zigue-zagues nas descidas e subidas dos trechos de serra. Essa área era conhecida como Núcleo 1, ou N1.

"Sem forçar, faço ida e volta até o N1 em duas horas, se tanto, e duvido que alguém seja capaz de andar na minha frente", declarou o colega.

Ao ouvir isso, JG não perdeu a oportunidade; rebateu com toda a arrogância típica da idade, dizendo sem pensar:

"Duas horas? É muito! Sou capaz de cobrir esse trecho em menos de uma hora e quarenta, desde que seja com a minha moto!"

Por aí podemos perceber que modéstia não era uma das características marcantes da personalidade dele.

Uma discussão tola e vazia, mas, naquele ambiente e envolvendo esse companheiro, um fanático possuidor de um VW Passat novo e em impecável estado de conservação, um carrão naqueles tempos, pegou um rumo diferente. Para entender o quão fanático ele era, basta conhecer sua dedicação ao veículo pelo ritual de lavagem que periodicamente empregava. Começava por desmontar várias peças do carro para o serviço! Retirava os para-choques, os faróis e as lanternas, os forros das portas, dos bancos e dos pisos e até o painel de instrumentos. Depois de limpar e lavar tudo em separado, remontava. Gastava todo o domingo de folga nesse *hobby*, e, mesmo nas condições daqueles caminhos, não se encontrava um só vestígio de poeira no carro após o esforço.

Além disso, esse colega era reconhecido por ser um exímio piloto, e, ao ser desafiado por um motociclista mequetrefe e arrogante, que mal conseguia dar partida numa moto mais alta do que seria recomendado para o seu tamanho, não podia deixar sem resposta:

"Se você realmente acredita nisso, vamos apostar! Se percorrer o trajeto até o N1, ida e volta, cronometrado e com vários fiscais distribuídos ao longo dele, num tempo menor que uma hora e quarenta, lhe pago uma garrafa de uísque dos bons, doze anos!"

"Aposta feita", retrucou JG imediatamente. "Pode marcar o dia!"

Desde aquela época esse tipo de "prêmio" exerce um fascínio sobre JG, tanto que ele aceitou o desafio na mesma hora, sem raciocinar.

Grande parte dos companheiros se manifestou contra tamanha idiotice; porém, agindo sem pensar, JG aceitou a aposta, e ele não poderia voltar atrás naquele ambiente típico de cangaço. Ainda mais que seu ataque de fanfarrão rapidamente se espalhou pelo acampamento, e todos, ou quase todos, só falavam nisso; inclusive correram algumas apostas paralelas, a maioria contra ele, é claro.

Essa bobagem virou "o" assunto naqueles dias, e, por mais de uma vez, ele pensou em maneiras de pular fora, mas a vergonha seria tão grande que não lhe restou outro caminho senão o de fazer o trajeto, naquele que acabou sendo o primeiro e único *rally* que realizou em sua vida. Aos mais íntimos, acabou por admitir:

"Fiz uma enorme besteira, mas é mais honroso perder do que desistir. Vou ter que fazer esse circuito!"

Seus amigos concordavam.

Só que ele resolveu não entrar nessa sem se preparar antes e, mesmo com medo do fiasco, improvisou algumas roupas para proteção. Naqueles tempos, ele só possuía o capacete como equipamento de segurança; por isso, partiu para montar uma vestimenta usando uma camiseta de moletom grossa de mangas compridas, no auge do calor amazônico, as botas de segurança que usava no trabalho, luvas de tecido, também parte dos equipamentos de segurança da obra, e até um par de joelheiras para jogar vôlei, para proteger os joelhos, que ele vestiria sobre uma calça jeans. Sentia-se o próprio piloto de *motocross*, apesar do resultado hilário daquela composição!

Além disso, ele aproveitou uma folga e, escondido de todos, percorreu o mesmo caminho da aposta da forma mais rápida que conseguiu, sem se expor a riscos, cronometrando sua *performance* e avaliando o tempo gasto na pilotagem adequada ao seu nível de competência, que sabia ser muito baixa.

Ao final, teve uma grata surpresa, pois, se o desafiante estava certo sobre o tempo imaginado para cobrir aquela distância de carro, poderia vencê-lo sem cometer grandes loucuras. O que se passou foi um recorrente equívoco ao estimar tempos de percurso com carro e adotar como semelhante para motocicleta.

O dia da aposta chegou, um belo domingo de Páscoa, e, vestido daquela forma ridícula, JG partiu para a glória! Conseguiu percorrer o trajeto num tempo ainda menor que afirmara que faria, pilotando em ritmo adequado. Sem esse papo de herói, que nunca foi o tipo dele, acabou por estabelecer o novo recorde para o circuito, apesar de ser desconhecida qualquer outra prova por lá. Foi coberto de honrarias, a começar por faixas peitorais de papel higiênico, e até ganhou uma garrafa *Magnum* de sidra, vazia claro, que lhe fora entregue num pódio improvisado com engradados de cerveja. Típica festa em lugares onde não há nada para se fazer. O prêmio da aposta foi consumido naquela noite mesmo, junto com os amigos!

Independentemente do desfecho positivo, essa história deixou uma lição que é relembrada por ele sempre que sobe numa motocicleta e é insistentemente repetida a quem quiser ouvir:

"Se quiser sobreviver em cima de uma moto, é melhor ser humilde e sensato, tendo a consciência de suas limitações."

E conhecer esses limites foi fundamental para o sucesso de todas as viagens de moto que ele fez, e foi um dogma para a almejada viagem de seus sonhos.

O segundo grande momento dessa temporada na Amazônia deixou outro tipo de marca, principalmente no corpo. A data é fácil de guardar, era Dia dos Pais, outro domingo! JG e sua turma combinaram um churrasco, à beira de um riacho relativamente próximo, mais ou menos ao final daquele mesmo caminho que serviu de palco para a aposta narrada, até porque essa era a única estrada por lá.

A ideia era que todos fossem juntos, logo pela manhã bem cedo, montar o acampamento à beira da prainha formada pelo remanso do rio num lugar especialmente bucólico, onde não havia mosquito transmissor de malária. Lá todos se envolveriam no preparo das carnes que seriam servidas com as caipirinhas — diga-se de passagem, sua especialidade e principal incumbência —, também com muita cerveja e os demais acompanhamentos que as mulheres dos companheiros casados preparavam. Havia um único senão: o próprio JG.

Em época de replanejamento das obras, era sua a função de concluir o orçamento revisado e enviá-lo a São Paulo, por intermédio de um portador. Naqueles tempos, sem e-mail e mesmo sem telefone convencional, que não existia por aquelas bandas, a comunicação ocorria exclusivamente por rádio ou avião, sem outra opção. O portador deveria embarcar num voo fretado que saía de Marabá todo domingo à tarde. Assim, o material a ser preparado deveria estar pronto ainda pela manhã, o que o obrigou a trabalhar durante toda a noite.

Como esse fato não era novidade, ele combinou com os amigos que seguissem na frente pois sairia assim que concluísse a tarefa. E foi o que fez; saiu do escritório do canteiro de obras direto para a farra. Devia ser algo por volta das dez horas da manhã. Mesmo não tendo dormido, ele não sentia incômodo algum, habituado que estava com as sucessivas trocas de turno.

Entregue a encomenda a quem de direito e, tranquilo com o fato de que nada mais o deteria, mesmo porque não haveria como ser localizado, ele desceu pela Serra Norte sem problemas e, próximo de onde deveria sair para chegar à beira do riacho, numa subida em curva à direita, algo aconteceu com o pneu dianteiro que o fez perder por completo o controle da frente da moto. Ele estava a mais ou menos sessenta quilômetros por hora. Ainda tentou escorregar a moto de lado, mas, antes de qualquer ação mais eficaz, ela o jogou por cima do guidão e ambos caíram barranco abaixo, o que o fez rolar e bater o corpo nas pedras por uma boa distância. Essa queda lhe pareceu ter durado uma eternidade. Ao parar, ele estava acordado, mas achava que tivesse morrido!

Foi com muita dificuldade que concluiu brilhantemente que ainda estava vivo.

"Se eu estivesse morto, não estaria pensando nem sentindo tantas dores. Pior, morto não consegue ouvir o barulho do motor ligado tão próximo!"

Essas foram as primeiras palavras que percorreram seus pensamentos de maneira lógica.

Ainda deitado, ele virou o rosto para a esquerda e viu a bichinha alinhada exatamente no mesmo sentido dele, a poucos centímetros do seu corpo, com um vazamento de gasolina.

A constatação de estar vivo e o medo de ela pegar fogo lhe deram forças para esticar o braço e desligar a chave geral. Por aí dá para se ter uma ideia do quão próximo da moto ele estava. Nesse instante, bateu o desespero; ele se lembrou de que estava só, que seus amigos estavam no churrasco a alguns quilômetros dali. E eles não deveriam retornar antes do final da tarde e, provavelmente, não dariam pela sua ausência, pois pensariam que o trabalho o tivesse retido. Ou seja, ele corria o risco de ficar por lá, sem nenhum socorro, o que era amedrontador, no mínimo. Pensava compulsivamente que teria de levantar e voltar para a estrada, a qualquer custo, ainda que não tivesse a menor noção da distância até ela.

Reuniu forças que nem sabia que tinha, levantou a motocicleta e a colocou em pé, apoiada no descanso lateral, sem razão alguma para algo tão inútil, e começou a subir os metros de barranco que precisava subir para atingir a estrada. Deveria ser algo como uns dez metros, se tanto, mas pareciam quilômetros. Quando chegou, viu uma perua Chevrolet Veraneio parando e um grupo de pessoas saindo para socorrê-lo. Ele não sabia, mas esse pessoal também se atrasara e estava indo para o mesmo churrasco, um pouco atrás dele, e eles assistiram à queda de camarote. Nesse momento, ao avistar as pessoas, JG apagou, simples assim.

Acordou algum tempo depois, na cama do hospital da vila, recém-inaugurado na época. Tanto que ele foi o paciente número 2 do hospital. Perdera o privilégio de ser o primeiro para um índio com malária, que estava na enfermaria acompanhado de um pajé e que o incomodava muito com o barulho de seus rituais, mais até do que as dores decorrentes do tombo.

Em consequência do acidente, duas de suas costelas foram afetadas — uma fraturada e a outra sofreu uma fissura —, além de ele sofrer uma entorse de grau 2 no punho esquerdo e uma fratura também no calcanhar esquerdo. O choque no calcanhar foi tão forte que arrancou o salto da bota, aquela que ele usava no dia a dia na obra.

Rodeado de amigos, ele foi informado do resgate da motocicleta, que encontraram bastante machucada. Provavelmente, a causa da queda teria sido o estouro da câmara do pneu da frente. Foi nessa ocasião que ele aproveitou para fazer um pedido expresso:

"Caras, façam um favor ao estropiado aqui e despachem a moto para ser consertada em São Paulo, peçam para que ela seja totalmente restaurada. Prometo que a primeira coisa que farei quando ela voltar será pilotá-la, qualquer que seja o meu estado.".

Dessa vez, não era nem arrogância nem estupidez. Ele estava com a impressão de que, se não fizesse isso, talvez nunca mais andasse de moto. E assim foi. Algum tempo depois, chegou o aviso de que ela estava de volta, como nova. Foi vê-la, no canteiro de equipamentos da obra, e lá estava a XL, linda, sem marca alguma, o esperando. Ainda com gesso no pé, ele a pilotou sem trocar a segunda marcha até a garagem da casa em que estava alojado. Mesmo com toda a dificuldade, chegou exultante, percebendo que continuava tendo prazer de andar de moto e que aquele episódio não seria suficiente para afastá-lo das motocicletas.

4

ALOPRADO'S

Também interessante e fundamental nesta história é conhecer um pouco do motoclube particular dos irmãos Prado, o Aloprado's.

O grupo é formado por uma família composta de seis irmãos, todos homens; metade mora em Itu e a outra metade em São Paulo. JG e sua turma partilham muitas coisas, apesar de divergirem sempre em relação a quase tudo. Um dos maiores elos entre eles é a paixão por motocicletas. Embora essa paixão por motos seja algo que os aproxime e desperte uma miríade de sonhos e desejos, vale ressaltar que nem nesse aspecto a opinião deles é unânime. Entre o estilo *trail* e as motos esportivas ou as *scooters*, e o uso eventual ou cotidiano delas, cada um tem um gosto, pensa de um jeito e age de forma diferente.

Contudo, todos têm uma forte lembrança do papel e da responsabilidade sobre esse vício por parte da figura do avô materno deles, um imigrante francês que veio para o Brasil muito jovem, no início do século XX. Artista plástico por formação e com sólida carreira no mercado publicitário brasileiro em seus primórdios, desde que aqui chegou, adotou o Brasil como seu país ao se radicar em São Paulo. Sempre manteve, no entanto, vínculos com o interior do estado, onde primeiro se instalou e para onde voltou depois de se aposentar.

Uma de suas peculiaridades foi nunca ter tido um carro ou mesmo habilitação, mas ele teve uma inesquecível motocicleta, a Monark JLO 250, modelo montado no Brasil com motor tcheco do início da década de 1950. Ele a pilotou até meados dos anos 1970, ou seja, por mais de vinte anos, sem que a moto tenha passado por algum restauro, exceto a manutenção mecânica básica. Essa moto ainda existe, e um conhecido da família comprou seus restos mortais e a está restaurando. É um esforço hercúleo, porque não é fácil encontrar suas peças. E foi assim, fiel às origens familiares, que, quando os irmãos decidiram empreender a primeira viagem, aflorou naturalmente a lembrança do avô.

Teve muita conversa sobre onde, como, quando e quem da família conseguiria dispor de tempo para enfrentar uma aventura motociclística. No meio de uma dessas discussões, surgiu como comentário, na verdade uma brincadeira, ninguém sabe ao certo da parte de quem, que o fato de serem tantos, somando-se os filhos, alguns adultos, permitia formar um clube, um motoclube.

É quase certo que essa tese tenha partido de Valentim, mas, mesmo que não tenha sido, ele saiu correndo atrás do tema, vendo tudo o que seria necessário fazer, e acabou por fundar o motoclube, inclusive filiando-o à Federação dos Motoclubes do Estado de São Paulo. Facilmente, todos os potenciais associados concordaram com o nome, uma saudação ao motoclube dos Prados, os quais nem sempre prezam pela normalidade psíquica — pura maldade —, mas cujo duplo sentido do Prado com "aloprado" é verdadeiro. Foi assim que surgiu o Aloprado's.

Daí em diante foi uma loucura para escolher um símbolo, e todos, absolutamente todos os membros da família, independentemente de idade, gênero, ou mesmo de gostarem ou não de motocicleta, se envolveram. Por incrível que pareça, o resultado acabou sendo muito feliz, agradando a todos, ao menos aparentemente. Dois detalhes desse símbolo, ou escudo, ganharam relevância. O primeiro deles é o desenho do brasão, que, segundo JG, existe há séculos, e ele não cansa de explicar a todos como o descobriu.

"Procurando na internet, no Google, e usando o nosso sobrenome, encontrei o brasão oficial da família! Podem checar."

Era perceptível o risinho amarelo que surgia no rosto de seus irmãos, mas ninguém questionou nada. *Fake* ou fato, consta que esse brasão corresponderia ao lado paterno dos irmãos, de origem espanhola e cujos antepassados teriam vindo para o Brasil junto com a corte portuguesa. Ninguém acreditou muito nisso, mas não se importaram muito; o brasão foi adotado assim mesmo, sem que houvesse necessidade de comprovações formais. O segundo detalhe dizia respeito ao desejo dos irmãos de representar também o lado materno da família, justamente a herança do avô motociclista. Acabaram por homenageá-lo com a inclusão no brasão, em destaque, da assinatura que ele usava em suas obras, sua marca registrada como artista. Diz a lenda na família que o avô foi um aventureiro, um viajante intrépido, tendo coberto os 250 quilômetros entre São Paulo e Porto Ferreira pela rodovia Anhanguera, que na época ainda era de terra, em sua motocicleta nos anos 1960. Essa teria sido a primeira grande viagem de moto da família.

Com a criação do Aloprado's, a meta passou a ser levar esse escudo a todos os destinos sonhados. Colocaram decalques nas roupas de motociclista, nas motos e até nos carros, além de fixá-los naqueles destinos icônicos, junto a vários outros decalques de diversas partes do mundo, fossem de motoqueiros ou não, a cada viagem realizada. As coisas ficaram tão sérias que Valentim tatuou o brasão do motoclube no braço direito! Tem doido pra tudo, e foi algo que só corroborou a escolha do nome.

O Aloprado's deve ser o motoclube mais restrito do mundo e, muito provavelmente, o que comporta o menor número de membros, mas ele existe. Composto de seis irmãos — Rica, Mau, JG, Max, Valentim e Rubinho — e dos dois sobrinhos adultos, Maldo e Espiga. Um típico "clube do Bolinha". Nenhuma das mulheres da família se associou a ele, ainda. Todavia, exceto nos passeios em conjunto, o grupo nunca se reuniu, não tem atas nem mensalidades. Valentim é o secretário-geral, e esse avô, falecido 35 anos antes da fundação do motoclube, é o presidente. Nunca houve uma eleição, e JG não tem a menor ideia de como isso tudo foi possível, mas ele optou por não perguntar nem tentar entender.

"Sei que essas coisas não são incomuns na minha família, e, nesses casos, o melhor é ficar quieto e achar que é natural."

Ele está coberto de razão!

A estreia oficial do Aloprado's se deu exatamente na tão sonhada viagem ao Atacama durante o verão de 2012. Despenderam mais de dois anos entre o momento da criação do motoclube e a partida para a aventura, mas, apesar de parecer muito tempo, todo esse prazo foi apenas a maturação natural entre o desejo e o planejamento efetivo.

De tudo que era necessário para implementar a aventura, o primordial seria ter as motos, pois, à época, apenas JG e Max tinham motos adequadas para uma viagem dessas. Valentim e Mau, de forma quase simultânea, compraram as suas, e, coincidência ou não, escolheram o mesmo modelo, apenas de cores diferentes. Rubinho acabou optando por trocar a moto leve que usava em trilhas e nem um pouco confortável para uma viagem com grandes quilometragens diárias, além de não oferecer autonomia suficiente. Optou por uma estradeira de porte médio. A escolha dos modelos só confirma que, em matéria de motocicleta, cada um dos irmãos pensa de um jeito, pois, com exceção de Valentim e Mau, cada um dos Aloprado's tem uma moto de estilo, fabricante e motorização distintos das demais. De qualquer forma, todos passaram a ter ótimas máquinas, perfeitamente capazes de enfrentar essa e qualquer outra viagem com que pudessem sonhar.

Foi a partir dessa época que JG e seus irmãos começaram a percorrer pequenos roteiros em conjunto, nos fins de semana, um exercício muito bom para adquirir experiência e, principalmente, a confiança necessária para enfrentar viagens mais longas, fator mais importante até do que ser um exímio piloto. Viagens longas provocam exaustão física e mental; os imprevistos viram rotina e as dificuldades que surgem são de todas as ordens. É aí que a confiança do piloto faz diferença.

Para essa primeira viagem, os membros do Aloprado's tiveram que pagar o custo do pioneirismo, numa curva de aprendizado acelerada e árdua, pois nenhum deles havia feito qualquer coisa semelhante antes. Todos tiveram de administrar o dilema permanente entre a vontade de ir e a imposição dos compromissos profissionais, e foi exatamente essa questão que acabou por impedir Rica e Mau de estar com os demais. Também experimentaram algo nunca explicitamente assumido, uma certa oposição familiar que, mais ou menos de forma velada, sempre questionava os irmãos a respeito da efetiva capacidade deles para o desafio. A menos discreta de todas as dúvidas, porém a mais maldosa, era a insinuação de que estavam além da idade para esse tipo de brincadeira. A cada cutucada desse tipo, JG repetia sua frase pronta:

"Até prova em contrário, nunca seremos velhos, apenas ficamos cada vez mais experientes!"

Claro que esta afirmação nunca colou, mas ele continua a afirmar isso até hoje.

Desde o primeiro momento, as mulheres, que participaram ativamente de todas a discussões e, em menor ou maior grau, não se entusiasmaram pelas motocicletas, decidiram não acompanhar seus maridos. Ou seja, realmente o Alopradо's é um "clube do Bolinha". Qualquer viagem a ser planejada desde então parte da definição básica de que será sem garupa. Pelo menos até agora.

5

ROTEIRO DE SONHO

Voltando à nossa história... Empolgado com a tese de desenvolver um roteiro a partir das viagens realizadas e buscando uma *curva dos máximos* em termos de escolha das atrações, não demorou uma semana para JG trabalhar os roteiros antigos das viagens realizadas e montar um novo, básico, resultante da soma das quatro aventuras passadas.

A ideia era começar pelas serras catarinenses, percorrendo a estrada do Rastro da Serpente, as serras do Corvo Branco e Rio do Rastro e, seguindo pelo sul, completar todo o litoral uruguaio. Dali, iria para o Ushuaia atravessando o norte d'El Pampa até entrar pela Ruta 40.

O retorno seria pelo Chile, sempre no rumo norte, completando toda a Carretera Austral até voltar à Argentina por Mendoza, de onde cruzaria o Atacama por Catamarca e Paso de San Francisco, praticamente completando o percurso da Ruta 40. De lá, retornando à Argentina via Paso de Jama e Purmamarca, avançaria pela Bolívia e pelo Peru sempre pelo altiplano, até sair na Amazônia e iniciar a descida em direção ao Pantanal e Bonito, quando então voltaria para casa.

Com paradas convenientes e mais folga do que teve quando das viagens originais, calculou um mínimo de sessenta dias para percorrer os quase 30 mil quilômetros previstos.

Ao fazer os quatros tramos em sequência, evita-se os trajetos de retorno anteriores, além de algumas passagens de fronteiras, principalmente a de Foz do Iguaçu, que ele cruzara em três das quatro viagens. Também não teria de enfrentar pela quarta vez o insuportável Chaco argentino.

Ao concluir o trabalho inicial, ele ficou ainda mais entusiasmado. Achava muito difícil incluir o trecho da Amazônia até o Pantanal, uma pretensão de revisitar a região onde iniciara suas práticas motociclísticas há mais de quarenta anos, pelo tempo total demandado. Mesmo assim, como evitava caminhos repetitivos e desmotivantes que não lhe interessava, o primeiro jeitão da coisa o deixara realmente muito satisfeito. A alternativa de deixar a descida pelo Pantanal para outra oportunidade, reduzindo o tempo necessário em mais de dez dias, não era tão ruim. Tirar dez ou quinze dias para percorrê-lo em outra oportunidade seria bem mais fácil, e ele poderia fazer essa perna nacional em qualquer momento depois. Trabalharia com essa hipótese, mas avaliando se de fato percorreria esse trecho quando estivesse mais próximo da saída para a viagem.

A próxima etapa seria definir uma época para ir, e, nesse quesito, as coisas se complicaram, demorando um pouco mais. Era preciso conciliar as imposições dos climas adequados para cada região, pois tratava-se de um roteiro continental. Ushuaia deve ser visitada no verão, porque rodar de moto durante o inverno por lá pode ser impossível. E, no verão, o risco de o Salar de Uyuni estar sob uma lâmina d'água é muito grande, o que inviabilizaria pilotar por ele. Tem também a questão da travessia dos passos andinos durante o inverno, que pode ser muito complicada, pois é comum as nevascas interromperem as passagens.

Também, mesmo que ele conseguisse tempo para atravessar a Amazônia e o Pantanal, isso teria de ser realizado no inverno, durante a estação seca. No verão, corre-se o risco de encontrar trechos da Transpantaneira sob as águas.

Pelo roteiro básico, ele calculou que seria necessário algo como vinte dias até o Ushuaia, ou seja, cerca de 30% da viagem, o que permitiria sair no início de março e aproveitar o finalzinho do verão lá embaixo. Em teoria, ele chegaria ao *Salar* na primeira quinzena de abril e, provavelmente, o encontraria seco, como queria. Também teria a vantagem de enfrentar o altiplano durante o outono, com temperaturas talvez menos frias que aquelas que experimentou quando passou por lá pela primeira vez, durante o inverno.

Esse calendário tentador pareceu funcionar bem, com sete travessias da cordilheira, um número elevado ainda que no verão ou no início do outono e a chegada ao Pantanal depois do período de chuvas. Claro que era impossível assegurar que seria de fato assim porque, em tempos de aquecimento global, nada nos garante que as estações não se atrasarão ou se adiantarão, mas os riscos de enfrentar um clima adverso nesses locais seriam menores. O resto fica por conta da tal flexibilidade. Se enfrentasse alguma crise climática, ele estaria preparado para recuar e esperar o tempo melhorar!

Por outro lado, como ele decidira seguir pelas rodovias que conhecera nas viagens passadas, pelo fato de elas serem realmente diferenciadas para aventuras, tudo ficou facilitado por conta de ele não precisar estudar outras alternativas. Também existia uma grande diferença em relação às outras experiências, considerando que esse roteiro seria circular, sem ter de passar duas vezes pelo mesmo local ou pelo mesmo caminho, além da economia de quase 10 mil quilômetros que foram consumidos com os retornos das viagens anteriores. Ele teve a impressão de que tudo caminhava muito bem no sentido de alcançar a verdadeira viagem de seus sonhos!

Entretanto restava um último ponto a ser esclarecido, ainda que não fosse definitivo. Quando seria essa viagem? Uma questão que sempre se transforma em novela, mas, nessa oportunidade, dentro do espírito com que decidira encarar tudo, também seria facilitada. Qualquer que fosse o planejamento, ele precisaria de um ano, no mínimo, para que todos os potenciais companheiros estivessem com pleno domínio de suas novas máquinas. Inclusive em relação à dele, que esperava só receber a nova no início do segundo semestre. Ou seja, seria impossível sair no verão imediatamente seguinte. Sendo assim, a viagem não teria como ocorrer antes de março ou abril do outro ano, ou seja, seriam, pelo menos, dois anos à frente. Tempo suficiente para tudo se arrumar e para ele elaborar um planejamento adequado.

Mesmo com toda essa antecedência, as coisas aconteceram muito rapidamente. Em março chegou a moto nova do Mau, o que proporcionou um intenso programa de treinamento, por meio do qual os irmãos aproveitavam os fins de semana para fazer passeios curtos entre Campinas e Itu, o que rendeu muitas histórias inesquecíveis. Também foi nesse primeiro semestre que Valentim e Rubinho compraram suas novas motocicletas, recompondo a frota do Aloprado's e possibilitando que os passeios de bate e volta recomeçassem. Durante todos esses meses, JG continuou rodando com a Pimentinha, até que, em setembro, lhe entregaram a esperada motocicleta nova, branca com detalhes em azul. Com muita dor no coração, ele se desfez da Pimentinha, companheira de tantos quilômetros, e começou um namoro com a nova moto, imediatamente apelidada de Branca de Neve!

Até que estivessem prontos para iniciar a viagem, todos acumularam um mínimo de 5 mil quilômetros rodados em suas novas motocicletas, o que assegurava domínio e confiança nos equipamentos. O mais engraçado, porém, é que esse exercício gerou uma crise coletiva de ansiedade cada vez maior. O Aloprado's estava apto a empreender a viagem, ou melhor, necessitado de fazê-la!

Em paralelo, o planejamento prosseguia, definindo-se em detalhes o primeiro trecho, relativamente curto, pelas serras catarinenses e pelo Uruguai, deixando-se para aprofundar o detalhamento das etapas seguintes durante a viagem. Não fazia sentido preocupar-se com as questões específicas de cada trecho do roteiro com tanta antecedência, e JG queria ter flexibilidade para fazer eventuais ajustes. De qualquer forma, ele acumulou uma enorme base de dados sobre cada rodovia e cada cidade pelas quais pretendia passar, que incluía desde postos de serviços até uma pré-seleção de hotéis e pontos de parada. Ele também se informou a respeito dos procedimentos de acesso a cada atração turística que pretendia visitar, estimando o tempo que consumiria em cada lugar e, principalmente, a antecedência mínima para aquisição dos respectivos ingressos. Com todas essas providências, ele estava apto a adequar todo o roteiro à medida que avançasse e não corria o risco de não conseguir acessar os locais que desejava conhecer. Também, qualquer que fosse o motivo, não haveria impedimento de alterar um destino ou um pernoite, porque não haveria reservas de hospedagem pagas antecipadamente e eram conhecidas as alternativas.

A aventura propriamente dita iria se iniciar em março do próximo ano por Curitiba até Urubici e depois Garopaba, no litoral de Santa Catarina.

Realmente, desde o seu início, seria espetacular, oferecendo vários pontos de atração e muita coisa que justificava conhecer, sem muita pressão de tempo e uma média de 500 quilômetros rodados por dia. Ele exploraria caminhos por terra, sempre uma boa emoção, e, ainda que fosse verão, o frio das noites no alto da serra em Urubici era conhecido, o que exigia deixar parte das roupas quentes disponível para uso quando chegasse lá. Nada que o completo *checklist* que Max preparou para a primeira viagem do Aloprado's não houvesse coberto.

Esse *checklist* foi revisto e atualizado a cada viagem, e JG aproveitava a experiência acumulada para, facilmente, adaptá-la a cada perfil de roteiro. Ele vivia se gabando disso.

"Duvido que algum grupo disponha de um *checklist* para viagens mais completo que o nosso. Igual, talvez."

E a prática mostrou que JG estava com a razão!

De Garopaba, ele desceria pelo litoral, contornando as cidades maiores, até o Chuí, naquele que deveria ser o maior trecho a pilotar num único dia, e, por isso, ele deixou para cruzar a fronteira apenas no dia seguinte, iniciando a fase fora do país pelo Uruguai. Sua ideia era percorrer todo o litoral e entrar na Argentina pela ponte internacional em Fray Bentos.

Pretendia curtir o caminho pela costa litorânea entre José Ignacio e Punta del Este e dormir em Colonia del Sacramento, aproveitando um pouco aquela região turística belíssima. De lá, seguiria para a Argentina, passando a noite em Rosário, ainda sem grandes pressões de tempo.

Seguiu à risca nesse planejamento a máxima de que *o caminho vale tanto ou mais que o destino*. As viagens passadas comprovaram que, tirando os chamados destinos especiais, na maioria das vezes, a atração pelo caminho é realmente superior à do destino. Vale citar alguns exemplos que comprovam essa tese, como a trilha pelo deserto de Uyuni entre Tupiza e Oruro, ou a descida da Estrada da Morte, ou mesmo a travessia pelo deserto de

Atacama para Chañaral. Todos esses percursos fizeram valer cada quilômetro daquelas viagens, enquanto os locais propriamente ditos — Oruro, Coroico e Chañaral — eram completamente dispensáveis.

Para o Ushuaia, então, seguindo o mesmo raciocínio, isso é lei. Se fosse percorrer a menor distância, conforme o Google Earth, seriam mais ou menos 5.650 quilômetros, ou um mínimo de sete dias contínuos de pilotagem, a partir de São Paulo, pela Ruta 3, uma quase reta de Buenos Aires até a Terra do Fogo, margeando o Oceano Atlântico, com poucos atrativos pelo caminho. A opção para a viagem de seus sonhos era percorrer toda a parte sul da Ruta 40, a grande e mítica estrada do oeste argentino, que corta as províncias que beiram a Cordilheira dos Andes, margeando o Chile.

Do Ushuaia é preciso pilotar por essa Ruta 3 no mínimo até Fitz Roy para avançar pelo meio da Patagônia em sentido oeste, passando para o Chile por Chile Chico e chegando à Carretera Austral logo após Puerto Guadal, para percorrê-la em sua totalidade no rumo norte até Puerto Montt e, de lá, pela Ruta 5, atingir Santiago e cruzar a fronteira até Mendoza, na Argentina. Ali, ele pretendia fazer uma parada muito importante, porque a moto teria acumulado algo como 10 mil quilômetros rodados, exigindo uma revisão para prosseguir com segurança. Mendoza é uma grande cidade, com excelente infraestrutura, e tem uma concessionária da marca. Ao longo do trajeto, mais próximo de lá e com as datas mais bem definidas, ele faria o agendamento, para não perder tempo inutilmente.

De Mendoza, avançaria até Tinogasta, pela região extremamente árida do deserto de Catamarca, e, na sequência, cruzaria para o Chile novamente, até Chañaral. Sempre na rota conhecida, passaria por Antofagasta em direção à San Pedro de Atacama, retornando à Argentina por San Salvador de Jujuy, após cruzar boa parte da maravilhosa região de Purmamarca.

A rota previa a entrada na Bolívia via La Quiaca e chegada ao *Salar* pelo deserto, a partir de Tupiza. De Uyuni a Rio Branco, o traçado planejado previa paradas em La Paz, Puno, Chivay, Cusco, onde ele faria uma fuga para visitar Machu Picchu e Puerto Maldonado. A sequência após Rio Branco, se fosse realizada, seria toda inédita, descendo por Rondônia, Mato Grosso e Mato Grosso do Sul até Cuiabá. De lá, avançaria pela Transpantaneira numa viagem de ida e volta e, só então, rumaria para Bonito. Um mínimo de nove dias de pilotagem pela Amazônia e pelo Pantanal, sendo que dois deles pelo lado peruano. Por fim, em mais dois dias, estaria em casa. Uma doideira incrível. Esse último trecho, pelo Brasil, estava *sub judice*; dependeria do tempo disponível.

Ao longo do ano todo, a rota foi detalhada e afinada, confirmando principalmente as paradas e atrações que JG pretendia visitar. Só então, com tudo definido, ele expôs a ideia ao Aloprado's e começou a negociar alguma companhia. Foi a parte mais trabalhosa e difícil. Merecia um livro só sobre isso, mas é mais fácil ir direto ao resultado.

O conceito que regeu todo o planejamento foi o da flexibilidade e da não imposição de tempo para cumprir as etapas, evitando o risco de perder as visitações almejadas por causa de imprevistos que seriam inevitáveis. O discurso se transformara em mantra.

"Gente, presta atenção. Não tenho a expectativa de que todos vocês conseguirão percorrer todos os trechos comigo! A ideia é que, com o tempo disponível, cada um se programe para aquele ou aqueles tramos que conseguirem fazer."

"Mas como ficam os encontros e os retornos?", perguntou Valentim, que sonhava fazer tudo. "Desde a primeira conversa sobre essa viagem, estou falando que não tenho como me afastar do consultório por dois meses!"

"Simples! Definimos os locais e as datas para juntar os grupos em cada etapa. Se for necessário, poderemos despachar as motos por caminhão enquanto o piloto segue por avião, como fizemos em Rio Branco na outra vez. Podemos fazer isso tanto para ir como para voltar. Cada um montará o seu encaixe no roteiro conforme a própria conveniência. Uma vez definidos os encontros, só precisaremos ter rigor nas datas."

"Mas nem todos os locais permitem isso", retrucou Max, alinhado com Rubinho, este sempre preocupado com as questões dos custos.

"Fizemos isso uma vez, e o custo não era proibitivo, além de cortar os gastos de combustível, alimentação e pernoite dos dias de pilotagem evitados. Sabemos que uma coisa compensa a outra. E existem pontos óbvios para nos encontrarmos", alegou JG, emendando: "Cidades como Punta del Este, Rosário, Bariloche, Ushuaia, Santiago, Mendoza, Antofagasta, La Paz, Cusco e Rio Branco são alguns exemplos. Todas essas tem infraestrutura, voos de carreira e facilidades para tanto."

Esse argumento acabou provando que não era algo tão difícil assim, desde que fosse bem programado.

Após meses de conversas e idas e vindas entre os membros do Aloprado's, as coisas foram se definindo e acabaram por ficar razoáveis.

JG sairia de São Paulo com Rubinho e encontraria Valentim em Piedade, de onde prosseguiriam juntos até Garopaba, quando se separariam. Rubinho e Valentim voltariam para suas casas, em São Paulo e Itu, respectivamente, enquanto JG seguiria para o Ushuaia sozinho, depois retornaria pelo Chile até Mendoza. Lá, onde faria uma parada para permitir a revisão da moto, a tropa toda do Aloprado's chegaria para encontrá-lo e seguirem para Jujuy pelo Atacama. Ou seja, Valentim, Rubinho, Max, Maldo, Espiga e Joca iriam para o encontro em Mendoza, inclusive com carro de apoio, usando a Land Rover Defender do Maldo e a carreta, a mesma da viagem inaugural do Aloprado's, o que requeria um banho de oficina nela. Ainda bem que tempo não era problema.

Em Jujuy, se separariam de novo, e só a trinca JG, Valentim e Rubinho seguiriam pelo Peru e pela Bolívia. O grupo restante, formado por Max, Maldo, Espiga e Joca, retornaria ao Brasil por meio da Travessia do Chaco. O último tramo, de Rio Branco até Bonito seguindo depois para São Paulo, estava em aberto. Mais próximo das datas, talvez durante a própria viagem, JG, Rubinho e Valentim decidiriam se teriam ou não condições de prosseguir. Se não tivessem, despachariam as motos e voltariam de avião. Também Max iria reavaliar, em tempo hábil, se conseguiria uma folga para despachar a moto para Rio Branco e concluir a aventura pelo Pantanal e por Bonito. De tudo, a única parte chata foi a tristeza de Rubinho, que via, mais uma vez, o sonho de ir para o Ushuaia comprometido. Mas, quem sabe, ao se aproximar o dia da viagem não surgissem condições que lhe permitisse acompanhar JG dessa vez. Como consultor, é realmente difícil se afastar tanto tempo dos clientes.

6

AQUECIMENTO

Ao longo do ano, enquanto trabalhava calmamente e, ainda em segredo, no roteiro e, principalmente, coletava o máximo de informações possíveis para a futura viagem, JG refez uma infinidade de caminhos conhecidos num raio de duzentos quilômetros de São Paulo, quase sempre acompanhado por um ou mais dos companheiros do Aloprado's.

Passou por estradas que ele havia percorrido mais de dez anos antes que continuavam do mesmo jeito. Outras estavam completamente diferentes a menos de um ano da última visita. Muitas foram asfaltadas; umas poucas, praticamente abandonadas; no entanto, todas serviam ao propósito de amaciar as motos novas, ensiná-los a controlá-las e gerar confiança, principalmente em relação ao comportamento, à ciclística e à resistência.

Como todos os membros do Aloprado's têm capacetes com intercomunicadores, esses passeios sempre são feitos com muita conversa entre eles, que incluem desde avisos de alerta de quem segue à frente até provocações e zoeiras. De tudo que se ouve, nada pode ser mais repetitivo do que Valentim e sua frase mais comum:

"Que *liiinnnnndooo*!"

Mantra do mais zen dos irmãos, que é incapaz de ficar dez minutos sem soltar uma dessas. Isso é visto como positivo pelos demais, porque garante que ele está a uma distância inferior ao limite para perda da comunicação, entre quinhentos e oitocentos metros, à frente ou atrás. Todos sabem que o Valentim é especialista em abandonar o comboio e seguir um rumo não planejado, por se distrair em seus devaneios.

Dentre todos os passeios desse período, alguns merecem registro. O Aloprado's sempre buscou alternativas para encontrar um caminho entre São Paulo e Itu com a maior distância em terra possível. Talvez esse tenha sido o maior experimento em conjunto dos irmãos, que demandou muita pesquisa, planejamento e testes. Sim, muitos testes realmente, pois, mesmo com as ferramentas do Google Earth e outros sites assemelhados, a realidade encontrada ao percorrer as rotas traçadas muitas vezes não corresponde ao indicado nos mapas. É comum haver trechos asfaltados de estradas municipais marcadas como terra ou o fechamento de estradas rurais pelos proprietários das glebas. Há situações em que o caminho planejado deixou de existir, e a área foi transformada em condomínio fechado, o que acaba por não levar a lugar algum.

O primeiro roteiro que conseguiram concluir, alcançando Itu principalmente por estradas de terra, teve início na estrada dos Romeiros, antes de Pirapora do Bom Jesus, e contornou o rio Tietê pela sua margem esquerda em direção a Araçariguama. Traçado difícil, com muita erosão e algumas rampas muito íngremes, mas é espetacular pela vista que proporciona do rio, que, mesmo poluído e maltratado, sempre impressiona, além de oferecer vários pontos com topografias e paisagens muito bacanas, que justificam uma parada para descanso.

Essa rota original os obrigava a enfrentar alguns quilômetros de asfalto pela Castello Branco logo após Araçariguama e, em sequência, retornar por outras estradas municipais acessíveis pela direita, oferecendo infinitas alternativas por meio das quais é muito fácil se perder.

Existe, porém, um caminho mais complexo e interessante, desenvolvido pelo Rubinho, o irmão mais novo dos Aloprado's, que permite rodar mais quilômetros por terra, indo no sentido de Sorocaba, e, de lá, continuar por estradas rurais até Itu, sempre por caminhos rústicos, alguns em bom estado e outros nem tanto. A rota passa por uma estrada histórica, a estrada Antiga de Itu, resquício da ligação entre São Paulo e Itu da época do Império, quando Itu era uma importante base para as bandeiras e para o desbravamento do interior paulista. Seu primeiro trecho é um misto de asfalto e terra; acessado no trevo de Santana de Parnaíba na Castello Branco, contorna uma série de loteamentos por estradas municipais sem pavimento até chegar a ela, pelo lado esquerdo, entre Barueri e Jandira.

Essa rota atravessa matas, pedreiras, tem seu solo alterado de um cascalho firme para terra em vários trechos e forma muita lama quando chove; tem vários pontos de visual incrível, proporcionando um aproveitamento muito bom dos altos e baixos da serra de São Roque, parte do maciço da Mantiqueira. Ela é tão cheia de variáveis e pequenas estradas paralelas, principalmente após Mairinque e próximo a Sorocaba, que, mesmo com GPS, é fácil se perder e ficar dando voltas.

Liderando o comboio formado por Max e Rubinho, no primeiro dos passeios por ela, seguindo a rota traçada no GPS, em determinado momento, JG parou e avisou o resto do grupo:

"Manos, a rota marcada indica que devemos entrar à esquerda, e não existe nada além da mata com a cerca."

"O meu GPS também indica que deveríamos sair agora pela esquerda", confirma Rubinho, "realmente não tem como ir pra lá."

"Ou voltamos um pouco, ou avançamos até encontrar uma alternativa que possa ser paralela e nos leve até um local em que a rota lançada coincida", sugeriu Max.

Decidiram avançar, mas deram de cara com os trilhos da ferrovia, num trecho que não era possível atravessá-la.

"Vamos voltar e, na primeira saída à direita que encontrarmos, nós entramos", disse JG.

Todos começaram a fazer o retorno.

"Acho melhor alguém seguir com o modo bússola, para que a gente não fique dando voltas à toa", alertou Rubinho, com razão, e emendou: "Vou fazer isso!"

Era algo realmente necessário. Mesmo com todo o domínio de navegação pelo GPS e um trabalho em equipe, eles ainda levaram um tempão para achar um ponto de travessia da ferrovia e retomar o caminho, depois de várias tentativas infrutíferas. A satisfação ao chegar em Itu foi gigantesca. Além de tudo, atingiram um recorde por realizar a viagem entre São Paulo e Itu em quase quatro horas, sendo que os mesmos cem quilômetros podem ser facilmente cobertos em pouco mais de uma hora, quando utilizada a Castello Branco.

***

Da mesma forma, a estreia da Branca de Neve fora do asfalto gerou outro passeio bate e volta muito legal e inesquecível, quando JG, Rubinho e Max resolveram revisitar a Pedra Grande em Atibaia, saindo por Mairiporã.

Os Alopradо's gostam muito de chegar a Mairiporã pelo viário que atravessa o Parque da Serra da Cantareira, pelo bairro de Santana, na capital. É incrível aquela mata, tão próxima da cidade de São Paulo... De Mairiporã os três seguiram em direção a Bom Jesus dos Perdões pela estrada do Rio Abaixo, um caminho municipal que alterna trechos de asfalto simples e terra, à beira de um rio de águas limpas e em torno de muita mata. Uma ideia e um roteiro original do Max. Em pouco mais de duas horas, eles estavam nos arredores de Atibaia.

"Eu prefiro fazer o contorno e subir direto para a Pedra Grande, sem passar pela cidade", avisou Max assim que eles chegaram ao trevo junto à rodovia Dom Pedro I.

"Ótimo!"

A resposta de JG contava também com a aprovação do Rubinho, invariavelmente bem atrás!

Eles subiram toda a estrada de acesso à pedra maravilhados pela mata e lembrando de Valentim.

"Se Valentim estivesse conosco agora, seria um permanente '... que lindo...', até descarregar as baterias dos intercomunicadores", alfinetou JG.

"Sem sombra de dúvida! E com certeza ele ia cair ou se perder ao se distrair no meio dessa paisagem toda, ainda mais com o zigue-zague agressivo dessa subida", complementou Max sem esconder a maldade.

A sorte deles foi especial, pois atingiram o alto da Pedra Grande num dia tão limpo e ensolarado que era visível São Paulo no horizonte, a quase cem quilômetros de distância. A estreia da moto nova não poderia ser mais feliz do que percorrer aquele trajeto em meio à natureza com vários desafios em seus trechos de terra. Sem contar o visual impagável.

Os membros do Aloprado's também aproveitaram algumas variações desse mesmo roteiro, como a deliciosa sequência por terra para Piracaia ou mesmo a descida alucinante para Jarinu, onde sempre enfrentaram o inconveniente do excesso de motos esporte descendo e subindo a serra em alta velocidade. Numa oportunidade, aproveitaram para esticar um pouco e foram até a cachoeira dos Pretos, um lugar muito agradável, também um roteiro original desenvolvido pelo Max.

Por esses lados entre Campinas e Atibaia há uma infinidade de alternativas que o Aloprado's desenvolveu, inclusive um *tour* mais longo, ao seguir em frente pelo mesmo caminho da cachoeira dos Pretos indo até Campos do Jordão. Essa estrada de terra exige atenção. Também percorreram várias vezes esse roteiro, só que seguindo para Bragança Paulista, retornando via Morungaba e descendo por terra até atravessar os distritos de Joaquim Egídio e Sousas, chegando no entorno de Campinas. Estradas lindas e deliciosas para pilotar e que ofertam o prêmio especial da vista das fazendas coloniais, impecavelmente conservadas. É como um passeio no tempo. Algumas dessas pequenas viagens contaram com a companhia do Mau; em outras, do Valentim, que saía de Itu para encontrá-los em algum ponto agendado previamente.

***

Inesquecível e divertido também foi um passeio que JG adora. Mau havia saído com Valentim de Itu e eles seguiram juntos até o trevo da rodovia Anchieta em Ribeirão Pires, onde se juntaram a JG, Rubinho e Max, que vieram de São Paulo. A tropa seguiu pelo antigo Caminho do

Mar até Paranapiacaba, num dia de sol e calor, após uma semana com muita chuva na região.

Quando chegaram ao trevo de acesso ao pátio da ferrovia, cruzaram a esquerda e foram por terra até a parte baixa da vila de Paranapiacaba, onde pararam para descansar um pouco e comer alguma coisa em um bar por lá.

"Deve ter chovido bastante, porque, apesar de estar firme, dá pra ver que o trecho de terra está muito úmido e com algumas poças", comentou Mau bastante preocupado.

"Realmente, e serviu para testar sua moto no *off road* e te batizar", retrucou JG, rindo muito.

"Mas esse caminho é bom, mesmo quando *tá* úmido, e acho que está tranquilo", completou Valentim, também rindo, e emendou: "Mesmo com pneu convencional, não será difícil de rodar. Daqui, vamos até a vila de Taquarussu em Mogi das Cruzes, pelo meio da mata, e seguimos até a estrada de Suzano, e de lá iniciamos o retorno."

Maldosamente, Max alfinetou, completando a provocação, olhando para Mau:

"Estava na hora de você perder a virgindade e sujar um pouco a moto."

Todos caíram na gargalhada, até mesmo o zoado, embora todo mundo tenha percebido que ele ficou sem graça.

Recompostos, subiram nas motos e seguiram em direção à vila de Taquarussu uma minúscula vila rural com uma capelinha bem preservada que se localiza a não mais de seis quilômetros de Paranapiacaba, em meio à Mata Atlântica, num trecho que serpenteia pela floresta subindo e descendo de forma abrupta até à beira de um lago. JG adora esse passeio e, pela primeira vez, Mau e Valentim estariam por lá.

Atravessaram Paranapiacaba inteira e logo acessaram o caminho pelo Parque da Serra do Mar, onde a mata é muito densa e é sempre muito úmido. Indo à frente, JG começou a ficar preocupado com o que encontrou: um bocado de pedras grandes, soltas e escorregadias. Tanto que logo ele avisou a tropa:

"Pessoal, muito cuidado com as pedras. Estão escorregando. Atenção! Vamos manter a velocidade constante!" Em seguida, ele arrematou: "Acho melhor o Mau ir no meio. Quem está por último?"

"Como sempre, o Rubinho", respondeu maldosamente o Valentim.

Max logo tranquilizou a todos:

" O Mau está atrás de mim e na frente do Valentim. Pode tocar que todos estão no mesmo campo de visão."

Foi só terminar de falar que Mau escorregou, conseguindo segurar a moto sem cair. Só que ele perdeu tração e velocidade e não conseguiu mais andar. Os pneus patinavam, e a moto não saía do lugar. Tiveram de parar para ajudá-lo. Só conseguia avançar um pouco com dois segurando e empurrando. Nesse tipo de solo, perder tração e velocidade é o fim.

Após uns poucos metros, já numa certa velocidade, ao encarar um trecho com um pouco de lama e, por estar acelerado, Mau escorregou. Tentou apoiar o pé no chão, no barro, mas não conseguiu firmá-lo e caiu. Foi impossível não rir. Até o acidentado riu também, mas um sorriso meio sem graça.

"Cacete! Se eu ando, caio; se eu paro, não saio! Assim fica impossível", exclamou, meio com raiva.

"Deixa que eu puxo a moto para um terreno mais firme", propôs Valentim e, imediatamente, levantou a dita cuja, deu a partida e a levou para um terreno melhor, uns trinta metros adiante.

Retomaram o comboio e não avançaram mais que 150 metros, e tudo se repetiu. O terreno estava muito escorregadio mesmo, e Mau, pela inexperiência, preferia andar bem devagar, tentando equilibrar a moto com os pés, ficando sem tração. Ao perder equilíbrio, era obrigado a acelerar e, inevitavelmente, escorregava. A cena se repetiu várias vezes, com uns três tombos em menos de quatro quilômetros.

Quando chegaram à vila de Taquarussu, com o terreno bem mais firme, todos pararam para descansar, relaxar um pouco e zoar. Só que Mau não estava muito nesse espírito.

"Estrada de m****, Impossível pilotar nela. Se você reduz, desequilibra; se acelera, cai."

Ele estava tão bravo que o resto da turma preferiu ficar na moita e não zoar muito. Aquele trecho fora um martírio para todos, mesmo!

De qualquer forma, dali em diante, embora tivessem percorrido mais uns quarenta quilômetros por terra, o terreno estava firme, e eles chegaram ao asfalto sem grandes complicações, dando início ao retorno para casa; exaustos, mas contentes com o desafio.

Foram juntos até a entrada do Rodoanel, de onde os paulistanos JG, Max e Rubinho seguiram para São Paulo e Mau e Valentim, para Itu. Uma epopeia esse passeio, que deixou um histórico de diversão e zoeira inesgotáveis.

Dos muitos quilômetros que percorreram desde que adquiriram as novas motocicletas, esses roteiros descritos foram marcos na escalada para o sonho da próxima viagem. Além, é claro, de reforçarem os laços de amizade por conta da convivência entre pessoas tão diferentes, mesmo sendo tão próximas como os irmãos. Serviram também para acumular experiência de pilotar por longas distâncias em diversos tipos de pavimentos e prepará-los para os imprevistos, sempre mais comuns do que podemos imaginar.

PARTE DOIS

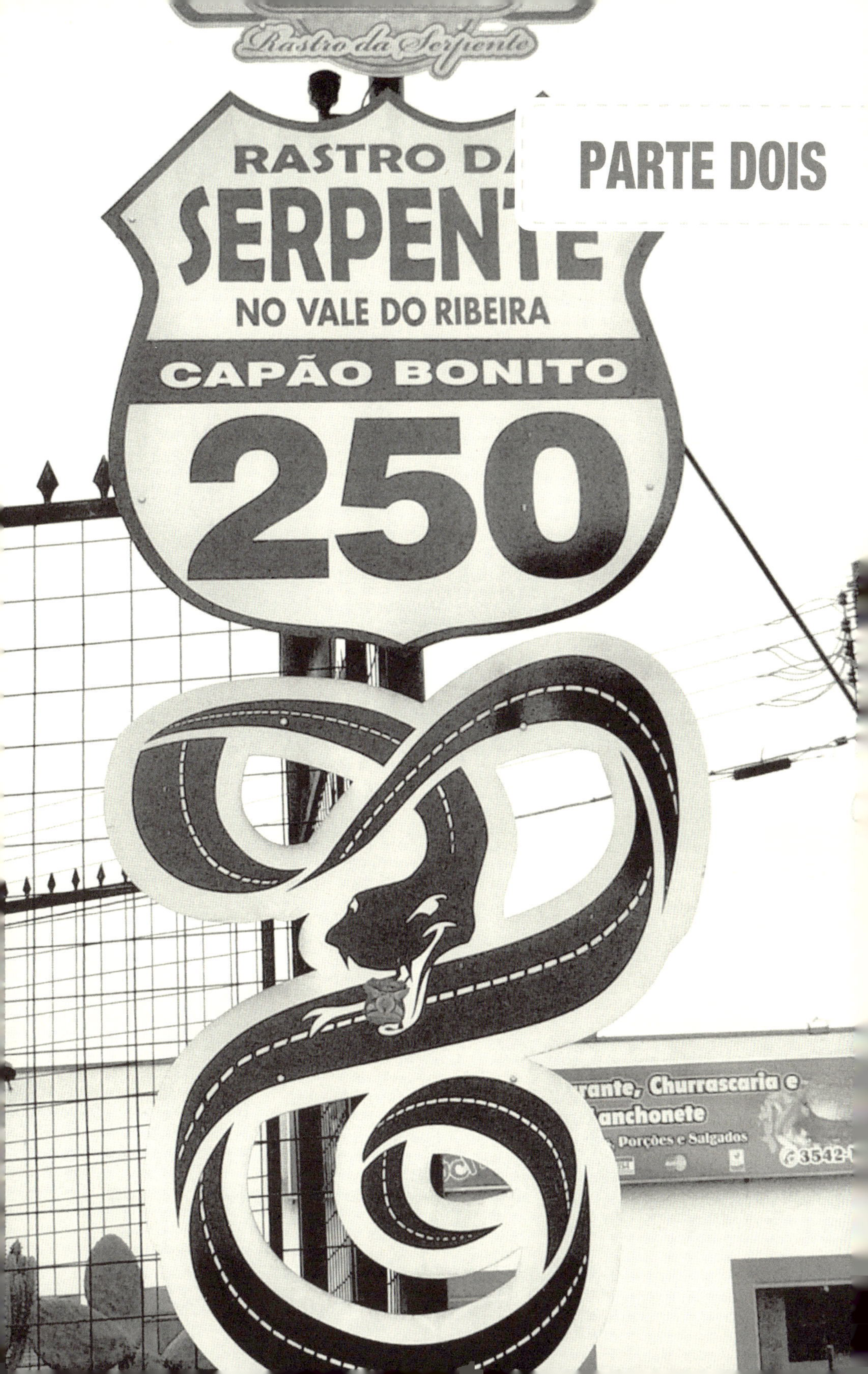
Rastro da Serpente
RASTRO DA
SERPENTE
NO VALE DO RIBEIRA
CAPÃO BONITO
250
Porções e Salgados

7

AGORA VAI

Pouco mais de dois anos depois de iniciar a ideia para a aventura, chegou o tão esperado verão em que sairiam pela estrada. Para JG, seria seu momento *Easy rider*![1]

Não havia mais o que planejar, se informar, pesquisar ou preparar, ou, pelo menos, era isso que ele imaginava. No final de janeiro, Branca de Neve foi levada à concessionária, antecipando sua primeira revisão e passou por uma avaliação criteriosa, incluindo os pneus, que até então eram os originais de fábrica. Estavam com pouco mais de 8 mil quilômetros e não suportariam rodar até Mendoza, após o retorno do Ushuaia, quando enfrentaria nova revisão. Nesse ponto, os pneus originais teriam atingido entre 17 e 19 mil quilômetros rodados, mais que o limite recomendado de vida útil, e, como rodariam com bastante carga, não haveria milagre que os fariam resistir tanto. Portanto,

1. Alusão ao filme de Dennis Hopper em que os personagens principais, Wyatt e Billy, viajam pelo sul dos Estados Unidos montados em suas motos Harley-Davidson.

visando à segurança, ele optou por colocar pneus novos e guardar os seminovos para usar quando voltasse da viagem.

A moto, apesar de ser nova e estar com baixa quilometragem, na época, o surpreendera positivamente, considerando o seu uso intenso. Ela era extremamente dócil e muito confortável ao ser pilotada, tinha um torque absurdo e alta manobrabilidade nos caminhos sem pavimento. O resultado da troca dos pneus foi impactante, e JG se sentia muito confiante em relação ao desempenho da moto durante a viagem, sem contar que estava realmente apaixonado pela Branca de Neve!

Com os dias de aventura se aproximando, a motocicleta absolutamente pronta e toda a tralha preparada, JG começou a sentir a tradicional comichão de véspera de saída. Não pensava em outra coisa que não fosse pegar a estrada, e os dias pareciam cada vez mais longos. Contudo, ele não estava sozinho nessa crise de ansiedade. Valentim e Rubinho também estavam excitados como crianças. Eles ficaram mais tempo sem viajar que JG, na época, salvo aqueles passeios de bate e volta que haviam feito, então, não viam a hora de colocar as motocicletas novas à prova.

Os três lançaram as rotas em seus respectivos GPSs e testaram mais uma vez os intercomunicadores. Tudo estava perfeito. Sairiam na primeira quinta-feira de março, direto para Curitiba, onde passariam a primeira noite, e na sexta-feira dormiriam em Urubici, Santa Catarina, no alto da serra, e terminariam o terceiro dia em Garopaba, também em Santa Catarina. Ali, os irmãos se separariam logo na manhã seguinte, quando JG seguiria rumo ao Chuí, no Rio Grande do Sul, e Valentim e Rubinho voltariam para casa, aproveitando o domingo no contrafluxo e utilizando as rodovias federais para chegar o mais cedo possível em São Paulo, porque os dois teriam de trabalhar na segunda!

Com a adrenalina a mil, a quinta-feira tão esperada chegou. O dia amanheceu nublado e úmido, com um ar de chuva, um dia fresco considerando que ainda era verão. JG e Rubinho haviam combinado de sair bem cedo de São Paulo, após se encontrarem em frente ao prédio em que ele morava, que era mais próximo do acesso à rodovia Raposo Tavares, e de lá seguiriam direto para Piedade, interior do estado, onde se juntariam à Valentim em um determinado posto de serviços à beira da estrada. Marcaram de encontrá-lo lá às nove horas.

Dez minutos antes do horário combinado, JG já estava a postos na rua, com a moto toda pronta e equipada, e, enquanto esperava a chegada de Rubinho, ele repassou o *checklist* mais uma vez, testou o GPS e a rota, zerou os marcadores, colocou e tirou luvas e capacete sabe-se lá quantas vezes, e nada de o mano mais novo aparecer.

Os atrasos de Rubinho são famosos, mas, dessa vez, JG já estava ficando nervoso, em consequência do alto nível de excitação acumulada, até que Rubinho apareceu, contornando a esquina. JG respirou fundo e prometeu a si mesmo que não ficaria bravo nem irritado. A viagem ainda nem começara. E nem foi preciso. De cara, Rubinho foi se explicando, apesar de que o descompasso de tempo, na verdade, se devia mais a uma antecipação de um do que ao atraso do outro.

"Desculpa, mano, deixei pra colocar gasolina agora de manhã e demorei até encontrar um posto de serviços aberto. Mas cheguei. É melhor sairmos."

"Tudo bem, cara, mas vamos parear e sincronizar nossos intercomunicadores antes de sair. Se for para não funcionar, é melhor descobrir agora."

"Boa!"

Rapidamente, fizeram um teste, e estava tudo bem. Na sequência, checaram a rota nos GPSs, zeraram os cronômetros das duas motos e saíram, com o objetivo de chegar à rodovia antes que o trânsito urbano da manhã começasse a ficar pesado.

Tudo correu bem e, com o tráfego bem fluido, eles logo chegaram à rodovia.

"JG", chamou Rubinho pelo intercomunicador, "pelo jeito, vamos pegar essa chuva. Parece que o horizonte *tá* cada vez mais escuro."

"Acho que pode chover mais tarde, sim, mas, se a gente conseguir passar a serra de São Roque no seco, talvez consigamos escapar."

Continuaram acelerando, mas sem exageros, sempre com o tempo fechado, mas firme, até Vargem Grande Paulista. Talvez pelo fato de ser dia de semana, não encontraram muito tráfego na estrada, o que lhes permitiu desenvolver uma boa média de velocidade. Entraram pelo acesso a Ibiúna, uma estrada secundária chamada rodovia Bunjiro Nakao, muito gostosa de pilotar, sinuosa e com muito verde ao redor, asfalto bom, embora a pista seja simples.

Esse primeiro trecho foi praticamente um passeio, e, naquele horário, o que encontraram de tráfego era uma ou outra caminhonete de verdureiro, comum pela região.

Mesmo com o atraso do Rubinho, os dois não tiveram grandes dificuldades para chegar ao posto de serviços em Piedade no horário combinado.

"Rubinho, quer apostar quanto que o Valentim já está por lá e vai dizer que está nos esperando há séculos?"

"Aposto nada, não. O cara deve ter levantado muito antes da gente, inclusive pra fazer aquelas meditações dele."

Dito e feito. Assim que entraram no posto, avistaram o Valentim, encostado na moto, fazendo uma cara meio *blasé*, como se os dois estivessem horas atrasados.

"Como eu sabia que vocês iriam atrasar, tomei um café da manhã completo aqui no posto. Muito bom por sinal", soltou o engraçadinho.

"P**** nenhuma, cara. São nove horas agora. Justamente o horário combinado. Para de graça e vamos logo parear os intercomunicadores e sair, até porque acho que ainda tomaremos chuva!"

Pela resposta de JG, dava para perceber que ele não estava com muito *fair play*. Ainda não estava relaxado depois de toda a crise de ansiedade que acumulara. Sem perder mais tempo, parearam os equipamentos e saíram em direção a Juquiá pela rodovia que corta a mata na descida da serra da Cabeça da Anta, de pista simples, e uma das mais belas que conhecem, uma delícia para pilotar. Como ainda era verão, as hortênsias estavam floridas e mesmo a ameaça de chuva não tirava a beleza do trecho. Os irmãos não se cansavam de comentar o quanto era legal pilotar por essa rota.

Todavia, quando se aproximaram de Juquiá, o tempo piorou, e começaram a cair os primeiros pingos de chuva. Foi preciso parar na entrada de um sítio com piso firme, à beira da estrada, e colocar as capas. Apesar da chuva, estava um calor bem forte.

"Manos, com esse calor, e agora que colocamos as capas, a chuva vai parar logo. A Lei de Murphy não falha! Se chove e você coloca a capa, a chuva para; se tira a capa, a chuva volta!"

JG era um *expert* na tal da Lei de Murphy, aquela que diz que se algo pode dar errado, dará errado. Mas não era só ele que pensava assim.

"Também acho. E, se continuar desse jeito, eu vou derreter, porque essa chuva não *tá* refrescando nada."

Depois desse comentário do Rubinho, eles avançaram numa boa velocidade, mesmo embaixo dessa chuva que os deixava um pouco preocupados, porque mais adiante eles entrariam no Parque Estadual Carlos Botelho, no meio da Mata Atlântica, que é repleto de cachoeiras e cavernas, onde fica inclusive a famosa Caverna do Diabo, localizada alguns quilômetros depois de Registro, São Paulo. Os Aloprado's cortariam pelo meio do parque por um caminho de terra de uns trinta quilômetros, mais ou menos, que tem o mesmo nome do parque, em direção a Capão Bonito. Esse caminho começa pouco depois da cidade de Sete Barras. O plano era almoçar e abastecer em Capão Bonito e seguir pela estrada do Rastro da Serpente, que nada mais é que a ligação de Capão Bonito com Apiaí, outro caminho maravilhoso.

Por sorte, a chuva deu uma trégua assim que deixaram Juquiá, então eles prosseguiram no solo seco, com as capas abertas e acelerando para chegar logo na estrada de terra.

"Que *liiindooo* isso tudo! Ainda vou voltar pra visitar essas cavernas, e de moto!", exclamou Valentim, dando seu característico grito de guerra.

E é lindo mesmo... Não só lindo, mas também muito legal rodar por aquele caminho cheio de cascalhos, firme e todo bem cuidado, no meio da mata, subindo a mesma serra pelo lado oposto ao que desceram, até chegar na portaria de saída do parque. Como devia ter chovido um pouco antes, nem pó eles pegaram. Uma delícia. Pararam várias vezes para fotografar e, mesmo sabendo que poderiam perder tempo, aproveitaram para visitar uma das inúmeras cachoeiras que ficam próximas da estrada. Sem grandes problemas, entraram por São Miguel Arcanjo logo após retomarem o asfalto, completamente extasiados. Isso, sim, era um começo perfeito para uma viagem de sonhos. Ainda que a chuva tivesse voltado a cair!

Logo chegaram a Capão Bonito, ainda no final da manhã, então pararam numa lanchonete próxima à saída para Apiaí e aproveitaram para retirar as capas, antes de fazer um lanche rápido. Apesar da chuva ter parado e da ameaça de sair um solzinho, não havia refrescado nada, muito pelo contrário; estava bem abafado.

Logo depois da parada pro lanche, enquanto se dirigiam ao estacionamento onde estavam as motos, a chuva recomeçou, obrigando os três a recolocar as capas.

"Chove, para, faz sol, chove de novo, e nada de dar uma refrescada", reclamou Rubinho.

JG também não estava muito animado com a situação, ainda mais porque a capa dele, para piorar, era um macacão inteiriço — ótimo para proteção, mas péssimo para vestir. Exigia um esforço considerável e, quase sempre, a ajuda de alguém.

"Caras, parem de reclamar! O pouco que rodamos foi maravilhoso. E ainda vamos entrar no Rastro da Serpente agora", retrucou Valentim, sempre com seu alto-astral.

Ele disse isso e arrancou com a moto, forçando os irmãos a segui-lo.

"Rápido, Rubinho, senão o Valentim se perde e vamos ter de procurá-lo", ciscou JG venenosamente, provocando gargalhadas em Rubinho.

Em pouco tempo eles estavam no começo da estrada do Rastro da Serpente, um dos mais famosos roteiros de motociclistas. Tão famoso quanto peculiar. É a única estrada que os Aloprado's conhecem que tem um *porthal* (é assim mesmo que está escrito na placa do clube) e um *motoclube especializado* que alega administrá-la, com sede em Capão Bonito. A notoriedade de seu trajeto rendeu uma série de *souvenirs* que podem ser comprados lá na sede, e a renda proporcionada por essas vendas é destinada a algumas ações sociais do município, segundo dizem.

Para o primeiro dia de uma viagem de sonhos, quase todo percorrido em meio a regiões serranas, nada podia ser mais legal que enfrentar essa estrada cheia de curvas fechadas e agressivas, deliciosa para pilotar, com muita vista bonita, mesmo com o tempo fechado. Todo o seu entorno é coberto pela Mata Atlântica, e com um tráfego leve, permitindo um bom desenvolvimento, apesar de eles terem parado em alguns momentos para fotografar. Principalmente porque Valentim fazia questão disso. Até o JG começou a se sentir meio poético com todo aquele visual.

"Realmente, a fama condiz com essa estrada... Ela é um verdadeiro rastro de serpente! Eu fui picado na outra vez que passamos aqui, e seu veneno ficará para sempre inoculado em meu sangue. É impossível não percorrê-la novamente."

Seus irmãos, um pouco surpresos, só riram.

"Até o mal-humorado ficou mole", disparou Valentim, em tom jocoso.

Essa região é realmente de tirar o fôlego, e os três estavam cada vez mais maravilhados com a experiência. Imagina então o Valentim, que acha tudo lindo. Era tão bom apreciar tudo aquilo que eles nem se incomodavam mais com a chuva fraca e intermitente e com o calor abafado que persistia.

O destaque, no entanto, foi mesmo o intercomunicador, que não ficou mudo um só instante, principalmente por conta do Valentim, que, a cada curva, acordava os outros dois com a frase que ele mais usa: ... *que lindo...* Toda aquela região contempla um visual realmente muito bonito.

Poder se comunicar durante a viagem é um conforto que permite muita coisa positiva, principalmente apoio nas ultrapassagens em pistas simples, porque o primeiro a avançar pode avisar os outros se existe ou não alguém vindo na contramão. No caso deles, também permitia saber a que distância Rubinho estava, considerando sua incrível mania de ficar para trás. Porém nada supera a confiança e a segurança proporcionada pelo seu uso quando se trata de viajar com o Valentim. As chances de o grupo perdê-lo, por causa de ele sair acelerando à frente ou por parar em qualquer lugar de repente para admirar a vista, ficam bem reduzidas, ainda que não se eliminem por completo.

Assim, tagarelando o tempo todo, os três irmãos atravessaram a ponte sobre o rio Ribeira de Iguape, divisa com o Paraná, e seguiram por uma estrada sempre bela até chegarem à Curitiba, ainda sob a luz do dia, próximo ao pôr do sol. A chuva tinha parado a mais de uma hora, e tudo indicava que o tempo seria bem melhor no dia seguinte. Eles foram direto para o hotel, cuja escolha fora uma sugestão do Rubinho, e, pouco antes de chegar, pararam num posto de serviços para preparar as motos de modo que elas ficassem prontas para sair de manhã. Sempre que podiam, faziam isto — evitavam perder tempo procurando um posto no meio do tráfego urbano.

O hotel se localizava bem ao lado do posto, e era bastante simpático, grande e novo. Os Aloprado's tiveram um choque de vergonha ao parar as motos em frente à entrada social, que dava direto para um saguão enorme, cuja recepção ficava ao fundo, muito bonito e bem decorado. Esse saguão estava tomado de gente carregando vestidos e ternos, convidados de um casamento que se realizaria no dia seguinte. No entanto, os três estavam num estado deplorável, por conta de terem pilotado o dia inteiro naquela chuva.

Totalmente cobertos de terra, fruto da sujeira espalhada pelos veículos que cruzaram pela estrada, eles pareciam três alienígenas preparados à milanesa graças à imundice das capas de chuva e dos capacetes. Estavam constrangidos por ter de entrar e atravessar aquele saguão elegante, sujos como estavam e sabendo que não passariam despercebidos.

Só que o pessoal da recepção, muito gentil e simpático, foi socorrê-los, insistindo que não haveria problema algum se eles entrassem daquele jeito. Mesmo assim, eles andaram na ponta dos pés, tentando soltar o mínimo de terra possível, fizeram o *check-in* quase sem se mexer e seguiram para o quarto como três robôs. Apesar de todo o cuidado, deixaram um rastro visível por onde passaram. Para sorte deles, o quarto tinha varanda, o que permitiu deixar as roupas do lado de fora e fazer uma limpeza emergencial nelas. Um mico muito comum nas viagens. Apesar da experiência acumulada, JG não se acostumara com isso; sentia-se constrangido por chegar vergonhosamente imundo!

“Tenho a sensação de que todo mundo está me olhando, com um misto de surpresa, admiração e algum desconforto. Não consigo deixar de ficar encabulado.”

“Deixa de frescura. Não estamos sujos porque queremos, mas sim porque não teve jeito. Não ligo muito”, emendou Valentim, sempre zen e despreocupado.

Após o banho mais que necessário, e refeitos dos mais de 580 quilômetros de pilotagem no dia, seguiram para um restaurante italiano próximo do hotel. Aproveitaram bem o jantar, ótimo, regado a várias cervejas, o que os deixou absolutamente relaxados e prontos para desmaiar na cama. Não sem antes repassarem todas as maravilhas do dia e darem uma boa zoada no Rubinho por causa de sua mania de alisar o pijama para deixá-lo bem passado antes de vestir para dormir. Como se não fosse amassá-lo ao deitar. Cada figura nesse Aloprado’s...

Foi um primeiro dia perfeito para uma viagem de sonhos em que o único incômodo era mesmo o calor abafado quase o tempo todo. Puderam se vangloriar da completa ausência de incidentes, e a ansiedade tão elevada das primeiras horas havia passado. Estavam na estrada! Era melhor dormir cedo, pois o dia seguinte prometia!

8

ALPES BRASILEIROS

Amanheceu um dia belíssimo em Curitiba, um dos raros dias de sol na cidade famosa pelo céu constantemente nublado. As motocicletas estavam prontas desde a véspera, incluindo a lubrificação da corrente da moto do Rubinho, algo que era desnecessário fazer nas outras, que tinham transmissão por *cardan*.[2]

Antes do excelente café da manhã, necessário, porque duvidavam de que teriam tempo para um almoço convencional e nem sabiam se fariam um lanche leve pelo caminho, eles carregaram as motocicletas. Branca de Neve era a que carregaria mais tralhas pelo trecho até Ushuaia, quando JG estaria sem companhia.

A rota traçada para o segundo dia previa a descida para Jaraguá do Sul por Piên, outra dica do Rubinho, que conhecia

2. Eixo cardan: sistema de dois eixos tubulares, responsável por transferir a força motriz, e tração à roda traseira, ao invés do sistema convencional de corrente.

a região. A escolha não poderia ter sido mais feliz, por permitir enfrentar um tráfego bem mais leve que o da BR-101, com pavimento bastante razoável, muita beleza natural na descida da serra e inédita para os irmãos.

Claro que, por ser uma estrada estadual de pista simples, a velocidade média permitida é sempre um pouco menor, mas os Aloprado's curtiram muito mais, e cobriram o trecho até Jaraguá do Sul sem problemas. Foi lá a primeira parada de abastecimento programada.

Seguindo pelas estradas estaduais de Santa Catarina, entraram pelo vale de Pomerode sem pressa. Depois iriam a Brusque, planejando uma parada para almoçar em Angelina, mesmo que ficasse um pouco tarde. O único compromisso com horário inadiável para eles era chegar em Urubici antes das 18h e retirar as entradas para o Morro da Igreja no Parque Nacional de São Joaquim no escritório administrativo que fica na cidade, que reservaram pela internet. Esse procedimento, apesar de simples, é obrigatório. O parque é área de segurança nacional e abriga um dos radares do sistema Cindacta, que controla o tráfego aéreo no Brasil, e, portanto, é um espaço administrado pelo Ministério da Defesa, com limitação e controle de visitantes. É imperativo fazer a reserva com antecedência nominando não só as pessoas como também o veículo que se usará para a entrada, não sendo grande o número de autorizações concedidas por dia. Cumprir esse horário não seria um desafio, exceto se algum imprevisto ocorresse.

Ao passarem por Pomerode, antes da hora do almoço, JG e Rubinho deram total razão ao Valentim, de novo. Que *liiindaaa* a cidade, arrumada e conservada, em seu estilo alemão alpino. Ficaram tão impressionados que acabaram por dar uma volta completa em seu centro, que tem uma arquitetura típica.

"Toda vez que ouvia comentários sobre esse lugar, eu achava que estavam exagerando. Estou impressionado com a beleza e a simplicidade", afirmou JG, meio embasbacado.

"Vejam que cuidado com as casas e os jardins. A organização e a limpeza daqui me lembram aquelas vilas europeias", concordou Valentim.

"Ou seja, se pensarmos na sujeira e na bagunça que são nossas cidades, dá para perceber que é uma questão de cultura e educação, não só de renda", emendou Rubinho.

"Você vê que a pessoa é humilde, mas a casinha é conservada e tem um jardim impecável", continuou Valentim, surpreso com tudo o que via.

"Eu me sinto transplantado para o interior da Europa, em alguma região próxima aos Alpes, pelo lado bávaro. Adorei isso aqui", completou JG.

Meio contra a vontade, eles partiram em direção a Brusque, pois ainda tinham chão pela frente e começaram a sentir fome. Não adiantava pararem ali porque as motos estavam com os tanques cheios e eles precisariam rodar um pouco mais para abastecer. O caminho até Brusque foi na mesma toada, com muito verde e serpenteando ao longo do vale do rio Itajaí. Rapidamente, atravessaram Brusque pela antiga ponte do centro da cidade e seguiram a rota marcada no GPS que os levaria por uma estrada rural até Angelina, um caminho de terra que passa por algumas comunidades rurais e duas pequenas vilas — São João Batista e Major Gercino.

Esse caminho se desenvolve pelas encostas íngremes das montanhas, com subidas e descidas acentuadas e muito zigue-zague até atravessar um vale bem plano entre os morros. Em meio à mata densa, a estrada chega a um rio que forma o lago da Usina Garcia, uma pequena hidrelétrica local.

Contornaram boa parte do lago e, antes de chegar à represa, viram algumas pontes pênseis para pedestres. Valentim não conseguiu evitar e exclamou:

"Que *liiinnnndoooo*... não me recordo de ter visto paisagem mais bucólica."

"Verdade, parece que entramos num túnel do tempo! Que passeio...", concordou Rubinho.

Não era preciso acrescentar nada. JG só curtia o cenário que comprovava o acerto ao definir a rota. Estavam apenas no final da manhã do segundo dia e parecia não ter fim as surpresas reservadas com paisagens tão contrastantes, repletas de visuais lindíssimos.

Como nem tudo são rosas, esse caminho tão maravilhoso exigia atenção especial ao pilotar. Era uma típica estrada de sítio, bem conservada e firme, com cascalho fino na superfície. A borda esquerda era normalmente inclinada até o barranco e erodida pelo escoamento das águas das chuvas. A da direita, nas zonas de aclives e declives, era mais capciosa, porque as encostas ali são barrocas profundas sem qualquer proteção. A tendência natural deveria ser todos os motociclistas procurarem rodar pela direita, mais próximo ao centro da pista, evitando escorregar em direção às bordas.

Havia um pouco de tráfego, principalmente contrário, com os caipiras andando relativamente rápido e pelo meio da estrada, como se fosse mão única, criando várias situações de perigo nas saídas de curvas.

Várias vezes, os irmãos relataram ter se assustado com veículos em direção contrária. Por isso mesmo, combinaram que o motociclista que ia à frente avisaria os demais pelo intercomunicador quando cruzasse com algum veículo em sentido contrário. E, assim, seguiram bem, com muito falatório, até que, no terço final da estrada e em descida, com JG à frente e um pouco por dentro da faixa, mais à esquerda, mas ainda na mão certa, ao se aproximar de uma curva, se deparou com um carro vermelho saindo pelo centro da estrada.

Reagindo rapidamente e imaginando que pegaria o carro de frente na altura do farol, ele conseguiu puxar a moto um pouco para a direita ao mesmo tempo que o Fittipaldi local esterçou um pouco para o lado oposto. Foi o suficiente para não baterem em cheio, no entanto JG o atingiu na altura do para-lama dianteiro e foi ralando o carro de ponta a ponta. Ao perder o contato, a Branca de Neve foi ao chão tombando para o lado e lançando o JG no despenhadeiro.

Foi tudo muito rápido, e o susto só não foi maior porque, sem entender como, o JG não desceu o barranco rolando, o que era o esperado. Ele acabou enroscado e preso no mato denso, meio no ar, sem contato com o solo.

"Não consigo sair daqui!", aturdido, ele gritava pelo intercomunicador. "Não tenho como me segurar ou onde me apoiar. Estou no ar...", continuava falando, estático, até que Rubinho, o primeiro logo atrás dele, parou ao lado da Branca de Neve, estatelada no chão, depois de desviar do carro batido.

"Aguenta que eu estou indo aí", Rubinho berrou. "Vou pegar alguma coisa para puxar você!"

Ele encontrou um pedaço de pau longo e o esticou para JG segurar, e então conseguiu puxá-lo de lá, como nas cenas de desenho animado antigas. Juntos, Rubinho e JG foram então verificar a moto.

"M****, deve estar destroçada...", lamentava JG.

"Mas como você está, se machucou?"

Era tudo o que o Rubinho queria saber e sobre o que perguntava insistentemente.

"Nada, não tenho nenhuma dor ou qualquer dano. Me ajuda a levantá-la!"

Na verdade, ele só estava preocupado com a moto!

Com a força que o Rubinho deu, eles colocaram a Branca de Neve no apoio lateral e o JG começou a fazer uma rigorosa avaliação, voltando até a sorrir.

"Também não aconteceu nada com ela", ele afirmou todo feliz. "Parece mentira, mas atingiu o carro apenas com o protetor do motor e a pedaleira esquerda."

"É mesmo", confirmou Rubinho, que também estava a procura de algum estrago na motocicleta.

"Nada, nenhum dano além desses risquinhos no protetor e esse resquício de tinta vermelha na ponta da pedaleira, que tirei com a mão", concluiu, enquanto sorria de orelha a orelha.

"O espelho esquerdo também está solto, mas consigo apertar com a mão esse parafuso... tudo bem. Vou pegar uma chave para apertar melhor", respondeu completamente aliviado. Havia renascido!

"Ainda bem, ela não tem nem 9 mil quilômetros rodados e está com pouco mais de seis meses! Seria muito azar", comentou o Rubinho, relaxando também.

“Eita, Branca de Neve... Forte, briosa e resistente”, se gabou o feliz proprietário.

O susto passou e, mais calmos e animados, JG e Rubinho foram acompanhar as conversas de Valentim com a turma do carro, não sem antes conferir o acidente.

“Olha só essas marcas”, ele apontava enquanto verificava o chão da estradinha. “O carro dele estava fora da faixa!”

“É mesmo”, confirmou Rubinho. “Você estava na faixa de trânsito correta, apesar de estar próximo ao centro.”

“Vamos ver o que o padreco está confabulando com o cara”, disparou JG todo cheio de razão.

Valentim, que fechava o comboio, conseguiu parar mais atrás e, ao perceber que Rubinho e JG estavam bem, iniciou as tratativas com os demais acidentados, principalmente com o proprietário do carro, um capiau que só lamentava o estrago causado no veículo. Ao se aproximar do grupo, ele foi primeiro olhar o carro e reconheceu que o estrago tinha sido enorme, com um amassado que ia de ponta a ponta, chegando a rasgar a lata em alguns locais. Pelo que ele percebeu das lamúrias do motorista, o carro sofrera algum reparo de funilaria recentemente.

O papo ia animado entre eles, com a acusação de que a culpa seria do JG, que não havia desviado do carro e estaria numa velocidade excessiva. Claro que isso não era verdade, mas, como entraram na questão de quem estava certo e não do que seria o certo, a discussão se arrastava e não os levava a lugar algum. Pior: os Aloprado’s arrumaram um conflito com pessoas locais, e passaram alguns conhecidos pela estrada que ofereceram ajuda aos caras! E o colóquio não tinha fim. Cada vez que o JG insistia em afirmar que não tivera culpa, a mulher do motorista começava a chorar, dizia que estava passando mal, que era muito doente, e pronto! Tudo parava e recomeçava, e lá ia Valentim acalmá-la. No entanto esse ciclo começou a irritá-lo.

“Olha, moço, não tem jeito, não! Melhor *chamá* a polícia de Angelina”, ameaçou o motorista.

JG começou a ficar preocupado porque eles necessitavam seguir viagem; faltavam ainda uns 130 a 140 quilômetros, e eles não dispunham de todo o tempo do mundo.

"O filho da mãe deve ser amigo dos locais, e isso não vai ter fim", comentou JG com Rubinho. "Acho melhor encerrar tudo", ele completou, com o que o irmão concordou.

"Mesmo reafirmando que a culpa não foi minha, vou bancar o conserto do carro, porque nós temos que seguir viagem. O senhor envia um orçamento na segunda-feira e, se o aprovar, eu lhe envio o dinheiro pela sua conta."

Então o JG pediu para o Valentim dar um cartão de visita para o cara. JG não estaria em São Paulo na semana seguinte porque ele continuaria a viagem, mas seus irmãos cobririam as despesas e ele os reembolsaria.

Entretanto a discussão não acabou aí.

"E quem garante que *oceis* vão *mandá* o dinheiro? Que garantia eu tenho *doceis?*"

O caipira insistia, irritando ainda mais JG, que explodiu:

"Então está bem, vamos chamar a polícia e acionar a seguradora da moto! Ela que decida o que fazer, depois de periciar tudo. Se for para discutir, que discutamos judicialmente."

Imediatamente o caipira mudou o tom e emendou:

"Não, moço, não precisa nada disso, não. *Ficamo* combinado assim, dou o orçamento e me mandam o dinheiro. Confio *noceis*!"

A mudança abrupta de postura surpreendeu os irmãos e deixou JG muito desconfiado.

"Filho da mãe... tenho certeza que o carro ou a habilitação dele ou mesmo ambos estão irregulares", bufou.

"Devíamos ter solicitado os documentos antes", emendou Valentim. "Também estou com essa sensação de que ele tá dando um golpe."

"Deixa pra lá e vamos embora. Isso aqui já deu", retrucou Rubinho.

Terminaram as tratativas e encerraram o assunto para não estragar a viagem. Enfim, montaram nas motocicletas, atravessaram Angelina e logo estavam todos recompostos, aproveitando o visual campestre do local. Angelina é uma cidade simpática, muito pequena, e há um convento de freiras franciscanas enorme e dominante na cidade. Ao sair para o asfalto, eles passaram por uma área de lazer à beira do rio que tem uma cachoeira e um remanso onde é permitido nadar. Como sempre fala Valentim, um lugar *liiinnndooo*! Não voltaram a discutir o incidente até o jantar, mais à noite.

Fizeram um lanche rápido e avançaram em direção a Alfredo Wagner, sempre por rodovias estaduais que ligam cidades menores no interior de Santa Catarina. É um trajeto muito bonito, nada monótono, com vegetação exuberante no entorno e tráfego razoável, não o suficiente para incomodar a tocada das motocicletas. Santa Catarina é um dos estados com maior quantidade de mata natural conservada, e essas matas transformam as viagens em verdadeiros passeios. Valentim não parava de murmurar "*que lindo...*" pelo intercomunicador. Os Aloprado's têm um primo motociclista que mora em Florianópolis e sempre fala das maravilhas das estradas e trilhas da região. É realmente de tirar o fôlego. Foram mais ou menos 120 quilômetros bem rodados, sem mais imprevistos e muito prazerosos.

Depois de sair da região de Brusque e Angelina, quase litoral e localizada a uma altitude média de sessenta metros acima do nível do mar, eles começaram a subir para Urubici, situada a novecentos metros. Porém essa cidade foi construída num platô, na verdade, um outro vale cercado de montanhas de 1.200 a 1.900 metros. Essa região é parte da serra Geral, uma formação montanhosa que nasce no Paraguai e se estende até o Uruguai e a Argentina. É necessário ultrapassar esses picos para chegar à cidade, atravessando uma garganta entre as montanhas com muitos mirantes para paradas e fotografias. Um belo caminho que lembra muito a região próxima a La Paz, na Cordilheira Real, na Bolívia, uma das etapas dessa viagem de sonhos!

A partir de Ituporanga começou a esfriar um pouco, apesar de ainda ser verão. Até então, eles haviam experimentado temperaturas por volta de 28 a 30 graus, mas, naquela altura, a temperatura estava beirando os 20 graus.

Sem grandes contratempos, a trinca chegou em Urubici a tempo de encontrar a repartição administrativa do parque aberta, ainda com luz do sol, mas com a temperatura ao redor dos 19 graus. Ao chegar lá, os irmãos se surpreenderam com a boa vontade e a gentileza dos funcionários que os atenderam, sempre dedicando muita atenção e demonstrando satisfação ao explicar detalhes do passeio que eles fariam no dia seguinte. Foram tão gentis que os três se sentiram obrigados a comprar alguns *souvenirs* que estavam à venda, no intuito de ajudar na conservação do parque. Até Rubinho, mais avesso a gastar dinheiro, comprou coisas por lá. Sem ironia, o carinho dos funcionários, que aparentavam ser voluntários, foi inesquecível.

Urubici é uma cidade plana, comprida, estreita e simples, com razoável infraestrutura turística. A pousada escolhida, também por sugestão do Rubinho, estava situada a uns quinze quilômetros depois dela, no caminho para São Joaquim, tida como a cidade mais fria do Brasil e onde não é incomum nevar durante o inverno. Uma bucólica propriedade rural, com sua sede a uns dois ou três quilômetros da estrada, seguindo por uma estradinha de terra razoável e por dentro do Parque Nacional de São Joaquim, zona de proteção ambiental muito interessante e que abrange toda aquela área de Urubici, Morro da Igreja, serra do Corvo Branco e adjacências.

Chegando à propriedade, logo após a porteira, eles pegaram um caminho curto que, para acessar a edificação principal, exigia enfrentar um aclive muito íngreme, com piso de pedra irregular e escorregadia, a partir de uma curva a 90 graus à esquerda, em meio a um belo bosque de eucaliptos.

JG estava à frente dos irmãos e, por não conhecer o local, muito lento. De repente, ao iniciar a subida, a Branca de Neve escorregou nas pedras, a roda patinou e o motor apagou. Barbeiragem!

"Pô, cara, estou parecendo marinheiro de primeira viagem", ele exclamou. "Entrei muito devagar, e as pedras estão lisas. Lembrei do Mau lá em Paranapiacaba."

"Melhor desligar o controle de tração. Está pulando muito por aqui e, carregada assim, não sobe", sugeriu Valentim, que vinha atrás.

"Talvez você e o Rubinho consigam empurrá-la", sugeriu JG.

Mas não adiantou, era dar a partida e, ao acelerar, os pneus patinavam novamente e o motor apagava.

"Não tem jeito. Melhor descarregar os bauletos[3] e subir com eles a pé", ele resmungou.

"Deixa que eu subo esse trecho com ela", disse Valentim, não escondendo o riso, acompanhado pelo Rubinho.

JG murmurou algo ininteligível e, com cara de poucos amigos, subiu a rampa a pé, com os bauletos. Esse episódio iria render muita zoação, e ele sabia que poderia ter ido dormir sem essa.

A sede da pousada era um charme e muito bem decorada, com apenas sete quartos. O senhorio reservara o último e mais sossegado para os Aloprado's, ideal para um casal em lua de mel. Uma cama de casal *king size* e um beliche estavam à disposição. Imagina a farra para decidir quem ficaria com qual espaço. No fim, todos se acomodaram adequadamente.

O quarto tinha uma pequena varanda que permitia deixar as roupas de motociclista no lado de fora para uma boa arejada; na verdade, uma resfriada com o ar gelado das noites daquela região. Deve ter geado durante a madrugada porque de manhã eles encontraram pedaços de tecido endurecido pelo orvalho congelado.

Apesar do charme e da beleza do local, não serviam jantar nessa pousada, então os Aloprado's teriam de ir de moto até a cidade se quisessem comer à noite.

"Sem problemas, vamos de moto", provocou Rubinho, olhando de soslaio para JG quando o rapaz da pousada os informou sobre isso.

"O problema não é passar na rampa novamente", respondeu JG deixando claro que entendera a indireta. "Voltaremos no escuro e depois de algumas cervejas! O que acham de chamar um táxi?"

Os dois irmãos apenas riram enquanto o proprietário explicava que seria muito difícil conseguir um táxi àquela hora, que deveria ter sido reservado com antecedência. Era melhor ir de moto mesmo para evitar as zoeiras.

Como a pousada se localizava razoavelmente perto da cidade, eles acharam que não seria necessário vestir os trajes de proteção; então, apenas se agasalharam adequadamente. Ao anoitecer, prontos e cheirosos,

---

3. Pequenos baús encaixados sobre uma base de fixação que é instalada na parte traseira da moto.

eles pegaram as motocicletas e foram para o centro da cidadezinha, descendo o trecho de serra. Era uma noite de lua cheia, com céu limpo e aberto. Eles estavam bem animados.

Depois de rodarem pela cidade, que é minúscula, optaram por um restaurante no centro que parecia um *point* local, cheio de gente e bem badalado. Acertaram na escolha, porque jantaram muito bem, ainda que tenham maneirado na cerveja, e aproveitaram para rememorar todos os acontecimentos do segundo dia, com aquelas paisagens belíssimas, um clima ótimo e alguns imprevistos, incluindo o incidente em Angelina, o maior que enfrentaram em suas viagens e que poderia ter significado o fim da viagem de sonhos de JG. Enfim, isso acabou por não ter nenhuma consequência mais séria.

Vale concluir essa parte da história contando que, após retornar a São Paulo, Rubinho recebeu o tal orçamento do carro do caipira e a conta foi tão baixa que não incomodou ninguém. Tanto que nenhum deles se lembra do valor.

De qualquer forma, era preciso voltar para a pousada porque estava ficando tarde e eles teriam um dia cheio no sábado. Quando saíram do restaurante, o frio estava intenso, e os agasalhos que eles estavam usando não eram muito adequados para andar de moto. Ainda assim, seguiram, e, no meio da subida da serra, encontraram um mirante de onde era possível avistar a cidade inteira, a poucos quilômetros abaixo. Era impossível não parar diante de uma vista tão maravilhosa lá do alto.

"Cara, parece um enorme aeroporto com uma pista de pouso bem iluminada", exclamou JG.

"É mesmo", concordou Valentim, "essa visão da avenida central cortando toda a cidade numa única reta é muito especial", complementou.

Ainda tiraram mais algumas fotos, inclusive da lua completamente cheia que clareava bem a noite; e, ao começarem a congelar, resolveram voltar para a estrada.

Rodaram num estranho e raro silêncio, mas os três sabiam o motivo. Havia uma questão não resolvida pairando no ar.

"Tenho certeza de que os dois estão duvidando que subirei pela rampa de pedra com a Branca de Neve", pensava JG. "Acho até que apostaram entre si", continuou em seus pensamentos, mas, logo na sequência, concluiu para si mesmo: "Impossível, porque, com certeza, os dois só apostariam contra."

E devia ser isso mesmo que Valentim e Rubinho estavam pensando enquanto pilotavam no mais absoluto silêncio. Logo ficou claro quando, imediatamente após subir a maldita rampa de pedra sem qualquer problema e chegarem à sede, ele percebeu a decepção no semblante dos dois. Rindo muito por dentro, na realidade, ele estava aliviado por escapar de mais uma rodada de gozações. Foram se deitar sem tocar no assunto.

9

NO BICO DO CORVO

Os Aloprado's acordaram bem cedo naquele sábado quando o sol começava a aparecer num céu absolutamente aberto e limpo. Não se via uma só nuvem. Seria um dia espetacular, embora estivesse frio a essa hora, frio até demais para uma manhã de verão.

Valentim acordara antes dos outros e saíra para caminhar pela propriedade. JG e Rubinho arrumaram as bagagens, montaram os bauletos nas motos e então resolveram procurá-lo, mas não o encontraram. Mesmo vestidos com a roupa de motociclista, estavam sentindo frio.

Naquela manhã, Valentim e Rubinho não puderam zoar JG por causa de seu hábito ao levantar. Ainda antes do café, invariavelmente, ele dedicava alguns minutos para fazer exercícios de alongamento, visando preparar as costas para pilotar. Não que isso fosse engraçado, mas, o fato de ele fazer os exercícios nu, ou, no máximo, vestindo uma cueca, era! Ele sempre dormia assim, e não vestia nenhuma outra roupa para fazer seus exercícios. Seu argumento era que ele não sujaria uma muda de roupa para fazer quinze minutos de exercícios. Isso rendia uma farra logo na primeira hora do dia. No entanto o frio que fazia naquela manhã não o motivou. Menos uma!

Ao chegarem na sala onde serviam o café da manhã modesto, porém muito bom, Rubinho não se conteve ao ver uma cena no lado de fora.

"Mano, dá uma olhada na direção do poço, lá embaixo", disse, apontando para uma pessoa. "É o Valentim meditando." E emendou com uma pergunta: "Será que é por isso que ele é tão zen?"

"Acho que não. Para mim, é de nascença mesmo! E não tem cura", respondeu de bate-pronto JG.

"Essa é uma questão semelhante à do famoso anúncio da bolacha: será que ele é zen porque medita ou medita por que é zen?" E, com esse veneno, Rubinho concluiu: "Nunca iremos descobrir!"

Ficaram aguardando a figura voltar para tomarem o café juntos e combinarem como seria o dia. Imaginavam ir direto para o parque, visitar o Morro da Igreja, e então seguir para a serra do Corvo Branco. Em termos de quilometragem, seria semelhante ao dia anterior, mas eles esperavam um pouco mais de complicações.

Sem muita enrolação, fecharam tudo, lubrificaram a corrente da moto do Rubinho e saíram, percorrendo de maneira bem tranquila os primeiros quilômetros de terra e comentando o quanto foi legal terem ficado naquela pousada. Assim que entraram na rodovia no sentido para Urubici, depararam com uma placa indicando a cachoeira do Avencal, a pouco mais de seis quilômetros da estrada, um local turístico dentro de uma propriedade particular aberta à visitação pública mediante uma pequena taxa. O acesso, apesar de ser por terra, era muito bom.

"Vamos entrar? É cedo ainda", propôs Rubinho.

"Por que não? Se for sem graça, voltamos rapidinho", respondeu Valentim.

JG também não se opôs, então eles seguiram. Foi surpreendente. A cachoeira do Avencal é uma queda impressionante, com mais de cem metros de altura e uma parede de arenito reta, em forma de ferradura. O rio Funil, que a forma, é relativamente pequeno, mas a cachoeira tem bastante água, mergulhando num cânion profundo, formando um fluxo de água contínuo, com uma névoa permanente. A beleza ainda é complementada pela enorme quantidade de pássaros que constroem seus ninhos na pedra, embaixo da coluna de água.

Para quem dispõe de tempo e coragem, o local oferece a chance de cruzar os dois lados da cachoeira por meio de uma tirolesa que sobrevoa o cânion criado por ela mesma, percorrendo uma distância de uns duzentos a trezentos metros.

"Deve dar um frio na barriga essa travessia do cânion", comentou JG. "Como teremos um dia cheio, acho melhor seguir em frente."

"De acordo", responderam os outros dois em uníssono.

A desculpa era boa, mas, independentemente de terem ou não terem tempo, ele sabia que ninguém iria se arriscar.

Saíram dali e, poucos quilômetros depois de atravessarem novamente Urubici de ponta a ponta, chegaram à estrada que leva ao parque do Morro da Igreja, asfaltada e tranquila.

Mais alguns quilômetros, e entraram pela portaria do parque, por uma estradinha também asfaltada, subindo o aclive em zigue-zague em meio a uma mata menos densa, até atingir o estacionamento de visitantes, ao lado da entrada do Cindacta, porque é proibido avançar a partir daquele ponto pelo fato de ser uma área de segurança nacional.

O Morro da Igreja é um dos picos mais altos do sul do Brasil, com pouco mais de 1.820 metros, e faz parte do Parque Nacional de São Joaquim. A vista lá de cima os deixou embasbacados, e o alcance era de tirar o fôlego. Apesar da visão de todo o vale pela frente, não se via Urubici, escondida atrás das montanhas, num outro vale. O clima especial do dia, ensolarado e absolutamente limpo, com a temperatura ainda amena no começo da manhã, conspirava para um momento mágico. Bem em frente ao mirante principal fica uma das atrações mais bonitas e famosas do parque, a Pedra Furada, uma formação rochosa que parece avançar sobre todo o vale que fica por trás.

"Parece uma peça de jogo de Lego, de tão perfeita", comentou JG, maravilhado.

Rubinho também estava impressionado:

"É enorme, bem maior do que eu imaginava."

Enquanto Valentim tirava dezenas de fotos, indo de um ponto a outro sem parar, JG falou para o Rubinho:

"Conheci a Pedra Furada de Jericoacoara, mas essa impressiona muito mais, pelo formato quadrado e pela dimensão."

Valentim se aproximou e entrou na conversa:

"Em pouco mais de uma hora de passeio, conhecemos duas atrações muito legais. Que dia louco será este!"

"É verdade, o dia mal começou, e o padrão está bem elevado. Vai ser show hoje", concordou JG animado.

Foi necessário um exercício de disciplina para saírem de lá e seguirem em direção à serra do Corvo Branco, a pouco mais de trinta quilômetros dali, pela mesma estrada que usaram para chegar.

Dizem que o nome dessa serra veio dos indígenas, que avistaram por lá um urubu-rei, que tem as pontas das asas brancas, mas, independentemente de ser corvo ou urubu, depois de uns quinze quilômetros numa subida íngreme e cascalhada, eles atingiram o ponto mais alto, acima de 1.470 metros. O local é muito interessante; tem um enorme corte em rocha, que é tido como o maior do Brasil, com cerca de noventa metros de altura. Pelo menos é o que indica a placa de informações turísticas no parque.

É lá também que aflora de modo permanente o Aquífero Guarani, citado como o segundo maior do mundo. Ninguém experimentou a água, pois não sabiam se era potável, mas estava bem fresca, gelada até.

Valentim não controlava sua excitação. A vista lá de cima é surpreendente.

"Meu, o dia está tão limpo que consigo ver a faixa litorânea no horizonte."

"É verdade, e olha só o trecho de descida que vamos enfrentar!"

"Coisa de maluco", completou JG, arrematando: "Imagina descer por ela em dia de chuva."

"Olhando daqui, parece tão doida como a Estrada da Morte, na Bolívia. E dizem que, com chuva, ela é interditada", respondeu Rubinho.

"É muito tenso realmente. Demos uma baita sorte de chegar aqui com esse tempo. Isso tudo deveria ser mais conhecido e divulgado, não acham?"

E com essa pergunta no ar, decidiram iniciar a descida, ansiosos por conta da dosagem extra de adrenalina que receberiam ao percorrer aquele trecho. Paisagens lindas, atrações maravilhosas e, agora, um baita desafio para pilotar. E nem estavam na metade do terceiro dia!

A descida até Grão-Pará é uma alucinação só, impossível descrever de forma adequada, e, de lá, continua um terrão até Lauro Müller, totalizando pouco mais de setenta quilômetros. A dificuldade para o piloto é enorme, com vários de seus trechos apresentando largura inferior a dois metros e meio, erosões, cascalho, muito pó e barrancos com profundidades superiores a mil metros, sem quaisquer proteções. É uma estrada tão complexa que levou quase duas horas para ser percorrida, exigindo muita perícia dos Aloprado's, além de atenção e concentração máxima, porque sempre tem os caipiras, como em Angelina.

"Pô... esses caras podiam reduzir a velocidade para diminuir a poeira em cima de nós", reclamou JG enfaticamente.

"Acho que nem dá, porque eles não devem ter muito freio", ironizou Valentim.

Rubinho concordava com tudo, mas reduziu drasticamente a velocidade, ficando mais atrás. Os irmãos quase entraram numa fria no dia anterior e tiveram sorte. Era melhor não arriscar.

De qualquer forma, o trecho rendeu fotos maravilhosas até Lauro Müller, uma cidade maior que o vilarejo de Grão-Pará — que eles atravessaram em pouco mais de um minuto, de tão pequeno, mas era muito jeitoso, uma típica vila rural. Lauro Müller é uma cidade com mais infraestrutura, então eles aproveitaram para comer e abastecer. Enquanto batiam um papo, JG, ainda excitadíssimo por causa da descida, comentou:

"Vou dizer uma coisa. Descida igual a essa deve ter pouquíssimas no mundo. Pena que acabou."

"Concordo, mas tem o lado bom também. Acabou o pó! Parece que não tomo banho há meses", concluiu Rubinho rindo.

Valentim lembrou a todos que estavam próximos do objetivo final dessa parte da viagem, a subida pela serra do Rio do Rastro.

"E ainda falta subir a estrada nesse dia privilegiado. Demos muita sorte ao pegar um clima como este. Impossível ser melhor."

E ele tinha toda a razão. Depois de abastecerem as motos e fazer um lanche rápido, e se hidratar, pois o calor já estava mais forte, os Aloprado's iriam subir de novo a serra Geral pelo lado oposto ao da serra do Corvo Branco, saindo próximo a São Joaquim. A rota planejada para o dia, nessa etapa, era um grande círculo de 170 quilômetros de extensão, indo e voltando para Urubici, e cujas dificuldades do trajeto, somadas às paradas nas atrações turísticas e nos descansos, consumiram toda a manhã para percorrer apenas a metade desse círculo, ou menos de noventa quilômetros. Em condições normais, os irmãos teriam completado a distância total entre uma hora e meia a duas horas, se tanto.

E foi nesse clima de altíssimo astral que enfrentaram aqueles zigue-zagues pela serra. Pilotaram sem forçar a velocidade, curtindo a paisagem e a própria estrada, sinuosa mas com um pavimento em ótimo estado, bem sinalizada e com muitos mirantes pelo caminho, tanto que era difícil resistir à tentação de parar de vez em quando, principalmente Valentim. Até que chegaram a um ponto especial, já no terço final da rodovia. De lá, se avistava todo o vale e o caminho abaixo, novamente com a visão do litoral catarinense no horizonte e muito mais.

Localizado ao lado de uma curva de quase 180 graus em aclive para a esquerda, o barranco interno estava tomado por hortênsias azuis, enormes e floridas, e um fio d'água formava uma pequena cascata, límpida e gelada, que descia pelas pedras até ser acolhida pela drenagem. Parecia um cenário artificial. Um show!

O êxtase foi tamanho que demoraram para querer sair de lá.

Eles estavam quase prontos para voltar a rodar quando chegou outro motociclista, com placa do interior de São Paulo, o que chamou a atenção deles, então JG tentou puxar uma conversa:

"E aí, cara, fez boa viagem? Sua moto é de São Paulo, mas está tão limpa que parece que você teve tempo até de lavá-la, hein?"

"Nada, ela veio direto de São Paulo, e eu ainda nem cheguei. Lavei ela, não", respondeu o rapaz sem demonstrar qualquer vontade de papear e com um enorme sotaque do interior.

Era difícil de acreditar que poderia ser verdade, ainda que o cara não tivesse pegado chuva pelo caminho. Em todo caso, ao perceber que o cara não era o que podemos chamar de modelo de simpatia, JG preferiu se despedir e desejar a ele uma boa jornada. Sem ouvir resposta alguma, ele acelerou e seguiu atrás dos manos.

***

Quando chegaram na entrada para São Joaquim, no alto da serra, começou a bater uma tristeza nos três, tanto que os intercomunicadores ficaram silenciosos quase todo o tempo. Estavam no fim de uma aventura inesquecível, porque seguiriam para Garopaba, onde iriam se separar na manhã de domingo.

No dia seguinte, Valentim e Rubinho voltariam para suas respectivas casas e JG daria continuidade à viagem de seus sonhos, rumo ao Chuí.

Foi em meio a esse pensamento dominante que pilotaram até Garopaba, uma cidade de veraneio, em fins de verão e em pleno sábado. Ou seja, foi muito chato rodar pela cidade enfrentando o tráfego do fim de tarde, além do cansaço de um dia em que, embora não tivessem rodado mais do que 470 quilômetros, eles haviam passado sete horas e meia pilotando.

Acharam um posto de serviços no centro onde arrumaram as motos para o dia seguinte, sem fazer muitas brincadeiras, e logo chegaram ao hotel, loucos por um bom e merecido banho.

Saíram para jantar numa churrascaria recomendada, comemorando o sucesso do passeio pelas serras, e aproveitaram para fazer um balanço da primeira etapa da viagem, porque, na sequência, JG seguiria sozinho até o Ushuaia, por mais 25 dias, até os três se reencontrarem em Mendoza, na Argentina, inclusive com o restante do pessoal do Aloprado's.

"Essa alcunha de viagem de sonhos foi algo meio marqueteiro, para provocar um pouco", JG começou a se lamuriar, "mas agora, depois de curtir o que curtimos nesses três dias, começo acreditar que nada pode ser mais verdadeiro."

"Acho melhor parar com essa cerveja. Você está ficando melancólico", disse Rubinho, rindo, mas completou: "Foram dias realmente especiais. Impossível de esquecer. Agora, não vejo a hora de chegar em Mendoza e retornar ao circuito."

"Eu também", completou Valentim, e, emendou:

"*Tô* quase largando meus pacientes e seguindo amanhã com você. Se não fosse pela grana...".

"É melhor eu ir dormir. Amanhã, piloto por mais novecentos quilômetros."

Então, os três voltaram para o hotel, conversando sobre o reencontro que fariam em Mendoza, dali a menos de um mês. Na verdade, os Aloprado's pegariam a estrada antes, porque teriam uns cinco dias de viagem de São Paulo até lá.

Ao chegarem ao hotel, foram direto para a cama.

Amanheceu outro dia belíssimo de muito sol, com uma suave brisa marítima anunciando muito calor pela frente. Eles arrumaram as bagagens nas motocicletas e desceram para o café da manhã. Logo depois, já estavam de novo no saguão do hotel, se despedindo e desejando mútua boa sorte.

Valentim e Rubinho pegariam a BR-101 no sentido norte, para São Paulo, com o intuito de chegar em casa antes das cinco horas da tarde. JG seguiria pela mesma estrada, sentido sul, com a expectativa de estar em Chuí, na fronteira, de preferência por volta das 21h, no máximo.

Mesmo sendo curta e rápida, essa etapa foi maravilhosa. Passaram por estradas e caminhos incríveis. Não precisaram forçar demais as motos e enfrentaram todos os tipos de pavimento, com níveis distintos de exigências de pilotagem. Também levaram alguns sustos, como sempre, com destaque para o incidente em Angelina, riram muito e, o melhor da história, pilotaram se divertindo bastante. As motos, novas, deram um show. Foi uma excelente estreia da Branca de Neve em uma viagem de longa duração. E agora viria mais, muito mais, rumo ao Uruguai.

PARTE TRÊS

USHUAIA
fin del mundo
Pobladores de Ushuaia les
damos la bienvenida

10

EN PORTUNHOL

Verão, sol, calor, praia... estava começando a segunda parte da viagem de sonhos do JG, e o quarto dia prometia! Foi muito chato se despedir dos dois irmãos, e não dava para negar o clima de melancolia que se instalara, porque ele seguiria sozinho durante mais ou menos 25 dias, numa rota bastante desafiadora, até se reencontrar com todos novamente em Mendoza. No entanto ele sentia que estava realmente preparado, inclusive mentalmente. Por mais de dois anos desejara passar por isso!

Mesmo sabendo que uma viagem solo requer mais disciplina, ele não pretendia transformar esses próximos dias numa excursão militar. Queria curtir e aproveitar tudo que pudesse, e, logo de cara, ao entrar na rodovia em direção a Torres, sentiu uma grande injeção de ânimo que o fez seguir em frente.

O dia amanhecera excepcionalmente bonito, e, apesar de não ter com quem falar, o intercomunicador não ficou silencioso. Como pilotava por uma estrada de pista dupla e de pavimento bom, optou por ouvir música. A beleza da natureza em seu entorno o surpreendia e, ao mesmo tempo, gerava uma grande dúvida. Será que por estar só e sem grandes distrações o piloto consegue ver mais? Sua sensibilidade aumenta? Porque tudo aquilo que parecia lindo era conhecido de outras ocasiões, e, para ser sincero, antes ele não dera muita importância.

No entanto era preciso tomar cuidado para não cair em devaneios, porque havia muitas coisas com as quais ele deveria se preocupar, e isso fazia o tempo passar rapidamente. Entre elas, era um tal de fazer contas, com o auxílio do GPS, principalmente para estimar a velocidade média e verificar se estava de acordo com a planejada, assim como checar se o consumo estava adequado, entre outras coisas. Seu grande temor era chegar muito tarde ao destino final do dia, o Chuí, no Rio Grande do Sul. Por isso, virava e mexia, ele se pegava pensando sobre o que fazia e sobre o que deveria fazer naquele trecho ou naquelas condições de tráfego para não se atrasar.

Volta e meia, percebia que estava conversando com a Branca de Neve, checando os controles e avaliando a situação do momento. Parecia ter desenvolvido um sistema próprio de autodiálogo. Ele não estava enlouquecendo, apenas se obrigava a se manter ativo e focado o tempo todo!

Sem grandes complicações e, tranquilo, avançou aproveitando o lindo visual do mar a sua esquerda, cuja brisa e o ar marítimo ajudavam a suavizar o forte calor, e o fazia pilotar com prazer. Aproveitando aquele ambiente idílico, ele começou a testar o rastreador e o sistema de envio de mensagens por satélite, base do sistema de segurança que montara para a viagem. Na primeira parada do dia, ligou para casa e foi tranquilizado com a confirmação de que estavam recebendo as mensagens sobre os pontos de avanço, de hora em hora, como programado, e que tudo funcionava perfeitamente.

Nessa tranquilidade, a preocupação com uma viagem solo começou a se dissipar, a ponto de o lembrar de um poema que vira grafitado em uma parede uns tempos antes, sobre a solidão dos pássaros em voo, que os acompanha mesmo quando estão em revoada junto a um bando imenso. Segundo JG, andar de motocicleta também é um ato solitário, mesmo em grupo e com sistemas de comunicação. O piloto, enquanto está rodando, é um ser integrado à motocicleta e fechado em seu mundo pelo capacete. Sentia-se um pássaro em voo e, apesar de todas as questões sobre viajar sozinho, aproveitava ao máximo aquela bela manhã.

É claro que existem muitos prós e contras no que se refere ao viajar sem companhia, mas ele se preparara e estava predisposto a ver mais o lado positivo. Sabia que, ao rodar sozinho, não precisaria ter grandes preocupações com reservas de hotéis antecipadas, por exemplo, porque é sempre mais fácil arrumar algum lugar para uma pessoa só dormir em caso de emergência. A parte burocrática também é simplificada com uma única motocicleta para passar pelas alfândegas, um só tanque para encher, um só cara para se alimentar e, como único viajante, poder escolher como, onde e quando parar para comer ou descansar. Enfim, experimentaria a própria definição de liberdade quanto às decisões, aos horários, aos rumos, etc.

Claro que existia o lado mais ingrato disso: a saudade da farra de viajar com os Aloprado's, e, se algo desse errado, a culpa seria só de um cara, dele mesmo!

Também considerara os contras, como aquelas histórias que se ouvem muito sobre insegurança, solidão e, é claro, os riscos de acidentes e falta de socorro.

Com a maturidade e a experiência adquirida nas aventuras anteriores, ele tinha em conta que a solidão é inerente a uma viagem de moto, conforme o poema do pássaro em voo, e sentia-se preparado para administrar a insegurança tomando uma série de cuidados como não rodar à noite, não ficar em lugares desertos, guardar a moto em locais fechados e arrumar um jeito de estar localizável e comunicável o tempo todo.

Quanto ao socorro, apesar de os companheiros sempre ajudarem uns aos outros, ele nunca viajara com médicos ou mecânicos antes. Sempre tivera o conforto de um dentista como Valentim e de um parceiro com aguçado senso prático, o Max, além de contar com a eficiente gestão econômica de Rubinho, imbatível no controle de gastos, mas nunca tivera a certeza da solução. Ou seja, caso algo grave acontecesse, ele precisaria de apoio externo da mesma forma, com a desvantagem de que, ao estar sozinho, a dificuldade na busca desse apoio é maior. Contudo, ele não tinha dúvidas, o pior de estar sozinho é não ter a companhia e as brincadeiras nos momentos de parada. Por isso, mudou o modelo mental da viagem para essa etapa, buscando preencher os momentos de ócio de outra maneira, positivamente.

Ainda assim, a questão fundamental para os dias de pilotagem solo é mesmo o aspecto da segurança. Depois de um estudo sobre possíveis alternativas, ele optou por aderir a uma rede de cobertura mundial por satélites e firmar um contrato de prestação de serviço com uma empresa de monitoramento que não só fazia o rastreamento permanente durante o trajeto como gravava a localização exata de tempos em tempos (que ele definiu que seria a cada hora) e enviava esse rastreamento a até dez pessoas, simultaneamente. Dessa forma, seus familiares eram informados a todo momento sobre sua localização exata. Ao aderir a esse serviço, adquire-se um pequeno aparelho de GPS, que é fixado em algum ponto externo da motocicleta e emite os sinais conforme programado. Além disso, oferece o conforto do envio de mensagens predefinidas às pessoas cadastradas e dispõe de um botão de socorro que deve ser acionado apenas em casos de emergência.

Também contratou, no mesmo pacote, um seguro-resgate, serviço que poderia ser acionado também por meio do botão de emergência. Se houvesse necessidade de resgate por algum motivo, ao acionar esse botão, a central o localizaria pelo rastreamento e ativaria o serviço público ou mesmo privado para lhe socorrer. Esse programa oferecia o conforto de que ele precisava caso houvesse uma eventual emergência médica.

Esse pacote de serviços é muito utilizado por exploradores, *snowboarders*, alpinistas e outros adeptos de esportes radicais em lugares ermos, e disponibiliza uma rede integrada de satélites mundial, que dispõe de cobertura em quase todo o globo. A ironia estava no fato de que o ponto menos eficiente em todo o mundo, segundo a empresa, e que poderia gerar alguma demora nos envios das mensagens, era justamente abaixo do paralelo 54 S, ou seja, na região austral, seu destino!

Como medida extra, ele distribuiu um roteiro básico ao Aloprado's, para que pudessem controlar a evolução da viagem, prevendo onde ele estaria ao longo do dia, e validar com o envio das mensagens do rastreador. Com todas essas providências, era até natural não se sentir desconfortável por estar sozinho.

A rota planejada para o dia seria seguir pelo litoral até Torres, contornar Porto Alegre por fora, descer em direção a Pelotas e continuar até o Chuí, num total de mais de novecentos quilômetros. Ele imaginara que gastaria algo como onze horas rodando, e, como as pesquisas indicavam que a passagem pela alfândega do Chuí seria muito fácil, preferiu dormir ainda no Brasil, porque temia chegar tarde da noite.

À medida que avançava em direção ao sul, mais impressionado ficava com a quantidade de veículos originários dos países que faziam parte do Mercosul que ele cruzava. Nas paradas para abastecimento, pelo menos 40% dos carros eram de argentinos ou uruguaios. Nesses postos de serviços, ouvira mais o espanhol que o português, fora o fato de o peso uruguaio e argentino serem aceitos normalmente nos caixas. O estranho é que em nenhum lugar do Uruguai, da Argentina ou mesmo do Chile, exceto nas fronteiras, aceita-se moeda estrangeira. Começara a se sentir um estrangeiro em seu próprio país!

De Joinville até o Chuí, pode-se comprar qualquer coisa com o dinheiro desses países. É claro que o câmbio é sempre desvantajoso para os turistas, que ainda assim parecem não se importar e preferem não carregar reais. O fato chamou tanto sua atenção que a curiosidade falou mais alto e, num determinado momento, ao parar num posto de serviços antes de Torres, ele não se conteve.

"Acho que deveria falar em portunhol", comentou com o caixa do posto.

"Nessa época, os estrangeiros são a maioria no comércio. E olha que eles acabam mesmo tendo a preferência", respondeu o rapaz com um sorriso malicioso.

Era fato, estava saindo do Brasil antes do que imaginara.

Logo depois dessa parada, ele contornou a região metropolitana de Porto Alegre sem passar pela cidade e aproveitou a nova parada de abastecimento para fazer um lanche rápido. Era uma boa hora para fazer um balanço do dia até o momento. Mantivera uma média de velocidade bem elevada, acima da prevista, sem que isso significasse abusar. Um fato que o deixou muito animado, achando que fosse possível chegar ao Chuí mais cedo que o esperado. No entanto ele prometeu a si mesmo que não faria loucuras para alcançar essa meta.

Havia encontrado as estradas em boas condições e com pouco tráfego, sendo que todas eram operadas por concessionárias privadas, e o único incômodo que enfrentou foi ao pagar o pedágio, por conta do transtorno do processo. Mesmo deixando um dinheiro trocado na bolsa plástica da manga, por mais preparado que estivesse, ele perdia um tempo considerável nas cabines. Mas fazia parte, e o pior é para quem está atrás, que tem de esperar o fim do ritual de tirar luva, pagar, receber o troco, colocar a luva novamente e sair. Nessa viagem, ele rodou por muitas estradas com pedágios na Argentina, no Uruguai, no Chile, na Bolívia e no Peru, e em nenhuma delas a motocicleta era cobrada. Na realidade, ele só precisou pagar pedágio nas pontes que atravessam os rios Uruguai e Paraná e no túnel sob o rio Paraná, todos sistemas especiais argentinos, além de um caso especialíssimo ocorrido na Bolívia. Em estradas normais, só mesmo nas do Brasil.

A descida para Pelotas foi outra enorme surpresa. Desde que JG traçou o roteiro, ele pensava que esse seria o trecho mais chato para o dia. Mas não foi, e, após o Rio Grande, fica ainda mais bonito e interessante. O plano era usar uma estrada estadual, muito simples, cercada por densa vegetação, entre o mar e a lagoa dos Patos, até então desconhecida. Um caminho que vale muito a pena!

Ele previa abastecer próximo ao Rio Grande, e, pouco antes do trevo de acesso à cidade, a rota gravada no GPS indicava sair à direita. O único posto de serviços visível se localizava após o trevo de saída que o faria pegar a nova estrada, porém, era de bandeira genérica, e, devido à uma traumática experiência com o Aloprado's em Itararé, na divisa de São Paulo com o Paraná, com a saudosa Super Ténéré do Max, ele nunca mais abastecera em postos de serviços que não fossem de rede conhecida.

O computador da Branca de Neve indicava uma autonomia para mais cem quilômetros, talvez 120. A rota lançada no GPS mostrava um posto pelo caminho alguns quilômetros adiante. Ele preferiu seguir sem entrar em Rio Grande. Depois de rodar mais uns vinte quilômetros, deu de cara com uma enorme placa na rodovia, informando que o próximo posto de serviços estaria a duzentos quilômetros de distância, praticamente em Chuí!

"Pô... assim não dá, essa é a distância até o hotel!"

Não adiantava espernear, ele teria de voltar à Rio Grande, e isso o deixou bastante chateado. Checou o roteiro novamente e confirmou a previsão de um posto por aquelas bandas, mas não vira nada até então. Deu meia-volta e acelerou, tentando não atrasar muito, quando passou por um local onde avistou as ruínas do tal posto, completamente abandonado havia vários anos.

Ele carregara um galão desde São Paulo, mas, como sempre, deixou para enchê-lo ao entrar na Argentina. Não previa situações iguais a essas no Brasil ou no Uruguai. De volta ao Rio Grande, parou no tal posto de serviços genérico, na entrada da cidade, e abasteceu, apesar do medo da qualidade da gasolina. Nesse momento, chegaram dois carros com famílias argentinas que puxaram conversa. Perguntado, comentou que não atravessaria o Río de la Plata com o Buquebus, que é a linha de barcos que faz a ligação entre Uruguai e Argentina. Ao contrário, seguiria pelo litoral uruguaio até Fray Bentos, quando entraria na Argentina pela ponte internacional que a liga com Gualeguaychú. Eles ficaram surpresos. Todos os conhecidos deles atravessavam de barco por Montevidéu, um percurso mais longo, de oito horas, ou por Colonia del Sacramento, um caminho mais curto e mais comum, com cinco horas de trajeto.

Contudo, independentemente disso, a verdade é que não lhe interessava passar por Buenos Aires. O terminal de barcos é praticamente no centro da cidade, quase ao lado de Puerto Madero, o que implicaria dormir por lá e atravessá-la toda até a saída em direção a Mendoza e Córdoba. Isso consumiria mais uma manhã. Como Buenos Aires é uma cidade bem conhecida, ele não estava disposto a perder tempo naquele trânsito, fora o fato de que rodar em meio ao caos urbano é algo que ele detesta!

Uma vez de tanque cheio, despediu-se dos argentinos e retomou o rumo em direção ao Chuí e, após alguns quilômetros, iniciou a travessia dos banhados da Estação Ecológica do Taim, um trajeto maravilhoso de 25 a 30 quilômetros, mais ou menos. Foi impossível não parar para curtir e fotografar o local. Nunca vira tanta capivara antes, um bicho super-rápido e ágil ao nadar. Quando o avistaram parado à margem da rodovia para fotografá-las, algumas se atiraram no rio a margem da pista e pareciam querer chegar até ele. Nesse momento, ventava muito forte, o que dificultou até a sessão de fotos. Então ele achou melhor prosseguir.

Após passar pelo parque, impressionado com a quantidade de água e animais que via, incluindo emas, ratões-do-banhado, pacas, as próprias capivaras e aves diversas, ainda sobraram algumas longas retas naquela planície gigantesca para chegar ao Chuí, extremo sul do Brasil. Era final de tarde, e permanecia dia claro quando ele entrou num posto de serviços bem na frente do hotel e abasteceu, feliz por não ter tido problemas com a gasolina do Rio Grande. Após preparar a Branca de Neve para o dia seguinte, ele foi para o hotel a fim de encerrar o primeiro dia de viagem sem companhia.

O hotel ficava localizado à beira da estrada, que é na verdade uma avenida urbana e caminho para o Uruguai, com a alfândega a menos de cinco quilômetros dali. Mal fez o registro, ele foi perguntando ao atendente sobre ela, preocupado com potenciais atrasos pela manhã. Mas o tranquilizaram, com a confirmação de que os procedimentos de travessia não representariam nenhum tempo significativo.

Concluíra um dia diferente, o quarto, mas que manteve o padrão de uma viagem de sonhos. Cansado, ele aproveitou e jantou um autêntico churrasco gaúcho, excelente e bem servido, no próprio hotel. Foi um dia excepcionalmente longo, mas tudo transcorreu sem grandes complicações. Ele estava com a sensação, muito boa por sinal, de que fora fácil cobrir os 990 quilômetros, o mais extenso trajeto dessa etapa rumo ao sul do continente. Contudo, estava ansioso com o início da fase internacional a partir do dia seguinte. Necessitava revisar o trajeto para o quinto dia e escolher um hotel para passar a noite. A ideia era dormir em Colonia del Sacramento, rodando uma distância bem menor.

11

VAMOS A LA PLAYA

JG acordou cedo, agraciado por um belo dia de sol, fresco e sem nenhuma chance de chuva, pelo menos naquele horário, pouco depois das sete horas. Estava tão fresco que, ao sair para instalar a bagagem na moto, ele se viu obrigado a colocar o forro da roupa de proteção. Imaginava retirá-lo logo depois da fronteira com o Uruguai, porque a previsão para o dia era de calor, acima de 27 graus!

Para a etapa de sua viagem solitária, ele definira uma rotina de tarefas a desempenhar todo final do dia ao chegar aos hotéis. Consistia basicamente em reorganizar toda a roupa e os equipamentos nos bauletos, conforme o roteiro do dia seguinte e em função da previsão do clima, e revisar a rota definindo o ponto para pernoite a partir da reserva de algum hotel. Aproveitava esse momento para descarregar no *notebook* o trajeto real percorrido ao longo do dia e gravado no GPS, criando um controle exato do roteiro realizado, algo inédito em suas aventuras. Com esses dados, também conferia o sistema de rastreamento, assegurando que estava sendo monitorado adequadamente, o qual sempre operou conforme planejado, com confiabilidade e tranquilidade, importante principalmente a partir das etapas mais remotas que ainda iria enfrentar.

Essa rotina consumia entre uma hora e uma hora e meia todas as noites e preenchia o tempo, o que era bom para ele, dada a ausência dos companheiros do Aloprado's, além de compensar um pouco aquela falta de zoação entre o banho do final do dia e a ida para a cama. Também permitia que ele se preparasse para as atrações que encontraria no caminho, repassando onde e quando iria parar. Era a tal da máxima flexibilidade, pois seu planejamento era rígido por um único dia.

O hábito fora iniciado na véspera, na primeira noite sem companhia, e o roteiro que enfrentaria no quinto dia o deixava empolgado. Relativamente curto, com pouco mais de 530 quilômetros, oferecia uma boa gama de lugares para conhecer.

Saindo do Chuí, ele seguiria direto para Rocha, a primeira cidade 100% uruguaia, pela rodovia federal Ruta 9, e, de lá, por via de um caminho secundário, desceria em direção ao litoral uruguaio, até José Ignacio, cortaria por dentro de Punta del Este e, sempre margeando o litoral, cruzaria Montevidéu de ponta a ponta até Colonia del Sacramento. Desejava chegar no meio da tarde e aproveitar algumas horas revendo essa cidadezinha histórica e simpática e, para isso, reservou um quarto em uma charmosa pousada, próxima ao centro colonial, para passar a noite.

Para o dia, duas coisas o incomodavam. A primeira era a travessia da fronteira, pelo fato de ter deixado para fazê-la de manhã, ao dormir no lado brasileiro do Chuí. Temia que a burocracia a enfrentar pudesse atrasá-lo muito. A segunda era a passagem por Montevidéu. Ele conhecia a cidade, uma capital federal não tão grande como são as capitais na América do Sul, mas o tráfego era mais pesado. Sua conhecida aversão ao trânsito urbano o deixava tenso só de pensar nisso.

Mesmo assim, ele curtiu o café da manhã gaúcho imaginando que não faria um almoço convencional. Não eram oito horas ainda quando ele subiu na Branca de Neve e partiu, pronto para deixar o Brasil durante os próximos 45 dias mais ou menos. Os rapazes da recepção o tranquilizaram quanto à alfândega, insistindo que o caminho seria facílimo; bastaria seguir pela rua do hotel, na verdade, a rodovia por onde chegou no final da tarde anterior.

Logo, passou pelo que deveria ser o centro do Chuí, sem saber se ainda estava no Brasil ou se já havia entrado no Uruguai, surpreso com a tamanha facilidade que encontrara no trajeto, exatamente como todos lhe disseram. Aliás, foi tão fácil que ele começou a se preocupar, temendo estar irregularmente no Uruguai ao constatar algo que não vivenciou em nenhuma outra viagem. Cruzar a fronteira entre o Brasil e o Uruguai pelo Chuí é, na prática, uma coisa que não existe. O Chuí para os brasileiros ou o Chuy para os uruguaios é uma só cidade, com seus dois lados separados por uma avenida em pleno centro, curiosamente chamada de avenida Brasil. Numa calçada, é Brasil, e na outra, é Uruguai. Pode-se comprar carne de um lado e cerveja do outro, não importa se você é uruguaio ou brasileiro e menos ainda com que moeda vai pagar. A maior parte da sinalização que vira estava em espanhol.

Para acessar a Ruta 9 e chegar ao posto da fronteira, que fica a uns dois quilômetros depois da cidade, basta seguir em frente pela avenida Uruguai, que nada mais é que a continuidade da BR-471, a mesma do hotel. Foi rodar por não mais que cinco minutos e encontrar esse posto da fronteira. Ele parou para fazer os procedimentos, estranhando não ter visto nenhum posto brasileiro anterior.

Desceu da moto e percebeu que era o único cara por ali. Achando que estava equivocado, foi pedir informações com um oficial uruguaio que estava fumando ao lado do prédio.

“Senhor, desculpe-me se cometo algum equívoco, mas... como faço os trâmites de saída do Brasil e ingresso no Uruguai?”

Sem perceber que já havia saído do Brasil, ele foi falando em português mesmo.

“Não há o que se desculpar. É aqui. Assim como todas do Mercosul, essa alfândega é integrada, e os procedimentos são feitos simultaneamente”, respondeu o oficial e, imediatamente, indicou para onde ele deveria se dirigir, num português perfeito.

Fazer esses trâmites e retornar até a moto, mesmo com o papo com os fiscais, curiosos sobre a viagem, e ainda agradecer ao oficial pela gentileza ao sair do prédio custaram exatos quatro minutos, marcados no relógio. Um recorde histórico! O dia começara muito melhor do que ele esperava.

Dessa forma, muito antes das nove horas da manhã ele já estava rodando em direção a Rocha pela excelente rodovia e em ótima velocidade. Aquele começo de viagem internacional trazia consigo uma preocupação extra com a fiscalização rodoviária. A Branca de Neve era uma motocicleta de grande porte e que, carregada, chamava muita atenção e despertava a curiosidade de todos, inclusive por causa da placa estrangeira. Além disso, era final de férias de verão. Por conta dessas questões, ele temia enfrentar um policiamento reforçado. Apesar das preocupações, não passou por um único posto de fiscalização e controle e, os que existiam ao longo do trajeto estavam fechados. A bem da verdade, ele não avistou nenhum policial até se aproximar de Rocha!

Da fronteira até lá foram 130 quilômetros de trajeto, na maior parte cruzando por estâncias de gado, algumas muito bem cuidadas, sem monotonia e sempre acompanhado de uma boa música nos intercomunicadores. Desenvolvia uma velocidade ótima; a temperatura havia subido um pouco, mas isso não incomodava. Ele retirara o forro da vestimenta na saída da alfândega e aproveitou aquele clima agradável para pilotar. Sempre naquele processo permanente de acompanhamento dos controles da moto e concentrado na pilotagem, nem sentia que rodava sozinho. O poema do pássaro em voo parecia realmente ter sido escrito para ele.

Ao se aproximar de Rocha, só conseguiu encontrar a estrada para José Ignacio graças à orientação do GPS, pois não existia placa de sinalização. Ainda bem que pilotava com a rota gravada com todos os detalhes, porque é um caminho secundário em terra, muito rudimentar, como uma boa estrada de sítio, razoavelmente conservada e sem pó. Toda a descida da planície em direção ao mar foi cruzando fazendas e com um trânsito leve que era composto por um misto de veranistas e *granjeros* com suas poderosas picapes 4x4.

José Ignacio é um minúsculo aglomerado urbano extremamente charmoso, com diversas casas de veraneio de alto padrão, no entorno do farol que guia os navios que entram pela foz do Río de la Plata. De lá até Punta del Este, o roteiro é belíssimo, sempre seguindo à beira da praia, ideal para aproveitar o último trecho de litoral marítimo do Uruguai, porque depois será sempre beira de rio.

Ele mal chegou ao vilarejo e já estava na praia, onde parou num bar muito jeitoso, onde algumas pessoas tomavam o café da manhã; aparentemente, turistas. Apesar de ser segunda-feira e ainda cedo, o movimento de banhistas era razoável. Assim que entrou no bar e se sentou para tomar um isotônico, alguns jovens foram conversar com ele.

"Linda sua moto. Deve ter custado uma fortuna", exclamou um garoto, como sempre mais interessado na Branca de Neve do que nele.

"Vais a Punta del Este, para aproveitar o final do verão?"

Apesar de as perguntas serem sempre as mesmas, ele estava se acostumando com a curiosidade e tinha as respostas meio prontas.

"Não, apenas passo por lá hoje. Estou a caminho do Ushuaia."

"Uau! E com quem você seguirá até lá? Não vai sozinho, certo?!"

Realmente, as perguntas eram invariavelmente as mesmas, mas isso sempre lhe permitia explicar com seu fraco portunhol que não era muita loucura descer até o Ushuaia sozinho e de moto.

Também ficava evidente que a vedete era a Branca de Neve, e não era diferente dessa vez. Uma moto desse porte não é comum, e a grande maioria que se encontra pelas estradas são de turistas em viagens. Isso excita a imaginação das pessoas.

Essas situações, no entanto, eram muito agradáveis porque não permitiam quaisquer resquícios de solidão. Nessas conversas, ele sempre tomava o cuidado de não detalhar demais os destinos, por questão de segurança, e preferia não revelar o roteiro completo, que chegaria em Rio Branco, no Acre, para depois voltar para casa pela Amazônia e pelo Pantanal, ainda sem saber se continuaria ou despacharia a moto. Decidiu que só definiria isso quando chegasse a Mendoza, junto com Valentim e Rubinho.

Achava que seria confuso demais para os interlocutores contar toda a sua viagem de sonhos! Ir e voltar ao Ushuaia nessa etapa era suficiente.

Animado após essa parada num lugar tão bonito e bem característico do veraneio uruguaio, em que só encontrara argentino e com o calor bem mais forte, seguiu à beira-mar em direção à Punta del Este, caminho que percorrera alguns anos antes durante uma viagem de férias com a família, só que de carro.

A estrada, a partir de José Ignacio, é muito mais uma avenida urbana, apesar de precária, com pavimento misto de terra e asfalto, de forma que sua velocidade não pode ser muito alta. No entanto o visual dela é sensacional, merece mesmo ser percorrida sem acelerar. Contudo, ele encontrou um tráfego intenso ali, uma mistura de moradores locais e veranistas, o que exigia mais atenção. A partir desse ponto, ele começou a ficar incomodado com a música, percebeu que ela o distraía, e, como estava num território desconhecido, optou por desligá-la. De fato, essa decisão fez-lhe se sentir mais seguro, e ele resolveu deixar de escutar música enquanto pilotava até chegar em Mendoza. Os intercomunicadores finalmente silenciaram. A bem da verdade, o silêncio não era total, porque permaneceram as orientações sobre a rota a percorrer, informadas pela voz feminina do GPS.

Sem dificuldades, chegou em Punta del Este, onde, pelo fato ter tido oportunidade de visitar em outra ocasião, ele facilmente se localizou, contornando a avenida beira-mar em direção à praia central a procura de um ponto de parada, para abastecer e beber alguma coisa, porque o calor apertava. Nessa viagem, ele estreou um novo equipamento, um *camel pack*, um acessório que se fixa às costas, na roupa de pilotagem, e permite carregar até 2 litros de água para se hidratar enquanto pilota. Uma ótima experiência que o fez estabelecer uma rotina de beber um pouco de água a cada meia hora. Nesses primeiros dias, ainda não havia feito muita diferença, porque o clima esteve mais ameno. Ele pilotara com temperaturas por volta dos 20 graus na parte da manhã e de 26 a 28 graus à tarde.

Nas paradas, aproveitava para trocar a água por uma mais fresca. Com a prática, passou a encher menos o reservatório, evitando ficar com água velha. Foi mais um dos experimentos feitos desde que saiu de São Paulo, e tudo transcorria de maneira perfeita, conforme sua definição de viagem de sonhos. A bem da verdade, nem tudo. Ele começou a se sentir muito incomodado com a bolsa do tanque, algo que sempre detestou, porque ela atrapalhava ao subir e descer da moto e precisava ser retirada para dar acesso ao bocal do tanque a cada abastecimento. Além disso, ele percebeu que a estava carregando à toa. Em cinco dias, não tirara uma só foto com o equipamento fotográfico que levara na viagem, guardado dentro dela; ele acabava optando por fotografar com o celular mesmo, por conta da rapidez e da praticidade. Avaliava que os resultados obtidos eram ótimos, sem contar a facilidade de descarregar o arquivo no computador.

Ao chegar ao centrinho de Punta del Este, parou num posto de serviços em frente à praia e aproveitou para esticar as pernas indo até lá. A principal praia do centro de Punta estava lotada de gente naquele horário da manhã, e a cidade estava bem agitada para uma segunda-feira. Ele fez algumas fotos e retornou para seguir pelo litoral em direção a Montevidéu. Embora ainda estivesse no meio da manhã, ter que enfrentar o trânsito urbano o preocupava, como sempre. Uma vez por lá, não teria jeito de evitá-lo, pois não existe um anel viário de contorno e é necessário atravessar a cidade de ponta a ponta. Ele iria usar a rota traçada no GPS para não se perder até a Ruta 1, do lado oposto à entrada da cidade, rumo a Colonia del Sacramento.

De Punta a Montevidéu, foi tudo muito tranquilo; ele rodou o tempo todo por uma estrada de pista dupla muito bonita, e o trânsito estava leve. Essa estrada é quase um jardim de tão bem cuidada. Mas, ao se aproximar da cidade, ainda em sua periferia, o tráfego urbano foi ficando cada vez mais pesado, com muito movimento e uma infinidade de semáforos que começou a irritar. Era pouco mais de meio-dia, e o horário de almoço se misturava com as saídas das escolas, criando uma certa confusão. Ou seja, as férias escolares haviam terminado!

O calor estava tão forte que ele foi obrigado a abrir totalmente a jaqueta para resistir àquele para e anda interminável causado pelos semáforos. A famigerada aversão ao tráfego urbano se manifestou imediatamente, mas não havia o que fazer, a não ser resistir e prestar atenção para não se perder.

A rota traçada deveria ser uma linha reta, porém, desvios motivados por uma sucessão de obras viárias o obrigaram a pegar vias alternativas, e isso só aumentava sua angústia. Ainda assim, sem qualquer contratempo, exceto o desconforto causado pelo calor, sempre maior quando se está numa cidade, ele conseguiu chegar ao trevo de acesso à Ruta 1, onde pôde então acelerar um pouco para refrescar. Antes de entrar na autoestrada, com seu trecho inicial em pista dupla, ele avaliou que estava tranquilo de combustível, então optou por abastecer apenas em Colonia del Sacramento.

JG conhecera essa cidade durante uma viagem que fizera a lazer por Buenos Aires, quando deu uma fugida de barco para lá. Ele estava ansioso por voltar, porque o dia que passara caminhando em suas vielas coloniais deixara ótimas lembranças, principalmente por conta do charme de seu centro histórico.

E o caminho até lá foi muito gostoso, mesmo quando, mais ou menos na metade, passou a ser em pista simples. O tráfego era muito leve, feito quase só por argentinos, e a rodovia atravessa algumas zonas de mata pouco densa, sempre contornando as margens do Río de la Plata, que naquele ponto mais parece um mar de águas barrentas.

Ao se aproximar de Colonia, começam a surgir as várias indicações para o acesso ao terminal de veículos do Buquebus. Mais da metade dos que estavam transitando naquele horário, meio da tarde, se dirigiam para lá. Realmente, a grande maioria dos turistas que vão do Uruguai para a Argentina atravessa a baía de barco. Ficou fácil entender o espanto dos argentinos lá em Rio Grande quando JG disse que atravessaria pela ponte internacional. Ele teve a impressão de que era o único a fazer isso.

Logo que chegou à cidade a caminho do centro, ele abasteceu e preparou a moto para o dia seguinte. A viagem lhe pareceu tão tranquila pois a Branca de Neve não estava mais suja do que esteve depois da aventura da travessia pela serra do Corvo Branco.

Assim que entrou pelo centro, ele encontrou a pousada para a qual fizera reserva, uma nova surpresa positiva, por conta do charme das acomodações e pela localização — era muito próxima ao calçadão que beira o Río de la Plata, exatamente onde começa a foz junto ao Atlântico, criando aquela enorme baía entre Uruguai e Argentina, com Montevidéu numa ponta e Buenos Aires, que fica bem em frente à Colonia, na outra.

Descarregou a bagagem, tomou um bom banho e saiu para caminhar pelas vielas, fazendo hora para o jantar. Iria comer num restaurante na pracinha que os rapazes da pousada recomendaram, com música ao vivo. Gentilmente, eles providenciaram reserva numa mesa externa.

Caminhando, entrou numa sorveteria lotada e em poucos minutos engatou uma conversa com alguns argentinos que estavam à frente na fila e voltavam do Brasil entusiasmados.

"Passamos o Carnaval no Rio de Janeiro e esticamos até domingo em Florianópolis. Vamos pegar o barco à noite para Buenos Aires", comentou a jovem, num portunhol bem razoável.

"Dormirei por aqui hoje, e seguirei para Rosário amanhã. Vou descer até o Ushuaia, pela Ruta 40, e acho que conseguirei chegar lá no meio da semana que vem."

"Mas irá até lá sozinho? Você não tem medo?"

A cara de espanto do namorado dela era hilária!

"Estou tomando todos os cuidados necessários, mas até agora só encontrei gente disposta a ajudar, mesmo em coisas muito simples."

O papo foi ficando tão animado que eles decidiram se encontrar no jantar, depois de descobrirem que haviam reservado o mesmo restaurante. O casal jantaria antes da saída do barco, que seria por volta da meia-noite.

Depois de caminhar e aproveitar bem a folga naquele lugar digno de uma visita mais prolongada, ele foi para o restaurante encontrar seus novos amigos. Sentaram-se juntos na mesa reservada e aproveitaram aquelas horas, com a cidade repleta de turistas numa noite quente e agradável com a brisa que vinha da baía. Durante o jantar, ouviram o conjunto musical que tocava ao vivo, o que JG classificara como *rock do meu tempo*. Em plena prática intensiva de portunhol, foi uma diversão trocar impressões de viagens pelo sul do Brasil e pelo Uruguai! Uma delícia.

Depois do jantar, tiveram de se despedir. Os novos amigos seguiram para o terminal, rumo à Argentina, e JG voltou para a pousada, a fim de revisar a programação do dia seguinte, arrumar sua tralha e reservar um hotel em Rosário, onde passaria sua primeira noite argentina. Estava se sentindo leve, feliz e um pouco surpreso com a dificuldade de ficar sozinho nessa viagem. Sempre acabava com alguma companhia simpática!

12

PELAS PRADARIAS

Que noite foi aquela passada em Colonia del Sacramento... Além de ser uma graça de vila, com sua história, inicialmente colonizada por portugueses, tem um astral bem para cima, gente bonita de vários países lotando os restaurantes e bares, música ao ar livre e alegria. Tudo acaba mais ou menos no mesmo horário, com a partida do último Buquebus do dia para Buenos Aires, próximo à meia-noite. A partir desse horário, só ficam os turistas que pretendem passar a noite na cidade e dormir nas pousadas locais, como JG faria. Antes de ir para cama, ele ainda completou a rotina da revisão do roteiro do dia seguinte.

Descansado e feliz, ele acabou por levantar-se um pouco mais tarde, pela primeira vez após por volta das 8h, e então montou a bagagem na moto. O dia amanheceu com muito sol e um calor razoável, mas era quase certo que terminaria bem mais quente, quando ele chegasse em Rosário, na Argentina, na província de Santa Fé.

A rota escolhida previa a travessia da fronteira pela ponte internacional entre Fray Bentos no Uruguai e Gualeguaychú na Argentina, de onde ele rumaria para Rosário. Também não seria um dia de muita quilometragem, um dos últimos nessa moleza, e, se não ocorresse nenhum imprevisto, estaria no hotel no meio da tarde.

Sabia que gastaria mais tempo ao entrar em Rosário até chegar ao hotel, por conta da dimensão da cidade, a terceira mais populosa da Argentina, mesmo escolhendo um hotel localizado bem próximo do anel viário de retorno, para facilitar a saída no dia seguinte, rumo a San Luis, província ao norte, ao final de La Pampa.

Após um café da manhã reforçado e meio triste por ter de abandonar Colonia, ele encarou os quase cem quilômetros da rodovia de pista simples e bem conservada, quase sem tráfego, até Carmelo. No passado ele já ouvira falar muito bem dessa cidade do interior que estava ganhando fama como ponto turístico e oferecia principalmente descanso em seus balneários de areia clara às margens do Río de la Plata,[4] que nesse ponto tem uma largura mais, digamos, convencional. A cidade de Carmelo é conhecida por dispor de excelentes *resorts*, mas JG não teria oportunidade de conhecer nenhum deles, porque só cruzaria a cidade, de passagem.

Pelo menos era o que imaginara até que, próximo da entrada, a rodovia se transforma numa rua completamente arborizada e sombreada, lembrando as rodovias turísticas da região de Bordeaux, na França, que vemos em fotos de calendários, exigindo reduzir a velocidade para aproveitá-la integralmente. Carmelo se espalha pelas margens do rio, entrecortada por alguns afluentes, e a rota exigia atravessá-la inteira pela principal rua de comércio.

O trecho de estrada margeia um rio, ou *arroyo,* como se diz por lá, até chegar em uma ponte metálica que o atravessa e que é a entrada da cidade. Esse cenário de vila de interior do século passado fez JG se recordar de sua infância, quando passava as férias em Porto Ferreira, na chácara do avô motoqueiro, presidente oficial do Aloprado's. Porto Ferreira, uma pequena cidade do interior paulista, fica à beira do rio Mogi-Guaçu e tem uma ponte quase do mesmo estilo, local de pescarias e onde JG viveu muitas brincadeiras e aventuras com seus irmãos e primos.

---

4. O Río de la Plata é um estuário formado pelo deságue dos rios Paraná e Uruguai e do Oceano Atlântico.

Ele atravessou a ponte cheio de melancolia e parou assim que chegou ao outro lado, para fotografar algumas casas antigas bem conservadas e de frente para o rio. Estranhou o fato de não haver nenhum comércio aberto naquele ponto; parecia uma cidade fantasma. Até ali, era só ele e Branca de Neve, fotografando o rio, a ponte e uma carroça que a atravessava lentamente. Ele voltou no tempo, mas acordou do sonho com um antigo Ford Escort, bem detonado, que, depois de passar pela ponte e por ele, parou no meio da rua, literalmente.

Desceram dois senhores meio idosos, muito simples, tão simples que um deles sorriu de modo escandaloso apesar de não ter os dentes da frente, e os dois se puseram a falar sem parar. Nem houve chance de JG se assustar.

"Oi, também somos motociclistas e sempre viajamos de moto!"

"Que moto maravilhosa você tem. Até onde você vai?"

Emendavam uma frase na outra, num espanhol confuso e meio difícil de entender.

"Daqui, sigo para Rosário, e pretendo descer até o Ushuaia, sempre pela Ruta 40."

Era a resposta de bate-pronto de JG, que achou que havia entendido a pergunta.

"Que maravilha. Nunca fomos até o Ushuaia, mas conhecemos Rosário. É uma viagem legal até lá. Vai ficar algum tempo em Carmelo?"

"Não, acabei de chegar, mas vou seguir direto para a fronteira."

O papo seguiu animado sobre a viagem e o prazer de conhecer o Uruguai. Mas o que os amigos gostaram mesmo foi da Branca de Neve, transformada em objeto de adoração explícita!

Nos intervalos das exclamações efusivas sobre a beleza da moto, os companheiros motociclistas explicaram que o comércio da cidade fechava em torno da hora do almoço, e durante o verão eles cumpriam o horário da sesta, só reabrindo as lojas no meio da tarde. Ainda lhe deram um número de celular local para o caso de acontecer alguma emergência e ele precisar de ajuda, além de algumas dicas do caminho que teria pela frente. Depois de uns vinte minutos de um papo bem animado, se despediram com um abraço forte e muitos desejos de boa sorte.

Ao retomar a viagem, JG começou a pensar: "Essa é uma viagem *solo,* mas as pessoas que tenho encontrado não permitem que eu sinta solidão em nenhum momento. Isso está me fazendo muito bem... Não imaginei que poderia ser tão bem recebido como tenho sido nestes últimos dois dias... Será que continuará sendo assim até eu chegar em Mendoza e encontrar a turma novamente?"

Envolto nesses pensamentos, ele saiu de Carmelo, uma cidade pequena e graciosa, que, com seu casario antigo, típico do interior, lhe causou impacto e lhe trouxe lembranças inesquecíveis. Convenceu-se de que valeria a pena conhecê-la outra hora com mais calma. Os amigos locais falaram para ele de um *resort* maravilhoso e muito elegante, cujos proprietários possuíam um bocado de terras por lá, além de uma vinícola, um clube de golfe, um restaurante estrelado no *Guia Michelin*, e ainda cachoeiras, lagos e outras atrações que justificavam a hospedagem.

Ao sair da cidade, seguiu por uma estrada rodeada de álamos adultos dos dois lados, que corta as terras desse hotel, e ficou ainda mais maravilhado com a região. Surpreendente, a ponto de tirar o fôlego de qualquer um!

Seguiu em direção à Mercedes, uma cidade agrícola, por uma rodovia em bom estado praticamente vazia, com muitas curvas, mas quase sempre plana, característica da planície uruguaia, em meio a paisagens que se alternavam entre grandes áreas cultivadas e pequenas matas razoavelmente densas; o sol já começava a fazer algum estrago. Até que chegou à entrada de Fray Bentos, a pouco menos de dez quilômetros da fronteira. A sinalização do acesso indicava sete quilômetros até a cidade, a última do Uruguai e às margens do Río de la Plata.

Pensou em entrar, dar uma rodada por ela para conhecê-la e aproveitar para abastecer e fazer um lanche. Para tanto, teve que dar meia-volta, por haver passado o trevo, e entrou. Ao chegar à cidade, simples, bem-arrumada, mas sem grandes atrativos, ele foi até à beira do rio à procura de algum lugar para estacionar, mas desistiu assim que chegou lá.

Toda a frente para o rio é um calçadão, onde se concentram os estabelecimentos de turismo e lazer, mas, aparentemente, só abriam à noite ou depois da sesta. O que funcionava eram alguns poucos bares muitos simples e nada convidativos. Decidiu retornar e atravessar logo a fronteira, temendo a burocracia, e deixou para comer algo quando abastecesse em Gualeguaychú, no lado argentino.

Por mais burocrático e demorado que pudesse ser o processo, ele ficaria logo livre dos trâmites da alfândega — essa é uma das vantagens de viajar sozinho —, pode tanto decidir entrar em Fray Bentos como passar direto sem ter de combinar com quem quer que fosse. Ele simplesmente seguiu em frente ou, no máximo, debateu com a Branca de Neve, que sempre concordava com ele!

Logo chegou à alfândega pelo lado uruguaio, situada em frente ao acesso à ponte internacional. Era de fato integrada, e todo o trâmite não chegou a consumir dez minutos no guichê, onde um funcionário uruguaio dividia o espaço com uma oficial argentina, que apenas carimbou e deu um visto num pedaço de papel comum e que ela recortou com uma régua! Pareceu-lhe uma grande esculhambação!

Ele voltou rapidinho para a moto, animado por ninguém se mostrar interessado em examinar os bauletos e a maleta, e rodou mais cinquenta metros, se tanto, até uma pequena cabine, parecida com as de pedágio, na entrada da ponte que atravessa para a Argentina. Lá, parou a moto e, sem precisar descer, retirar o capacete ou mesmo desligá-la, ele entregou aquele pedaço de papel para a moça da cabine, que imediatamente o dispensou. Simples assim! Não perdeu mais que vinte segundos.

A experiência serviu para ele comprovar uma tese, fruto das viagens anteriores, ao optar por viajar com o passaporte. Isso facilita demais, principalmente nos países do Mercosul. Ainda que seja aceito o uso da carteira de identidade, o passaporte dispensa o preenchimento de formulários, que devem ser carregados até a saída do país e devolvidos à autoridade alfandegária nesse momento. Com o passaporte, bastam apenas os famosos carimbos de entrada e saída, mais nada.

Com essas facilidades, ele atravessou a ponte, razoavelmente longa e bastante alta para permitir a navegação pelo rio, enfrentando fortes ventos que o incomodaram quando atingiu o topo. De qualquer forma, após a travessia, ele acelerou para cobrir os 32 quilômetros até a cidade. Ao chegar, procurou um posto de serviços bem completo, onde abasteceu com a excelente gasolina *premium* da Argentina e fez um lanche na loja de conveniência.

Como teria de atravessar a cidade, aproveitou para dar uma volta pela orla do Río de la Plata, repleta de restaurantes e bares que ficam cheios nas noites de verão. Gualeguaychú é mais bonita e desenvolvida, em termos turísticos, que Fray Bentos. Enquanto circulava pela cidade, ele aproveitou para refletir sobre o dia e meio que passara pelo Uruguai. Estava convicto de que a opção de percorrê-lo foi um dos maiores acertos de sua viagem.

Experimentou boas estradas, um clima ótimo, bonitas paisagens, desde as sofisticadas cidades de veraneio até aqueles pequenos povoados cheios de história, sem contar a comida boa e a gente alegre, gentil e acolhedora.

Ter insistido em seguir por esse trajeto em vez de completar a travessia do Río de la Plata por barco para Buenos Aires foi incrível, porque lhe permitiu conhecer lugares, coisas e pessoas que ele não teria oportunidade de conhecer se estivesse a bordo do Buquebus, além de escapar do trânsito de Buenos Aires ou, numa alternativa ainda pior: atravessar o Chaco mais uma vez. Realmente, era uma viagem de sonhos!

Ao sair de Gualeguaychú, ele riu sozinho ao flagrar a si próprio disparando o famoso "que *liiindooo...*", mantra cujos direitos autorais deveriam ser registrados em nome do Valentim. A companhia dos Aloprado's fazia falta porque existiam momentos que ele desejava compartilhar as maravilhas experimentadas, mas só lhe restava comentar em voz alta com a Branca de Neve!

Desde o início, a estratégia do roteiro era fugir do Chaco[5], uma região plana e de baixa altitude do norte argentino que margeia o rio Paraguai e a qual ele cruzara em três outras ocasiões. Depois de todas as aventuras que passou por lá, ter evitado esse caminho era a garantia de uma viagem agradável. Com esse pensamento, ele enfrentou as retas das rodovias ao norte da província de Buenos Aires, sob o impacto de um forte calor, então acima de 36 graus.

Mesmo passando por regiões isoladas, ele não tinha preocupações em relação à autonomia, por conta da abundância de postos de serviços no trajeto que escolhera, que passava sempre por caminhos secundários e que o levou a uma sucessão de travessias urbanas em meio a pequenos povoados

---

5. O Chaco, ou Gran Chaco (do *quéchua chaku*, "território de caça"), é uma das principais regiões geográficas da América do Sul. Engloba aproximadamente 1,3 milhão km² e abrange partes dos territórios da Bolívia, da Argentina, do Paraguai e do Brasil.

onde havia pelo menos uma bomba de combustível. Mais que isso, a rota era muito interessante porque lhe permitia conhecer um pouco do noroeste argentino, terra intrinsecamente agrícola, onde há bastante gado e o cultivo de grãos. Chamou sua atenção as inúmeras instalações industriais de grandes multinacionais, distribuídas entre esses vários *pueblos*.

Entretanto, o que realmente o divertiu foi a constatação de que qualquer cidade na Argentina, de qualquer porte, se declara capital de alguma coisa. É a confirmação da personalidade megalomaníaca do argentino. Existe desde a *capital do maquinário agrícola* até a *capital do trigo*, *capital da pera* e outras, mas nada supera a mais estranha de todas: uma vila com duas ruas e só uma pavimentada, autodeclarada a *capital dos projetos autônomos*, seja lá o que isso significa. Ao se aproximar de algum aglomerado urbano, ele procurava a sinalização que o nomeava como capital. Não tinha erro.

Justamente ao atravessar uma dessas capitais, ele foi parado pela polícia local, na saída do povoado, durante uma *blitz* de trânsito. Desde o início da viagem, em São Paulo, era a primeira vez que um comando o mandava parar.

Logo que desceu da moto, depois de encostá-la no que seria um acostamento improvisado, ainda que com sombra, o policial começou a lhe falar, num tom muito arrogante, que ele estava descumprindo a lei de uso dos faróis acesos durante o dia. Ridículo, porque a Branca de Neve tinha a chamada *luz de dia*, que ficava permanentemente ligada. No entanto, o especialista insistia em afirmar que a lei exigia o farol baixo ligado, e que aquela não seria a iluminação correta. Quando JG mostrou-lhe o farol baixo, mais fraco que a iluminação de dia, a autoridade alterou a interpretação, passando a afirmar que era obrigatório o uso do farol alto!

Com uma paciência digna de Jó, JG pegou o manual da motocicleta e o leu para o guarda, explicando as diferenças entre as variadas iluminações e as condições de uso. Foi à toa.

Desconfiado de que o policial só queria, de fato, perturbar, ele desistiu.

"Olha, se eu estou errado, então me multe logo, que assim eu vou embora."

"Então, me informe o número do seu passaporte, que eu preparo a multa."

"Não estou com o passaporte", mentiu. "Aqui está minha identidade!"

Ato contínuo, mostrou a carteira de motorista e apontou o número do prontuário como se fosse seu R.G.

De posse desse número, o policial imprimiu uma multa eletrônica e um recibo, também eletrônico, num valor equivalente a R$ 180,00.

"Agora, o senhor assine a multa, acenda o farol alto, e pode seguir."

Meio sem entender nada, ele assinou o tal recibo, ligou o farol alto como o policial recomendara e prosseguiu. Mal rodou uns dez metros, desligou o farol, voltando para a luz de dia, e seguiu em frente. Até hoje essa multa não chegou para ser paga!

A princípio, ainda meio aturdido com a confusão, ele achou que o policial queria criar dificuldades para vender facilidades, ou seja, queria propina, mas, à medida que foi se acalmando e refletindo, chegou à conclusão de que tudo ocorrera por pura ignorância do policial. Acabou por esquecer o incidente e tocou em frente.

O que começava a incomodar de fato era o calor. No meio do dia, fazia 36 graus e a temperatura estava subindo. Durante a tarde, chegaria aos 39 graus! Houve uma variação de temperatura de mais de 15 graus num único dia, o que gerou um desgaste adicional, mesmo com a comodidade de se hidratar vez ou outra com o *camel pack*. Nesse aspecto, atravessar o Pampa não estava sendo muito diferente das experiências que tivera no Chaco. Ele também foi agraciado com uma infinidade de retas longas e alguma monotonia.

Até que chegou ao gigantesco complexo viário sobre o rio Uruguai, onde avistou o *skyline* de Rosário na outra margem. Não é possível chamar todo aquele complexo de ponte porque são mais de quarenta quilômetros de travessias por uma infinidade de canais, lagoas, mangues, ilhas e o leito propriamente dito do rio, bem largo, formando um cenário espetacular e inusitado. Em outra ocasião, usara o túnel, também uma respeitável obra de engenharia, que sai em Santa Fé, mais ao norte, mas esse complexo é uma atração à parte. Mais um acerto na rota escolhida.

Sem perder mais tempo, ele pilotou direto para o hotel depois de acessar o contorno da cidade e confirmar a existência de um posto de serviços a pouca distância do acesso ao anel viário, ideal para preparar a moto, o que ele deixou para fazer no dia seguinte.

Aproveitando que ainda não era a hora do *rush* e também por causa do insuportável calor que estava enfrentando, ele queria chegar cedo ao hotel. Descansou um pouco e, após preparar o roteiro do dia seguinte, aproveitou sua primeira noite em solo argentino para jantar um bom bife de *chorizo*, seguindo a recomendação dos funcionários do hotel. Pretendia dormir cedo, pois, mesmo com a relativamente baixa quilometragem, pouco menos que 550 quilômetros, ele tivera um dia cheio de surpresas e maravilhas, somadas ao extenuante calor da tarde. Merecia um bom descanso.

13

EL PAMPA

Após uma noite excepcionalmente bem dormida, que renovou suas energias, e muito animado, embora tivesse acordado bem cedo, JG preparou a Branca de Neve para sair. Seria um dia com uma quilometragem um pouco maior, próxima dos 630 quilômetros, mas estava evidente o calor que enfrentaria. Por volta das sete e meia da manhã os termômetros apontavam 26 graus e tudo indicava que chegaria aos 39 como no dia anterior.

Isso, porém, não o incomodou, ou melhor, não o incomodou muito. O que o preocupava mais era a possibilidade de o trecho que ele percorreria, todo pela região do Pampa, ser sem graça, como o Chaco. No entanto não havia outra forma de chegar até a Ruta 40 sem passar por uma dessas duas regiões. Ele já conhecia o Chaco, por onde passara em três ocasiões, e o considerava detestável! Também, a aventura começaria justamente depois dessa travessia, quando ele atingisse a Ruta 40 ainda ao sul da província de Mendoza, perto de Malargüe. Com tão baixa expectativa, preferiu encarar o dia como se fosse um daqueles famosos trechos de deslocamento, como são conhecidas as etapas de transição dos grandes *rallies*. Não se incomodaria com a chatice que esperava encontrar!

Depois de um excelente café da manhã e antes de pegar a estrada, ele seguiu para o anel de contorno, onde sabia existir um posto de serviços exatamente no trevo de acesso. De modo consciente, ao contrário de como sempre fazia, deixou o abastecimento para a saída, antes de pegar a estrada, em vez de fazê-lo na tarde anterior, evitando rodar um pouco mais naquele calor insuportável.

O posto que ele se programara para utilizar se localizava a menos de cem metros de uma concessionária oficial da marca da moto, e esse era o principal motivo da decisão não tão convencional que tomara, porque ele sempre preferia deixar a moto preparada na véspera. Ao parar para abastecer, ele aproveitaria para visitar a loja, onde pretendia se apresentar e fazer um contato pessoal, reforçando seu sistema de segurança, porque nunca se sabe o que pode ser necessário numa emergência.

Pouco depois de sair do hotel, ele já estava no posto dirigindo-se a uma bomba de gasolina livre, algo raro nos postos de serviços argentinos, sempre com filas para abastecimento.

Mal ele parou a Branca de Neve e logo foi recebido por um frentista que falava num português perfeito:

"*Booom diiiaaa*! O que faz um brasileiro com uma possante dessas perdido por esses cantos?" E completou, sem esperar resposta: "Avança um pouquinho mais, que eu aproveito e lavo os faróis, que estão cobertos de insetos", disse, dando um largo sorriso.

"Pô, cara… O que faz um brasileiro morando aqui? Eu é que pergunto."

Sem entender direito o que se passava, de tão aturdido que ficou, JG arrematou:

"Que surpresa encontrar um patrício nesse pampa...".

O rapaz, sorrindo muito enquanto pegava a mangueira da bomba, retrucou:

"Sou argentino, mas morei muitos anos no Mato Grosso do Sul e fiz toda a minha educação básica e fundamental por lá. Minha família teve de voltar, e aqui estou eu, com muitas saudades!"

A partir daí, nasceu uma amizade que gerou trocas de mensagens, dicas e informações por todo o tempo em que JG seguiu sua viagem sozinho.

Mais que isso, o rapaz o acompanhou até a concessionária e o apresentou ao chefe da oficina, que também estivera algumas vezes no Brasil, e daí foi outra festa. A equipe da concessionária o recebeu como um herói, e ele nem havia chegado na Ruta 40 ainda!

Foi quase uma hora de muita alegria, simpatia e demonstração de solidariedade, o que reforçou o alto-astral durante toda a viagem e mostrou, mais uma vez, que suas preocupações com solidão eram em vão.

Quando estavam de saída da concessionária, voltando ao posto de serviços, a dupla assistiu a um acidente de moto estúpido, na avenida da frente, que costuma ter um tráfego intenso. Um garoto, numa moto pequena, vinha acelerado e costurando os veículos até calcular mal uma ultrapassagem e bater na traseira de um carro em baixa velocidade, caindo na via. Só que ele estava sem capacete e se machucou. Teve de ser socorrido por uma ambulância de resgate, acionada pelo amigo frentista, que rapidamente retornara ao posto.

JG teve a impressão de que o garoto, apesar de ter se machucado, iria se recuperar, mas ficou surpreso com o fato de ele estar sem capacete numa cidade do porte de Rosário. O amigo frentista disse a ele que aquele tipo de ocorrência era bem corriqueiro. A lei que obriga o uso de capacete na Argentina era relativamente recente e, por isso, pouco respeitada, mesmo em cidades maiores. Além disso, ele deu a entender que a fiscalização não era muito rigorosa.

"É exatamente por isso que existe aquela placa ao lado da bomba", ele disse, apontando para um cartaz. "As principais redes de combustível no país, com o apoio do Automóvel Clube da Argentina, tomaram essa decisão", complementou.

Foi então que JG compreendeu o significado da placa que vira em outros postos de serviços, informando sobre a proibição de atendimento a motociclistas sem capacete.

Para um dia que ele temia ser monótono, até que houve muitas emoções em menos de três quilômetros e em pouco mais de 45 minutos. Que viagem!

Depois de uma longa despedida, JG avançou pelo contorno viário e logo chegou à rodovia com destino à Villa María, próxima parada para abastecimento, quando então mudaria a direção de oeste para sul.

Apesar dos extensos 270 quilômetros, foi possível manter uma boa média de velocidade, de maneira que aquele tempo todo gasto no posto de serviços e na oficina em Rosário não atrapalhou em nada a programação do dia. Muito pelo contrário, era nesse ritmo e estilo que imaginara sua viagem de sonhos. Sem pressão do tempo, curtindo as coisas conforme elas ocorressem. Para ele, foi inesquecível ter conhecido aquele argentino mais brasileiro que muitos brasileiros, além de ele ter passado pelo ritual de apresentação na concessionária e até mesmo ter acompanhado o desenrolar do acidente que presenciou, como se fosse mais um cidadão local.

Com esses pensamentos positivos, ele nem se deu conta de que, à medida que avançava em relação ao oeste, a aridez da região aumentava, junto com o calor, e, ao final da manhã, o termômetro da Branca de Neve indicava 36 graus! Bendito *camel pack*, que garantia a hidratação necessária. Ainda assim, ele chegou ao posto de serviços em Villa María sedento.

Essa pequena cidade se localizava próximo ao fim da rodovia em direção ao oeste e ao início de uma nova estrada, sentido sudoeste, que corta toda a província de Córdoba até chegar em San Luis, e é acessível ao término da avenida principal, o que exigiu que ele fizesse a travessia pela vila, bem simples, porém arrumada, de ponta a ponta. No final da avenida, ele encontrou um posto grande com uma boa infraestrutura, ideal para abastecer e se recuperar do calor.

Depois de completar o abastecimento, ele procurou uma sombra ao lado da loja de conveniência para deixar a moto e entrou para se refrescar, feliz da vida por encontrar o ambiente refrigerado. Nesse instante, chegou um grupo de quatro motoqueiros argentinos em motos médias que ficaram admirando a Branca de Neve. Parecia um grupo de turistas babando por uma obra de arte famosa num museu ou numa galeria. Ele estava ficando acostumado com isso e teve a impressão de que o piloto era algo dispensável; a curiosidade das pessoas era pela moto, mesmo.

Depois de relaxar um pouco e se recompor da sauna, resolveu sair. Quando ele viu a Branca de Neve, levou um baita susto, o maior até então. Ao se aproximar da moto, ele avistou uma enorme poça debaixo dela.

Imediatamente, tendo uma taquicardia, ele imaginou que o radiador de água estivesse rompido. Bateu-lhe uma agonia sem tamanho, e ele se pôs a verificar a moto e cheirar o líquido que pensou ter vazado com o objetivo de confirmar suas suspeitas, até que percebeu os garotos motociclistas rachando de rir ao lado da porta da loja. O grupo resolvera lhe pregar uma peça, ou *broma,* como dizem; esvaziaram uma garrafa com água por baixo dela, e o JG caiu direitinho. O sufoco foi tanto que, ao relaxar, ele acabou rindo com os rapazes. Por conta dessa brincadeira, ele ainda ficou mais uns vinte minutos num papo animado com os caras, sempre com a Branca de Neve em foco.

E foi muito bom ter dado essa relaxada porque os 120 quilômetros seguintes, até Río Cuarto, seriam duros. O calor só aumentava, com um sol ardido e sem a menor expectativa de chuva. A rodovia, apesar de se encontrar em bom estado, era bastante monótona, com longas retas e pouco tráfego, cercada por uma paisagem de grandes estâncias de gado e um solo aparentemente mais árido que o da região de Rosário.

Ao se aproximar da cidade, ao contrário da baixa expectativa, ele foi surpreendido pela pujança de Río Cuarto. Ele não imaginava a importância econômica dessa cidade e esperava encontrar mais um vilarejo pobre, quando, na verdade, percebeu que estava chegando na segunda maior cidade da província de Córdoba, menor apenas que a capital, e, por isso, a rodovia passou a ter pista dupla, uma autopista, segundo os argentinos, com tráfego bem mais pesado. Nada que pudesse complicar a vida da Branca de Neve, mas exigiu uma concentração maior. Conforme a tradição argentina, ele logo descobriu que conhecera mais uma capital, a *Capital del Pampa Húmeda*. Ou seja, pelo jeito, devia ter atravessado todo o pampa seco.

Após uma parada breve para abastecer, ele seguiu em direção sudoeste e, logo depois de entrar pela província de San Luis, pegou uma nova estrada, mais rudimentar, mas ainda com bom asfalto, a partir de um vilarejo chamado Villa Mercedes, novamente em sentido oeste. Foi quando avistou pela primeira vez as Cordilheiras, distantes no horizonte, e ele não perdeu a oportunidade de alertar a Branca de Neve:

"É para lá que estamos indo. Falta pouco! Amanhã, estaremos margeando essa beleza."

Como a temperatura só aumentava e o termômetro indicava 40 graus sufocantes, ele começou a acelerar um pouco. Olhava insistentemente os indicadores da moto para verificar se tudo estava bem, porque temia pela resistência do equipamento àquele forno. Todos os controles indicavam condições normais de operação.

Os pneus, apesar dos quase 4 mil quilômetros rodados, pareciam novos, e o consumo real de combustível estava abaixo da expectativa, talvez fruto da excelente gasolina *premium* argentina. Nada poderia ser mais tranquilizador que esses sinais. Ele começou a achar que sua maior preocupação se devia ao fato de estar pilotando sozinho. Não se lembrava de ter os mesmos cuidados nas oportunidades anteriores, quando viajara na companhia dos Aloprado's.

Chegou aos arredores de San Luis, fim do trajeto para o dia, razoavelmente cedo, e as surpresas continuavam. Encontrou uma cidade não muito pequena, também capital de província, que lhe causou uma boa impressão logo que ele entrou — bem arrumada e com um bom astral. Totalmente plana, teria de atravessá-la por inteiro para chegar ao hotel escolhido, localizado no outro lado da cidade, próximo à saída do dia seguinte.

Ele aproveitou e circulou um pouco por ela à procura de um posto de serviços para preparar a moto. Precisava lavar os faróis e as lanternas porque havia se confrontado com muitos insetos no último trecho, fruto do horário e do calor. O mais estranho era a curiosidade das pessoas em relação a ele, ou melhor, à Branca de Neve, que o fazia se sentir um *extraterrestre* em sua nave espacial. Ele percebeu que os moradores de San Luis não estavam acostumados com viajantes e menos ainda com motociclistas, e, por conta dos olhares que recebeu, imaginou que era um dos raros candidatos a conhecer o Ushuaia que se utilizaram dessa rota.

Ao se aproximar do bairro onde se localizava o hotel reservado, ele notou que a urbanização daquela área era completamente diferente — nova, moderna, com muitos prédios comerciais e escritórios e um viário mais sofisticado, aparentando ser recém-inaugurado. Levou um susto ao encontrar o hotel, muito bom e bonito, novíssimo. Ao fazer o *check-in*, foi informado de que tudo aquilo ficara pronto à poucos meses e que era parte de uma área recém-urbanizada, conhecida com *el centro nuevo*. Mais surpresas, porque ele imaginava que iria chegar em uma cidade interiorana, pacata e sem nenhum atrativo.

Ao entrar no quarto que lhe fora reservado, outra surpresa; com o luxo, com as dimensões... Mesmo não sendo caro! Mas nada o surpreendeu mais que a maravilhosa vista das montanhas, muito próximas, os primeiros contrafortes da Cordilheira dos Andes. Incrível!

Era o sétimo dia de viagem, no total e o quarto sem companhia, e tudo estava muito acima das expectativas. Aliás, tudo estava muito acima das expectativas desde a saída de São Paulo.

Com todo aquele conforto, ele aproveitou para começar logo a revisão do planejamento do dia seguinte, quando finalmente chegaria à Ruta 40, ainda pela manhã. Animado, depois de percorrer 620 quilômetros naquele dia, atravessando todo o Pampa argentino pelo norte, sentia-se capaz de afirmar, com convicção:

"É muito, muito melhor que atravessar o Chaco. Menos monótono e com mais diversão, apesar de que o calor é o mesmo!"

Depois de tudo pronto e com a tralha preparada para ser carregada na motocicleta pela manhã, restava apenas uma questão que ainda o preocupava: ele precisava escolher um hotel ou uma pousada para passar a noite em Chos Malal, o próximo destino escolhido, mas, pelo que descobrira na internet, esse ponto, a quase oitocentos quilômetros de San Luis, era um vilarejo muito rudimentar e minúsculo, à beira do rio Neuquén, na Patagônia, região que ele percorreria em toda a sua extensão norte-sul. Será que teria um mínimo de conforto? Ele iria precisar de descanso e muito, após percorrer toda essa distância com o calor que imaginava enfrentar!

Para piorar, o dia seguinte reservava o desafio do primeiro trecho em rípio[6] desde que saíra das serras catarinenses, com 240 quilômetros. A viagem de seus sonhos reservava uma boa dose de aventura para o dia.

Por conta do esforço que seria o oitavo dia de viagem, e como a cidade era maior do que imaginava, ele achou melhor jantar no próprio hotel e não perder tempo procurando um restaurante. Mesmo porque ele fora bombardeado com uma gigantesca propaganda pelos rapazes da recepção, que insistiram em afirmar que aquele era o melhor restaurante de toda a cidade.

6. Tipo de pavimento construído a base de cascalho fino, argila e sal, compactado ainda úmido.

Também necessitava dormir e levantar cedo, pois a distância a percorrer no dia seguinte seria um complicador adicional. Não se arrependeu, porque o resultado foi amplamente satisfatório, com mais uma refeição excelente!

14

A BOBAGEM DE SEMPRE

O dia prometia! JG acordou bem cedo, antes de o despertador tocar, o que lhe permitiu assistir a um amanhecer maravilhoso, com o sol nascendo entre as montanhas, visível pela janela do quarto. Como deixara tudo pronto na véspera, ele pegou a bagagem para carregar a Branca de Neve, muito animado com o destino do dia — Chos Malal, em plena Patagônia —, sem contar que faria seus primeiros trezentos quilômetros pela Ruta 40. Iria acessá-la próximo a um povoado chamado Malargüe, uns duzentos quilômetros ao sul, depois de entrar na província de Mendoza.

Também sabia que a moleza iria acabar ao enfrentar seu primeiro trecho de cascalho em solo argentino, e, do total a percorrer no dia pela 40, 80% seria sem asfalto. Esse dia também não seria curto, muito pelo contrário, com uma distância total de quase oitocentos quilômetros.

A respeito do rípio, enquanto tomava seu café no hotel, caprichado, lembrou-se da conversa animada que teve com o curioso atendente da loja de conveniência ainda no posto de serviços de Villa María.

"Que caminho você vai fazer para ir até o Ushuaia?"

"Vou descer a 40 até o fim, então sairei em direção ao Chile por Puerto Natales e Punta Arenas; depois, voltarei pela Terra do Fogo até San Sebástian."

Mal terminou de falar, mais uma vez, foi corrigido por causa de seu sotaque, porque ele sempre falava San Sebástian como se fosse em inglês, e os argentinos não perdoam isso; insistem em corrigir a acentuação para o espanhol.

"Hoje, vou parar em San Luis, e amanhã dormirei em Chos Malal, em Neuquén."

"Você vai para Chos Malal direto pela 40? Eu não faria isso!"

"Por quê?"

"Está muito ruim de Malargüe até Buta Ranquil. Passei por lá de carro antes do Natal."

"Mas ruim como? Muito solto, muito pó?"

A insistência em querer saber dos detalhes era clara.

"É uma estrada de cascalho, que consome muito tempo. Melhor evitar."

JG não conseguiu obter uma definição objetiva de quanto e por que a estrada estava ruim, então ele resolveu ignorar o conselho. Preferiu não demonstrar ao rapaz que discordava dele.

"Esse tipo de dificuldade faz parte da viagem. Ou melhor, uma viagem de sonhos não se faz exclusivamente pelos melhores e mais confortáveis caminhos. O objetivo sempre foi percorrer as rodovias icônicas das quais eu tanto ouvi falar. Mesmo que isso signifique passar por trechos mais difíceis. Esse é o desafio."

Ele estava tão convicto desses conceitos que nem se incomodou com as recomendações que lhe fizeram. Subiu na Branca de Neve, sentindo ainda o frescor daquela manhã, e arrancou em direção a San Rafael, onde faria a primeira parada para abastecer, a última antes de entrar na tão esperada Ruta 40, a mais ou menos 280 quilômetros.

Com calma, quase passeando, avançou pouco mais de noventa quilômetros por uma rodovia provincial em estado razoável e com baixíssimo tráfego, até ser obrigado a parar num cruzamento ferroviário em nível, onde uma locomotiva manobrava alguns vagões. Mesmo rodando por quase uma hora sem ver outro veículo, assim que ele parou, encostou um caminhão-tanque da empresa de derivados de petróleo YPF e o motorista puxou conversa.

Após as perguntas de sempre e a explícita admiração pela Branca de Neve, ao conversarem sobre a autonomia da moto, ele comentou que iria abastecer num posto de serviços pouco antes de San Rafael.

Nesse instante, o motorista se espantou e disse que esse posto estava abandonado fazia tempo, e que ele só encontraria combustível a uns 240 quilômetros mais adiante, depois de San Rafael. Foi uma ducha de água fria naquele baita sol! Com a pista desobstruída e o caminhoneiro se despedindo para seguir viagem, JG era a completa personificação do desânimo, tanto que ele encostou ao lado da estrada para fazer contas. Pelo computador de bordo, ele viu que teria autonomia potencial para mais 205 quilômetros! Ao olhar para o galão, por cima da maleta, ele constatou algo que já sabia: estava vazio desde que saíra de casa em São Paulo!

"Poxa... Tanta experiência, cuidado e planejamento, e eu não aprendi! Eu deveria ter enchido esse galão assim que entrei na Argentina, mas, por preguiça, fui deixando pra depois... Ainda ontem, quando eu abasteci e preparei a moto, lá em San Luis, decidi que só o encheria em Bariloche."

Com essa bobagem, das grandes, ele quebrou a cara, e feio! Não se pode acreditar que imprevistos não vão acontecer. Pela segunda vez, postos de serviços programados na rota não existiam mais.

Só lhe restavam duas alternativas:

"Ou retorno os noventa quilômetros até San Luis e abasteço por lá, e aproveito pra encher essa m**** de galão, ou arrisco, indo o mais devagar possível, tentando esticar até o posto seguinte."

Essa última hipótese implicava confiar que Branca de Neve poderia rodar por volta de 420 quilômetros com um único tanque, algo muito difícil de acreditar. Além do quê, esse não era o melhor dia para atrasos. Ele havia falado para si mesmo mais de mil vezes que não jogaria contra a sorte e não sofreria pressão do tempo. Portanto, decidiu voltar, ainda que atrasasse a chegada ou fosse obrigado a passar a noite em algum ponto antes de Chos Malal!

Aproveitando a estrada vazia e irritado consigo mesmo, ele voltou na maior velocidade possível para San Luis, até encontrar o primeiro posto de serviços, na periferia da cidade. Abasteceu, encheu o galão e retornou até aquele mesmo cruzamento numa velocidade mais elevada ainda, porém mais calmo. Rodara 180 quilômetros para chegar no mesmo ponto. Num dia em que se programara para rodar oitocentos quilômetros, iria passar dos 980, de graça, fora as duas horas de pilotagem a mais. Nesse momento, ele fez para si mesmo uma promessa solene:

"Não andarei mais com esse galão vazio até chegar em São Paulo!".

A partir de San Luis, a paisagem começou a mudar — tornou-se mais árida, à medida que se aproximava de San Rafael, até que a moto entrou na reserva, ou seja, ele teria um máximo de setenta quilômetros de autonomia. Logo em seguida, passou pelas instalações abandonadas do tal posto onde ele pretendia abastecer, que não operava havia anos, com certeza. Pelo indicado no GPS, seria necessário rodar mais 140 quilômetros até o próximo posto informado pelo caminhoneiro. Se tivesse arriscado, ele teria ficado pelo caminho.

Suas contas estavam certas, tanto que ele encontrou o posto logo depois de passar por San Rafael, a exatos 142 quilômetros de onde completara o tanque com o galão. Lição aprendida, moto abastecida e galão cheio novamente, ele aproveitou a parada para fazer um lanche rápido, reabastecer o *camel pack* com água fresca e se preparar para encarar o próximo trecho com a temperatura batendo 34 graus.

Acabou por percorrer os 150 quilômetros até o final daquele caminho e finalmente ingressou na Ruta 40, uns trinta quilômetros antes de Malargüe. Após o trevo de acesso. Naquele ponto, a mais famosa das estradas argentinas é uma estrada tranquila, com um excelente asfalto e praticamente sem tráfego.

Ao entrar na 40, avistou de imediato a primeira placa de sinalização e, eufórico, sem se lembrar dos perrengues que passara logo cedo, ele parou. Tirou várias fotos, inclusive uma *selfie* com a placa, e colou o primeiro decalque do Aloprado's desde que entrara na Argentina. A sensação era de que a aventura estava começando mesmo.

Na maior empolgação, seguiu em frente e logo cruzou a pequena vila de Malargüe, um povoado minúsculo mas bem jeitoso, onde encontrou um posto de serviços para abastecer. Enquanto estava na bomba, chegaram dois motociclistas argentinos, com motos grandes, as primeiras que ele cruzou depois de sair do Brasil.

"Olá, está subindo ou descendo a 40?"

"Descendo, em direção a Chos Malal", respondeu JG de modo meio mecânico.

"Pretende seguir por Barrancas ou vai desviar do rípio?"

"Vou seguir direto pela 40. E vocês, vieram por onde?"

"Acabamos de atravessar esse trecho sem asfalto. Não está muito compactado, mas dá para rodar bem!"

Estavam ambos bem tranquilos, indicando que a travessia fora normal.

"Ótimo, pois ouvi que estava muito ruim!"

"Nada que não se possa administrar", disse o outro, emendando: "É preciso ter cuidado e concentração sobretudo nas curvas, que são muitas, formando um serpenteio sem fim por vales e morros. Mas é um caminho maravilhoso, que vale a pena ser percorrido."

Ao ouvir isso, JG ficou ainda mais empolgado e ansioso para enfrentar aquele trecho. Depois de mais um tempo de conversas em que trocaram ideias e dicas sobre os caminhos que cada um percorrera, ele se despediu e seguiu pelos últimos dez quilômetros de asfalto até atingir o cascalho. A partir dali, somente após chegar a Buta Ranquil e entrar no asfalto novamente é que ele teria combustível, mas nesse momento ele estava tranquilo, com o galão finalmente cheio.

Sentia que a aventura estava por começar, ao enfrentar o primeiro de vários trechos sem pavimento na Argentina e no Chile. Aquilo evidentemente não tinha nada a ver com o verdadeiro rípio, que conhecera no Chile durante a viagem ao Atacama. Era muito mais uma estrada de terra, com razoável compactação e cascalhada e com uma boa largura. Mas era de fato cheia de curvas. Curvas acentuadas. Como não estava mais em baixa altitude, tendo saído dos cinquenta metros acima do nível do mar para algo que variava entre 1.100 e 1.800 metros, a temperatura caíra o suficiente para refrescar. Menos mal.

Durante os primeiros trinta ou quarenta quilômetros, o piso era bem compactado, mas, à medida que avançava, foi ficando mais fofo, exigindo muita atenção. Para piorar, começou a ventar. Nada muito forte, mas exigia ainda mais concentração, e a tensão ao pilotar em piso ruim e com vento cansa mais. Apesar desses males, o que não faltavam eram pontos fotogênicos, então JG aproveitava para, além de registrar o cenário belíssimo, respirar um pouco e se hidratar. Viajar com o *camel pack* era ótimo, pela praticidade e por reduzir o desgaste da pilotagem.

Quando o caminho atingiu a ponte sobre o rio Malargüe, rudimentar, estreita e sobre um cânion profundo, a beleza do cenário chocou. Impossível não parar. A sequência após esse ponto também impressiona, com a estrada avançando por um zigue-zague sem fim até cruzar uma montanha acima de 1.800 metros. A partir dali começa uma descida alucinante em direção ao vale do rio Barrancas, e a rota o acompanha por mais cem quilômetros, entre curvas e mais curvas. Os rapazes argentinos tinham razão. Era um caminho difícil, mas altamente compensador.

Enquanto subia pela montanha, ele ultrapassou dois motociclistas argentinos com garupas em motos médias, bastante carregadas, sofrendo no cascalho solto. Após um certo tempo, ele parou num mirante e foi ultrapassado por esses moços em suas valorosas motocicletas, que seguiram em frente. Mais alguns quilômetros depois, ele os encontrou, parados em segurança e na sombra, descansando. Ao chegar até eles, reduziu a velocidade e os saudou:

"Tudo bem? Precisam de algo?"

"*Gracias*, tudo ok! *De pronto* seguiremos!"

A resposta positiva deu-lhe um ânimo redobrado, pois, se aquela turma encarava aquilo tudo na boa, não seria ele que arrepiaria carreira.

As belas surpresas continuaram pelos últimos 150 quilômetros, com a tarde avançando, até ele atingir o cruzamento para o povoado de Barrancas, quando avistou uma placa indicativa de acesso a uma rodovia asfaltada. A placa informava que a Ruta 40 estava em manutenção e em obras pelos próximos quarenta quilômetros. Exatamente a distância até o asfalto, segundo o GPS.

Após uma breve parada ao lado da tal placa para fotografar e colar outro adesivo do Aloprado's, do alto de sua arrogância, JG soltou uma pérola, quase aos berros, para ninguém ouvir:

"Se cheguei até aqui, não é agora que fugirei da raia!"

Mal acabou de falar, teve um choque. Ao olhar a bengala da suspensão dianteira da motocicleta, ele percebeu um pequeno vazamento de óleo na direita. Nada muito grande; na verdade, era mais uma sujeira. Mas não deveria estar lá.

"Poxa, tanto cuidado na revisão, e a suspensão, tão nova, não está aguentando? Será que foi no tombo em Angelina? Mas só agora começou a vazar? Até a parada em Malargüe e após 4,5 mil quilômetros rodados de viagem, estava tudo perfeito!"

Não há outras palavras, isso o desanimou completamente, e, aturdido, ele desceu da moto, examinou bem as suspensões e não detectou nenhuma batida, rachadura ou qualquer outro problema aparente. Decidiu apenas limpar o local e seguir monitorando, estimando de tempos em tempos a eventual quantidade de óleo que poderia estar perdendo.

Imaginou que talvez fosse o anel do retentor, eventualmente rachado. Se fosse realmente isso, seria possível trocá-lo numa cidade maior. Passaria por Bariloche em poucos dias e teria como verificar o que estava acontecendo. Planejara um dia parado por lá, o que facilitaria um eventual conserto. Mas não dava para negar sua preocupação.

Conformado, ele subiu um pouco cabisbaixo na Branca de Neve e avançou, controlando melhor a velocidade pelos quarenta quilômetros restantes até o asfalto, quando parou novamente para conferir o estado das bengalas. Novamente a borda estava levemente suja, mas sem óleo escorrendo. Não havia muito a fazer, exceto monitorar.

A partir do início do asfalto, ainda restavam noventa quilômetros até seu destino, e, mesmo com a questão do eventual vazamento de óleo das suspensões, ele estava se sentindo leve, porque o trecho de cascalho lhe proporcionou uma dose de aventura extasiante, deixando-o naturalmente relaxado após a adrenalina ter ido nas alturas.

Não seria uma viagem de sonhos se ele não percorresse esse tramo da Ruta 40, que, na verdade, exigia concentração e cuidado, mas fluíra sem grandes dificuldades. Alegre e aproveitando a delícia de pilotar por aquela topografia especial, de muitas curvas e uma sucessão de aclives e declives, ele chegou a um mirante com uma vista maravilhosa para o vale do rio

Neuquén, de onde se via o povoado de Chos Malal. Pequeno, encravado no vale, à beira do rio. Um povoado que iria surpreendê-lo positivamente.

Ele chegou logo, ainda antes do pôr do sol, o que era fantástico, considerando o baita atraso logo pela manhã, que o obrigou a rodar 180 quilômetros além dos 800 previstos! Aproveitou para procurar um posto de serviços pelo centro da vila e só depois seguir para a pousada. Queria conhecer um pouco o vilarejo, o que lhe deu a certeza de ter escolhido bem o destino do dia. Era muito simpático!

A pousada se localizava no último quarteirão de uma rua cascalhada, como praticamente todas as demais da vila, e muito próxima das margens do rio Neuquén.

Outra surpresa para um dia cheio, porque era espetacular! Na verdade, ele estava descobrindo que Chos Malal era uma localidade emergente de turismo de aventura. Oferecia muitas alternativas de alojamentos e restaurantes de todos os padrões e preços, e estava movimentada pelo fato de ainda ser temporada.

Depois de um dia cheio de altos e baixos, exausto, mas feliz, inclusive pela sorte de ter encontrado aquele caminhoneiro que lhe deu a dica sobre o posto, o que o impediu de ficar sem combustível, ao tirar a bolsa de tanque com o equipamento de fotografia enquanto descarregava a motocicleta, ele descobriu que um dos suportes de fixação estava quebrado. Era a segunda vez que isso acontecia, e foi muito difícil encontrar alguém que o consertasse na vez anterior. Provavelmente, a quebra foi causada pela trepidação no trecho não pavimentado, apesar de ele não ter notado nada alguns minutos antes, durante o abastecimento, porque ele nunca retirava completamente a bolsa para acessar o bocal. Seria necessário fazer alguma improvisação, com arame e *silver tape,* e, qualquer que fosse o resultado, iria complicar ainda mais cada parada nos postos de serviços.

Ele sempre se incomodou com essa bolsa, a achava desconfortável, e, dessa vez, estava mais incomodado ainda porque, até então, não utilizara uma única vez a máquina fotográfica e a lente extra que carregava. Todas as fotos foram feitas com o celular, e ele avaliava os resultados como ótimos.

Tomou então uma decisão radical, talvez até pelo fato de estar cansado. Aproveitando que precisava rearranjar suas roupas, trocando as de verão que iam na maleta de mão pelas de frio médio que até então estavam estocadas no bauleto lateral, pois começaria a enfrentar temperaturas mais baixas a partir desse ponto, guardou a máquina fotográfica e a lente adicional junto a elas, transferiu as bobageiras dos bolsos da maleta de tanque para o bauleto traseiro e simplesmente jogou fora a dita cuja. O engraçado foi que, em vez de ficar irritado, aquela decisão lhe proporcionou um alívio tão grande que ele resolveu sair para comemorar o fato de ter se livrado do trambolho. Naquele instante, fez outra promessa, de nunca mais comprar uma bolsa de tanque!

Enfim, estava realmente feliz. Muito feliz. Depois de um dia longo e desafiador como poucos, ele tinha consciência de que passara no teste. Nada de grave acontecera, fora o vazamento de óleo na bengala, ainda sem muita explicação. Nem a estupidez referente ao abastecimento de gasolina pela manhã tirava essa sensação de sucesso num dia tão especial. Ainda mais com a satisfação que sentira graças ao acerto na escolha da pousada e ao charme surpreendente da cidadezinha.

Ele gostou tanto daquela vila que pediu indicação de um restaurante ao funcionário da pousada, que lhe indicou vários. E, na dúvida, acabou escolhendo aquele que ficava mais longe e exigia uma caminhada de sete quadras, praticamente atravessando todo o povoado. Escolheu este justamente para conhecer melhor Chos Malal e esticar bem as pernas, aproveitando a noite fresca e agradável. O clima e a temperatura eram outros, tanto que ele precisou se agasalhar pela primeira vez desde a noite que passara em Urubici.

Após uma caminhada tranquila, logo ele chegou ao tal restaurante indicado e pediu as empanadas, suas primeiras na Argentina, conforme recomendação expressa do pessoal da pousada. Eram deliciosas realmente, e, acompanhadas por algumas cervejas bem geladas, foram seu jantar. Mas o curioso foi o garçom que o atendeu, que havia morado em Búzios por vários anos e só queria falar em português. Essa enorme coincidência, num lugar tão distante, serviu, mais uma vez, para lhe mostrar que ele não ficaria sozinho! O fato é que ele adorou essa cidade.

De volta à pousada, preparou a bagagem e revisou o roteiro do dia seguinte, fazendo uma reserva num belo hotel em Bariloche. Que dia!

15

UMA ETAPA CINCO ESTRELAS

Foi uma decisão acertadíssima rearrumar a disposição das roupas nos bauletos, guardando as de verão e deixando as de frio médio e os forros disponíveis. Depois de uma noite agradável e fresca, o dia amanheceu com muito sol, lindo e muito frio. O primeiro dia de frio para valer desde que saíra de casa. A partir daquela latitude, o calor escaldante não deveria mais dar as caras até a volta, provavelmente a caminho de Santiago ou Mendoza, quando ele estivesse indo ao encontro dos Aloprado's, depois de percorrer toda a Carretera Austral.

Cumprindo com a rotina estabelecida, sempre indo dormir por volta das 23h ou 23h30, acordava por volta das 7h30, na maioria das vezes antes de o despertador tocar. Com a bagagem arrumada com antecedência à noite, de manhã, era só montá-la na moto, o que ele fez nesse dia ainda antes de tomar o café, que era sempre reforçado, porque a sua rotina estava estabelecida em duas refeições completas, o café da manhã e o jantar, com algo leve durante o dia, durante as paradas de abastecimento ou descanso. Normalmente, por volta das 8h30, ele pegava a estrada.

Foi assim que começou seu nono dia de viagem, o sexto sem os Aloprado's. Ele percebia que já estava se acostumando naturalmente, quase não pensava mais no fato de estar sozinho. Ainda mais com os 12 graus de temperatura que enfrentava naquela manhã.

Claro que esquentaria ao longo do dia, mas o destino final era Bariloche, na altitude da Cordilheira pelo lado argentino; portanto, ele não deveria encarar mais aqueles picos de calor que experimentara depois de passar por Rosário. E isso era algo que o animava ainda mais.

Ao fazer a revisão do roteiro para o dia, sempre pela Ruta 40, ele percebeu que seria um pouco mais *light*, inclusive para a Branca de Neve, com uma distância próxima aos 650 quilômetros, sempre em asfalto. Também reservava uma atração especialíssima, o tramo de acesso a Bariloche. Ainda é a Ruta 40, mas um trecho diferente, que corta todo o Parque Nacional Nahuel Huapi pela Cordilheira, passando pelo meio de Bariloche e descendo pelo outro lado da serra até reentrar no deserto patagônico depois de El Bolsón. É tão especial que inclusive tem nome próprio, *Ruta de los Siete Lagos*, cuja grande beleza é reconhecida. Além do parque, ele percebeu que tudo por lá chama Nahuel Huapi, incluindo um imenso lago. Mais tarde, soube que esse é o nome original da maior ilha do lago, onde viveram os nativos, e cujo significado é *Isla del Jaguar*.

Contudo, muito antes de chegar ao Parque e à Ruta de los Siete Lagos, as surpresas começaram; na verdade, imediatamente depois que ele entrou na estrada saindo de Chos Malal. Não havia percorrido nem quinhentos metros quando encontrou um bloqueio da polícia de trânsito local que o mandou encostar. Mal ele parou, já desceu da moto para pegar os documentos. A grande ironia era que não passava absolutamente mais ninguém pela estrada, em nenhum sentido. Talvez fosse esse o motivo de ter sido parado, a solidão do jovem policial.

Enquanto ele tirava a luva e tentava abrir o bauleto traseiro para pegar os documentos, com o frio ainda mais intenso por causa do vento que congelava seus dedos, o policial começou a falar numa velocidade impressionante:

"Como aguenta andar de motocicleta nesse frio?"

O rapaz estava inegavelmente admirado com a Branca de Neve e mal olhava para o JG.

"Está frio, mas creio que ainda pegarei muito mais. Vou seguir até o Ushuaia!"

Mal sabia ele como essa frase seria tão verdadeira.

"Até o Ushuaia sozinho? Não tem medo?"

"Medo, propriamente dito, não, mas é claro que tenho tomado cuidado. Até agora, todos que encontrei na viagem me trataram superbem e só me ajudaram", respondeu JG enquanto entregava os documentos ao policial.

Apesar de ser uma resposta-padrão, era verdadeira.

O rapaz checou tudo com cuidado e atenção, principalmente a Carta Verde, o seguro de importação transitória obrigatório para o Mercosul. Como estava tudo em ordem, ele logo o liberou lhe desejando boa sorte e boa viagem, não sem antes comentar, com um amplo sorriso:

"Com essa sua moto maravilhosa, tem de ir ao *fin del mundo* mesmo!" — referindo-se ao slogan turístico de Ushuaia.

Sorrindo, JG se despediu do rapaz e acelerou, sem que uma única alma tivesse passado por eles durante a parada. Eita lugarzinho isolado que era Chos Malal!

Ao sair, estava com uma dúvida relativa à parada inicial para abastecimento. O primeiro posto de serviços marcado na rota ficava num vilarejo chamado Las Lajas, que, segundo o mapa, deveria ser minúsculo. O próximo, um pouco mais adiante, era em Zapala, aparentemente um lugar um pouco maior. Não corria o risco de ficar sem combustível porque viajava com o galão cheio, conforme prometera para si mesmo, mas desejava chegar o mais cedo possível em Bariloche, por causa do pequeno vazamento de óleo das bengalas dianteiras. Se ocorresse alguma coisa mais séria, ele pretendia procurar ajuda por lá, uma cidade maior e que oferecia mais possibilidades. Como medida preventiva, limpara bem as bengalas antes de sair e iria monitorá-las com certa frequência.

Até chegar ao trecho conhecido como Ruta de los Siete Lagos, seriam uns quatrocentos quilômetros pela aridez da Patagônia no sentido sul e acompanhando a Cordilheira no horizonte à direita. Como fora informado que a condição da rodovia era boa, imaginava percorrer esse longo trecho com a monotonia das grandes retas e da paisagem imutável de deserto, porém, mais uma vez, se enganou redondamente.

Toda a região é muito árida de fato, praticamente um deserto, mas a rodovia segue por entre morros e vales de rios muito bonitos, com sucessão de aclives e declives e muitas curvas, o que torna a pilotagem um enorme prazer. Também o trânsito de veículos é pequeno, sem ser um vazio, composto quase somente por caminhões e picapes. A diferença foi cruzar com vários *trailers de* turistas. Esse pequeno movimento, aliado ao sistema de rastreamento que funcionava perfeitamente, contribuía para tranquilizá-lo em relação a qualquer possível problema mecânico, pois, em caso de emergência, não seria difícil ter o apoio de algum motorista que estivesse passando por ali.

Pensava sempre na questão da suspensão dianteira e rotineiramente vistoriava as bengalas, mas não avistou mais aquela sujeira que aparecera na véspera. Com tranquilidade, ainda cedo se aproximou de Las Lajas, mesmo enfrentando ventos mais fortes, prenúncio dos famosos ventos patagônicos, o maior terror dos motociclistas por aqueles lados. Apesar disso, o vento ainda não incomodava tanto e não era um motivo de preocupação.

Ao passar pela vila de Las Lajas, ele logo constatou a precariedade do local e teve convicção de que o melhor era prosseguir até Zapala e abastecer por lá. Seguramente, seria um lugar com melhor infraestrutura de apoio, pelo menos para um café. Las Lajas é realmente muito pequena, apesar de ser arrumadinha e limpa.

A estrada avança por aquela região praticamente desértica, em direção à província de Río Negro, mais ao sul, até que se aproxima de um oásis, no vale do rio Covunco, e, bem em seu miolo, surge Zapala, uma vila realmente um pouco maior. Para abastecer, é necessário entrar na cidade, porque o posto de serviços não fica à beira da estrada. Cumprido o ritual, depois de tanto tempo sem o incômodo de pôr e tirar a bolsa de tanque, retomou a 40 rumo a Junín de Los Andes.

A temperatura subia a todo instante e, naquela altura da manhã o termômetro indicava quase 30 graus. Sem problemas, pois a visão da Cordilheira à sua direita, cada vez mais próxima, o deixava muito animado. Seguia no rumo sul, com uma topografia bem mais irregular, pela proximidade das montanhas, que contribuía com a beleza da paisagem e sem a monotonia ou a chatice que imaginara enfrentar. Mesmo com o vento firme e constante, estava muito gostoso de pilotar, e o melhor é que ele não percebia nenhum indício de vazamento nas bengalas da suspensão. Fosse o que fosse que tivesse ocorrido, não deveria ser nada tão grave.

Depois de rodar quatrocentos quilômetros pelo deserto patagônico, ao se aproximar de Junín de Los Andes, uma cidade maior, a paisagem começa a se alterar radicalmente, com uma floresta cada vez mais densa que segue pelas encostas argentinas da Cordilheira dos Andes. Uma região de rara beleza. Até então, creditara os vários comentários de argentinos de ser Bariloche um destino imperdível para as férias de verão como exemplo do famoso excesso de convencimento do argentino. Mas, ao começar a percorrer a região, passou a concordar com as afirmações. De fato, a paisagem é bonita e realmente é um destino muito procurado, comprovado pelo crescimento do tráfego, agravado ainda mais por ser uma sexta-feira.

É a partir de Junín que começa a Ruta de los Siete Lagos, e, naturalmente e sem perceber, ele foi reduzindo a velocidade, aproveitando a beleza indescritível daquela região. Também dando uma de São Tomé, tipo "só acredito vendo", começou a contar os lagos, para confirmar se eram mesmo sete. Seguiu contando um a um, imaginando que deveriam existir alguns no outro lado do caminho, depois de Bariloche, ou seja, ele só completaria a pesquisa ao continuar a viagem dali a dois dias. Se não errou na conta, acabou por comprovar que existiam mesmo os sete lagos, completamente diferentes uns dos outros, alguns bem selvagens e escondidos pela floresta e outros à beira da estrada, com pequenas praias frequentadas por turistas, vários com *campings*, que estavam bem cheios. Aliás, há muitos *campings* espalhados pela região da cordilheira, tanto na Argentina como no Chile, dos mais variados padrões, e, naquela época, estavam quase todos lotados.

Rodar por esse trecho faz valer a viagem em virtude da sucessão de belezas ao redor, que ficam visíveis à medida que se sobe em direção a Bariloche. Passam-se por pequenos povoados turísticos, jeitosos e simpáticos, ao longo da estrada, sempre com gente circulando e aproveitando o fim de semana de final de verão. De todos, o destaque é, sem dúvida alguma, a Villa Lla Angostura, uma cidade de veraneio em volta do enorme lago Nahuel Huapi. É o mesmo lago que banha Bariloche, noventa quilômetros depois, contornando a cordilheira, e ele é tão grande que comporta um barco com mais de 100 pés ancorado na marina local, visível ao passar pela frente da praia da vila.

Ao atravessar a cidade, claramente um local para veraneio da classe alta, perceptível pelo nível de sofisticação de suas casas e comércio, chega-se à praia do centro, toda arborizada, como se fosse um parque à beira-mar.

Depois de se afastar da praia, seguindo sempre pela avenida principal, retoma-se a estrada e tem início uma subida constante que contorna o lago, com falésias cada vez mais altas, que oferecem um visual deslumbrante e permanente até se chegar às proximidades de Bariloche, na margem oposta à Villa La Angostura. A Villa está muito próxima da fronteira com o Chile, acessível pelo Paso Cardenal Samoré, localizado à beira do Lago Espejo, outro dos sete lagos, e que é binacional.

Esses pouco menos de cem quilômetros foram rodados em ritmo de passeio até ele entrar em Bariloche pela avenida à beira do lago. Antes de seguir para o hotel, localizado no centro, JG achou melhor procurar um bom posto de serviços para abastecer, limpar os faróis e as lanternas e verificar o estado das suspensões. Fazia um sol firme, e o comércio ainda estava aberto. Qualquer problema ou necessidade que surgisse, haveria tempo de procurar uma oficina.

Ao examinar detalhadamente as bengalas, ele constatou de novo um pouco de sujeira causada pelo óleo, mas não enxergou nenhum vazamento de mais gravidade. Desistiu de procurar auxílio de um mecânico e preferiu correr o risco de prosseguir como estava, apenas monitorando e sem perder tempo com isso. Tranquilo e otimista, foi para o hotel, evitando circular pela cidade no final da tarde, pois havia muito trânsito pelo início do fim de semana, e, além de não se sentir confortável em meio ao tráfego urbano, ele estava enferrujado, porque desde Montevidéu não rodava numa cidade grande.

Sem muita dificuldade, chegou ao hotel e, novamente, teve uma surpresa positiva com a escolha. Situado à beira do lago, o lugar era maravilhoso, muito especial, e lhe fora reservado um excelente quarto, de frente para o jardim e a pouco mais de dez metros da água. Parecia coisa de magnata! Ele resolveu aproveitar o máximo porque pressentia que o padrão iria cair bastante na sequência da viagem.

Curiosamente, a partir do nível da rua, onde ficava o estacionamento em que ele deixara a Branca de Neve, todos os cinco andares eram para baixo, por causa do desnível entre a avenida e o lago. O hotel foi construído de forma que o hóspede pudesse aproveitar integralmente a vista para o lago.

JG tomou um bom banho e resolveu fazer a revisão do roteiro no bar do hotel, aproveitando aquela vista cinematográfica para acompanhar o pôr do sol, por trás da cordilheira, ao cair da tarde. Um espetáculo imperdível num início de noite típico de cartão-postal. Seria seu primeiro dia parado para descanso depois de nove dias consecutivos de pilotagem, e ele só sairia de Bariloche no domingo de manhã. Ele e a Branca de Neve precisavam daquela pausa.

Mesmo assim, ele optou por ajustar o roteiro de domingo naquela tarde mesmo, temendo não encontrar um lugar adequado para passar a noite e concluir os ajustes da rota no GPS, porque não estava conseguindo encontrar hotel em nenhuma cidade ou vila em uma distância razoável dali. O trajeto iria ser quase todo feito pelo deserto da Patagônia, e as localidades com alguma infraestrutura estavam se tornando raras. Até que ele encontrou um vilarejo com uma pousada rural em seus arredores e fez logo a reserva, com medo de não conseguir vaga.

Ele estava ali, concentrado no computador e no roteiro, quando de repente chegou um casal de ingleses, de mais idade, que, de alguma forma, ouvira falar de um motociclista que viajava sozinho. Como se diz no interior, *foram se achegando*, com uma garrafa de vinho branco e uma taça extra na mão, sentaram-se à mesa ao lado e, sem mais cerimônia, se apresentaram e puxaram conversa.

"Eu também fui um motociclista viajante. Tive uma BMW R 90S e rodei por vários locais da Europa durante os anos 1960 e 70. Para onde você está indo?"

O senhor, misturando o inglês com forte sotaque britânico com espanhol tosco, estava aparentemente interessado.

"Vou até o Ushuaia e voltarei pelo Chile, pela Carretera Austral", respondeu JG, que percebera uma certa emoção na voz daquele senhor que lhe oferecera uma taça cheia de um excelente vinho argentino. Ele achou melhor ser gentil e aproveitar a conversa.

"Deve ser maravilhoso percorrer aqueles passos alpinos. O senhor chegou a fazer algum deles?", continuou JG.

"Claro, rodei muito por lá, com ela na garupa", disse o homem, se referindo à esposa. "Tínhamos que levar a moto para o continente de navio! Era sempre uma aventura."

O semblante dele transparecia um ar saudosista. Sua esposa também demonstrava empolgação com aquelas memórias, e complementou:

"Minha viagem inesquecível foi num verão pela Capadócia! E o ambiente não era dos mais seguros, mas nada nos aconteceu de ruim", disse, dirigindo o olhar ao marido, como se esperasse a concordância dele, que veio imediatamente.

"É verdade. Nossos problemas nessa viagem se resumiram ao aquecimento do motor e à quebra do cabo do acelerador. Nada que uma boa improvisada não resolvesse", concluiu o senhor dando uma boa risada.

"Pois é, hoje nem isso pode mais acontecer, porque a minha moto nem cabo tem. É eletrônico!"

A conversa fluiu alegre e emocionante, com histórias de viagens e passeios se sucedendo, até que JG, percebendo a enorme curiosidade que Branca de Neve despertara naquele homem e, depois de tomarem a segunda garrafa de vinho, os convidou para ver a moto no estacionamento, convite que foi imediatamente aceito com muita empolgação. Ficaram lá fora quase uma hora, sob um frio bem forte que chegara junto com o anoitecer, e aquele senhor não se cansava de admirar a fera.

JG aproveitou e falou para ele sobre o vazamento que observara, cuja situação não havia se alterado desde então, ora sujando um pouco, ora não aparecendo nada, e o homem, com muita calma, lhe disse:

"Ah, isso não é nada! *Your Snow White is fantastic...* Ela irá aguentar muito mais que isso", carregando no sotaque. "Nem perderia meu tempo procurando oficina. Deve ser o calor que reduz a viscosidade do óleo, somado ao esforço a que ela está sendo submetida. *I'm sure*!"

A última colocação foi de tal forma categórica que JG resolveu dar o assunto por encerrado, meio que sentindo culpa por duvidar da resistência da Branca de Neve.

Em companhia tão agradável e divertida, foi natural que o casal e JG resolvessem jantar juntos, e escolheram uma mesa no salão do bar, mais informal e alegre. Quando estavam para se sentar, conheceram um casal de canadenses, em plena lua de mel, que disputavam uma animada partida de sinuca e chamaram atenção de todos no salão, porque a moça, que poderia ser profissional, deu uma surra no marido. Acabaram os cinco sentando juntos e partilhando suas histórias até quase meia-noite.

O astral de uma viagem solo é completamente diferente; ele não só estava aproveitando muito como aprendendo também. Que viagem! Essa realmente poderia ser chamada de uma viagem de sonhos! Ele foi dormir absolutamente em paz!

16

FOLGA NO CAMPO

A parada em Bariloche reservava duas noites, com um dia livre para o descanso muito necessário, e a escolha não fora por acaso, considerando seu porte e suas atrações, uma das mais importantes cidades turísticas da Argentina, sobretudo no inverno. Ainda assim, ele não desperdiçou seu tempo dormindo; preferiu levantar-se relativamente cedo e aproveitar para andar pela cidade. Era sábado, estava ensolarado e frio, um tempo ótimo para flanar pelas ruas arborizadas do centro.

Antes, porém, logo após o café da manhã, ele saiu para dar uma volta pelo jardim do hotel à beira do lago Nahuel Huapi e constatou que a água estava gelada.

"Não consigo acreditar naqueles turistas que vi pelas praias, mergulhando nessas águas, ao longo do trajeto de ontem! Especialmente em Villa La Angostura, que estava lotada. A temperatura deve ser a mesma. Inacreditável!"

De qualquer forma, a ideia era apenas caminhar o máximo a pé e deixar a Branca de Neve no estacionamento. Até chegar em Bariloche, foram 5,4 mil quilômetros rodados em nove dias ininterruptos, então ambos precisavam de uma folga.

O dia transcorreu lentamente entre visitas a alguns pontos recomendados da cidade, lojas que contavam com um bom número de clientes, onde ele entrou apenas para olhar, porque não pretendia comprar nada, e o almoço num restaurante excepcional indicado pelos funcionários do hotel. As lembranças que gostaria de levar, ele pretendia comprá-las em pontos mais típicos e no Ushuaia, mas estava surpreso com o luxo de parte do comércio, claramente voltado para os turistas estrangeiros em viagem pela Argentina. No aspecto de prendas típicas ou artesanato, a oferta era meio fraca, com poucas coisas que não empolgavam.

No meio da tarde, voltou ao hotel e, assim que entrou no saguão, encontrou o simpático casal de canadenses que fora companhia durante o jantar na noite anterior. Estavam retornando de um *trecking* pelos cumes, onde, no inverno, ficam as pistas de esqui, e iam descansar antes do jantar.

A animação de JG para caminhadas era alta, mas não tanto assim. Seu objetivo naquele dia sem pilotar era apenas descansar, e não fazer mais exercício. Trocaram algumas impressões sobre as atividades do dia de cada um, uma oportunidade para recomendar, a pedidos, o restaurante que conhecera no almoço.

Resolveu jantar no bar do hotel, depois de curtir novamente o belíssimo pôr do sol, e ir se deitar cedo, porque imaginava que o domingo seria mais puxado, quando visitaria um povoado em plena Patagônia chamado Río Mayo.

Depois de uma noite de descanso realmente especial, foi difícil sair do quarto e abandonar a vista do nascer do sol sobre o lago num novo dia ensolarado e aparentemente fresco. Com muita disposição, ele foi logo carregar a moto antes de tomar o café da manhã e, ao colocar a cara para fora do hotel, no estacionamento, levou um baque: estava 6 graus! Frio, muito frio! Tão frio que ele teve de voltar para reforçar a roupa que vestiria antes de sair, porque uma temperatura dessas o faria sofrer. De volta ao estacionamento e sentindo o vento enquanto carregava, pensava sobre o dia que teria pela frente.

"Não vou mais escapar! A partir daqui, vou enfrentar os tais ventos patagônicos e, pior, no frio, uma situação mais ingrata. Mas vamos em frente que as coisas difíceis ainda nem começaram."

Forçando um pensamento positivo, entrou para se aquecer um pouco e tomar o café da manhã.

Ao deixar o hotel e pegar a avenida por onde sairia da cidade, continuação da mesma por onde entrou, ele encontrou um dos muitos *trailers* que circulavam pelas estradas argentinas e chilenas, mas esse era especial, realmente chamava atenção. Enorme, novo e com uma aparência bem sofisticada. Possuía até nome, *La France*, o que o levou a imaginar que seria de um turista francês. Ao se aproximar dele num semáforo fechado, ele notou que a placa era da comunidade europeia, com o símbolo da França.

"Incrível pensar que um cara despachou um *trailer* da França para rodar pela Argentina. Quanto deve ter custado isso? Só se esse doido estiver fazendo um daqueles *tours* tipo volta ao mundo, mas nesse caso é comum se observar um monte de patrocínio, e não estou vendo nada!"

O *trailer* não só aparentava ser novo como estava limpíssimo e chamava mais atenção que qualquer outra coisa na rua. Branca de Neve passava despercebida pela primeira vez. Como o *La France* manobrava com maiores restrições, pelo porte, ele logo o ultrapassou ao retomar o trajeto pela Ruta de los Siete Lagos, agora descendo a Cordilheira, em direção a El Bolsón, final do trecho por dentro do Parque Nacional Nahuel Huapi e início da região desértica, que enfrentaria até Río Mayo, uma localidade a quase setecentos quilômetros de Bariloche, precisamente no meio do nada.

No entanto a Ruta 40 é muito especial e cheia de contrastes, e leva o viajante por caminhos surpreendentes e inimagináveis. A primeira parte do dia, a descida de Bariloche pelo outro lado do Parque Nahuel Huapi, foi tão agradável quanto a subida, onde ele continuou a contagem dos lagos e pôde então comprovar que existiam e que eram mesmo sete lagos, conforme indica o nome. Esse trecho ainda lhe reservou uma surpresa especial, a primeira visão de um pico nevado da Cordilheira dos Andes, mais ou menos na metade da descida. Impossível não parar e fotografar. Essa visão mexeu com quase todos os que rodavam por ali naquela manhã de domingo de sol e frio, porque o mirante estava lotado. Sorte que sempre existe lugar para uma motocicleta.

Assim que passou por El Bolsón, ele procurou um posto de serviços, e foi com certa dificuldade, pois a estrada corta a cidadezinha pelo centro e o movimento naquela manhã de domingo era grande, inclusive com muita fila nas bombas de combustível. Não lhe restou alternativa senão aguardar sua hora em uma dessas filas. Apesar de estar lotado de turistas e pertencer ao parque, o vilarejo, ainda que não fosse feio, não tinha muita graça, o que dificultava compreender por que tanta gente circulava por aquela hora. Talvez muitos se hospedassem em casas no campo e estivessem naquele congestionamento por ter saído naquele horário para fazer compras ou algo assim. Porque o formigueiro era intenso num lugar com tão pouco charme.

Em direção à Esquel, ao final do parque e da província de Río Negro, ele retomou a travessia pela região desértica da Patagônia, entrando pela província de Chubut. Apesar da aridez do cenário, há vários rios e lagos pelo caminho da 40, sempre com uma característica marcante e atrativa. A água, além de ser transparente, reflete um tom azul-turquesa muito bonito, como uma marca registrada desses rios no sul da América do Sul. Não se veem rios de águas turvas ou marrons. Em pleno deserto, quando menos se imagina, logo após uma curva ou um aclive surge um desses cursos de água com um visual incrível.

Contudo, não lhe era permitido criar muitos devaneios ao pilotar, porque começara aquilo que previra ser a maior dificuldade nessa etapa da viagem de seus sonhos: os ventos patagônicos! Aparentemente surgiam com mais força a partir do meio da manhã, e estavam bem fortes naquele dia. Muito fortes. Tão fortes que o obrigaram a pilotar com muito cuidado. Era o momento de testar todas as teorias sobre qual seria a melhor forma de tocar uma motocicleta em meio à ventania. Sua ideia era reduzir a velocidade, sempre privilegiando o controle da moto. Mas, ainda assim, os ventos acabam por levar à exaustão. É necessário forçar o guidão nas manoplas ao pilotar com *sobre-esterço*[7], a ponto de os punhos ficarem doloridos. A atenção exigida é total, porque, quando menos se espera, podem surgir rajadas em direções diversas ou cruzar-se com um caminhão em alta velocidade, com risco de provocar um choque de ar capaz de tirar uma motocicleta do rumo.

7. Sobre-esterço é uma técnica de pilotagem para momentos de fortes ventos laterais. O piloto força a inclinação da motocicleta contra o vento e equilibra-se o conjunto com a inclinação do corpo no sentido inverso, mantendo-a motocicleta estável.

Apesar disso, ele sabia que assim seria até que ele retornasse a uma latitude mais ao norte. Quanto à Carretera Austral, esta era uma incógnita, porque ele nunca ouvira falar de ventos fortes pelo lado chileno, ao sul da cordilheira, mas preferia não manter grandes expectativas. Era melhor se conformar e enfrentá-los, com cuidado e atenção, evitando não ser pego distraído. Estava preparado e imaginava que em alguns dias os ventos estariam mais suaves e em outros, talvez muito piores, mas sempre haveria ventos fortes. Ele conhecia muitas histórias desses ventos e também os enfrentara em outras viagens. Acreditava que surgiam mais fortes a partir do final da manhã, e que tinham sua força reduzida mais no final da tarde.

Durante suas viagens, concluíra ser por aí mesmo e achava que os ventos daquele dia tinham sido fortíssimos, mas, infelizmente, ele estava enganado. JG experimentara um dia de ventos muito fortes, mas não foi o dia com os ventos mais fortes. Não existe chance de ir até o Ushuaia sem passar pelos ventos patagônicos. Pode-se ter a sorte de pegá-los mais fracos, mas nem isso é comum. Em Bariloche, alguém lhe contara que o período de menos vento seria entre abril e maio. No entanto, nessa época, o frio é muito intenso para rodar de moto até lá embaixo.

Para aliviar o drama, pelo menos o asfalto na região estava em excelente estado e sem obstáculos.

Também não são só os fortes ventos patagônicos que a região, após El Bolsón, tem a oferecer aos intrépidos viajantes que se aventuram pela Ruta 40 em direção ao sul. Foi a partir dali que começaram a surgir as criaturas que preencheram o vazio causado pela ausência dos Aloprado's nessa etapa da viagem, os guanacos, primos da lhama peruana e das alpacas bolivianas, que se transformaram em seus melhores amigos.

Esses bichinhos são abundantes por lá, a partir do sul da província de Río Negro e principalmente por toda a Chubut, onde os nativos dizem, com muito orgulho, que a população de guanacos é superior à de humanos. Estão sempre em grupos, alguns bem grandes, pastando naquela aridez, e são extremamente ariscos e rápidos. Quando correm, lembram muito as gazelas, dando saltos elegantes, apesar de seu porte, equivalente ao das lhamas. Ao longo de toda a estrada encontram-se cercas permanentes, tipo as utilizadas para pastos de gado, que não são suficientes para detê-los; são facilmente puladas. É aquele caso do velho ditado que diz que o capim do vizinho é mais verde, o que torna comum encontrar parte significativa dos bandos pastando pelos barrancos à beira da estrada, do lado de fora das cercas.

O difícil é fotografá-los porque, quando um veículo se aproxima, eles começam a correr com muita elegância e saltam as cercas, formando um belo espetáculo, como uma coreografia muito bem ensaiada. A diferença estava que, ao se aproximar com a Branca de Neve, sem outro veículo na estrada, JG não despertava medo ou susto neles, então o comportamento deles era outro, completamente distinto. Ficavam olhando fixamente para a moto, como se estivessem hipnotizados pela Branca de Neve, e acompanhavam com a cabeça a passagem completa dele, girando o enorme pescoço num ângulo de 180 graus. Talvez enxergassem o conjunto homem e motocicleta como um guanaco estranho. Aquilo virou uma diversão extra na viagem, criando uma relação permanente entre o piloto e sua moto com os animais. Ao se aproximar de um bando, ele reduzia a velocidade e ficava olhando-os acompanhar com o movimento do pescoço, chegando inclusive a saudá-los com as mãos. Só ficavam ariscos quando ele ameaçava parar no acostamento, mesmo à distância. Tanto foi assim que todas as fotos que ele conseguiu fazer com eles foram tiradas de longe, quando eles disparavam para o outro lado da cerca.

Com esse passatempo, o dia avançou rápido, mesmo com os ventos forçando a redução da velocidade média. Como ele não parara para reabastecer em Esquel, porque a cidade não é próxima da estrada e procurar um posto de serviços implicaria ir até ela, encontrar o posto, abastecer e voltar para a rodovia, ele decidiu usar o galão reserva e avançar até a próxima vila, Gobernador Costa, uns 230 quilômetros antes de Río Mayo.

Em uma curva com barrancos altos, que permitia se proteger um pouco do vento, ele parou no acostamento e descarregou o galão, porque o computador de bordo da Branca de Neve indicava que a moto já estava na reserva de combustível. Ele aproveitou também para esticar as pernas um pouco e aliviar as dores nos punhos. Num dado momento, tentou ir atrás de um pequeno grupo de guanacos extremamente curiosos que se aproximara da cerca enquanto ele abastecia. Mas foi só ele pegar o celular e focar o olhar para que imediatamente eles fugissem num belo galope para longe dali. Com esse grupo estava um filhote, o mais curioso de todos e o que mais se aproximara dele. Era também o mais arisco e medroso, sendo o último a parar de correr, no topo de uma colina, a várias centenas de metros da cerca, o que fez com que JG risse um bocado.

Depois de atravessar o rio Tecka, ele passou por uma pequena vila de mesmo nome, onde havia um posto de serviços. Foi quando ele percebeu que fora inútil ter descarregado o galão, porque encontraria combustível antes de chegar em Gobernador Costa, mas agora isso não fazia mais diferença alguma. Ele seguiu em frente acelerando sempre que o vento dava uma aliviada até chegar lá, e, ao encontrar o posto programado, parou não só para completar o tanque como também para encher o galão novamente.

De Gobernador Costa a Río Mayo, a Ruta 40 segue acompanhando as margens do rio Senguer, por mais de duzentos quilômetros de serpenteios ao longo do vale, sempre com a Cordilheira no horizonte à direita e o deserto patagônico como cenário permanente e magnífico. Esse rio não só é muito grande como suas águas azuis são muito bonitas e límpidas, formando um contraste maravilhoso. Várias pontes faziam a estrada trocar de margens de tempos em tempos, e em muitas delas encontrou alguém pescando, sempre enfiado no meio do rio, com o corpo envolto de água até a cintura.

O vento continuava mas não era suficiente para estragar o passeio num dia tão confortável e maravilhoso, porque, mesmo após ter esquentado, a temperatura não ultrapassara os 26 graus! Se em termos de quilometragem esse 11º dia de aventuras era longo, classificado como o terceiro de maior distância a percorrer até então, também estava sendo muito divertido, mesmo com a estreia para valer dos ventos fortes. O fato de ter ficado um dia parado também ajudava, ele estava bem descansado, o suficiente para aguentar o tranco sem grandes incômodos. Esse acerto no planejamento o deixou muito orgulhoso, pelo esmero nos detalhes e resultados muito acima das expectativas.

Com tranquilidade, ele chegou em Río Mayo, um povoado minúsculo no fundo do vale e à beira do rio que lhe deu o nome, procurando um posto de serviços, o único na vila, bem no centro. Milagrosamente sem pegar filas, ele abasteceu e lavou os faróis e lanternas, que estavam lotados de insetos acidentalmente atropelados pela Branca de Neve durante a travessia no deserto. A ideia era deixá-la completamente pronta para o dia seguinte.

Nessa voltinha pela cidade, ele constatou que ela era mesmo bem pequena e não dispunha de uma boa infraestrutura. Ficou preocupado porque sua reserva para a noite era numa pousada que se apresentava como um local de turismo rural, a três quilômetros da vila, e ele teria de passar por uma estrada bem ruim para chegar nela, de cascalho grosso e solto, horrível para a motocicleta. Apesar disso, não havia outra alternativa no povoado.

Facilmente, seguiu a rota indicada no GPS, uma continuação do que deveria ser a avenida principal da vila; porém, ao chegar à porteira da propriedade, suas impressões começaram a mudar. O lugar era belo e naturalmente simples. Na verdade, era uma estância, cujos proprietários criavam gado e guanacos, além de desenvolverem atividades como *treckings*, cavalgadas e outras semelhantes.

Embora fosse no meio da Patagônia, existia muito verde e muita água; um pequeno córrego passava pelo jardim em frente à sede da fazenda. Era tudo muito bem cuidado e agradável.

Ele foi recebido pela proprietária, uma senhora idosa, e sua filha, que devia ter cerca de cinquenta anos; as duas eram extremamente simpáticas e muito receptivas. Mal ele chegou, e foi avisado que não estaria sozinho — teria a companhia de um casal que viria do sul, de carro, e chegaria tarde da noite e passaria dois dias por lá. Haviam reservado para ele um chalé muito agradável, confortável e grande, com capacidade para cinco pessoas. Com toda aquela mordomia, ele resolveu tomar um banho restaurador e quente porque a temperatura estava caindo rápido no final daquela tarde, e depois pretendia revisar o roteiro para o dia seguinte, que seria curto e sem grandes complicações, tendo como destino Gobernador Gregores, um vilarejo no meio do deserto.

A opção de dormir no caminho em vez de ir direto para El Calafate se justificava porque ele sabia que depois dali enfrentaria setenta quilômetros de um trecho tido como intransitável, o pior de todo o roteiro até então, com cascalho muito solto e fofo, o que dificultava muito o controle da motocicleta, principalmente porque também ali seria uma das piores regiões em termos de vento. Planejava enfrentá-los o mais cedo possível pela manhã, quando supunha que fosse menos crítico.

O mais engraçado da estadia no campo, porém, foi que, por onde ele andava pela pousada, era acompanhado por dois filhotes terríveis de dogo argentino, de, no máximo, três meses, sempre capitaneados por um cão de mais idade, mestiço de bernese, que fazia o papel de chefe da tropa. Eles não o deixavam em paz um minuto sequer e faziam uma enorme bagunça! Foram a companhia da noite!

Ele terminou a revisão da rota e fez uma reserva em uma pousada na cidadezinha de Gobernador Gregores, justamente quando a senhora o informou de que o jantar estava pronto. Ofereceram-lhe uma típica comida caseira muito saborosa e que lhe fez muito bem, depois de tanto tempo só comendo em restaurantes. Aquela parada lhe proporcionou um ambiente totalmente diferente do que até então ele havia curtido nas noites anteriores da viagem, e, com a tranquilidade da zona rural, acabou por se deitar cedo, com uma sensação ótima de que, apesar das dificuldades, a viagem de seus sonhos transcorria sem graves incidentes.

17

VENTO

A noite no campo fizera muito bem à JG, que acordou cedinho, logo que o dia clareou. Dormira tão profundamente que nem percebera se o casal de hóspedes estava por lá, embora o chalé em que eles ficariam fosse ao lado do seu. Ao olhar pela janela, imaginou o frio que fazia lá fora, porque o jardim estava coberto por uma névoa densa, e nem os cachorros, que não desgrudaram dele um só instante no resto da tarde e da noite anterior, estavam por ali.

Com a bagagem e tudo mais arrumado na véspera, colocou a segunda pele de frio, uma blusa mais quente e saiu para carregar a moto. Ao abrir a porta, foi como se tivesse entrado num *freezer*! Foi um choque a lufada de ar gelado que ele recebeu, que o fez voltar correndo para dentro e confirmar o clima e a temperatura para o dia, que seria razoavelmente curto e tranquilo, com 480 quilômetros apenas e todo sobre asfalto.

Vestido adequadamente, arrumou a bagagem na moto e, ao voltar do pátio onde estacionara a Branca de Neve, a névoa começava a se dissipar, mostrando-lhe o sol forte que pegaria na estrada. Poderia ter planejado o trecho dos próximos dois dias num único estirão, saindo de Río Mayo para El Calafate, num total de 820 quilômetros, mas optara por passar a noite em Gobernador Gregores e percorrê-lo em duas etapas, por duas razões. A principal era a dificuldade esperada no trecho de rípio entre Gobernador e El Calafate, que, apesar de ser curto, com pouco mais de setenta quilômetros, era horrível! Extremamente fofo, fundo e sujeito a ventos fortíssimos. Não seria inédito para ele, que comprovara sua péssima fama no passado, experimentando um belo tombo, sem grandes consequências. Dessa vez, optara por percorrê-lo logo cedo, nas primeiras horas do dia, imaginando enfrentar ventos mais leves, seguindo a teoria de que ficam mais fortes a partir do meio da manhã.

Mas não era só esse o motivo. Saindo cedo de Gobernador e sem sofrer grandes atrasos no trecho ruim, ele deveria chegar em El Calafate próximo à hora do almoço, o que seria mais garantido para conseguir reserva no *tour* de dia inteiro aos glaciares, seu plano para o dia seguinte. Se chegasse mais à tarde, dificilmente conseguiria lugar para a excursão, o que implicaria um dia extra parado ou a opção de fazer a visita aos glaciares sem a aproximação de barco, o que não tem a mesma graça. O desejo era chegar o mais perto possível dos glaciares, o que só é possível se for no *tour* de dia inteiro.

Durante o café servido pela dona da pousada, ele perguntou sobre o estado do trecho crítico e obteve uma resposta tranquilizadora, pois ela lhe disse que passava toda semana por lá e não enfrentava grandes complicações. Pena que o valor dessa informação era muito relativo, porque aquela senhora dirigia uma potente picape Ford Ranger 4x4, com a qual é bem mais fácil fazer a travessia do que em cima de uma moto.

De qualquer forma, ele estava tranquilo ao sair, e logo retomou a Ruta 40, com sol, frio e a constante companhia de seus amigos guanacos, acelerando em direção a Bajo Caracoles, primeira parada para abastecimento, cujo sugestivo nome indicava boas curvas pela frente, a pouco mais de 250 quilômetros. Na metade desse primeiro trecho, ele passou ao lado de Perito Moreno, cidade que ele esperava cruzar em seu retorno, quando estivesse a caminho do Chile rumo à Carretera Austral, outra de suas metas. Apesar de essa cidade oferecer uma infraestrutura melhor que a de Bajo Caracoles, ele preferiu não parar para abastecer porque havia rodado muito pouco e o tanque não estava nem na metade.

Seguia bem no ritmo de sempre e sem grandes ventos, talvez pelo fato de ser cedo, quando foi ultrapassado por uma Kawasaki Vulcan, modelo *custom*, não muito comum no Brasil, totalmente branca. Era a primeira moto que o ultrapassava em toda a viagem, indo na mesma direção. Como estava bem mais rápida, logo o deixou para atrás. JG deveria estar em sua velocidade de cruzeiro, entre 115 e 120 quilômetros por hora. Uma boa tocada para a Argentina, pois a regulamentação local impõe, para as estradas de pista simples asfaltadas, uma velocidade máxima de 110 quilômetros por hora, e para as de pista dupla, de 130 quilômetros por hora. O argentino, via de regra, corre muito, sempre acima do limite de 130 quilômetros por hora, principalmente nesses trechos quase sem tráfego, razão pela qual ele não se surpreendeu com o motociclista que sumiu rapidamente. Naquele ponto, a Ruta 40 é uma sucessão de retas pela região desértica de Chubut, em plena Patagônia argentina, e por mais rápido que o piloto da Vulcan pudesse estar, lhe parecia normal.

Ao se aproximar do vale do rio Ecker, voltaram as curvas e um delicioso serpenteio porque a estrada ali começa a contornar uma sucessão de montanhas. Um pouco depois da travessia da ponte, surge a vila de Bajo Caracoles, com não mais do que três ruas e pouquíssimas casas, um grande nada, mas o espetáculo é a *estación de servicios*, como são conhecidos os postos de serviços por lá. Afastada da rodovia por um acesso cascalhado de uns cem metros, com duas bombas descobertas, uma de gasolina e outra de diesel, no meio de um descampado e com uma pequena choupana, com telhado de palha, com pouca coisa para comer e beber e por onde são acessados os toaletes, ao fundo, pelo lado de fora, incrivelmente limpos. Nada podia ser mais primitivo que aquilo.

"Acabo de chegar ao nada!"

Ele encostou próximo à bomba para abastecer e logo viu a Vulcan que o ultrapassara a mais de cem quilômetros atrás do posto de serviços, estacionada. O piloto estava dentro da lanchonete, e logo saiu. Para sua surpresa, não era um homem, mas sim uma motociclista. Uma chilena jovem que viajava sozinha. Ela que o deixou comendo poeira na estrada.

Ele nem precisou tentar puxar conversa porque, logo que ela o viu, foi falar com ele e lhe contou toda a história de sua viagem.

"Olá! Sou de Punta Arenas, do extremo austral do Chile. Acabo de trocar de moto e aproveitei minhas férias para visitar a região do vulcão Osorno, no Chile, logo depois de Puerto Montt. Estou voltando pra casa pelo lado argentino", ela falava emendando uma frase na outra, e continuou: "Que moto maravilhosa você tem. Reparei quando passei por você lá atrás. É o modelo novo, não é? O primeiro que vejo ao vivo! Sabia que ela é meu sonho de consumo?"

Nesse momento, ele mediu bem a mocinha e fez um esforço para não rir, ao reparar no tamanho dela. Ela tinha, se muito, um metro e sessenta de altura, e uma aparência frágil e delicada.

Mal conseguiu dar uma resposta meio protocolar, agradecendo o elogio à Branca de Neve, quando foi atropelado novamente:

"Para onde você está indo?"

Antes de ouvir a resposta, a moça completou:

"Conheci uma série de *campings* que valem a pena ser visitados no caminho."

Então, ela discorreu sobre quatro ou cinco lugares excepcionais que, a seu ver, mereciam uma visita.

Ele só conseguia responder de forma monossilábica, fosse por não entender plenamente a metralhadora giratória em espanhol, fosse por não ter espaço para falar. De qualquer forma, ficou com a impressão de que conhecer esses *campings* fora um dos principais objetivos da viagem dela, tamanha empolgação que percebia nas narrativas.

Enquanto terminava o abastecimento, a mocinha, já pronta e sem parar de falar, se despediu e seguiu viagem, acelerando. Pela tocada, ele sabia que não a alcançaria mais. Conseguindo respirar um pouco, ele encontrou um apelido perfeito para ela, Formiga Atômica, e fez um esforço para mensurar o quanto ele conseguira falar nos intervalos do monólogo. Chutando por alto, ele não foi capaz de completar nem quatro frases.

Terminou de abastecer e retomou a estrada em direção a Gobernador Gregores, percebendo que a força do vento estava aumentando significativamente, ainda que o tempo continuasse firme e a temperatura estivesse agradável. Mas, de tudo, o que mais o alegrava era a visão permanente dos picos da cordilheira à direita, que ele calculava estar entre 100 e 150 quilômetros de distância, e, meio pensando, meio falando para a Branca de Neve, repetia que era para lá que eles estavam indo. El Calafate fica aos pés das montanhas, e os glaciares se encontram muito próximos, na Cordilheira.

Entretanto, uns 120 quilômetros antes de Gobernador Gregores, a estrada muda de direção e segue rumo ao sudeste, pelo deserto patagônico, se afastando da Cordilheira. A Ruta 40 passa a acompanhar o vale do rio Chico, que, apesar do nome, é bem grande e avança por dentro do deserto patagônico até sua foz no Atlântico, numa localidade chamada Comandante Luis Piedrabuena. Foram mais de cem quilômetros contornando suas margens, oferecendo um visual muito bonito e onde se localizam as únicas terras férteis da região. Também os amigos guanacos estavam por ali pastando, numa quantidade absurda.

À medida que a manhã avançava, os ventos começaram a incomodar muito e a atrasar a pilotagem, porque não era possível manter mais que setenta ou oitenta quilômetros por hora. E a ventania atingiu seu auge quando ele chegou num longo e forte aclive. Fazia um tempo que ele estava acompanhando dois *trailers* a certa distância, que iam à frente, ainda mais devagar que ele, e, pouco a pouco, se aproximou, sempre com um enorme esforço para manter a Branca de Neve na faixa de rolamento, porque a todo momento surgiam rajadas que a empurravam para fora, em direção ao acostamento à direita, ou, pior, para a faixa contrária à esquerda.

Ambos os *trailers* eram grandes e novos, o que ia à frente apresentava uma licença brasileira, de Porto Alegre e era seguido por um argentino que tinha um toldo lateral, recolhido e preso na estrutura do veículo, que sacudia bastante com a ventania. Ao se aproximar e, cuidadosamente, se preparar para ultrapassá-lo, uma nova rajada violenta os atingiu, rasgando completamente a lona do toldo e jogando-a longe, fora da pista. Apesar do susto, os *trailers* serviram de proteção para a moto enquanto o toldo desaparecia pelo barranco após o acostamento. Cena de filme tipo *Mad Max*.

Acelerando um pouco e com a Branca de Neve inclinada num ângulo de 45 graus à esquerda, JG ultrapassou os veículos percebendo que o motorista brasileiro acenava amistosamente, mas não lhe era possível retribuir porque precisava segurar o guidão com firmeza nas duas mãos. Estava brava a coisa!

E foi com ventos fortes assim que ele entrou no povoado de Gobernador Gregores, pouco mais de trinta quilômetros adiante, onde encontrou um grande posto de serviços ainda no acesso à vila, completo e com boa infraestrutura. Resolveu parar por ali, recuperar o fôlego e arrumar a motocicleta para o dia seguinte, antes de seguir para a pousada em que fizera reserva, localizada mais ao centro. Não sabia se encontraria outro pela cidade.

Assim que entrou, percebeu que o posto era um *point*, muito movimentado, e todo mundo que passava pela Ruta 40 parava ali, incluindo dois grupos de motociclistas, todos brasileiros, somando um total de oito motos. A chilena que ele apelidara de Formiga Atômica também estava lá, e chegara bem antes — ela terminara o abastecimento e estava dentro da loja de conveniência. Também estava por lá o *trailer La France*, aquele mesmo que ele avistara na saída de Bariloche dois dias antes e que monopolizou a bomba de diesel. Era uma festa!

Aproveitando a rara oportunidade de encontrar uma bomba de gasolina sem fila, ele foi primeiro abastecer. Enquanto estava parado na bomba, chegaram os dois *trailers* que ele ultrapassara alguns quilômetros antes, e o motorista, brasileiro, ao descer do veículo, com cara de assustado, puxou conversa.

“Cara, que loucura de vento... Não sei como você conseguiu rodar. A inclinação da moto era absurda!”

“Realmente, foi o vento mais forte de toda a viagem. Acho que foi o pior vento que encarei como motociclista.”

“Muito horrível, meu companheiro argentino perdeu a lona do toldo.”

“Eu vi, eu estava atrás dele. Dei sorte, porque a lona foi parar no barranco. Se fosse na minha direção, eu teria me ferrado.”

O frentista que estava abastecendo a Branca de Neve e ouvia atentamente tudo entrou na conversa dizendo que a rádio informara que a tempestade de vento atingira quarenta nós, aproximadamente 75 quilômetros por hora. Muita coisa! Enquanto o brasileiro aguardava o francês liberar a bomba de diesel, JG encostou a Branca de Neve num lugar à sombra protegido dos ventos, que continuavam fortes, e entrou na loja. Ele estava com muita sede, porque a água do *camel pack* acabara a muito tempo.

O local era uma balbúrdia, um monte de gente falando alto entre os grupos que haviam chegado mais ou menos juntos, e só se falava em português. Seria uma ironia do destino por conta do que ele experimentara quando estava no sul do Brasil?

Todos aqueles motociclistas subiram de Tres Lagos para Gobernador Gregores pela Ruta 40, mesmo caminho que ele percorreria na manhã seguinte, só que no sentido inverso, e com algo em comum entre eles. Todos, absolutamente todos, caíram no trecho de rípio naquela manhã. Estavam traumatizados com a dificuldade enfrentada. Eram pessoas maduras e, pelas roupas de motociclistas que vestiam, não tão novas, aparentavam ter um mínimo de experiência.

Os relatos que ouvia o deixavam cada vez mais preocupado. Um dos grupos, formado por quatro motos, chegara inteiro ao posto de serviços, mas todos eles tomaram pelo menos um tombo. O motociclista mais exaltado da turma andava de um lado para o outro da loja falando em alto e bom som que aquilo não era uma estrada, e sim uma caixa de brita. Outro motociclista, que aparentava mais calma e só balançava a cabeça concordando com as afirmações que ouvia, foi sentar-se a uma mesa de canto. JG pegou algo para beber e foi sentar-se ao lado desse homem, aproveitando para conversar e obter mais detalhes.

"Bom dia! Parece que você é um sobrevivente dessa turma."

"Nem tanto, eu também caí duas vezes, mas sem grandes consequências. A primeira, posso afirmar que foi um pouco de abuso meu... Achei que o pavimento era firme. Mas, na segunda, fui para o chão por causa do vento."

"Pelo que estou ouvindo, parece que está um horror lá pra baixo."

"E está mesmo, ainda mais com essa ventania!"

"Mas é tudo tão ruim como o cara ali está falando?"

A pergunta demonstrava como JG começara a ficar incomodado com essas notícias.

"Não tudo. O trecho todo de rípio tem pouco mais de setenta quilômetros, dos quais os primeiros vinte, de Tres Lagos para cá, e os últimos quinze, chegando em Gobernador Gregores, estão razoáveis, mas o miolo, de uns 35 a 40 quilômetros, está muito ruim, sem trilhas compactas feitas pelos veículos, e o cascalho é grande, solto e muito fundo."

"Ainda bem que ninguém se machucou, pelo menos isso!"

Com esse comentário meio aleatório, ele esperava recuperar um pouco o ânimo para o que enfrentaria na manhã seguinte.

"Não é bem assim. Meu companheiro aparentemente quebrou o tornozelo na queda, e está sem condições de pilotar. Uma picape que passou por nós o socorreu", ele disse, apontando para um cara que estava sentado em uma outra mesa da lanchonete.

Foi quando JG viu o rapaz que reclamava de uma dor muito forte. Ele estava aguardando um policial que o levaria ao pronto-socorro enquanto os amigos esperavam um transporte para resgatar a moto que ficara no trecho com outros dois companheiros que continuavam por lá, esperando a ajuda chegar.

Foi a oportunidade que JG teve de estrear sua farmácia. Ele ofereceu um anti-inflamatório para o moço ferido, porque ninguém por ali tinha remédio algum. Coisa de principiante, mas ele preferiu não falar nada.

A confusão aumentou mais ainda com a chegada de outro grupo de motociclistas, também brasileiros, todos com a mesma história. Dos catorze motociclistas que subiram naquele período, onze deles disseram ter caído, e, quando souberam dos planos de JG, foram unânimes em recomendar a ele que desistisse, sugerindo que seguisse pelo asfalto direto para Río Gallegos e pulasse aquela etapa.

Então, ele viu a Formiga Atômica sorrindo e conversando muito animada com o argentino, falando sobre o *trailer* que perdeu o toldo pelo caminho, e ficou curioso.

"E você, como fará para seguir com sua *custom* nesse pavimento?"

"Eu sabia que esse trecho é ruim assim desde que saí do Chile. Não vou rodar por *el infierno*", apelido que ela usou para aquele lugar e que o desanimou mais ainda. "Daqui, sigo direto para Comandante Luis Piedrabuena, onde entro pela Ruta 3 e, de lá, sigo para Punta Arenas, sempre pelo asfalto. Só vou passar nesse trecho depois que comprar uma moto igual a sua", completou rindo.

Não dava para não rir também. Era algo inimaginável vê-la pilotando uma moto da altura da Branca de Neve num solo de rípio ruim. E sem conseguir acompanhá-la!

Nada poderia ter sido mais brochante do que essa parada no posto de serviços de Gobernador Gregores. Ele ficou por ali mais um pouco, fazendo hora, até se despedir de todos e seguir para o hotel, onde pretendia comer algo mais substancioso e descansar. JG experimentara um dos mais exaustivos dias para pilotar, devido às condições climáticas, e ele precisava preparar o roteiro para El Calafate, inclusive escolher um hotel. No entanto, independentemente de tudo o que tinha ouvido, ele seguiria por aquele trecho na manhã seguinte, esperando que a estratégia de sair bem cedo lhe permitisse escapar de ventos iguais aos daquele dia.

Prevendo o que seria a manhã seguinte, ele pensava em escolher um bom hotel em El Calafate, para compensar a maluquice que seria o trajeto, porque ele ficaria duas noites por lá. Ele estava realmente impressionado com tudo que ouvira.

Gobernador Gregores não tem nenhum atrativo turístico a não ser para quem se aventura pelo deserto ou faz esporte radical, como *rafting*, ou, de modo alternativo, curte as pescarias pelo rio Chico, cujo nome oficial é rio Santa Cruz, conhecido na Ruta 40 como *Chico*. Todavia, depois de tudo que ouvira no posto, não importava o fato de passar a noite lá; ele acreditava cegamente que decidira corretamente por fazer essa etapa a El Calafate em dois tramos e, optou por jantar no próprio hotel e ir cedo para a cama. Iria se preparar para um trecho pesado da viagem de seus sonhos. Haja aventura!

18

DO CHÃO NÃO PASSA

Era muito cedo ainda quando ele levantou e foi arrumar a motocicleta para enfrentar o dia. O espírito era esse mesmo, pois ele sabia que, depois de tudo que ouvira na tarde anterior, ia ser dureza. Estava fresco, mas não tão frio quanto no dia anterior, e novamente sem uma única nuvem no céu. A previsão era de chuva, mas apenas para o final da tarde, quando ele esperava já estar em El Calafate.

A pousada de Gobernador Gregores era simples, mas confortável, e dispunha de um jantar e um café da manhã muito acima das expectativas. Serviu para ele relaxar um pouco e se preparar para o desafio que viria, porque ele sabia que não iria encontrar nenhum outro ponto de apoio antes de El Calafate. Faria uma única parada num posto de serviços na entrada de Tres Lagos, uma vila ainda menor que Bajo Caracoles, no meio do percurso do dia, o 13º de sua viagem e o mais curto até então, com menos de 350 quilômetros. Estimava completá-lo em, no máximo, quatro horas e meia. Pretendia almoçar no hotel.

Saiu da pousada e passou pelo posto de serviços em que estivera na véspera, que ainda estava vazio naquele horário. O relógio da Branca de Neve indicava 7h30 e as emoções do dia não haviam começado. Ele entrou pela rodovia com um vento apenas razoável, muito menor que o que enfrentara no dia anterior, e, menos de cinco quilômetros depois, começou o piso de rípio.

Antes, ainda na pousada, ele tomou o cuidado de limpar os braços da suspensão deixando-os sem sinal de óleo, e, até então, não notara nada de anormal com as bengalas desde Bariloche. Menos mal! No que ele entrou no trecho sem asfalto, encontrou uma estrada bem compactada, larga, sem grandes dificuldades, que o fez lembrar o que o rapaz lhe dissera, que seriam assim a primeira e a última parte. Ele enfrentaria uns quinze quilômetros nesse estado, e, quanto ao vento, ao contrário da loucura do dia anterior, que viera com toda aquela força, estava entre moderado e leve, apesar de muito inconstante; oscilava entre rajadas muito fortes e outras aleatórias. Logo no início do solo de cascalho, ele foi atingido por uma rajada de lado que, depois de empurrar a Branca de Neve para a pista contrária, amenizou, o que lhe permitiu retomar o controle. Foi um belo susto! Sorte dele não ter aparecido nenhum veículo em sentido contrário. Como ele sabia que os primeiros quilômetros seriam os mais fáceis, assim como os últimos, não ficou muito empolgado com o que encontrara; aguardava pelo miolo, apesar da dificuldade de imaginar o quão ruim poderia ser, depois do que ouvira no posto. Lembrou-se de como a Formiga Atômica se referiu ao trecho: *el infierno*! Será? Se era para ser assim, seria melhor fazer algumas fotos antes que o vento piorasse e o impedisse de parar. E foi o que ele fez.

Avançando mais alguns quilômetros, ficou perceptível a piora do pavimento, cada vez mais fundo e solto, como se recentemente tivessem lançado uma nova camada de cascalho grosso sem compactação. Talvez fosse a secura do deserto que o deixava assim, e, por não ser o rípio verdadeiro, aquela mistura de argila, sal e cascalho de granulometria fina que, uma vez compactada, fica como um asfalto, era realmente muito precário, e exigia total concentração.

Logo depois de concluir o que deveria ser o tal trecho bom do início, ele encontrou dois motociclistas, também brasileiros, parados com suas motos fora da pista, abaixo do barranco e com um desnível de três a quatro metros. Parou para conversar e saber o que estava acontecendo.

"Oi, tudo bem? Precisam de ajuda?"

"Não, obrigado. Tivemos uma queda, e quebrou a alavanca do câmbio daquela moto", falou um deles, apontando para outra moto no chão, uns cem metros a sua frente.

"Estamos vindo de Tres Lagos, passamos a noite lá, e o dono da moto pegou uma carona num carro para buscar um resgate. Vamos tentar consertá-la em Gobernador Gregores, ou será fim de viagem para ela."

"E como está mais à frente? Me falaram ontem que estava difícil", perguntou JG, aproveitando que eles tinham passado pelo trecho pior.

"A palavra que melhor define é horror", respondeu um deles, ao que o outro emendou por cima:

"Realmente tão horroroso que preferimos tentar andar pelo deserto, por fora da estrada, mas não conseguimos avançar por causa dessas canaletas gigantes de drenagem."

"A cada cinquenta metros, mais ou menos, tem essas valas que nos impedem de avançar. Ao tentar subir de novo o barranco pra retomar a estrada, nosso amigo caiu e quebrou a alavanca de câmbio."

"Estamos esperando o socorro. Você não tem muita alternativa. Ou volta ou tenta avançar, mas sempre com muito cuidado."

JG preferiu continuar, claro, mas com muito mais dúvidas e preocupações, e, como devia ter rodado uns quinze quilômetros, ainda teria algo como 55 quilômetros pela frente. Quando estava se despedindo dos caras e se preparando para sair, passou uma picape preta a toda velocidade, e, poucos metros depois, o motorista perdeu o controle e começou a serpentear por, talvez, mais uns cem metros até conseguir parar. Quase tombou; chegou a ficar com as duas rodas no ar, atravessada na pista! Mais um argentino maluco andando acima do limite. Espalhou cascalho para todo lado. É, não tinha jeito, ia ser realmente difícil aquela manhã!

O piso estava tão fofo que ele optou por arrancar em segunda marcha, com o controle de tração desligado, até atingir uma velocidade entre quarenta e cinquenta quilômetros por hora, o que era pouco para suportar uma rajada de vento daquelas que volta e meia aparecia, mas muito para um piso como aquele. Não havia mais trilha para seguir, e qualquer pedaço da estrada era do mesmo jeito, um cascalho fofo e fundo. Realmente, uma verdadeira caixa de brita! Muito concentrado, ele pilotou nessas condições por mais uns dez quilômetros até que uma rajada fortíssima de vento o pegou em cheio e o fez atravessar toda a estrada, empurrando a Branca de Neve em direção ao barranco do lado esquerdo, na contramão. Com muito esforço, ele conseguiu forçar a volta, mas sem controle e equilíbrio. A motocicleta apontava para o barranco à direita, totalmente atravessada na pista. Ele ainda tentou manter o equilíbrio colocando os pés no chão, mas não conseguiu firmeza naquele piso, e, com a moto totalmente desequilibrada e sem velocidade, inclinou além do seu centro de gravidade, caindo e prendendo a perna direita embaixo do protetor do motor, que apagou. Na hora, ele sentiu a batida do joelho, de lado, no chão. Doeu!

Ficou um tempinho deitado e sentindo o corpo. O joelho doía, mas o resto parecia bem. Foi o primeiro momento desde Garopaba em que se sentiu só, muito só na verdade, mas ele precisava deixar as lamúrias para depois, ficar em pé e levantar a moto, carregada como estava. Duvidava que conseguiria. Talvez fosse melhor desmontar os bauletos antes.

Como o cascalho estava muito fofo, ele conseguiu soltar a perna facilmente e ficou em pé, ainda meio atordoado. Nesse momento, um Ford Fiesta vermelho encostou ao seu lado, como se tivesse surgido do nada, e, antes que ele pudesse esboçar qualquer reação, três jovens argentinos, dois rapazes e uma moça, saíram do carro para socorrê-lo; levantaram a moto e a colocaram de frente para a estrada. Sorte pura e inesperada, porque ele achava que estava sozinho naquele mar de cascalho. Logo começou um interrogatório sem fim.

"Como você está? Está ferido? Consegue se mexer?"

À medida que recuperava a respiração e a noção das coisas, ele assegurou que estava tudo bem, fora o baque e o susto, nada de mais grave lhe aconteceu. Branca de Neve também sobrevivera incólume, com o protetor do motor, que apoiou sobre sua perna, e o bauleto direito segurando-a longe do solo. Ambos ganharam mais uns risquinhos, que se juntaram aos que já existiam.

"Está tudo realmente bem, eu apenas preciso achar um jeito de sair daqui sem cair de novo", respondeu meio sem convicção. "Vocês estão vindo de Tres Lagos, não? Como está o caminho que tenho pela frente?"

"Ainda terá que enfrentar uma boa quilometragem de cascalho solto. Na realidade, está muito difícil", respondeu um dos garotos, sem muita animação.

"O duro é que não tenho muita alternativa. Se eu sair pelo deserto, fora da pista, as valas não me permitirão avançar muito, e me obrigariam a subir esse barranco, o que pode ser muito pior", comentou.

Um dos rapazes foi olhar o barranco e confirmou:

"Também acho que é pior. O desnível para a frente é até maior. Passa dos cinco metros."

"De fato, o barranco é mais um morro de brita que qualquer outra coisa. Melhor ficar no leito da estrada e ir administrando."

"De qualquer forma, vou tomar um anti-inflamatório, para não ter dores nesse joelho enquanto sigo", disse JG se dirigindo à farmácia, que trazia consigo, para pegar um comprimido.

Novamente, foi surpreendido pela agilidade dos jovens, porque, mal ele pegou o remédio, a moça logo lhe deu uma garrafa de água fresca para ajudar. Estava muito agradecido com toda a gentileza deles, que o cercaram de cuidados, até excessivos.

Era mesmo necessário insistir em prosseguir porque, onde ele estava, era o lugar perfeito para aquela história do "se correr, o bicho pega, se ficar, o bicho come"! Mais um tempinho trocando ideias e recuperando o fôlego e, sem outra alternativa, ele avisou que seguiria. Antes de se despedir, foi novamente surpreendido. Um dos rapazes desceu o barranco e apanhou uma pedra grande, de uns 5 quilos ou mais, e a colocou ao lado da moto, de forma a fazer um degrau para facilitar a montada. Foi de emocionar mesmo, e seus olhos se encheram d'água; sorte que ele estava com o capacete. Era muita atenção e carinho.

Enfim, se despediram, JG subiu na Branca de Neve, deu a partida, respirou fundo e começou a rodar, arrancando em segunda marcha novamente. Assim que se equilibrou, olhou pelo espelho e viu que os três jovens o estavam acompanhando, esperando para ver se ele conseguiria andar com segurança.

Branca de Neve cambaleou por uns duzentos metros até que atingiu estabilidade e ganhou um pouco de velocidade. Ele olhou novamente pelo retrovisor e viu que eles ainda o acompanhavam. Firmou um pouco mais e, aproveitando que não havia rajadas de vento, acelerou, conduzindo bem por mais uns cinco quilômetros. No entanto, nada que é fácil dura muito, pelo menos por lá. Uma nova rajada de vento, fortíssima, o acertou e o empurrou para fora da estrada. Branca de Neve começou a sacudir toda, e ele teve certeza de que iria para o chão de novo. Só que dessa vez ele conseguiu parar, com as rodas afundadas no cascalho e os dois pés firmemente apoiados no chão. Engatou ponto morto e ficou assim, se sentindo meio em suspensão, sem fôlego, devido ao esforço de segurá-la, e sem noção do que fazer. Na verdade, ele sentia uma gigantesca impotência e duvidava, pela primeira vez como motociclista, da sua capacidade de seguir em frente sem cair!

Ficou por ali, parado no meio da pista, até que encostou um jovem casal numa Nissan Pathfinder, com placa do Chile. Vinham atrás já fazia algum tempo, mas ele nem os notara, tamanha concentração para não cair. Assistiram a todo sufoco que passara, reduzindo a velocidade e esperando para ver o que iria acontecer.

Assim que pararam ao lado da moto, o rapaz logo veio na tentativa de ajudar, muito solícito, mas sem saber como.

"Precisa de ajuda? Você está bem?"

"Bem eu estou, apesar de que está muito difícil pilotar nesse cascalho fofo. A cada rajada de vento forte, corro o risco de cair."

"Eu vi, estava atrás de você há algum tempo e, pior, creio que ainda nos restam mais de trinta quilômetros de cascalho antes do asfalto."

"É por aí mesmo", concluiu JG bem desanimado. "Eu vou só recuperar um pouco o fôlego e sigo em frente. Até porque, voltar daqui é pior."

"É verdade, melhor ir devagar, parando sempre que se sentir em perigo."

Depois de um tempinho recuperando as forças, eles se despediram, e o rapaz voltou para o carro e, sem falar mais nada, deu a partida e começou a rodar bem devagar, como se o esperasse, e, à medida que avançava, ia criando um trilho novo, menos fofo. Engatando novamente a segunda marcha, JG começou a andar, com enorme dificuldade e trôpego como um bêbado, seguindo o trilho que o carro à frente deixava. À medida que ele aumentava a velocidade, o rapaz também acelerava, mantendo uma distância constante entre o carro e a moto, ao mesmo tempo que procurava os locais mais compactados, ziguezagueando pela pista, com Branca de Neve na sua cola. Houve pelo menos mais duas ocasiões em que esteve para cair, sempre por causa das lufadas de vento desproporcionalmente fortes, que demandavam uma velocidade incompatível com aquele piso solto. Meio sem saber como, ele conseguiu se aprumar, e, a cada situação dessas, o rapaz da Pathfinder reduzia a velocidade e mantinha a proximidade, não o abandonando por um só instante até chegarem ao asfalto, 35 quilômetros depois e quase uma hora de percurso, numa tensão inédita. Realmente, os últimos quinze quilômetros estavam melhores, como lhe falara o senhor que ele encontrou no dia anterior. De qualquer forma, ainda que não fizesse calor, muito pelo contrário, estava bem fresco, apesar do sol, ele chegou ao asfalto com a segunda pele ensopada de suor! Foi muito louca essa travessia.

Uma vez no asfalto e com a situação normalizada, o casal que o guiou pela brita acenou para ele e em seguida acelerou e partiu. JG não se sentia em condições de acelerar, então manteve a média de setenta quilômetros por hora. E imaginava que assim iria até o fim. Estava feliz por ter sobrevivido ao martírio e mais feliz ainda pelos anjos da guarda que encontrara, nas duas vezes em que passara o maior sufoco de sua longa história de motociclista. Era a prova definitiva de que viajar sozinho não significa estar abandonado e sem assistência.

Pouco a pouco, foi se acalmando e recuperando o controle, até que avistou no horizonte uma tempestade se formando, vindo da cordilheira. Olhou a bússola do GPS e viu que essa indicava que era exatamente para lá que ele se dirigia. Se pegasse aquela chuva, iria se complicar, então achou melhor acelerar. Queria andar o máximo possível no seco, e faltavam 170 quilômetros até El Calafate, o destino final do dia. Ele saíra a mais de cinco horas da pousada e ainda estava na estrada, pouco além da metade do percurso!

Logo chegou à entrada de Tres Lagos, vila que fica um pouco afastada da estrada, à beira do rio Chalia, e avistou o posto de serviços no lado oposto, próximo à estrada. Entrou para encher o tanque e beber algo gelado. Era impossível não reparar na boina de gaúcho que o frentista usava, parte do vestuário típico da região, que não caía da cabeça do rapaz mesmo com o vento infernal que ameaçava derrubar Branca de Neve, agora constante.

Depois que ele entrou no asfalto, os ventos passaram a ficar mais agressivos, e naquele momento eram muito fortes e constantes, piores até do que enfrentara na véspera. A teoria de que eles ficam mais fortes após a metade da manhã se comprovara, e, se ele enfrentasse aquela ventania no cascalho que deixara para trás, não teria concluído a travessia. O frentista, bonachão e absolutamente calmo, como se aquilo fosse o normal, lhe disse que esse vento precedia a tempestade que estava vindo da cordilheira e lhe recomendou expressamente se apressar para evitá-la porque ele poderia pegar ventos acima de cem quilômetros por hora. Quem disse que quando está ruim não pode piorar?

Sem pensar duas vezes, mal acabou de abastecer, ele saiu pelo asfalto, acelerando no limite do que seria seguro, logo passando pelas margens do lago Viedma, avistando a chuva muito perto e forte, criando ondas na superfície do lago. Se pegasse aquela chuva, ele ia realmente se dar mal. Administrando o vento que não diminuía, ao contrário, só piorava, ele entrou pela Ruta 11 na direção oeste, sentido El Calafate. Milagre ou não, acabou por não tomar nem uma gota d'água até entrar pela cidade. Chovera muito forte por lá, mas o sol aparecera pouco tempo antes dele chegar, sem fazer calor mas deixou o céu lindo, como uma pintura renascentista. A estrada que segue para o Parque Nacional Los Glaciares é a avenida beira-lago, onde, em sua última travessa, ao final da cidade e em frente ao lago, se localizava o hotel reservado. Um lugar especial, que o deixou muito animado, porque ele estava merecendo um descanso em condições diferenciadas depois daquela manhã insana que experimentara. Olhou no relógio, e eram duas e meia da tarde. Ele levou sete horas para percorrer menos de 350 quilômetros, quase o dobro do imaginado!

Contudo, o hotel o deixara maravilhado. Composto de duas edificações, a recepção e os quartos à direita, acessível por uma escada de pedra, de uns quinze a vinte degraus, e a ala de restaurante e o *spa*, à esquerda, com um grande terraço com vista para o lago. Os dois blocos eram interligados por uma passarela suspensa sobre um jardim muito bonito e bem cuidado, com grandes touceiras de alfazemas, totalmente floridas, de frente para o pátio de entrada de veículos. Tudo impecável. Era exatamente o que ele precisava, um lugar maravilhoso para relaxar e curtir um descanso à tarde, após um bom banho.

19

UM PESADELO DE QUEDA

Entrou pelo pátio cascalhado do hotel e parou na pequena rotatória para carga e descarga de veículos justamente quando um ônibus de turistas recém-chegado descarregava as bagagens. Aquilo o desanimou de vez porque ele achou que iria demorar uma hora para ser atendido, e ele só pensava em subir para o quarto e tomar o tal banho tão desejado para relaxar.

Entretanto é justamente nessas horas que a exaustão nos leva à estupidez. Olhando aquela multidão, ele decidiu descarregar a Branca de Neve sozinho e entrar direto, pegar a chave do quarto e, depois de um bom banho, concluir os procedimentos de *check-in*. Não iria esperar o maleiro se desocupar com o ônibus e enfrentar a fila de hóspedes que chegaram poucos minutos antes.

"Da ideia à ação" sempre foi um dos seus lemas, então, sem pensar, ele pegou a pasta com o *notebook e* colocou-a embaixo do braço esquerdo. A maleta interna do bauleto traseiro, que tem uma alça, ele pendurou sobre o ombro direito. O capacete, com as luvas e a balaclava[8] em seu interior, foi encaixado no punho esquerdo, como se ele fosse proteger o cotovelo, e com a mão direita ele pegou a mala de roupas, que viajava sobre o banco da garupa. Assim carregado, ele começou a subir a escada de entrada. Ainda meio aturdido e distraído, quando estava mais ou menos no meio da escada, a alça da maleta começou a escorregar pelo ombro e afetou o equilíbrio do resto da carga. Instintivamente, ele tentou virar o braço para forçá-la a voltar para o ombro, e, nesse instante, a mala da mão direita, pesando seus 9 ou 10 quilos, ao ser deslocada para trás, alterou o centro de gravidade e o puxou para o chão. As leis da física não perdoam, principalmente a de Newton.

Seu corpo girou no ar e mergulhou no chão, sem permitir que o impacto fosse reduzido, porque ele não tinha nesse momento nem uma mão livre para tentar amenizar a queda. Ele bateu com o ombro no chão, evitando o pior, porque poderia ter sido a cabeça, levou uma porrada no rim direito de algum degrau e, para piorar, o pé direito, ainda vestido com a bota de motociclista, ficou preso no degrau sem poder se mover, sofrendo uma baita entorse que gerou muita dor.

A queda foi vista por vários dos turistas que chegavam e pelos funcionários do hotel, que vieram em seu socorro. Estatelado no chão, ele imaginou a princípio ter quebrado a costela e o pé direito. A dor era forte demais, tão forte que ele não sentia nada no rim, só percebeu a batida muito depois, quando toda a sua cintura começou a ficar roxa. Foi socorrido e levado para o quarto, e, quando percebeu, devia ter uns dez caras com ele lá dentro. Não era bem assim que ele desejava chegar logo ao quarto.

Nesse meio-tempo, o hotel chamou o médico que prestava socorro à rede, e teve início o desespero de JG, que começou a temer não conseguir dar continuidade à viagem; ele achou que tudo acabaria ali.

Com o apoio do médico, muito experiente e acostumado com incidentes desse tipo, principalmente com esquiadores, e sem a plateia que o socorrera, ele foi colocado no banho e começaram os exames.

Logo de cara, deduziram que ele não havia fraturado a costela porque a respiração dele estava normal, e ele não sentia dor. Mas o choque no ombro, embora este estivesse protegido pela roupa de motociclista, resultou

8. Gorro justo de malha, em forma de elmo, que cobre a cabeça e o pescoço, usado por alpinistas, esquiadores ou motociclistas.

num forte trauma muscular na base do chamado trapézio, músculo que é responsável pelos movimentos superiores das costas, que iria inflamar e doer por quase três semanas, dificultando todos os movimentos do corpo. Na região do rim direito houve um derrame que se espalhara rápido, mas, aparentemente, o dano era apenas externo. O médico lhe recomendou esperar e monitorar se houvesse sangramento pela urina, o que poderia significar algo interno. No caso de isso ocorrer, ele deveria procurar um hospital. Durante toda a viagem, isso não aconteceu, então ficou claro que a lesão era apenas externa, mesmo.

Quanto ao pé, depois de vários exames, incluindo um tal de teste de gaveta, extremamente dolorido, foi diagnosticada uma luxação de grau 2 em ambos os ligamentos, frontal e lateral externo, sem rompimento. A recomendação era de imobilização do tornozelo e anti-inflamatório para as dores. O médico lhe sugeriu ir até o hospital para fazer algumas radiografias ao final da tarde. Temia alguma fratura, talvez do perônio ou de algum dos maléolos, proeminências ósseas que formam o tornozelo de cuja existência JG nunca tinha ouvido falar.

Mais calmo e medicado, ele perguntou o que isso acrescentaria. A resposta foi ótima:

"Nada, porque, se tiver ocorrido alguma fratura, deve ser leve, os ossos estão todos no lugar, portanto, a solução seria a mesma, apenas imobilizar."

"Doutor, se imobilizasse, minha viagem estaria acabada, e eu quero continuar."

"Vamos então testar para ver se você consegue aguentar carga com o pé assim."

Teve início, então, uma série de testes de esforço com o pé afetado, e, qualquer que fosse a carga, ele não sentia nenhuma dor. A dor que sentia, muito forte, era exclusiva ao andar, fazendo-o mancar, e muito. Mais, a bota de motociclismo que ele usava era quase uma bota imobilizadora de tão rígida que era, e, mesmo com o tornozelo inchado, foi possível vesti-la bem. Como ele insistia em prosseguir, o médico lhe propôs um teste definitivo, em que ele deveria segurar a motocicleta com o pé direito apoiado no solo.

Com a ajuda do médico, ele se vestiu e desceu até o jardim, amparado pelo maleiro, um rapazinho que não desgrudara dele um só instante, desde o tombo. Estava difícil andar, mas ele sentia que seria possível. Como a moto estava num lugar inadequado, ele teria mesmo que levá-la até a outra ponta do jardim, onde ficava o estacionamento para os hóspedes. Ainda com apoio do médico e do maleiro, ele subiu na Branca de Neve e firmou todo o peso dela em seu pé direito, fazendo vários malabarismos. Nada de dor, e ele se sentia com força suficiente para segurá-la. Enquanto estava sentado na moto, em posição normal de pilotagem, suas costas também não doíam. Parecia mágica. Ele estava aprovado no teste e, eufórico, ainda rindo, deu a partida para manobrá-la e levá-la ao local correto. Foi quando deixou a Branca de Neve escorregar naquele cascalho e cair suavemente pelo meio de suas pernas, permanecendo em pé. Mais essa agora! Sentia-se um completo imbecil e sem condições de levantá-la.

Nesse instante, um jovem que trocava o pneu furado do carro, acompanhado da esposa que o observava e assistira à cena toda, desde o tombo na escada até essa última estupidez, largou o carro suspenso no macaco e se ofereceu para manobrar a moto, dizendo que possuía uma igual e era experiente. Agradecido e meio envergonhado, ele concordou e o viu levantar a Branca de Neve com ajuda do maleiro e levá-la para o estacionamento. Depois dessa chegada triunfal no hotel, não havia dúvidas de que ele se transformara no cara mais famoso do pedaço.

Como não iria rodar no dia seguinte, aproveitaria o passeio aos glaciares para reavaliar seu estado e só então tomar uma decisão definitiva sobre a continuidade da viagem. Mancando, foi até a recepção confirmar a reserva de uma vaga na excursão e aproveitou para agendar uma massagem anti-inflamatória para após o passeio, estimulado pelo anúncio dessa terapia afixado no elevador, que vira ao descer do quarto e concluiu que era exatamente do que ele estava precisando. Estava firmemente inclinado a prosseguir e tomou a decisão de não ir ao hospital. Preferia descansar pelo resto da tarde e revisar todo o planejamento, apesar de estar bem dolorido. Almoçou alguma coisa leve no bar do hotel, porque ficara muito tarde e ele não queria prejudicar o jantar, que seria lá mesmo no restaurante, então tirou a tarde para curtir o *spa* do hotel e a maravilhosa piscina de água aquecida, um santo remédio.

A hidroterapia lhe fez muito bem, com a água tépida aliada aos anti-inflamatórios que o doutor lhe receitara relaxando a musculatura traumatizada. Sentia-se capaz de prosseguir, mas precisava tomar algumas providências, principalmente em relação ao ato de subir e descer da moto. Lembrou-se com enorme carinho da pedra que o rapaz carregou para que subisse na Branca de Neve, quando ele caiu no rípio.

Evitaria carregar peso, para não comprometer as costas, e evitaria ao máximo qualquer novo choque para não agravar a situação. Também precisava de uma receita para poder tomar anti-inflamatórios de uso contínuo. Imaginava que iria necessitar deles por uma semana ou um pouco mais e teria de comprá-los. Além disso, usaria a bota de motociclismo durante todo o tempo, mesmo para andar na rua, até não mancar mais. O médico deixou claro que ele deveria caminhar um pouco, mesmo com dor e mancando, porque seria necessário fazer algum tipo de movimento, bem controlado, para manter os ligamentos sem rigidez, quando eles cicatrizassem. A bota seria sua proteção.

Com o tempo que dispunha, pesquisou na internet sobre entorses, aprendendo o truque de usar gelo contra a dor localizada intercalado com água quente para relaxar a musculatura afetada. A piscina era perfeita para isso.

Passou o resto da tarde entre a piscina e a mesa do bar pesquisando as alternativas de rota e hotel para a próxima etapa, sua primeira entrada no Chile, e, por conta disso, fez amizade com o *barman,* que, sabedor do estado estropiado dele, o encheu de atenção e gentilezas. Durante o dia, o hotel ficava vazio, porque os hóspedes estavam em seus passeios, então sua estrutura ficava quase exclusivamente à disposição dele, o que o deixou mal-acostumado.

Foi num bate-papo com esse rapaz, com base na experiência de um roteiro que fizera no *réveillon* anterior, que ele revisou a rota para a chegada ao Chile usando o Paso Dorotea, ao final da Ruta 40, e atingindo a Ruta 9 perto de Puerto Natales. O jovem ainda lhe sugeriu reservar um hotel no próprio Parque Nacional Torres del Paine, próximo ao lago Grey, para que ele aproveitasse a visão das torres ao entardecer e pela manhã. No dia seguinte, ele sairia para Punta Arenas e de lá para o Ushuaia, por Punta Delgada e San Sebástian.

Com essas dicas e a sensação de bem-estar proporcionada pela água quente da piscina e, é claro, pelos remédios, ele estava convicto de que conseguiria seguir na viagem sem problemas. Para uma viagem poder ser qualificada como de sonhos é necessário incluir uma boa dose de aventuras, e esse dia tinha preenchido esse requisito por todos os demais! Pelo menos, era assim que pensava. No final da tarde, o médico voltou ao hotel para reexaminá-lo e o encontrou bem melhor, comprovando a teoria de que não havia ocorrido fraturas; no máximo, tivera alguma fissura. Mas ele o avisou que teria alguma sequela aparente nos próximos dias nos locais afetados, que ficariam escurecidos em consequência das hemorragias subepiteliais. Recomendou-lhe, além do gelo intercalado com água quente, o uso de pomadas para hematomas. Sua farmácia estava bem suprida e na ativa!

Foi deitar-se cedo, porque de manhã ele seguiria na excursão para os glaciares, e, ao dirigir-se para o restaurante ao jantar, ficara com a incômoda impressão de que todos o olharam com um misto de admiração e pena, o que o deixou meio sem graça. No entanto ele encontrou o casal cujo marido levantara e estacionara a moto quando a derrubou após o incidente da escada e aproveitou para lhe agradecer de novo. Talvez isso tenha quebrado um pouco o gelo no ambiente. Bola pra frente.

Um dia tão estressante como aquele deixara JG esgotado e, é claro, muito dolorido. As confusões pela manhã, naquele cascalho doido, o obrigaram a pilotar quase o dobro do tempo previsto. A queda na escada, então, o arrebentou! Tanto que ele precisou desenvolver uma técnica para se posicionar na cama sem gerar dor ao se deitar e, mesmo assim, acordou algumas vezes no meio da noite com espasmos nas costas, que logo passavam, e, ele voltava a dormir. Não havia muito o que fazer porque a medicação era eficiente, mas ele deveria respeitar os intervalos recomendados. O que realmente ele lamentava era o fim da cervejinha de final de tarde, por ser incompatível com os anti-inflamatórios. Por outro lado, isso tudo forçaria seu emagrecimento na viagem, bastante desejável.

Logo depois do café da manhã, com o dia amanhecendo iluminado por um sol radiante e o céu limpo, apesar da temperatura baixa, ainda 8 graus, ele embarcou no micro-ônibus que o levaria ao parque e que chegou ao hotel, o último da cidade no caminho, cheio, dispondo apenas de três lugares vazios, dois na frente, que um jovem casal também hospedado lá ocupou, e outro no fundo, isolado, ideal para um cara sozinho. Só que subir no ônibus e chegar até a poltrona exigia esforço extra. A guia o auxiliou nos degraus e o rapaz gentilmente o acompanhou até seu assento. Sentia-se quase como um inválido.

No caminho em direção ao parque, em meio às explicações da guia, avisaram que iriam parar num ponto à beira do lago para quem quisesse tirar umas fotos descer e aproveitar, porque a vista naquela hora da manhã era especial. Ele achou melhor ficar no ônibus e evitar o transtorno de sair e entrar, por isso, nem se mexeu quando pararam. Um casal sentado atrás dele puxou conversa — tinham percebido sua dificuldade de locomoção.

"Oi. O que aconteceu com você? Precisa de ajuda para sair?"

"Obrigado, mas acho melhor eu ficar parado. Tive uma queda no hotel e estou com uma entorse no tornozelo", ele respondeu meio sem jeito.

"Que nada. Vamos sair, nós lhe ajudamos. Você veio até aqui para perder o melhor da festa?"

Eram turistas de Minnesota, Estados Unidos. Quando souberam do que lhe acontecera, se prontificaram a apoiá-lo, insistindo que aproveitasse o passeio. Ficaram mais próximos ainda quando ele contou que viajava de moto, porque o rapaz era um orgulhoso proprietário de uma Harley-Davidson, como muitos americanos, e que também realizara algumas viagens longas, inclusive pelo Canadá. Passaram a ser seus novos anjos da guarda durante todo o dia da excursão.

Depois de saírem do lago, rodaram mais meia hora até chegar ao Parque Nacional Los Glaciares, em plena cordilheira, pelo meio de uma floresta típica e relativamente densa, muito bonita. Quando o ônibus se aproximou e eles avistaram pela primeira vez o Glaciar Perito Moreno, o sistema de som do ônibus tocava a música *No llores por mí, Argentina*, propositalmente escolhida pela guia para a entrada triunfal. O cenário era perfeito, e a escolha do tema musical foi muito feliz. A visão dos glaciares é uma das coisas mais impactantes da natureza. É uma massa de gelo formada pelo deslizamento de neve acumulada nos picos andinos com mais de 240 de quilômetros quadrados, área equivalente à região metropolitana de Buenos Aires. O Glaciar Perito Moreno não é o maior do mundo, pois existem dois bem maiores ali perto, que demandam longas caminhadas sobre o gelo para se chegar até eles, algo absolutamente fora de cogitação para JG, considerando seu estado pós-tombo. Com setenta metros de altura sobre a água e outros setenta abaixo d'água, o gelo vai até o fundo do lago, onde se apoia na rocha. Portanto, não é gelo boiando ou água do lago congelada. Outra de suas características marcantes é o fato de ser equilibrado, ou seja, o gelo que derrete e se perde no verão é equivalente ao que que se forma no inverno.

A primeira atividade no parque seria justamente o passeio de barco que permite chegar a menos de duzentos metros do glaciar, e é imperdível. Ainda mais num dia como aquele, frio, luminoso e ensolarado. Um dia tão especial que a própria tripulação contou que era muito raro se aproximar tanto da parede de gelo como naquela manhã. O que mais o impressionou foi a luminosidade que se via no interior do gelo, uma luz de coloração azul maravilhosa, como se houvesse lâmpadas acesas.

Depois do passeio de barco de quase uma hora e meia de puro deleite, o *tour* segue para a região das passarelas, onde três circuitos com distâncias entre 1 e 8 mil metros podem ser percorridos a pé, acompanhando o canal que une os dois braços do lago, que é fechado pelo glaciar durante seu congelamento máximo, como estava na época da visita.

Nas condições físicas que apresentava, JG se contentou com o menor circuito, que permite ficar de frente para a maior massa do glaciar, sendo possível ouvir os ruídos do gelo antes dele se partir. Mesmo mancando, concluiu o caminho, sempre apoiado pelo casal de americanos, até retornar ao ponto de partida. Lá, se separaram, e ele pegou um ônibus circular interno que o deixou no centro administrativo, onde se encerra o *tour*.

O parque é um primor, inclusive de organização, com hotel, restaurante e muitos espaços para *treckings*, escaladas e *camping*. Pode-se ir em veículo próprio, mas realmente se aproveita muito mais nos *tours*. Quando ele chegou ao centro, foi direto ao restaurante para comer algo e tomar o famoso uísque com gelo do glaciar, totalmente puro. Com ou sem anti-inflamatório, esse uísque ele iria tomar, e era merecido!

Ao entrar na fila do caixa para pagar, ele se surpreendeu de novo ao encontrar o rapaz chileno, aquele mesmo da Pathfinder, seu anjo da guarda no caminho de saída do rípio cavernoso do dia anterior! Era impossível para eles o reconhecerem porque só o tinham visto de capacete. Mas JG o chamou, se apresentou e lhe agradeceu a imensa ajuda. O jovem ficou exultante ao saber quem ele era e foi logo buscar a namorada para papear. Eles estavam viajando pelos locais remotos da Argentina e acamparam dentro do parque. Fizeram uma festa incrível e estavam mais felizes ainda por acreditar que JG havia chegado bem ao hotel. Na verdade, nem parecia que quem ganhara o dia tinha sido ele, que, por conta de toda aquela alegria, resolveu disfarçar o máximo que pôde e não contar sobre o acidente na escada, para não chateá-los. A impressão foi de que se saíra bem!

Após toda a festa no glaciar, ele voltou ao hotel e, assim que chegou, foi se preparar para a massagem anti-inflamatória. No horário combinado, seguiu para o *spa* sentindo-se literalmente um caco, depois do longo dia no parque, cheio de movimento, e tentou explicar à massagista o estado em que se encontrava e narrar o ocorrido, mas foi totalmente desnecessário. Ela sabia de tudo, após conversar com o médico que o atendera e preparou uma massagem completa e específica para o seu caso. Absolutamente fantástica. É aquela história da experiência. São profissionais acostumados a tratar os acidentados dos esportes de inverno, e a senhora insistiu em afirmar que a situação dele era insignificante perto do que enfrentara com outros arrebentados. Depois da massagem, foi para o quarto quase se sentindo curado. Uma pena, não estava, mas valeu pela certeza de que seria possível completar a viagem. Só não poderia fazer mais besteiras pelo caminho.

O fato é que todos os acontecimentos daquelas 48 horas lhe despertaram um mundo de sentimentos porque a dose de amizade e solidariedade que ele recebeu nesse tempo, contando o episódio da travessia do rípio, a queda no hotel, o período de descanso no bar e na piscina e a excursão foi cavalar. A sua fé no ser humano estava totalmente recuperada. Acumulava 6.950 quilômetros rodados, dos quais fizera 5.500 sozinho, com uma série enorme de paradas, imprevistos e incidentes; no entanto, em nenhum momento ou em nenhuma situação ficara completamente sozinho, sem suporte ou inseguro. Recebera atenção, apoio, estímulo e muita camaradagem. Isso causou um impacto muito grande nele, e, embora estivesse se sentindo dolorido, seu astral estava lá em cima. Apesar de tudo, ainda era a viagem de seus sonhos, incluindo seus percalços.

20

PERSEGUIDO PELAS TEMPESTADES

Amanheceu o dia do verdadeiro teste! A primeira vez em que ele iria pilotar depois do tombo no cascalho da Ruta 40 entre Gobernador Gregores e Tres Lagos seguido pelo acidente na escada. Se o primeiro não gerou grandes danos, apesar do sufoco que fora a travessia na caixa de brita, o segundo o desmontou fisicamente. Sua segunda noite fora como a anterior: ele despertou duas ou três vezes com espasmos nas costas ao se movimentar durante o sono e com muita dificuldade para subir na cama e sair dela. Mas, uma vez de pé, o que incomodava era andar. Estava manco mesmo. Ainda assim, ele se vestiu considerando o frio que estava lá fora, com o termômetro indicando 7 graus, e pediu ajuda ao maleiro, o mesmo que o apoiou na escada e depois com a Branca de Neve, quando a deixou cair, para carregar a bagagem e acomodá-la na moto. Com uma enorme satisfação, deu-lhe uma gorjeta especial. O rapaz, ainda muito novo, fora de uma atenção e dedicação únicas naqueles dois dias. Na verdade, todos os funcionários do hotel o trataram com especial carinho e consideração. Ele estava triste por abandoná-los. Na noite anterior, presenteara o *barman*, aquele que o acolheu na primeira tarde e lhe ajudou na revisão do roteiro, com outra boa gorjeta, e não se esqueceu de deixar efusivos agradecimentos por escrito no livro de visitantes.

Depois de aprontar a Branca de Neve, ele se dirigiu ao restaurante para tomar o café, curtindo a linda visão do lago argentino naquela manhã de sol e frio. Chovera forte durante a noite, mas o céu estava totalmente aberto. A previsão era de que esquentaria um pouco ao longo do dia, mas não passaria dos 12 ou 14 graus. Calor mesmo, apenas antes de chegar em Chos Malal.

Desde a entrada no restaurante até retornar ao pátio onde estacionara Branca de Neve, enquanto se despedia efusivamente dos funcionários que encontrava, ficou com a impressão de que todos no hotel o olhavam, duvidando de sua real capacidade de seguir pilotando. Subiu com dificuldade na moto, evitando forçar costas e tornozelo, deu a partida e arrancou, seguindo o traçado definido. Imaginou ter ouvido palmas, mas foi apenas um delírio.

Atravessou toda El Calafate, sempre beirando o lago argentino, até entrar novamente pela Ruta 40. Sentia um pouco de frio, mas preferiu não colocar mais uma camada de roupa, pois sabia que, à medida que a manhã avançasse, o sol apareceria forte. Seu primeiro destino naquela rota era o único local de abastecimento intermediário antes de chegar à fronteira com o Chile, em Río Turbio, ao término da Ruta 40, no extremo sul da Patagônia. É um ponto a sudeste chamado La Esperanza, 180 quilômetros pelo meio do deserto. Ou seja, seguiria apenas com a companhia dos seus amigos guanacos.

Apesar do sol firme, do deserto e de ser verão, estava frio, e isso lhe fazia ter de pilotar com os forros de frio totalmente fechados. Aquelas retas, quase sem nenhum tráfego, eram perfeitas para lhe permitir avaliar o vazamento de óleo das bengalas de suspensão, que permaneciam em ordem. Ele as limpara em El Calafate porque haviam chegado bem sujas, mas sem óleo escorrido, natural depois do nível de exigência ao qual fora submetido durante a travessia *d'el infierno*, ainda mais depois do tombo. Não acumulara nível extra de sujeira, o que sugeria que o companheiro inglês em Bariloche devia estar certo. Mais, ao rodar em asfalto e com baixa temperatura, não acontecia nada com a suspensão.

Pilotar nas condições físicas que ele se encontrava era um verdadeiro milagre, ou pelo menos era o que ele imaginava. Não sentia nenhum tipo de incômodo, nem nas costas nem no pé. Claro que o pé direito só é exigido em alguma parada ou para frear a roda traseira, mas as costas, na posição usual de pilotagem, surpreendera muito, porque não doía nada. Em seus diálogos com Branca de Neve, ele passou a elaborar a tese de que todo o seu peso e seu esforço eram descarregados pela coluna diretamente na bunda, poupando a musculatura afetada. Ele só teria certeza disso tudo ao final do dia, quando, naturalmente, o corpo do motociclista pede arrego por causa dos desconfortos da longa viagem. Mas cada coisa a seu tempo, e o simples fato de não sentir nada no começo daquela manhã era um grande alívio em suas preocupações quanto à continuidade da viagem.

Aproveitando que quase não encontrou outros veículos trafegando por lá e que o vento estava de moderado para leve, ele começou a experimentar os movimentos do corpo sobre a moto, principalmente o de se levantar e pilotar em pé, melhor maneira de andar em pavimentos irregulares. Ainda sentia alguma dificuldade ao se levantar, o que lhe exigia um certo cuidado para não forçar a musculatura das costas, mas, uma vez de pé, tocava sem problemas. Novamente, era necessário cuidado para sentar-se, mas nada que o impedisse de pilotar com segurança. O mais preocupante era tossir ou espirrar. Ambos os esforços provocavam imediatos espasmos, fortes e doloridos. Pensando nisso, ele desenvolveu uma técnica ao longo dos dias que acreditava ser o motivo de controlar ambos por toda a viagem, tendo tossido uma única vez, à noite, em Mendoza, quando estava praticamente recuperado e sem dores nas costas.

Para evitar espirrar, lavava ambas as narinas com soro fisiológico de tempos em tempos, especialmente de manhã e antes de se deitar. Mantinha a mucosa nasal úmida e limpa. Para evitar a tosse, conservou sua garganta permanentemente úmida! Com o *camel pack*, era fácil. Se foi realmente isso ou sorte, ele nunca saberá, mas o fato foi que ele sobreviveu, inclusive sem pegar gripe com a intensa variação de temperaturas que enfrentara ao longo dos dias, provavelmente porque estava protegido de modo adequado e fisicamente preparado.

Ao chegar a La Esperanza, feliz com a constatação de que conseguia pilotar sem grandes complicações, ele ficou impressionado com a dimensão do posto de serviços, grande e completo, com boa infraestrutura de serviços, incluindo oficinas e um pequeno aglomerado de casas em sua volta. Na verdade, mais que um posto de serviços, ali era uma base de sustentação ao tráfego no centro do deserto, garantindo apoio para tudo e todos que cruzassem a Patagônia. Por lá existe também um posto policial, um hotel simples, mas com boa aparência, dois restaurantes, um ambulatório médico e umas duas ou três casas, além de um ponto de troca de carga de porte razoável. La Esperanza é um entroncamento rodoviário diferente.

Ao parar na bomba para abastecer, nova surpresa! O frentista que o atendeu era brasileiro e o saudou com muito entusiasmo. Era um funcionário contratado pela YPF. Mais um!

"Vim para cá com a família, em definitivo, há pouco mais de cinco anos. Minha esposa é argentina, natural de Río Gallegos."

"E vocês moram aqui em La Esperanza?"

"Não, ninguém mora aqui. Apenas os trabalhadores das empresas ficam aqui por algum tempo e depois voltam para suas casas. Eu passo doze dias trabalhando no posto de serviços e depois tenho cinco dias de folga, com a família, em Río Gallegos."

"E que tal essa vida de argentino?"

"Eu gosto. Río Gallegos é uma cidade grande, à beira do mar, e oferece uma boa qualidade de vida. Só não dá para pegar muita praia, porque a água aqui é gelada", respondeu rindo.

"E os ventos patagônicos? Chegam lá?"

"Claro. Venta muito, sempre, e forte! Hoje, ainda está leve. Mas à tarde deve apertar."

"Aproveitando... Vou precisar comprar anti-inflamatório. Tem farmácia aqui?"

JG se lembrou de que seu estoque estava no fim e que tinha a receita que o doutor lhe prescrevera.

"Não tem farmácia, mas não é preciso comprar o remédio. Basta ir ao ambulatório, e o enfermeiro lhe dará. É logo ali, ao lado do posto policial", disse o rapaz, apontando para o local, cinquenta metros depois do posto.

Maravilha! Depois de fazer um lanche na loja de conveniência, JG foi até lá, mancando como sempre. Brincava dizendo que iria arrumar um andador! O local estava fechado, mas dispunha de uma campainha. Mal ele tocou, apareceu o tal enfermeiro. Ele contou resumidamente o ocorrido e o cara lhe propôs uma injeção, imaginando que ele estava sentindo dor naquele momento. Achando melhor não arriscar, ele agradeceu, mas insistiu nos comprimidos, até mesmo porque ele já estava medicado e só deveria tomar outra dose no final da tarde. Percebendo um quê de frustração do enfermeiro, que a contragosto lhe deu duas caixas de amostra grátis, o suficiente para chegar ao Ushuaia, ele agradeceu e voltou ao posto de serviços para pegar a Branca de Neve, despedir-se do frentista brasileiro e percorrer o último trecho ao sul pela Ruta 40 em direção a Río Turbio.

Chegou lá no início da tarde, com muito sol, mas ainda estava bem fresco. Assim que se aproximou da cidade, que é razoavelmente grande, ele parou no acostamento, exatamente no finalzinho da Ruta 40. É impossível negar a emoção que sentiu por ter completado essa estrada, depois de 2,8 mil quilômetros em sete dias. Esse feito merecia uma comemoração e fotos, e, é claro, outro decalque do Alopradoś na placa indicativa de final da estrada. Apesar de estar estropiado e dolorido, sentia-se feliz por ter concluído mais essa meta da viagem de seus sonhos. Quinze dias depois de ter saído de casa e cruzar dois países, iria entrar no terceiro, o Chile. Ansioso, atravessou rapidamente a cidade, um polo de apoio à indústria de mineração, sem qualquer graça, e, dez quilômetros à frente, encontrou a alfândega argentina no início do tal Paso Dorotea e começo da subida para cruzar a Cordilheira.

Não havia nenhum outro viajante por lá, e o oficial de plantão, muito jovem, ficou claramente impressionado com a Branca de Neve. Era perceptível o espanto do rapaz. Assim que JG parou, foi logo avisando que estava machucado e dolorido. O oficial o ajudou a descer e lhe indicou o local para os trâmites, que demoraram no máximo dez minutos. Rapidamente, ele deixou a Argentina, seguindo pelo lado chileno, outros dez quilômetros adiante, cruzando a cordilheira por uma passagem a baixa altitude e sem muitos atrativos, uma zona rural de pastos e algumas plantações.

Tomou os mesmos cuidados ao parar, escolhendo um local plano e firme e se encaminhando para os procedimentos, com o detalhe de só ter um senhor a sua frente no guichê. Apesar do pouco movimento, o processo chileno é bem mais complexo, burocrático e demorado, sem a agilidade das fronteiras entre países que compõem o Mercosul, e lhe consumiu mais de meia hora. Mas ele não iria se irritar com isso!

Da alfândega até Puerto Natales são apenas oito quilômetros, mas o hotel reservado era dentro do Parque Nacional Torres del Paine, distante sessenta quilômetros ao norte, pela Ruta 9, exatamente a mesma que usaria para descer até Punta Arenas no dia seguinte, no sentido inverso. Fora recomendação expressa do *barman* de El Calafate! Avançou direto para o parque, sem entrar em Puerto Natales, pela ótima estrada, e estava muito tranquilo com horário, sem qualquer incômodo, até que percebeu a piora do tempo, com nuvens negras se formando no horizonte. Também o vento estava bem mais forte, como o rapaz de La Esperanza previra. Logo chegou à portaria do parque e, segundo o GPS, seriam mais trinta quilômetros pelo parque adentro, em rípio, até chegar ao hotel, na base das torres e às margens do lago Grey. Assim que parou para descer e ir à bilheteria, ele percebeu o tempo virando com ventos muito fortes e ameaça de chuva iminente. Ao chegar ao guichê para comprar o ingresso exigido para a moto, sem qualquer outro turista por lá, o guarda florestal o avisou que o parque estava fechado.

"Mas, senhor, tenho reserva no hotel, preciso entrar."

"Sinto muito, senhor. O parque fechou por razões de segurança. As normas proíbem o trânsito de turistas com ventos acima de 30 nós, e a tempestade que está caindo lá dentro tem ventos superiores a 40 nós. Impossível prosseguir."

"Mas o que eu faço com a reserva? Está paga, inclusive!"

"Não há com o que se preocupar, senhor. Em casos assim, a norma é o cancelamento sem custos para os hóspedes. Me dê seus dados, que eu terei o prazer de comunicar ao hotel."

Meio chateado por não poder entrar, mas também aliviado por não precisar rodar trinta quilômetros pela estrada num rípio aparentemente de boa qualidade porém com uma tempestade completamente visível, ele passou ao guarda as informações de sua reserva.

Enquanto aguardava o resultado da conversa entre o funcionário e a recepção do hotel e admirava as Torres del Paine a distância, ele concluiu que não valeria a pena enfrentar a tempestade e o vento para amanhecer admirando-as. São espetaculares, mas, como só iria vê-las, enquanto a maioria dos turistas fazem *trecking* por suas trilhas, o espetáculo bastava. Ao mesmo tempo que esses pensamentos fluíam em sua mente, a tempestade começou a dar as caras e as torres desapareceram por completo, ficando apenas uma escuridão total no horizonte próximo. A coisa não estava boa!

Mal aguardou a confirmação do cancelamento da reserva pelo guarda e resolveu sair de lá, acelerando de volta para Puerto Natales antes de ser pego pela tempestade. A pressa era tanta, depois que o guarda falou em ventos acima de 40 nós, ou seja, 75 quilômetros por hora, que ele esqueceu de pedir indicação de um hotel para ficar. Teria que correr nesses sessenta quilômetros. Foi o que fez, em mais um teste para seu estado físico!

A tempestade não o pegou. Ele chegou a Puerto Natales, sem hotel, por voltas das 17h. Uma cidade pequena, mas muito arrumada e simpática, de frente para uma baía do Pacífico; na verdade, um canal marítimo chamado Señoret, também foz do rio Natales, que banha a cidade e dá nome ao local. Resolveu rodar pela cidade e, assim que entrou pela avenida beira-mar, encontrou um hotel grande, aparentemente antigo, mas muito bem conservado, de frente para o canal. Parou e foi verificar se teriam quarto e garagem disponíveis, pois não poderia deixar a Branca de Neve estacionada na avenida da frente.

Ao entrar, a primeira impressão que teve não foi boa. Os dois funcionários da recepção estavam totalmente perdidos ao atender um único hóspede, de traços orientais, que demonstrava muita irritação. Ele se aproximou e precisou perguntar sobre o quarto várias vezes até conseguir uma resposta positiva do rapaz, que parecia completamente zonzo. Notou então que a confusão se devia à dificuldade de comunicação. O hóspede bravo era um coreano, guia de excursão, que tentava entender o espanhol da atendente, sem sucesso. Por outro lado, a jovem também não compreendia o péssimo inglês dele. A coisa estava ficando ruim, tão ruim, que JG não se conteve e entrou na conversa.

Depois de interpretar o que o coreano queria, ele conseguiu fazê-la compreender seu portunhol. Atuando como tradutor bilíngue, ganhou a simpatia de todos ali. Tanto que lhe arrumaram um ótimo quarto, de frente para o mar e no meio do bloco principal, com o rapaz o ajudando com a tralha da moto, ficando tudo perfeito. Ao chegar ao quarto e olhar pela janela, ele avistou o parque a distância e o temporal despencando. Naquele dia, no parque, choveu até altas horas da madrugada, sempre com ventos acima dos sessenta quilômetros por hora. Escapara de um mico, ainda mais nas condições em que ele estava.

Tomou um banho quente e relaxante, revisou toda a programação, como de praxe, reservou um hotel no centro de Punta Arenas, seu próximo destino, e se preparou para jantar. As dores para caminhar, mesmo naquela lentidão de manco, viriam, mas ele queria experimentar o verdadeiro *cordero patagónico*, o prato típico da região, então pediu uma recomendação na recepção. Também verificou a existência de algum *tour* para as torres, desde que não fosse necessário caminhar demais. Um *tour* de terceira idade! Por conta disso, pretendia descer para Punta Arenas durante a tarde do dia seguinte.

Os funcionários, eternamente agradecidos pelo fato de ele tê-los livrado do coreano, lhe indicaram um restaurante muito simpático e jeitoso, que ficava no entorno da praça principal, distante umas quatro quadras do hotel. Avisaram-lhe que ele deveria se agasalhar bem, porque o frio ali era cortante, e o encaixaram numa excursão curta que sairia na manhã seguinte, que iria apenas até a base das torres, uma espécie de mirante com infraestrutura de apoio, e depois retornaria à cidade. Perfeita! Saiu caminhando, a passos de tartaruga, até o local indicado, todo feliz. Estava claro, embora fosse quase oito horas da noite, e o frio era bravo mesmo.

Foi legal ter ido a pé, porque lhe permitiu conhecer um pouco a cidade, pequena, mas bonita, limpíssima, sem uma guimba de cigarro no chão, com suas casas arrumadas, calçadas conservadas e o arruamento perfeito. Um padrão que o estava incomodando, pois vinha assim desde a Argentina, e ele ficava constantemente se perguntando por que nossas cidades não são desse jeito. Sem dúvida, uma questão de educação e civilidade das pessoas. Não é por questões econômico-financeiras, mas culturais.

Em frente ao restaurante, ele encontrou uma van de uma jovem família estacionada na praça, *sui generis*. Inteirinha grafitada com frases interessantes e engraçadas. Passou um tempo ali lendo as frases e fotografando. Inusitado! O restaurante indicado era superbadalado, mas, como ele estava sozinho, não foi difícil arrumar uma mesa, ao lado de um casal de alemães.

A todo momento chegavam novos grupos de turistas, e a fila para sentar-se estava cada vez mais longa. O restaurante era administrado por uma família; logo ele foi atendido por uma das filhas.

"Gostaria de experimentar o cordeiro", disse, de cara, antes mesmo de abrir o cardápio.

"Qual das opções? Normal ou *en halo*?", foi a resposta da mocinha, com outra pergunta, enquanto abria o cardápio e lhe mostrava as alternativas e seus diferentes preços.

"E qual é diferença entre os dois?"

Ele não imaginava o que provocaria com essa simples pergunta. A moça iniciou uma aula, com muita graça e calma, sobre todos os tipos e as técnicas de assar um *cordero*, atentamente acompanhada por todos que estavam próximos a sua mesa. Resumindo, a diferença estava na forma de preparo, pois, enquanto o *en halo* fica assando durante seis horas, inteiro, no calor do braseiro, no outro, a carne é assada na grelha, na hora do pedido. Não restou dúvidas: o escolhido foi o tal do *en halo*! Para quem nunca experimentou, JG garante que é um manjar dos deuses saborear aquele cordeiro com a crosta pururuca, o melhor que ele experimentou em toda a sua vida, e, disparado, a melhor carne que ele saboreou em toda a viagem.

Ao lado dele, o casal de turistas alemães, que assistiu atento à mesma aula e que parecia arrependido por ter pedido o cordeiro normal, puxou um papo. Também não tinham conseguido visitar as torres e ficaram na cidade por mais um dia. Pior, estavam dentro do parque, rodando de carro, quando começou a tempestade, e, segundo contaram, o vento arrancou várias barracas dos *campings*. Enquanto escutava a narrativa de horrores, ele olhava para fora, pois estava de frente para a janela e via o anoitecer calmo e lindo por trás do canal, sem conseguir imaginar o tamanho da fria que evitara. Ao comentar que voltaria ao parque em excursão na manhã seguinte, soube então que seus companheiros de jantar estariam no mesmo *tour*. Que coincidência!

Após degustar o cordeiro maravilhoso, imaginando a reação de Valentim ao experimentar uma iguaria daquelas, ele saiu para andar e fazer a digestão, voltando ao hotel no seu novo passinho de velho. Ainda que estivesse agasalhado, o frio e o vento, que não era tão forte, lhe faziam sofrer. Lembrou-se então das esculturas que vira na avenida, à beira-mar, quase na frente do hotel, enormes, com um casal voando ao vento, lado a lado, chamada apropriadamente de Monumento al Viento. Nada poderia ser mais perfeito para caracterizar Puerto Natales!

Ele voltou para o hotel e foi direto para a cama. Com os exercícios de malabarismo para evitar os espasmos nas costas doloridas, deitou-se satisfeito por ter sobrevivido ao primeiro encontro com a estrada e por ter suportado os 470 quilômetros percorridos. Dormiu aliviado, pois, independentemente de sentir dor ou não, a viagem de seus sonhos continuava firme.

21

NEM TUDO SÃO FLORES

Bem cedo, pela manhã, com o dia lindo e gélido, a primeira providência foi arrumar a bagagem e deixar a Branca de Neve pronta para sair quando ele retornasse do parque, mais ou menos na hora do almoço. Iria entregar o quarto para não correr o risco de pagar duas diárias.

Antes de descer, aproveitou a maravilhosa vista oferecida pelo canal Señoret, com o mar calmo e sem ondulações. Ótimo! Isso indicava que não havia ventos fortes, ao menos ainda. Mais para o norte, avistava-se um pedaço de arco-íris, exatamente onde se localizava o Parque Nacional Torres del Paine. Ele entendeu isso como um sinal de calmaria para aqueles lados, outra boa notícia, porque lhe permitiria aproveitar bem o *tour*. Resolveu então verificar a temperatura: 6 graus! Iria precisar de muita roupa para pilotar e teria de sair bem agasalhado para ir ao parque. Mesmo sem vento, era frio à beça.

Pediu ajuda ao funcionário da recepção, o mesmo que o atendera na tarde anterior, para levar a maleta e outras coisas até a moto. Ao pisar no estacionamento, percebeu que estava bem frio mesmo. Precisou entrar logo e procurar o restaurante onde serviam o café da manhã, para se aquecer. Ao chegar lá, encontrou uma enorme balbúrdia causada pelo grupo de turistas coreanos e seu guia trapalhão. Assim que o guia o viu, foi imediatamente cumprimentá-lo, com aquela animação típica dos asiáticos, ainda agradecido.

"O senhor me salvou ontem à tarde! De onde o senhor é?", perguntou o homem coreano com seu inglês horrível.

"Do Brasil. Vocês estão indo para as Torres?", respondeu JG, com outra pergunta, tentando ser gentil.

"Sim, sim. Tentamos ontem, mas choveu muito forte e não pudemos entrar! Hoje, pretendemos andar entre elas, uma caminhada de oito quilômetros", disse, abrindo um enorme sorriso e demonstrando grande satisfação.

"Muito legal. Espero que tenham sorte", desejou JG enquanto tentava adivinhar a faixa etária da turma.

Deviam ter, em média, setenta anos. No mínimo, eram corajosos, ou então o guia não havia lhes contado sobre os planos.

JG percebeu que seria melhor sentar-se e se servir.

Logo que terminou seu café, chegou o micro-ônibus que os levaria ao parque. Assim que entrou, viu o casal de alemães, seus companheiros de jantar na véspera, e a poltrona ao lado deles vazia. Cumprimentou-os, percebendo que estavam bastante animados, e sentou-se ali mesmo para usufruir da simpática companhia por, pelo menos, pouco mais de uma hora do trajeto que fariam até o parque.

Quando chegaram à portaria, logo perceberam o estrago causado pela tempestade da tarde e da noite anterior. Pedaços de troncos, galhos e muito material carregado pelo vento encontravam-se espalhados em ambos os lados da estrada, pavimentada em cascalho de ótima qualidade, padrão chileno. Era visível o grande número de funcionários trabalhando na limpeza e nos reparos, mas era evidente a violência da tempestade que despencara. A cena o deixou ainda mais satisfeito com o fato de ter escapado. Se sua viagem não fosse no modo flexível, talvez esse infortúnio o tivesse impedido de ver as torres de perto.

Sem outros percalços, o ônibus avançou até a base das torres, próxima à margem do lago Grey e também onde se localizava o hotel que ele havia reservado para a noite anterior. Ao avistá-lo, JG lamentou-se da oportunidade perdida. Se o clima tivesse ajudado, teria sido muito legal se hospedar lá porque a vista das torres era maravilhosa, além de o hotel ser muito charmoso. Poucas centenas de metros depois do hotel ficava o mirante, destino final do *tour*, que oferecia uma boa estrutura e possibilitava uma ótima visão das Torres del Paine.

A vista era realmente impressionante, dois paredões de rocha negra quase numa vertical perfeita em contraste com o céu absolutamente azul sem uma única nuvem. Valeu demais a pena ter feito essa excursão.

Daquele ponto partem inúmeras incursões a pé, algumas de mais de oito horas de caminhada, como a que fariam os coreanos, e outras com trechos a escalar nos mais diversos graus de dificuldade. Tudo isso não estava ao alcance de JG em razão das desventuras vividas em El Calafate, que o deixaram manco e dolorido.

Ele ficou por ali mais uma hora, aproximadamente, quase sempre na companhia do casal de alemães, até retornar a Puerto Natales. Como chegaria ao hotel por volta do meio-dia, ele optou por almoçar no restaurante do hotel mesmo, facilitando a saída em direção à Punta Arenas, até então o menor trajeto planejado da viagem, com pouco mais de 250 quilômetros pela Ruta 9 e sempre por asfalto. Ou seja, previa chegar à cidade mais austral do Chile por volta das 16h.

Aquela manhã foi tão tranquila que ele praticamente dormiu durante todo o retorno, mesmo porque era a quarta vez em menos de 24 horas que ele percorria o trecho entre o parque e Puerto Natales, cidadezinha que o deixara positivamente impressionado.

Assim que o deixaram na porta do hotel, ele seguiu para o restaurante e se serviu de um almoço leve. O tempo continuava aberto, e ele imaginava que continuaria assim, sem grandes complicações, até o fim. Estava ventando moderadamente e não havia esquentado muito. Ao pegar a Branca de Neve para seguir viagem, por volta das 13h, o termômetro marcava 12 graus!

Ao se despedir dos funcionários do hotel, mais uma vez ele ouviu a recomendação de seguir até Puerto Williams, que se localiza no outro lado do canal de Beagle, mais adiante, depois do Ushuaia. Os chilenos insistem em afirmar que Ushuaia não é a cidade mais austral do mundo, e sim Puerto Williams. Mas isso é apenas uma meia verdade porque Puerto Williams, com seu nome em inglês mesmo, não é uma cidade independente de fato, apesar de ser capital da província da Antártida Chilena. É uma base militar, construída pelos ingleses em apoio aos chilenos, por causa da eterna rusga com os argentinos pela disputa por esse pedaço de terra do nunca que é a Tierra del Fuego para os argentinos, uma enorme ilha separada do continente americano pelo estreito de Magalhães.

Segundo os chilenos, essa região se integra à província de Magallanes, e Punta Arenas é a capital e cidade mais importante, principalmente por causa do seu porto e de seu passado mercantilista. O status de cidade dado a Puerto Williams data apenas da década de 1950, mais até para irritar os argentinos.

O caminho até Punta Arenas é sempre pela Ruta 9, uma linha quase reta que desce até o fim do Chile. Com asfalto novo, bem conservada e um tráfego leve, essa estrada é cercada por belas estâncias de gado e muita vegetação. Ao contrário do que ele esperava, a planície da região de Magalhães, onde se localiza a província de Magallanes, não é árida, e tem uma flora muito interessante e diversificada.

Apesar dos movimentos e das chacoalhadas do *tour* da manhã, ele estava rodando bem, sem dor e sem grandes dificuldades, acompanhado de um sol tênue, agora sofrendo com alguma nebulosidade. Os ventos se mantinham moderados, sem incomodar. Quando se aproximava do vale do rio Rubens, mais ou menos na metade do trajeto, uma chuva a sua frente ficou perceptível, fraca, mas em quantidade suficiente para exigir a capa; caso contrário, iria encharcar-se.

Ele estava com sorte, porque, a poucas dezenas de metros, antes da chuva e próximo a uma grande ponte, existia uma pousada com restaurante, extremamente charmosa e simpática, à beira da estrada e às margens do rio, um local muito aprazível para uma parada.

À frente da recepção, no pequeno estacionamento para hóspedes, tinha um banco de madeira embaixo de um quiosque todo florido, compondo um belo jardim, um lugar ideal para se apoiar ao vestir a capa, a mesma de outras ocasiões, inteiriça e difícil de vestir, ainda mais por cima de tanta roupa e dos forros que ele usava para combater o frio. Se fosse apenas essa a dificuldade, menos mal, mas, para complicar, com o problema nas costas e no tornozelo, que limitavam bastante seus movimentos e fizeram do ato de vestir-se um martírio. Do jeito que ele estava, parecia ser algo impossível.

Sem exagero, depois de parar a moto com segurança, ele passou quase meia hora contorcendo-se para colocar a capa sobre a roupa de proteção e as botas, e não havia meio de conseguir fechá-la. A coisa foi tão difícil que, naquele instante, ele fez mais uma promessa para si mesmo, a terceira da viagem:

"Prometo que, assim que voltar desta viagem, aposento definitivamente esta companheira... minha nova capa será de duas peças!"

No entanto, até ele poder cumprir essa promessa, era necessário que essa capa resistisse até o fim, porque com certeza ele ainda enfrentaria muito tempo chuvoso antes de voltar para casa.

Enquanto ele fazia a promessa e se contorcia da forma mais cuidadosa possível, tentando fechar a capa, chegou uma van cujos passageiros pararam para um *break* para um café e esticar as pernas. E qual não foi a sua surpresa ao constatar que era um casal de turistas brasileiros, com um guia e um motorista, que subiam de Punta Arenas para Puerto Natales. Assim que estacionaram, o jovem percebeu a placa brasileira da Branca de Neve e foi conversar com JG. Como sempre o JG dizia, mesmo em viagem solo, ele nunca estava sozinho. Principalmente quando mais precisava de ajuda.

"Você também é de São Paulo! Está indo até Punta Arenas?"

"Poxa, que coincidência... Brasileiros? Sim, vou a Punta Arenas hoje e sigo para o Ushuaia amanhã. E vocês?"

"Vamos a Puerto Natales. Na verdade, vamos visitar o Parque Nacional Torres del Paine. Ficaremos num hotel dentro do parque."

"Legal! Estou vindo de lá agora. Vocês vão adorar! Quando saí, o tempo estava maravilhoso! Aproveitando... Vocês conseguem me ajudar a fechar a capa? Estou com dificuldades, de tanta roupa que tive de colocar."

"Claro. Você tem que colocar mesmo... está muito frio, e pegamos essa chuva desde que saímos."

Prontamente, o rapaz o ajudou a puxar as mangas e fechar o zíper, enfim.

De fato, ele teve sorte por toda a viagem, mesmo contando os azares do tombo e da queda na escada. Quando mais precisava de ajuda, aparecia alguém! E alguns brasileiros! O casal foi muito simpático, uma mão na roda, e ainda rolou um gostoso bate-papo com eles depois, com várias histórias trocadas, incluindo uma recomendação expressa para o restaurante do *cordero patagónico*, até que ele decidiu seguir viagem e despediu-se, ainda com um solzinho chinfrim. Mal retomou a estrada, e a chuva, geladérrima, o pegou. Se o casal não o tivesse ajudado, ele teria tomado aquela chuva enquanto tentasse fechar a maldita capa.

Todo aquele exercício acabou sendo importante, porque ele seguiu embaixo de chuva por mais uns 150 quilômetros, até chegar ao cruzamento com a rodovia que ele pegaria para ir ao Ushuaia no dia seguinte, onde começa o contorno do estreito de Magalhães, que ele percorreu quase de ponta a ponta.

A partir desse trevo, houve uma melhora substancial do clima acompanhada por uma piora expressiva do vento. Mas o que incomodava mesmo era a temperatura, porque o vento era muito frio, tão frio que ele imaginou que aqueles ventos vinham da Antártida. Ainda seriam necessários mais cinquenta quilômetros até chegar à zona urbana, sempre margeando o estreito. Com o fim da chuva e o retorno daquele sol fraco, apesar dos ventos e do frio, a paisagem ganhou um ar festivo.

Ao se aproximar da periferia de Punta Arenas, ele percebeu que ela é uma cidade bem maior que Puerto Natales, com uma forte estrutura industrial, e quase tudo ali gira em torno do seu movimentado porto, de grande calado. A importância econômica desse porto para o Chile é flagrante, sendo inclusive o motivo da ocupação da planície de Magallanes, graças ao acesso aos mercados da Oceania e do sul da Ásia para a indústria de mineração chilena. Mais uma vez, como todas as cidades que visitara na Argentina e no Chile, Punta Arenas também lhe pareceu muito jeitosa e impecavelmente limpa. Porém vazia!

Como ainda era relativamente cedo, ele preferiu rodar pela cidade, descobrindo alguns tesouros arquitetônicos, frutos da riqueza mercantilista de algumas famílias, com destaque para a mais influente de todas, descendente de um português ali estabelecido no final do século XIX que fez grande fortuna. Sua antiga mansão é hoje um hotel-butique muito requintado.

Muito próximo dele ficava o hotel reservado, também com ótima localização, na esquina da praça principal da cidade e a apenas dois quarteirões da avenida beira-mar, onde se concentra o comércio e o lazer, com restaurantes, bares e um cassino. Aquela tarde, com céu absolutamente limpo e o mar calmo e sem ondas, mais parecendo um grande lago, estava convidativa para fazer uma pausa e aproveitar um pouco o cenário. Assim que ele tirou o capacete, sentiu um choque congelante. O vento fez a temperatura cair, sem que ele percebesse, para 5 graus!

Mudou de ideia imediatamente e resolveu procurar um posto de serviços, abastecer e preparar a Branca de Neve para o dia seguinte, quando chegaria ao Ushuaia, finalmente. Do posto, ele iria para o hotel. Com aquele frio e vento, estava explicado por que quase ninguém ousava ficar nas ruas naquele horário. Punta Arenas parecia uma cidade abandonada.

Sem mais demoras, ele chegou ao hotel e estacionou a moto em frente à entrada principal, na rua. Precisava estacioná-la em algum lugar mais adequado. Quando fez a reserva, lhe garantiram que dispunham de estacionamento fechado, mas ele não encontrou a entrada. Como precisava de ajuda para descarregá-la, ele achou que facilitaria se a deixasse mais perto da recepção.

Ele desceu da moto com muita dificuldade, menos por causa das dores e mais por estar praticamente imobilizado pela capa e por toda aquela roupa antifrio, que o deixaram como um mergulhador usando um escafandro. Mal chegou à recepção e começou a se sentir incomodado. De cara, a atendente lhe informou, com uma má vontade explícita, que não havia ninguém para ajudá-lo com a bagagem, mesmo depois de ele lhe falar sobre suas dificuldades. Com suas dores e seus incômodos, ele não teve outra alternativa senão descarregar tudo e levar para o quarto, no andar superior, o que foi difícil e lhe exigiu um esforço que o deixou profundamente irritado. Além disso, antes de descansar um pouco e se recuperar, ele ainda teve que voltar e levar a Branca de Neve para a garagem, no fundo do hotel, por outra rua, enfrentando o forte frio, porque a mulher insistia em lhe dizer que a moto atrapalhava a entrada dos demais hóspedes, e ele já estava sem a capa para poder se movimentar. Pela primeira vez, sentiu-se maltratado, exatamente o oposto das experiências passadas em todos os hotéis anteriores da viagem, com destaque para El Calafate e Puerto Natales.

Após guardar a Branca de Neve, ele foi descansar. Ficou deitado por mais de uma hora, depois de ter aplicado gelo nos locais afetados e tomar um banho bem quente, de imersão. Era melhor deixar para andar um pouco pela cidade na hora do jantar, depois de recuperar-se. Ele preferiu nem almoçar.

Por volta das 19h, o sol ainda estava alto, deixando o começo de noite claro como o dia. Ele resolveu descer e pedir a indicação de algum restaurante para jantar. A mesma moça mal-humorada estava por lá e disse que não sabia de nenhum restaurante para indicar, insinuando que o melhor restaurante da cidade era o do hotel. Como ele detestou o atendimento dela, resolveu desconsiderar a "dica" e saiu à procura de algum outro lugar por sua conta e risco. Não pretendia ficar por ali.

Ao caminhar pelas ruas da cidade, pôde admirá-la. Punta Arenas é realmente bonita, mas muito, muito fria, ainda mais com aquele vento cortante que não diminuía, embora estivesse ensolarada. Conversou com poucas pessoas, pois os lugares estavam ou fechados ou vazios, fosse algum comércio ou os bares e restaurantes, que lhe disseram que o dia tinha sido quente, que tinha feito 13 graus no final da manhã, antes da chuva. Podia até ser, mas, àquela hora, no começo da noite, estava gelado. Cada vez mais desanimado, ele começou a implicar com tudo o que via e a detestar aquela cidade. Decidiu, então, caminhar pela orla e aproveitar para ver os famosos *pinguins-de-magalhães*, que se espalham aos montes na beira das rochas, a pouco mais de três metros do passeio. Pela quietude daquelas colônias, os pinguins também deviam estar sofrendo com o frio. Tirou várias fotos, com pouca empolgação, e resolveu insistir na busca de um restaurante para jantar e depois dormir. Ainda precisava revisar o programa do dia seguinte e definir em que hotel ficaria nas três noites que pretendia passar no Ushuaia.

Caminhou, ou melhor, mancou por toda a orla e não achou nada aconchegante ou motivador para visitar. Independentemente de os locais serem ou não agradáveis, os restaurantes que estavam abertos encontravam-se absolutamente vazios. Ninguém estava disposto a sair com aquele frio e o vento, que agora era fortíssimo, ou então a programação da cidade começava mais tarde. Mesmo em termos de tráfego, a cidade parecia abandonada. Era raro cruzar com algum veículo na rua. Ele acabou por desistir e voltou para o hotel, onde foi direto ao restaurante.

Ao chegar, ele se animou um pouco, pois até que estava com um bocado de gente. Vai ver, a recepcionista estava com a razão; aquele deveria ser o melhor restaurante da cidade. Sentou-se e escolheu um prato reforçado, porque sua fome era imensa. Mais uma enorme decepção. Sem dúvida, aquela seria a pior refeição de toda a viagem, desde que saíra de casa, dezessete dias antes. Ele dispensou o café, que mais parecia um chá, e voltou para o quarto se concentrando em revisar a programação para o dia seguinte, tomando muito cuidado na escolha do próximo hotel, para não repetir o mico que fora Punta Arenas. Mal acabou de fazer a programação, foi dormir. Com certeza, ele odiou Punta Arenas.

22

QUATRO ESTAÇÕES

Como ele estava feliz por sair de Punta Arenas! Tão radiante que deve ter sido por isso que levantou mais cedo que o normal, e, antes das oito da manhã, a Branca de Neve já estava pronta, depois de mais um esforço hercúleo de JG para carregar a bagagem porque novamente não havia ninguém para ajudá-lo. Ele tomou aquele café chinfrim rapidamente e ficou ainda mais irritado, porque a diária cobrada não era das mais baratas. Quando foi fechar a conta, a mesma funcionária mal-humorada do dia anterior, desta vez, toda sorridente, pediu-lhe uma avaliação do hotel. Ele não iria desperdiçar uma oportunidade como essa e escreveu poucas e boas. O hotel tinha muito orgulho por ter sido utilizado pelas equipes da base brasileira na Antártida, por isso ela esperava boas críticas dele como brasileiro. Só que JG resolveu manifestar toda a sua insatisfação. Ele fora muito bem tratado em vários locais muito mais humildes e baratos do que lá, por isso fez questão de descrever os motivos de sua má avaliação. O mais incrível é que a atendente fez cara de quem não entendeu a sua reclamação, como se tivesse lhe oferecido um serviço cinco estrelas.

Ao sair para a rua, ele notou que o clima do dia ainda estava indefinido, com um vento médio e frio. Em relação à tarde anterior, o vento era irrelevante, mas o frio era o mesmo. Teria quase 650 quilômetros pela frente, com alfândega e balsa para travessia do estreito, além de uns 150 quilômetros em rípio. Não tinha dúvidas de que seria o teste definitivo de sua capacidade de pilotar depois daquele tombo nas escadas de El Calafate, pois voltaria ao ritmo que considerava normal, com uma pegada equivalente ao período anterior ao incidente.

De Punta Arenas, usando o mesmo trajeto que fizera para a chegada, ele logo acessou a rodovia que o levaria ao *cruce*[9] da balsa em Punta Delgada, sempre contornando o estreito de Magalhães, com o mar à direita, muito próximo e visível. O clima tinha melhorado um pouco, com um sol tímido entre as nuvens, mas insuficiente para esquentar. A temperatura estava abaixo de 4 graus, e JG vestia toda a roupa de frio de que dispunha. Sem a chuva, ele dispensara a capa, o que lhe permitia uma razoável mobilidade. De qualquer forma, estava satisfeito por ter planejado adequadamente as roupas para os diversos trechos, pois conseguia pilotar com conforto. Mas chegou a comentar com a Branca de Neve como seria se estivessem viajando no inverno. Realmente, seria algo insano.

Ao longo de todo o trajeto, sempre pela borda do estreito de Magalhães, o mar estava visivelmente calmo, com poucas ondas, e fracas, e chamou sua atenção o fato de só encontrar uma única praia, de areia escura, quase preta. Com aquele frio que fazia num dia de verão meio ensolarado, foi natural constatar que o veraneio naquela região é impraticável; não havia absolutamente ninguém por lá, em pleno domingo. É nessa praia que estão os restos de um navio encalhado há muito tempo, *comum* nos folhetos turísticos de Punta Arenas, como uma atração a ser visitada. Não era nada empolgante, e ele achou melhor não parar porque imaginou que teria um longo dia pela frente, e temia o tempo que pudesse perder na travessia da balsa, quando estaria atingindo 170 quilômetros de percurso. Era melhor chegar lá o quanto antes.

---

9. Travessia, em espanhol.

O vento aumentou um pouco, passou a ser forte, sem que isso se transformasse em um problema. Será que ele estava ficando acostumado? Era seu nono dia com os tais ventos e ele ainda enfrentaria mais na volta, pelo menos até chegar à Carretera Austral. Durante aquela manhã, o sol se firmou e ficou mais agradável, ainda que estivesse muito frio. Sem grandes incidentes, ele seguiu por uma estrada de bom asfalto, baixíssimo tráfego e com uma paisagem à beira-mar e de grandes planícies ocupadas por estâncias de gado, até se aproximar do cruzamento com a rodovia de acesso à balsa, facilmente identificável pelas placas indicativas de que o ponto de embarque estava próximo.

Assim que chegou ao trevo para virar em direção ao sul e percorrer os quilômetros finais, ele notou um aumento significativo do tráfego no sentido contrário, o que o levou a deduzir que eram as pessoas que fizeram a travessia no sentido contrário, vindo da Argentina. Acelerou, tentando embarcar nessa mesma balsa em seu retorno para a outra margem, pois, caso não conseguisse, iria perder quase uma hora esperando ela ir e voltar novamente. Mais alguns minutos, e ele vislumbrou o ponto de embarque, naquele momento em final de carregamento da fila de espera. Acelerou um pouco mais, até que os próprios operadores o viram e fizeram um sinal indicando que ainda dava tempo. Foi ótimo, porque ele foi embarcando direto, sem ter de esperar na fila, e a balsa não demorou nem cinco minutos para zarpar. Parecia ter sido cronometrado. Muito bom. O mais difícil foi pagar o *ticket*, porque estava muito frio para tirar a luva, apesar do sol fraco que fazia.

A travessia dos cinco quilômetros do estreito dura entre quinze a vinte minutos, conforme as condições do mar, que nesse dia estava tranquilo e com ondas bem baixas. Independentemente disso, os operadores pedem que o motociclista vá segurando sua própria moto, para que não tombe num eventual solavanco. Foi o que ele fez, mas, com a situação de incômodo nas costas e no tornozelo, ele não sabia se de fato conseguiria segurar alguma coisa. Ainda assim, nada aconteceu, e ele não perdeu nenhum tempo significativo com a balsa, simples, rápida e eficiente.

Também foi ali que ele sentiu realmente como é fria aquela região. Tão fria que ele nem tirou seu capacete ou mesmo o lenço do pescoço. Assim que chegou no desembarque, na outra margem do estreito, ele confirmou com um dos funcionários que o próximo posto de serviços estaria em

Cerro Sombrero, um pequeno povoado chileno situado a pouco mais de 35 quilômetros adiante, no final do asfalto. O termômetro da Branca de Neve indicava 5 graus, no meio de uma manhã ensolarada. Ele saíra de Punta Arenas com 3 graus, ou seja, não esquentara quase nada até então.

Ele estava para entrar no acesso a essa cidadezinha, que fica um pouco afastada da rodovia, e chegar ao posto de serviços quando começaram a cair as primeiras gotas de chuva, enormes, daquelas que antecedem uma tempestade, bem visível no horizonte muito escuro e fechado. Ele chegou na hora certa, pois, assim que parou no posto, na entrada do povoado, e, amparado pelo telhado que protegia as bombas de combustível, a chuva despencou. Se tivesse programado, ele não conseguiria ser tão preciso. Estava por lá dois motociclistas, para variar, brasileiros, terminando de abastecer e que voltavam do Ushuaia. Ele aproveitou para colher informações e viu que um deles sofria para colocar a capa de chuva, idêntica à dele e com as mesmas dificuldades para vestir.

"Olá, como estão? Vieram bem do Ushuaia?"

Enquanto ele perguntava, foi tentando ajudar o rapaz com a vestimenta, àquela altura apelidada de camisa de força por ele.

"Deixa eu te ajudar com essa camisa de força! É idêntica à minha, e eu sei o quanto é difícil vesti-la."

"Obrigado! É um saco mesmo. Quanto à viagem, está ótimo lá pra baixo. Atravessamos a alfândega sem grandes problemas, exceto a tradicional burocracia chilena. Acho que você vai enfrentá-la um pouco mais cheia!"

"E o rípio, nesses próximos 140 quilômetros? É muito ruim?"

O amigo do rapaz, que decidira não vestir a capa porque achava que a chuva seria passageira, respondeu, causando-lhe surpresa:

"Você vai enfrentar apenas uns 28 quilômetros sem asfalto, no final, quando estiver próximo da alfândega chilena. Até lá é tudo asfalto, ou, melhor, um pavimento de concreto absolutamente novo!"

"Eles estão completando a pavimentação, e abriram para o tráfego o trecho concretado, ainda que provisoriamente e sem nenhuma sinalização", disse o outro, e foi logo arrematando, já vestido com a capa: "Ainda assim, esses quilômetros restantes estão bem conservados, tranquilos para rodar e bem compactos. Com essa chuva, nem pó você vai enfrentar."

Depois dessa ótima notícia, eles trocaram mais algumas informações, inclusive sobre a calmaria que ele enfrentara na travessia da balsa, então se despediram, desejando mútua boa sorte, e teve início o terrível exercício de colocar a capa. Ainda bem que ele estava protegido no posto de serviços. Todo travado e com mais roupa que arara de brechó, foi um sofrimento. Só não foi pior porque ele recebeu ajuda do frentista, assim como ocorreu na pousada, com aquele casal de brasileiros, na véspera.

Ter parado e colocado a capa foi uma decisão acertada porque a chuva, sempre forte, não deu trégua. Logo após a saída de Cerro Sombrero, deveria começar o rípio, mas uma placa indicava um desvio que o levou para o pavimento de concreto, recém-terminado e não sinalizado, exatamente como os caras lhe descreveram poucos minutos antes. Realmente, foi uma maravilha! Ele seguiu por aquela pista por mais de cem quilômetros, com tráfego bem leve e muita chuva. Só enfrentou o rípio mesmo nos últimos trinta quilômetros, antes de chegar à alfândega chilena. Ao parar no estacionamento, ainda com uma chuva fraca, ele percebeu que o local estava lotado, mesmo após ter feito um grande esforço de acelerar o máximo para deixar o tráfego que o acompanhara na balsa para trás, incluindo os três ônibus lotados de turistas que não perderam tempo parando para abastecer. Durante todo o trajeto, ele só pensara em chegar na frente deles, e conseguiu, mas, ainda assim, encontrara muita gente!

Algumas pessoas na fila do guichê lhe contaram que no verão existe um fluxo de argentinos, moradores de Río Gallegos principalmente, que costumam ir para o Ushuaia. Independentemente do motivo, ele demorou mais de uma hora na alfândega, mas, pelo menos, ficou satisfeito por não lhe exigirem passar a maleta e os bauletos pelo escâner, ou seja, ele preservou as costas. A grande maioria dos turistas teve suas malas escaneadas.

Logo depois, ao sair do prédio, a chuva havia parado, e ele iria enfrentar mais doze quilômetros de rípio, que estava bem compactado e sem poeira, até a alfândega argentina. Com o passaporte, ele não gastou mais do que quinze minutos. Maravilha, porque, dali até o final, seria só asfalto, pela Ruta 3, na Terra do Fogo. Ainda parou na cidade de Río Grande para abastecer, o que lhe consumiu algum tempo, pois só existe posto de serviços na área urbana. Mas ele precisava comer alguma coisa e aproveitou para fazer um lanche. Não comera nada desde o café da manhã, imaginando que o faria na balsa, algo impossível, porque ele não poderia abandonar a moto.

A partir de Río Grande, sempre no rumo do Ushuaia e em plena ilha da Terra do Fogo, a excitação começava a dar as caras. Estava próximo do destino final da etapa e ainda teria um bom descanso ao chegar, pois ficaria dois dias parado por lá! Acelerou então naquele trecho da Ruta 3, comentando com a Branca de Neve sobre a diferença de paisagens que encontrara, uma vegetação que lembra as regiões remotas do Alasca, só que sem os pinus. A árvore típica, chamada de *leña*, é baixa, com caule grosso e retorcido, formando bosques a perder de vista. Com toda a sua ansiedade, ele não parou mais até atingir um mirante à beira do lago Fagnano, por volta das 17h, ainda com muita luz do sol e tempo bom. O dia estava rendendo bem, e, como ele não tirara a capa depois da chuva, o frio de 5 graus do final de tarde não incomodava. O tal lago, conforme indicado na placa de informações turísticas, só é lago no nome, pois, na realidade, é um braço marítimo que se liga ao estreito de Magalhães, uns cem quilômetros acima.

Até chegar àquele ponto, a altitude média desde Punta Arenas esteve sempre abaixo de cinquenta metros, e, a partir dali, a estrada segue por uma subida muito íngreme pela Cordilheira dos Andes em seu trecho na Terra do Fogo, com picos superiores a seiscentos metros permanentemente nevados. Depois, é só descida até a cidade do Ushuaia, à beira do canal. Essa travessia, conhecida como Paso Garibaldi, é o ponto de maior altitude da Ruta 3 em toda a Argentina. Por aí dá para ter uma ideia de como essa estrada é plana. Fazê-la de ponta a ponta até Buenos Aires deve ser muito sem graça.

Todo o caminho desde San Sebástian, divisa do Chile com a Argentina, é muito bonito, e a paisagem é sempre aquela floresta com arborização peculiar. À medida que a rodovia começa a contornar as margens do lago, passa a subir pelo topo de verdadeiros fiordes cada vez mais altos, e seus *caracoles* ficam mais agressivos. Simultaneamente, a temperatura começava a cair de forma acelerada. Logo a chuva voltou, e o computador de bordo da motocicleta acendeu o alarme de risco de gelo na pista, e o termômetro indicava meio grau de temperatura. Essa virada de tempo deu-se de uma hora para outra, e havia tráfego pesado nos dois sentidos. Como desgraça pouca é bobagem e nada é tão ruim que não possa piorar, outra máxima da Lei de Murphy amplamente testada e confirmada na viagem, começou a nevar. Nevar de verdade!

A visibilidade, que era baixa, caiu a zero. Ele não enxergava nada com a neve e com o respingo da sujeira lançada pelos veículos à frente em sua viseira. Diminuiu ao máximo a velocidade e, mesmo com a capa, começou sentir o incômodo do frio, principalmente nas mãos. As luvas, apesar de impermeáveis, não apresentavam mais tanta eficiência. Achou que deveria parar porque não conseguiria pilotar com aquela visibilidade por muito tempo, mas não encontrava um só ponto seguro para encostar. Esse trecho do Paso Garibaldi nem acostamento tem. De um lado, a pista é grudada num paredão de rocha, e do outro, era a borda da falésia numa vertical direta para o lago, dando vertigem só de olhar para baixo. Estava bem doido aquilo tudo.

Nevou por dez minutos ou um pouco mais e, assim como começou do nada, parou do mesmo jeito. Mas pareceu uma eternidade, e ainda restava a chuva. Ele foi avançando muito devagar, com frio e chuva, seguindo o fluxo até o final do Paso Garibaldi na região periférica do Ushuaia, ao pé das montanhas, com uma visão do mar lá embaixo. Impressionante! Eram quase 18h quando ele chegou na via de contorno superior da cidade, que se desenvolve pela encosta das montanhas, descendo por uma grande pirambeira até o canal. Naquele momento, o sol voltou a brilhar, deixando o final da tarde lindo! Em Ushuaia, no verão, a luz do dia segue até pouco depois das nove e meia da noite!

Sem enrolar muito, ele foi para o hotel que reservara ainda em Punta Arenas, localizado numa travessa da avenida que beira o canal de Beagle e o porto, no ponto mais baixo e nobre da cidade. Estava meio abobado com aquele tempo maluco e, assim que chegou à recepção, foi contando aos funcionários como tinha sido a aventura de atravessar o Paso de Garibaldi sob a neve, no verão. Não causou nenhuma surpresa, ao contrário; os habitantes de Ushuaia se orgulham de vivenciar as quatro estações do ano num só dia! E JG ficou satisfeito por poder confirmar que isso é fato, pois pegara as quatro estações numa única hora.

Ficaria três noites naquele hotel, excelente em suas instalações e serviços, de propriedade de uma senhora carioca, e lotado de brasileiros. Também completaria a primeira semana após o acidente na escada, e ainda não sentia alguma melhora mais considerável nos machucados. Ao contrário, seu pé direito estava com os dedos pretos, e aquilo o assustava um pouco. Ele conversou com a turma da recepção sobre seu estado de calamidade, e um dos atendentes lhe sugeriu marcar uma massagem para o fim da tarde do dia seguinte. Depois de explicar todas as suas dificuldades, ele topou, lembrando da massagem no hotel em El Calafate, que lhe fizera tão bem. Também agendou no próprio hotel uma excursão de barco pelo canal de Beagle para a manhã seguinte, quando visitaria a ilha dos lobos-marinhos.

Com todas essas providências tomadas, ele subiu ao quarto para descansar um pouco antes de sair para jantar, seguindo a recomendação dos rapazes do hotel, que indicaram um restaurante próximo.

Da janela do quarto, avistava o píer principal do porto, iluminado pelo início do anoitecer, e a vista maravilhosa do canal, com o horizonte tão límpido que era possível ver Puerto Williams, bem iluminada, do outro lado. O tempo por lá é coisa de louco mesmo!

23

NO FIM DO MUNDO

Amanheceu um dia diferente da noite límpida e bonita da véspera. Estava nublado e sem muito vento, muito frio, apesar de um pouco mais quente que em Punta Arenas, com 4 graus. Ao se arrumar para sair, ele percebeu que foi infeliz na escolha das roupas civis ao montar a mala antes da viagem. Não levara roupas pesadas, para poupar espaço nos bauletos. A solução foi usar as segundas peles de inverno do conjunto de pilotagem e carregar um pouco nas camadas.

Desceu para o café, mancando como sempre, e percebeu que o hotel estava cheio e que cerca de 90% dos hóspedes eram brasileiros. Aproveitou para conversar com vários deles e trocar ideias sobre os passeios, e todos ficavam espantados com o fato de ele estar sozinho numa viagem de motocicleta.

A maioria das atrações implica fazer caminhadas pelos parques, pelas geleiras e pelos glaciares, e nada disso era adequado ao seu estado geral. Para esse primeiro dia de folga da Branca de

Neve, ele faria o passeio de barco pelo canal. Reservou o segundo dia para conhecer o parque nacional e os arredores de Ushuaia.

Agasalhado o melhor que pôde, ele saiu pela rua do hotel em direção ao píer, uma caminhada de quatro quadras, se tanto. Mas o pé o obrigava a ir devagar. Sem problemas, porque o hotel estava a meia quadra da avenida beira-mar, que é muito bonita e onde há muitas coisas para ver, como os pinguins e as gaivotas ocupando as pedras à beira d'água. Não há praias por ali. Caminhando, ou melhor, mancando, ele sentia uma certa melhora entre a noite anterior e aquela manhã, com o tornozelo tendo desinchado um pouco, mas a dor continuava forte. Talvez a história que ele ouvira de que a melhora da entorse se dá por saltos fosse verdadeira.

Ao chegar ao lugar agendado, ele notou que a maioria dos seus companheiros de viagem eram coreanos, que chegaram num grande navio de cruzeiro aportado à noite. Deveriam ser uns quarenta, todos vestidos com a mesma jaqueta vermelha impermeável indicando o nome da agência organizadora da excursão. Facílimo de identificá-los. JG foi um dos primeiros a entrar e logo se sentou num banco interno, no meio do catamarã, porque estava muito frio para viajar na parte aberta. Optou por não disputar as áreas externas e mais próximas das janelas com os coreanos, que àquela altura faziam uma barulheira danada! Pareciam a colônia de pinguins!

Sua decisão se mostrou acertadíssima, pois, assim que o barco deixou o porto e começou a navegar pelo canal, o tempo piorou, numa velocidade assustadora, e o vento passou a ser muito forte, deixando o mar bem agitado. Escureceu tanto que era possível ver as luzes das ruas de Ushuaia acesas, como se fosse noite. Uns quinze ou vinte minutos depois, os marinheiros, bastante agitados, os avisaram que estava começando uma tempestade, vindo da Antártida, que poderia dificultar a navegação.

Na verdade, a tempestade estava lá já havia algum tempo e pegou a excursão em cheio. O catamarã, de porte razoável, apesar de ser estável, pulava mais que cabrita fugindo do ferro de marcar. A visibilidade foi a zero, tamanho o breu que estava do lado de fora, a essa altura, sem um único coreano por lá. A coisa foi ficando cada vez mais feia, até que, depois de mais ou menos meia hora de navegação às cegas, o capitão os informou que não conseguiria atracar na tal ilha dos lobos-marinhos e que voltaria para o porto.

A essa altura, os coreanos não tiravam mais fotos e, em vez da algazarra original, instalou-se um silêncio sepulcral, só quebrado por alguns gritinhos que se seguiam ao estrondo das batidas do casco nas ondas imensas.

O espetáculo era deprimente, com mais da metade deles devolvendo o café daquela manhã, e aquela situação fez com que JG se sentisse aliviado por ter escolhido se sentar bem no meio do barco. Ele notava, meio constrangido, que, de amarelos com jaquetas vermelhas, seus companheiros de infortúnio estavam verdes e suas jaquetas, multicoloridas. Um horror!

No meio daquela loucura, ele ainda tirou uma foto, de dentro do barco, mirando o porto, quase no final da "excursão", que registrava uma noite às onze horas da manhã.

Uns vinte minutos depois, o barco chegou ao píer. Os responsáveis pelo passeio informaram que era melhor todos descerem e ficar pelas imediações do porto, pois eles tentariam sair mais tarde um pouco, para, quem sabe, cumprir o itinerário original, se o tempo permitisse. Quando o catamarã ancorou e JG pôde descer, estava o maior sol, com pouquíssimo vento, e, se não fosse o frio, pareceria um dia de verão em plena cidade de praia. Aproveitando esse visual, ele saiu caminhando pela orla, sem acreditar naquele dia lindo que abrira. Os coitados dos coreanos ficaram se recuperando, espalhados pelo píer.

Depois dessa experiência, ele decidiu que não perderia mais tempo por lá só para andar de barco novamente e deu por cumprida aquela excursão. Resolveu passar o resto do dia mancando pela cidade, comprar algumas lembranças para levar, conhecer o Ushuaia com mais detalhes... e ele não podia esquecer-se de passar numa farmácia para comprar os anti-inflamatórios que estavam no fim.

Também aproveitaria o tempo livre para tomar chocolate quente, lembrando que, no final da tarde, deveria voltar ao hotel para fazer a massagem programada.

Como estava perto do píer, ele aproveitou para fazer a coisa mais importante daquela etapa da viagem: colar o decalque do Aloprado's no *Marco del Fin del Mundo*, que fica exatamente na pracinha em frente ao píer! Ele chegara ao principal destino dessa etapa, no extremo sul do continente, dezenove dias depois de sair de casa e após dezesseis dias de viagem solo.

Verdade que estava dolorido e estropiado, mas conseguiu chegar. Todas as expectativas relativas à viagem de seus sonhos estavam sendo superadas.

A cidade de Ushuaia lhe causou um impacto muito positivo, ainda mais depois da decepção que tivera em Punta Arenas. Além da alegria natural da cidade lotada de turistas estrangeiros, que eram muitos e chegavam tanto de navio como de avião e carro, principalmente argentinos e chilenos, que lotavam as ruas e lojas. As pessoas comentaram que o forte da temporada é o inverno, quando Ushuaia oferece uma infinidade de atrações de neve, mas, mesmo no verão, há muita coisa para ver e visitar.

O Parque Nacional Tierra del Fuego, com muitas trilhas para o *trecking*, o teleférico para o Glaciar Martial, os passeios às ilhas do canal, a subida ao Cerro Castor e as visitas guiadas aos lagos Fagnano e Escondido são as principais escolhas, mas esses passeios seriam uma tortura para ele por causa do tornozelo e das costas, que o fizeram optar por ir de moto até o parque e rodar pelas trilhas internas que fossem abertas ao tráfego, no dia seguinte.

Nesse primeiro dia, ele andaria pelo centro turístico da cidade, mesmo mancando, aproveitando a infinidade de pequenos museus, cafés e lojas. Para começar, foi a uma casa de chocolate famosa e resolveu fazer um lanche por ali, mesmo porque teria de esperar um bom tempo na fila. Deixaria para comer algo mais substancioso no jantar, mesmo porque ainda estava em dúvida entre experimentar o *cordero patagónico* ou o prato típico de lá, a *centolla*, o caranguejo gigante.

Na hora agendada para a massagem, ele voltou para o hotel. Precisava inclusive falar à massagista sobre seu estado físico e contar-lhe o motivo.

“Olá! Como está? Suas costas ainda sofrem com os espasmos? E o tornozelo?”

Ele tomou um susto, porque, do nada, ela começou a lhe interrogar como se soubesse de tudo. E ela sabia!

Aquela senhora, uma chilena radicada na Argentina havia mais de trinta anos, era fisioterapeuta e, de manhã, trabalhava no hospital local e, à tarde, como massagista em alguns hotéis. Quando JG chegou ao hotel na véspera, ela estava no escritório ao lado da recepção e ouviu a conversa dele com os rapazes, e, por conta do agendamento da massagem, ela decidiu se informar adequadamente, ligando para o médico do hotel em El Calafate.

Assim, ela estava devidamente ciente do que poderia e deveria ser feito com o paciente.

A mulher era uma fera, e estava a par dos detalhes do acidente, então ela o reexaminou, chegando às mesmas conclusões do médico de El Calafate. Isso foi ótimo, porque o tranquilizou em definitivo. Além do mais, ela o brindou com uma massagem fantástica, absolutamente inédita, precedendo o tratamento de cada parte do corpo com um tempo de bolsa de gelo. Foi sua primeira e única experiência com uma massagem assim. Ao terminar, ela recomendou um repouso de mais quinze minutos na sauna e pelo menos mais meia hora deitado na cama.

Depois de seguir à risca as recomendações, ele se arrumou para jantar, decidido a explorar o melhor *cordero* da cidade; foi quando percebeu que recuperara boa parte dos movimentos das costas e que as dores estavam bem mais amenas do que antes. A mulher conseguira fazer uma mágica. Mãos de ouro.

Em estado de quase euforia, ele caminhou as três quadras até o restaurante recomendado, que era muito bonito e ofertava uma bela vista do canal, ainda mais realçada pelo lusco-fusco do anoitecer no mesmo padrão de beleza e claridade da véspera. O tal cordeiro era muito bom, realmente especial, mas não era melhor que o de Puerto Natales.

Desde a queda na escada, aquela foi sua melhor noite de sono. Não que não sentisse mais dores ou incômodos, mas os danos estavam diminuindo, era perceptível. E isso foi uma grande injeção de ânimo, a ponto de ele se levantar mais tarde na manhã seguinte e só chegar ao café por volta das 9 h, num dia frio e limpo.

A ideia era passear de moto pelo Parque Nacional Tierra del Fuego, em suas trilhas abertas para o tráfego. Ali há muitas delas, nos mais variados níveis de dificuldade, para prática de *trecking*, e, naquele momento, era considerável a quantidade de pessoas que circulavam por elas. No entanto alguns caminhos, principalmente para acesso a *campings* e pousadas, permitem o uso de veículos. E o dia estava ótimo para esse passeio. Assim que chegou à portaria e, de posse de um mapa mais turístico que orientador, ele criou uma rota para circular. Ele pretendia chegar até à beira do mar.

Contudo, antes de sair do hotel, ele aproveitou para checar o estado geral da Branca de Neve e principalmente os pneus e a suspensão dianteira.

Exceto a incrível sujeira, estava tudo aparentemente bem. Com o frio que pegou desde a saída de Puerto Natales, não mais ocorrera qualquer vazamento de óleo nas bengalas, mesmo com as exigências mais fortes que enfrentou, principalmente após a balsa de Punta Delgada. Sinal evidente de que o experiente motociclista de Bariloche estava certo. Para comprovar isso definitivamente, ele preferiu aguardar os acontecimentos quando voltasse ao deserto patagônico e aos esforços no rípio chileno, no calor novamente. Deveria ressurgir a borda suja!

Quanto aos pneus, ao chegar ao Ushuaia, estes totalizavam mais de 8 mil quilômetros percorridos, sem que tivessem sofrido ao menos uma recalibração. Tecnicamente, estavam pouco além da meia-vida, mas num ótimo estado, com bastante borracha ainda. Apenas o pneu traseiro começou a apresentar sua banda central um pouco quadrada, mas isso era natural em razão da carga que carregara desde a saída. Ainda mais se considerarmos que rodara o tempo todo com uma calibragem abaixo da recomendada, entre 4 e 5 libras a menos. Fora uma sugestão de alguns motociclistas experientes, que ele testou pela primeira vez em viagem, comprovando ser eficaz. Se não ocorresse nenhum furo ou outra coisa excepcional, os pneus aguentariam bem até Mendoza, sem maiores complicações.

Um desses caminhos que ele experimentou no parque levava ao norte, chegando perto da base da cordilheira, onde encontrou uma pousada maravilhosa e sofisticada, de frente para a Sierra de Injoo Goiyin e muito próxima do lago Fagnano, que não é um lago. Ali, ele parou para um chocolate quente e aproveitou para trocar umas ideias com os funcionários da pousada, que ficaram admirados com a Branca de Neve.

"Que mata linda essa aqui... Tudo isso pertence ao parque?"

"Sim. Estamos dentro da parte pública do parque, que é muito pequena. Só se pode circular por essa área, que não passa de 2 mil hectares."

"Tudo isso? E qual é o tamanho total?"

"Ah...", exclamou o garçom dando um enorme sorriso. "O parque tem 630 quilômetros quadrados. Toda a borda do lago pertence à área protegida que o compõe. O lago tem quase cem quilômetros de comprimento."

"Eu vim de moto, e achei o passeio belíssimo! Existem outros lugares que devo conhecer?"

"Claro. Sugiro que, ao voltar a cidade, à tarde, você pegue o Tren del Fin del Mundo, na Estación del Fin del Mundo, logo na saída oeste de Ushuaia, como se você fosse para Puerto Williams por terra."

"É?! O que ele tem de especial?"

"É o mesmo trem que levava os prisioneiros de Ushuaia para os campos de trabalhos forçados, que se situavam onde hoje é o parque. As locomotivas são as mesmas da época, a vapor, e os vagões, embora sejam um pouco mais confortáveis, se mantiveram no estilo dos utilizados para transportar os prisioneiros. O caminho é uma delícia, tem uma paisagem muito bacana!"

O rapaz falou tão bem desse passeio de trem que o JG resolveu voltar à cidade, deixar a moto num estacionamento na tal estação e pegar o dito cujo. Afinal, Ushuaia nascera devido ao presídio e aos campos de trabalhos forçados.

Ele seguiu as dicas e, com um bilhete de primeira classe, teve acesso ao vagão-restaurante, onde fez um lanche na Ferrocarril Austral Fueguino enquanto aproveitava a vista maravilhosa pelas imensas janelas panorâmicas. Foi fantástico! E ele ainda se beneficiou de rodar pelo parque sem fazer esforço ou mancar. A sugestão realmente foi ótima, e o dia ajudou demais, sem aquelas crises climáticas que ocorreram nos dois dias anteriores.

No meio da tarde, ele estava de volta à cidade, guardou a moto na garagem do hotel depois de abastecê-la e prepará-la para o dia seguinte e foi passear pela orla do canal de Beagle, junto a vários turistas e aos pinguins que ficam tomando sol nas pedras. Era uma tarde fria, mas de pouco vento. Os moradores locais não estavam muito agasalhados e curtiam o "caloroso" verão, com seus incríveis 8 graus!

Voltou para o hotel, descansou um pouco e, então, preparou o roteiro para o dia seguinte, quando iniciaria o retorno via Ruta 3 para o Chile, e dali seguiria para Mendoza pela Carretera Austral e finalmente encontraria a turma do Aloprado's, pouco mais de uma semana depois.

Enquanto apreciava uma *centolla* num restaurante também recomendado pelos rapazes do hotel, deliciosa, por sinal, ele fez um balanço da viagem até aquele ponto. E a conclusão era uma só, estava sendo maravilhosa! Foram dezessete dias sozinho, com mais de 7 mil quilômetros rodados, que validaram integralmente a alcunha de viagem de sonhos. Sentia falta dos irmãos, da família e dos amigos, claro, mas estava encantado com as experiências vividas e afirmava enfaticamente para si mesmo: "Não poderia existir viagem mais significativa que esta! No máximo, igual!"

Nesse astral, ele foi mancando de volta para o hotel para, logo depois ir para a cama, porque levantaria cedo no dia seguinte.

24

AGORA, CONSEGUIU VER!

Como planejara, acordou bem cedo, totalmente descansado, e, mesmo sofrendo um pouco com os incômodos, aquela tinha sido a melhor noite desde a queda. Estava seguro que mudara o patamar de suas lesões, em franca recuperação, e a massagem fora excelente, um santo remédio. Os dois dias passados no Ushuaia também foram responsáveis pelo alto-astral, lhe proporcionando uma boa recuperação das energias. Tinha sido importante também ocupar o tempo sem a Branca de Neve visitando algumas atrações turísticas e passeando. Tudo tão legal que lhe deixou com aquela vontade de voltar um dia para explorar mais a região, talvez em uma época mais próxima do inverno, que lhe permitisse subir de teleférico até o pico Martial e conhecer os glaciares de lá. Contudo, por ora, aquelas três noites eram suficientes. Ele estava se aproximando da metade da viagem apenas, e haveria muita coisa boa para acontecer.

Sem surpresas, o dia amanheceu radiante e frio, muito frio. Quando ele foi buscar a Branca de Neve na garagem do hotel, viu que os termômetros estavam marcando 3 graus negativos. Iria ser um dia de desafios, provavelmente sem chances para comer algo mais substancioso pelo caminho. Ainda que o trajeto planejado para o dia não fosse tão longo, cerca de 570 quilômetros, com certeza seria cansativo, com as duas fronteiras para atravessar, entrando no Chile e retornando à Argentina em menos de duas horas, além de ser novamente necessário atravessar o estreito com a balsa, saindo da Terra do Fogo. Uma vez na Argentina continental, ele continuaria pela famigerada Ruta 3 ao sul da Patagônia e à margem do Oceano Atlântico, até chegar à cidade de Río Gallegos, onde morava o frentista brasileiro de La Esperanza. Reservara um hotel no centro seguindo recomendações dos rapazes do hotel de Ushuaia.

Assim, sem perder muito tempo, explorou a fartura do café da manhã oferecido pelo hotel, se despediu de todos os funcionários que encontrou, pois todos foram supergentis durante sua estada, montou na Branca de Neve e partiu. Quando estava saindo da cidade, checou a temperatura novamente e viu que ainda estava negativa, em 1 grau!

Não eram nem oito horas quando ele entrou pela estrada, em direção ao Paso Garibaldi, e, daquela vez, ele iria apreciar toda a beleza da paisagem, com o dia aberto e lindo. O frio realmente era muito forte, mas ele estava bem agasalhado e preparado. No painel da Branca de Neve, o alarme de risco de gelo na pista não parava de acender. Esse aviso é automático, e pisca quando a temperatura cai a menos de 3 graus. Apesar do aviso, mesmo naquela temperatura, ele não enfrentou dificuldades causadas por camadas de gelo sobre a pista em nenhum momento, nem mesmo durante a nevasca ao atravessar o passo. Naquela ocasião, a neve, ao bater no asfalto, derretia e escorria.

O trajeto é maravilhoso, *liiinnndooo...* como diria Valentim, e aquele tempo ruim que fizera na vinda, com chuva e neve, o impedira de aproveitá-lo. Ao atingir o ponto mais alto do Paso Garibaldi, ele parou para fotografar o vale do lago Fagnano, que chega até à beira da falésia altíssima, com mais de trezentos metros de altura. Foi quando notou o termômetro indicando, pela primeira vez no dia, uma temperatura positiva, de 1 grau. Estava frio para mais de metro!

O clima estava tão especial naquela manhã que ele aproveitou para fotografar bastante durante a passagem pelo passo, pois fora impossível durante a primeira travessia. Com tranquilidade, logo após sair do passo, ele entrou na cidade de Río Grande para abastecer e repor o *camel pack*. Enquanto tomava um chocolate quente, percebeu o tempo virando de novo. Ainda antes de sair de lá, começou uma chuva fina e, aparentemente, duradoura. Ele começava achar normal essas reviravoltas climáticas e nem estranhou; resolveu colocar logo a capa e evitar molhar a roupa naquele frio. É impressionante a velocidade de alteração do tempo no sul do continente. As previsões são válidas, no máximo, para a próxima hora. A única coisa que não muda é o vento. Esse é permanente, forte, e incomoda sempre. Mas os ventos patagônicos foram piores que os enfrentados na Terra do Fogo, pelo menos naqueles dias, se desconsiderar a tempestade durante o passeio de barco pelo canal de Beagle. Contudo, segundo comentários no porto, o fenômeno que enfrentaram foi uma tempestade vinda da Antártida, e não do continente. Algo imprevisível, mas também comum.

Ao sair de Río Grande, acelerando em direção a San Sebástian, onde passaria pela primeira fronteira e deixaria a Argentina por algumas dezenas de quilômetros, ele tomou a decisão de abastecer a Branca de Neve novamente, no posto de serviços que vira quando estava a caminho do Ushuaia, ao lado da alfândega. Chegaria por lá depois de rodar apenas uns cem quilômetros, mas, a partir daquele ponto, só teria combustível em Cerro Sombrero, no Chile, e, depois, no final do trajeto, em Río Gallegos.

A estratégia lhe garantia rodar com a gasolina argentina, sua preferida, mesmo reconhecendo que a chilena não é ruim, e, principalmente, evitaria a parada de Cerro. E assim o fez, completando os procedimentos na alfândega argentina em muito pouco tempo e sem nenhum inconveniente, como sempre, entrando pelos doze quilômetros de rípio que liga à alfândega chilena sempre com aquela chuva leve, que mantinha o caminho firme e sem pó.

Durante esse trecho, de maneira surpreendente, ele foi obrigado desviar e até parar por causa de uma boa quantidade de vacas que passeavam pela pista, calmamente, atrapalhando o tráfego nos dois sentidos. Ele achou aquilo tão *nonsense* que passou um tempo matutando sobre qual seria a nacionalidade daquelas vacas, porque tinha saído da Argentina e ainda não havia entrado no Chile. Mais estranho ainda era o fato de as vacas estarem bem gordas, embora não houvesse nenhum pasto por perto; ao contrário, naquele ponto, muito próximo do litoral, tudo era bem árido. Seus devaneios foram interrompidos quando ele chegou à alfândega chilena, ainda antes de encostar a Branca de Neve na área reservada e encontrar aquela mesma van toda grafitada que estava na frente do restaurante de Puerto Natales. Estavam de saída em direção ao Ushuaia. Ao reler os dizeres da bruta, foi impossível segurar o riso. A bem da verdade, gargalhou, aproveitando que estava protegido pelo capacete.

Também como de praxe, teve de enfrentar os trâmites de ingresso no Chile, sempre mais demorados, e novamente fora agraciado com a dispensa de descarregar sua bagagem e passá-la pelo escâner, algo que não ajudaria em nada o processo de recuperação de suas costas. Ainda que tenha demorado mais de meia hora nessa burocracia e, ao sair do prédio, a insistente garoa continuar, ele estava animado, pelo menos por não enfrentar poeira nos quilômetros de rípio. Queria acelerar para chegar o quanto antes na área de embarque da balsa para a travessia do estreito de Magalhães e tentar completá-la sem perder muito tempo.

Percorreu muito bem todo o trajeto, e a ideia de abastecer ainda na Argentina foi ótima, pois, ao passar por Cerro Sombrero, as duas bombas do pequeno posto de serviços estavam com grandes filas para abastecimento. Mais uns trinta quilômetros em ritmo acelerado, e logo apontou pelo acesso da rampa de embarque, que estava sendo fechada exatamente naquele momento, com a balsa pronta para sair.

Aquilo foi uma ducha de água fria, e sua decepção estaria visível em seu rosto se não fosse o capacete, porque agora ele perderia um bom tempo esperando o retorno da balsa, talvez mais de uma hora, por causa de poucos minutos. Estava com uma sensação ruim, com aquele gosto meio amargo na boca, de ter feito uma besteira. Poderia ter acelerado um pouco mais e teria chegado a tempo. Enquanto pensava nisso, o operador que fechava a corrente da área de embarque o viu e começou a gritar, acenando freneticamente:

"*Adelante*! *Adelante*!"

Ele não esperou o homem repetir mais uma vez o aviso; acelerou, muito contente. A sorte lhe deu as caras mais uma vez. Ao entrar na balsa e olhar para trás, viu um ônibus e pelo menos mais um carro, que chegaram pouco depois e só embarcariam na próxima. Radiante, ficou com aquela sensação de que tudo conspirava a seu favor.

Essa segunda travessia não foi tão tranquila como a primeira, o mar estava bem mais agitado, e foi necessário segurar a motocicleta sob aquela garoa constante. Ele conseguiu arrumar um jeito de apoiar o corpo sobre a Branca de Neve e usar seu peso para dar firmeza ao apoio. Funcionou muito bem, assim ele não forçava o tornozelo ou as costas. Ótimo. Estava se sentindo bem melhor, mas sabia que não estava totalmente recuperado, principalmente por causa do pé, que ainda doía muito ao andar.

Após o desembarque, ele seguiu em direção à fronteira com a Argentina, distante sessenta quilômetros por uma rodovia em asfalto e sob chuva, rumo ao litoral do Atlântico, e, ao se aproximar da alfândega, finalmente integrada e única para os dois países, a primeira que encontrara entre Chile e Argentina, o choque foi enorme. A quantidade de pessoas que estavam na fila era de desanimar. Pensou que ficaria por lá umas duas horas, pelo menos.

Assim que encostou a Branca de Neve, um oficial foi ao seu encontro, ou melhor, ao encontro dela.

"Que moto maravilhosa! Deve ser uma delícia fazer um *recorrido de larga distancia* com uma máquina dessas!"

"Verdade. É uma delícia! Pena que vou ficar retido com essa quantidade de gente para os trâmites! Ainda tenho bastante para rodar até Río Gallegos."

"Ah, não se preocupe. Será muito rápido! A fila está grande para sair da Argentina. Claro que a burocracia chilena é a responsável por retardar esses turistas. Deve ter mais de dois quilômetros de carros à frente. Mas, para sair, está muito rápido, ainda mais para cidadãos do Mercosul."

Estava na cara que ele era argentino, e, como sempre, não escondeu a birra com os chilenos. Imediatamente, ele sinalizou o guichê para o qual JG deveria se encaminhar. E foi infinitamente mais fácil. Tão fácil que tudo foi resolvido em menos de vinte minutos, e, ao sair, ainda foi possível emendar um bom papo com o oficial que, aparentemente, ficou o tempo todo fazendo a guarda da Branca de Neve.

O tempo havia melhorado e estava mais firme, com um sol tênue e o termômetro indicando 22 graus. JG aproveitou enquanto conversava com o novo admirador da Branca de Neve, que simplesmente abandonara toda a confusão da chegada dos turistas em direção ao Chile para ficar junto à moto em adoração explícita, para tirar a capa e trocar as luvas por um par mais leve antes de retomar a Ruta 3. À medida que se afastava da alfândega, pôde avistar a estúpida quantidade de carros no sentido do Chile, uma fila superior a três quilômetros. Mas era um dia para reencontros, pois, entre esses veículos, ele viu aquele *trailer La France*! Coitados, pelo andar da carruagem, ele imaginou que não chegariam ao Ushuaia naquela tarde, e, provavelmente, teriam de dormir no *trailer*. Estranho, esse veículo se transformara num velho conhecido de JG, que não tinha a menor ideia de quem eram os ocupantes. Nunca vira um rosto sequer.

Da alfândega até Río Gallegos, foram mais setenta quilômetros, todos pela Ruta 3 em seu trecho continental. Aquele frio de menos 1 grau da primeira hora da manhã cessara, e a temperatura estava em torno de 28 graus no meio da tarde, o que o obrigou a parar novamente e retirar os forros internos, que mantivera na alfândega, quando tirou a capa. A estrada não oferecia muita novidade, plana e reta e com aquele visual árido da Patagônia. Em alguns pontos, ele seguia próximo do litoral, ao longo das praias do Atlântico, mas seu visual não empolgava. Na verdade, essas praias longas estão mais para feias mesmo.

O que realmente o satisfez nessa etapa foi o retorno da companhia dos seus amigos guanacos. Ainda que em número menor se comparado aos que encontrara na província de Chubut, era uma indicação de que a aridez estava voltando com tudo. Além disso, os ventos patagônicos também voltaram para valer e amolavam muito. Entretanto, como ele estava com saudades dos guanacos, ficou se divertindo com a curiosidade que eles demonstravam em relação à moto e seguiu esse resto da rota feliz.

A ideia era chegar o mais rápido possível na cidade, abastecer e seguir para o hotel, onde ele ajustaria novamente a distribuição das roupas entre a mala e os bauletos laterais. Imaginava não precisar mais das roupas de frio intenso a partir dali. Não demorou muito para chegar, mesmo com aqueles ventos fortes incomodando. Assim que entrou na cidade, seguiu para a região do hotel, onde encontrou um posto de serviços grande e completo, abasteceu e lavou os faróis e as lanternas, imundos pela garoa. Mesmo assim, chegou relativamente cedo, próximo às 17h e sob um calor tórrido. Estava 36 graus!

Pior, chegou morto de fome; não tinha comido nada durante o dia. Chegou a pensar em comprar um lanche na balsa, mas não conseguiu subir à lanchonete porque não podia deixar a Branca de Neve sozinha. Depois de lá, não passou por nenhum ponto de parada que tivesse algo para comer. Resolveu tomar um banho e sair para jantar, ainda que fosse cedo. Na volta, arrumaria as coisas para o dia seguinte.

Ainda com um sol forte, saiu pelas proximidades do hotel, mancando como sempre, e logo encontrou um bar simpático e agradável, onde resolveu entrar e comer alguma coisa. Era uma quarta-feira, seu 21º dia de viagem, e começara um *happy hour* no local, que estava enchendo de gente jovem. Sem querer, ele devia ter encontrado um dos *points* da cidade! Não deviam ser nem 19h quando ele se sentou para comer.

Aproveitou o retorno cedo para o hotel e se concentrou na revisão do planejamento para o dia seguinte. Começou a procurar um hotel próximo a um povoado chamado Fitz Roy, localizado a 630 quilômetros à frente de Río Gallegos, onde ele abandonaria a Ruta 3 para seguir em direção a oeste, até Perito Moreno, a caminho do Chile. Mas não achou nada por lá. E nada é nada mesmo. Só lhe restaram duas alternativas. Parar antes, o que seria ruim, porque comprometeria o avanço para o outro dia, quando entraria novamente no Chile e começaria a percorrer a Carretera Austral, ou esticar mais um pouco até algum lugar onde houvesse algum tipo de alojamento possível.

Ele preferiu avançar, e o primeiro local onde achou lugar para dormir foi Las Heras, 150 quilômetros depois de Fitz Roy e deserto adentro. Seria uma boa esticada e a maior distância a pilotar num dia desde o acidente. Estava se sentindo bem melhor das suas injúrias, mas temia abusar demais. Mesmo assim, ele achou que era o melhor a fazer e ajustou o roteiro com a reserva nesse hotel, mesmo achando que poderia ser um grande mico. Depois de tudo resolvido, foi dormir. Acabava outro dia bem longo e cheio.

25

LA PASSION

Com a expectativa do fim do frio extremo, ainda que não tivesse atingido o calor experimentado durante os primeiros dias que passara na Argentina, ele reorganizou toda a distribuição de roupas, passando as mais pesadas para o bauleto lateral da motocicleta. O dia nasceu muito bonito, ensolarado e fresco. A estrada, a tal da Ruta 3, não oferecia realmente qualquer atrativo, mas, pelo menos naquelas primeiras horas, o vento ainda era fraco, em termos relativos, claro, pois fraco mesmo não existe por aquelas bandas. Completava catorze dias de viagem sob ventos fortes e permanentes, sem contar aqueles dois dias no Brasil, na descida ao Chuí; no entanto, perto do que experimentara na Argentina, aqueles ventos eram meras brisas. A experiência acumulada até então lhe fez concluir que os melhores horários para enfrentar os ventos são os das primeiras horas da manhã, até por volta das 10h, e os de final de tarde, após as 17h.

Contudo, o que realmente marcou aquela manhã foi a impressionante quantidade de animais mortos ao lado da pista, principalmente guanacos e um tipo de ave muito comum por lá, parecida com a nossa seriema. Ele achou que os animais atropelados eram apenas empurrados para fora da pista e que ficavam por lá até virar carcaça. Decidiu contar a quantidade de guanacos mortos, um exercício meio mórbido, até desistir, quando a conta passou de cinquenta, nos mais variados graus de deterioração. Mas não vira um só urubu, ou condor-dos-andes, a ave de rapina que existe por lá, nem cheiro de carniça. Algumas carcaças deviam estar abandonadas há um bom tempo. Talvez fiquem assim pelo fato de ser muito árido e com o ar extremamente seco. Todavia, deve ser bem perigoso atropelar um guanaco, porque eles são animais grandes, e as consequências para quem os atropela devem ser sérias. O fato é que isso tudo o deixou meio deprimido. Não tinha visto uma única carcaça nos 3 mil quilômetros percorridos na Ruta 40, sendo que existia muito mais animais por lá do que na Ruta 3.

Tirando esse detalhe infeliz, a outra coisa que chamara sua atenção em termos de paisagem no trecho foi o rio Chico, aquele mesmo rio que cruzara e acompanhara por uma boa distância durante a descida da Ruta 40, ainda antes de se aproximar de Perito Moreno, no caminho para El Calafate. Ele nasce na Cordilheira e passa por toda a Patagônia, de oeste para leste, até desembocar no Atlântico. E é lindo! Suas águas têm um tom azul-turquesa e chegam à foz com uma aparência meio leitosa, não suja. Logo depois da travessia da enorme ponte, em dois grandes vãos sobre uma ilha de porte considerável no meio, fica a vila de Comandante Luis Piedrabuena, que se desenvolveu ao redor de uma base militar. É nessa ilha que ficava o tal *camping* que a chilena, a Formiga Atômica, dissera ser especial. Era visível do alto da ponte, e sua localização parecia ser muito boa, mesmo. A ilha é um parque de preservação ambiental protegido que tem ingresso controlado. Ele resolveu seguir em frente, porque teria muito o que rodar ainda ao longo do dia.

Depois da ponte, a estrada passa a ser um pouco mais interessante, com algumas curvas e travessias de fundo de vale. Nada excepcional, reforçando as saudades que sentia da Ruta 40. Sempre com tráfego muito fraco, a partir desse ponto, os ventos ficaram mais fortes, passando a dificultar muito a pilotagem. Não restava dúvida de que ele teria mais um dia com muito vento, e dos mais fortes!

Também por causa desses ventos, ele só parou uma única vez para fotografar, ao chegar num mirante com uma paisagem diferente, que valia a pena, com a visão do vale do rio Chico a perder de vista. Ventava tanto que ele preferiu não descer da moto, por temer derrubá-la, considerando que sua mobilidade não era das melhores ainda. Enquanto estava parado e se preparava para fotografar sentado na moto, apareceu uma boa alma se oferecendo para fotografá-lo com a moto.

"Se quiser, tiro uma foto de você na moto! Que, diga-se de passagem, é maravilhosa!"

"Eu lhe agradeço muito a gentileza", respondeu, entregando o celular para o senhor, meio constrangido.

"Vai ficar ótima, com o vale ao fundo. Está voltando do Ushuaia para o Brasil?"

"Ainda não. Agora, vou até Las Heras e, depois, entro pelo Chile, seguindo para Santiago e Mendoza via Carretera Austral."

"Uau! Caminho espetacular! Então, não vai passar por Buenos Aires?"

"Desta vez, não! Mas conheço bem a capital federal e gosto muito de lá, uma cidade linda e cheia de atrações."

Ter elogiado a terra daquele companheiro foi um presente para o portenho, que não cansou de fotografá-lo, inclusive com o próprio celular. E tudo porque notara a placa do veículo estacionado no mirante quando chegara.

Depois de agradecer a atenção e se despedir, tratou de zarpar dali, porque sentia a força do vento aumentando e começou a se preocupar com as costas. Não testara a resistência às dores numa situação como aquela, quando é necessário pilotar com *sobre-esterço*, e o esforço sobre a musculatura das costas é bem maior, causando um pequeno incômodo, coisa que até então não experimentara. Apesar disso, era algo passível de conviver, e ele continuava capaz de tocar em frente.

Ao revisar o roteiro na noite anterior, planejara parar para abastecer em Fitz Roy, aquele pequeno povoado na altura do cruzamento da Ruta 3 com a Ruta 43, a partir da qual ele voltaria ao oeste, cortando pelo meio do deserto. Só que, ao chegar lá, mais de 180 quilômetros depois do último reabastecimento, ele percebeu que não havia nada exceto meia dúzia de casas muito pobres. Se tivesse combustível, seria por venda de galões avulsos com algum particular. Ele não estava disposto a se arriscar abastecendo naquela aldeia, até porque estava tranquilo, com o galão ainda cheio. Decidiu seguir em frente pela Ruta 43, rodando até atingir a reserva de combustível, quando parou para descarregá-lo e aproveitou para tirar os forros da roupa que estava usando desde que saíra do hotel, de manhã. A temperatura estava acima dos 25 graus e subindo rapidamente. A paisagem se transformara totalmente, era ainda mais desértica e rústica, com muito menos atrativos que no trecho da Ruta 3. O tráfego na Ruta 43 também era muito leve, quase inexistente, e a rodovia, com um asfalto bastante razoável, se desenvolvia numa sucessão de retas intermináveis. Pura monotonia, lembrando El Chaco, mas sem a umidade.

Aproveitando a parada para descarregar o galão, ele examinou a suspensão dianteira novamente e percebeu aquele microvazamento de óleo das bengalas. Sempre em quantidades irrelevantes, apenas o suficiente para sujá-las. Estava claro que esse fato estava relacionado com o calor. Parece que o amigo motociclista inglês realmente estava com a razão. Continuaria acompanhando isso, mas completamente despreocupado. Apenas queria saber o que realmente estava acontecendo, mas só teria certeza quando levasse a moto para a oficina, em Mendoza.

O destino escolhido para o dia, meio a contragosto, era uma pequena cidade chamada Las Heras, a única coisa que existe naquele deserto, 150 quilômetros depois de Fitz Roy, no Leste, e 170 quilômetros antes de Perito Moreno, no Oeste. A vila é a base de uma grande operação de perfuração e extração de petróleo, que ele logo avistara, ao entrar pela Ruta 43. A opção de não passar a noite em Las Heras implicaria esticar um pouco mais o percurso naquele dia, e, como ele não sabia se teria condições físicas para percorrer uma distância tão longa, resolveu não ir até Perito Moreno. A decisão foi acertada não só pela distância, mas principalmente pelo vento que estava enfrentando, no nível dos mais fortes que pegara em toda a viagem, equivalentes ao do dia do tombo no cascalho, antes de El Calafate. Ele foi empurrado várias vezes para a outra faixa de tráfego, sem que houvesse grandes consequências, porque quase não cruzara com outro veículo.

Isso o fez pensar no acerto da reestruturação do roteiro sem passar por El Chaltén, decisão tomada ainda em El Calafate, com o apoio do *barman*, pois, caso contrário, ele iria se aventurar novamente no tramo Tres

Lagos-Gobernador Gregores e enfrentar a caixa de brita com ventos fortíssimos. Não dá para saber se essa era a região de mais vento da Patagônia ou se foi apenas coincidência, mas isso o fez pensar que aquela latitude deveria ser o ponto crítico dos ventos patagônicos.

Até chegar a Las Heras pela 43, a paisagem foi sempre a mesma, um deserto sem a menor graça, com muitos poços de petróleo, ou melhor, uma enorme quantidade de estações de bombeamento dos dois lados da pista e em pleno funcionamento. Foram quilômetros e quilômetros com esse único visual, e só não deu sono porque os ventos exigiram muita concentração, e a monotonia do vento constante era quebrada pelas rajadas erráticas que surgiam a todo momento. Ele achou que, se mudasse de direção em Fitz Roy, escaparia deles, mas se enganou redondamente, e, à medida que a tarde avançava, a força deles só aumentava. Realmente estava terrível, a tal ponto que, antes de chegar a Las Heras, ele teve que parar por causa das dores nas costas, e, sem descer da moto, tomou um anti-inflamatório extra, antes do horário previsto, porque os espasmos estavam cada vez mais fortes. Ainda em cima da moto, ele esperou um pouco pelo efeito e então retomou o caminho. Queria chegar o quanto antes à pousada, mesmo porque não passava viva alma naquele lugar. Foi nessa parada extra que lhe veio a lembrança da conversa com um dos brasileiros que encontrara naquele fatídico posto de serviços de Gobernador Gregores. Enquanto o cara só reclamava do maldito rípio, ele insistia em saber do vento, até que recebeu uma resposta objetiva:

"O vento está uma merda, mas quem pilotou com vento forte por dez dias consecutivos não liga por sofrer mais um dia!"

No entanto ele estava incomodado, e não era pouco, principalmente por causa da situação das suas costas. Completava o 13º dia de pilotagem com os temíveis ventos patagônicos no roteiro e se sentia bem cansado deles. A palavra certa era exausto.

Por conta disso, ele precisava chegar o quanto antes em Las Heras, então, apesar dos ventos, buscou a maior velocidade possível, sempre atento para evitar as rajadas que o faziam sambar nas retas sem fim.

E foi assim que ele chegou aos arredores da vila, por volta das 16h e sob um enorme calor. Primeiro, ele foi atrás de um posto de serviços, onde abasteceu, tornou a encher o galão e preparou a Branca de Neve para o dia seguinte, quando pretendia chegar à Carretera. Só então ele foi procurar o hotel, na verdade, uma pousada, sem saber muito bem o que iria encontrar. O vilarejo, sem ser feio ou sujo, era muito simplório e pequeno, deixando claro que não poderia comportar alguma coisa de grande conforto ou sofisticação.

Embora fosse realmente muito pequena, talvez do tamanho de Río Mayo, até então a menor vila onde pernoitara durante a viagem, ele demorou muito para encontrar o local, apesar de ter gravado o endereço no GPS. A sinalização das ruas era muito confusa, mudando de nome e reiniciando a numeração como se fosse outra rua. Mal entrava numa rua da rota, descobria que estava em outra. Perguntando para alguns moradores, acabou por encontrar a rua certa, de terra batida. Avançou por dois quarteirões estranhando tudo, pois não parecia possível que houvesse alguma pousada naquele lugar, com um casario muito pobre, simples mesmo. Até que ele chegou ao número indicado e parou na frente do hotel. Foi um grande susto e uma enorme decepção, parecia um simples casebre em meio a uma favela, mas era lá mesmo, conforme indicava o letreiro com o nome gravado. Frustrado, ele confirmou que era o local que reservara e, muito indeciso, resolveu entrar e verificar. Caso fosse impossível ficar, tentaria pilotar mais 170 quilômetros e passar a noite em Perito Moreno.

Só que, lá dentro, toda a má impressão se dissipou completamente. O local era de fato muito simples, mas bem arrumado, com os quartos distribuídos ao longo de um corredor. A boa sensação era complementada pelo potente ar-condicionado que funcionava muito bem, fundamental por causa do calor que sofria e que o deixava muito incomodado.

Na parte da frente do corredor de quartos da pousada, circundando um pequeno jardim interno, charmoso e muito bem cuidado, ficava a administração à direita e o espaço para refeições e uma espécie de *living* à esquerda, tudo muito caprichado, embora não tivesse luxo. Toda a decoração era meio mística e zen. Instintivamente, ele se lembrou de Valentim, que iria adorar aquele lugar. Era a cara dele, e realmente uma graça e de extremo bom gosto.

Curiosamente, os quartos não eram numerados, tinham apenas nomes, e lhe destinaram o chamado *Passion*. Ótimo, espaçoso, com um bom banheiro e uma decoração charmosa e delicada. Que surpresa! Ele jamais esperava encontrar algo com esse padrão num lugar como aquele. E como precisava de conforto... tinha chegado moído! Era perfeito. Para completar, os funcionários foram superatenciosos, prestativos e agradáveis. Sentiu-se no paraíso, apesar de que pouco antes achou que tivesse chegado ao inferno.

Mesmo com a quilometragem percorrida não tão grande no dia, ele estava cansado e sentia muitas dores. Precisava se recuperar para o dia seguinte, que seria repleto de desafios até a tão sonhada entrada pela Carretera Austral, além de que ele teria de enfrentar mais uma fronteira. Também voltaria a rodar no rípio, mas esse pormenor até que o motivava depois de tanta quilometragem em estradas chatas. Desde a saída da Terra do Fogo, não rodara por um caminho que pudesse ser chamado de inesquecível. Realmente, ele estava com saudades de um pouco mais de desafios e de paisagens mais bonitas.

Os funcionários lhe recomendaram jantar na própria pousada, e foi o que ele fez, optando por ir se deitar cedo, aliviado com o conforto inesperado encontrado naquelas bandas. Antes, revisou o roteiro e procurou algum hotel em Puerto Río Tranquilo para passar sua primeira noite na Carretera. Por mais que tentasse, não encontrou nada que aceitasse reserva; estavam todos lotados! Era a primeira vez que enfrentava esse tipo de dificuldade. Mas ele não se preocupou. Iria para lá de qualquer jeito e, assim que chegasse, procuraria algum lugar para ficar. São os desafios que transformam uma viagem comum na viagem de sonhos! E, como ele estava exausto, foi se deitar, precisava muito descansar as costas. Mal entrou naquela cama macia e aconchegante, desmaiou. Foi uma noite de sono pouco interrompida.

26

LOS LIRIOS

Depois de tomar o café da manhã na pousada, bom e honesto, ele retomou a estrada em direção a Perito Moreno, ainda surpreso com o conforto que encontrara naquela vila perdida no meio do deserto, cercada de uma infinidade de estações de bombeamento de petróleo e mais nada.

Abasteceria em Perito e, na sequência, seguiria para a fronteira através do Paso de Chile Chico. Essa primeira etapa do dia seria de 170 quilômetros, a maior parte pela Ruta 43, ou seja, aquela mesma chatice do dia anterior. Para piorar, os fortes ventos começaram logo cedo, pela manhã, ou seja, ele enfrentaria o 14º dia de ventos contínuos. Os tais dez dias que o companheiro de Gobernador Gregores falou lá atrás virou uma enorme moleza.

Quanto mais se afastava de Las Heras e daqueles equipamentos de bombeamento, mais desértica ficava a paisagem. Ainda bem que a turma de amigos guanacos estava lá para distraí-lo. Saiu bem cedo, num calor já forte, que incomodava muito, ainda que estivesse com a roupa de verão totalmente aberta e sem forros. Mas, apesar do bafo, ele se sentia muito bem e animado, numa das melhores manhãs; as dores tinham diminuído bastante e ele estava completamente descansado. Começava a acreditar que a história da melhoria gradativa era verdadeira, e imaginou que tivesse entrado num terceiro estágio, ou, pelo menos, era essa sua expectativa, ou melhor, esperança.

À medida que se aproximava da Cordilheira e da fronteira, com aquele clima ótimo, a animação crescia, mesmo que ele mantivesse alguma preocupação com o tempo que perderia na passagem pela alfândega chilena daquela vez, que era sempre burocrática e lenta. Além disso, todos com quem falara sobre o caminho que percorreria eram unânimes em afirmar que a passagem por Chile Chico valia muito a pena, uma das mais lindas paisagens de todo o Chile.

Quando chegou a Perito Moreno, logo depois de cruzar a Ruta 40, parou num posto de serviços na entrada da cidade, a pouco mais de sessenta quilômetros da fronteira. Um pouco antes da alfândega, às margens do lago General Carrera, ele passaria pela última cidade argentina, uma pequena vila de veraneio chamada Los Antiguos. A partir de lá, com o fim do asfalto, enfrentaria mais 170 quilômetros em rípio, sempre contornando o lago pelo lado chileno, até entrar na Carretera Austral. Uma vez nela, seguiria em direção ao destino do dia, um pequeno povoado também às margens do lago, chamado Puerto Río Tranquilo. Por aí percebe-se como o lago General Carrera é enorme.

Nessa parada em Perito Moreno, depois de abastecer e comer alguma coisa leve, ele encontrou um companheiro motociclista que possuía um canal no YouTube sobre moto-turismo, e eles começaram a conversar.

"Oi, cara! Que surpresa te encontrar aqui! Está vindo de onde?"

"Estou terminando de descer a Carretera Austral e daqui sigo para o Ushuaia, por Las Heras e Río Gallegos."

"Estamos em sentido contrário... eu acabo de vir de lá, voltando do Ushuaia, e agora vou entrar por Los Lirios. Como está lá pra frente?"

"Tirando as costelas de vaca, que me fizeram sofrer barbaridade... Você vai vivenciar algumas das paisagens mais espetaculares de toda a sua viagem."

"Legal... estou vendo que você está preocupado com seu pneu..."

"É verdade, entrei aqui só por causa do pneu traseiro, que está perdendo pressão pela válvula. Mas vou apertá-la e colocar um selante, pra seguir em frente. O problema é essa porcaria de compressor de ar aqui na Argentina. Nenhum funciona."

"Cara, eu não trouxe o compressor portátil. Só macarrão e bujãozinho de gás."

"Não esquenta. Estou com o meu aqui no bauleto."

Aproveitando que falavam de pneus e de suas respectivas pressões, ele comentou sobre a quilometragem que percorrera, sem ao mesmo recalibrar, e o amigo se surpreendeu.

"Cara, tirando o quadrado no traseiro, normal para a carga e a distância, seus pneus estão ótimos."

"Estou rodando com calibragem abaixo da recomendada desde São Paulo. Acho que está funcionando."

"Também acho, mas sugiro encher um pouco mais para rodar na Carretera Austral, porque encontrei muita ponta de pedra aflorada no piso. Há um risco de corte da banda lateral do pneu com a pressão mais baixa."

"Valeu pela dica, farei isso assim que entrar na Carretera. Até lá, vou rodar como estão, pra facilitar na descida de Los Lirios."

A conversa naturalmente derivou para as dificuldades e os desafios que cada um enfrentara em seus respectivos trajetos, e o destaque ficou para o cascalho solto entre Gobernador Gregores e Tres Lagos, naqueles insuportáveis setenta quilômetros onde JG fora ao chão. O companheiro também passou por lá em seu trajeto, e também caiu! Ele ficou tão impressionado com o estado do piso, que postou um vídeo no canal dele sobre o local, tentando não fazer muito terrorismo, mas deixando a turma mais alerta.

Resolveu que só assistiria ao vídeo depois de terminar a viagem. Não queria mais notícias impressionantes. De qualquer forma, ficou claro que aquilo é um inferno, exatamente como nomeara a Formiga Atômica.

Com a lembrança daquele cascalho horroroso, eles se despediram e cada um seguiu seu rumo, aproveitando a beleza daquele trecho final na Argentina ao avançar até as margens do lago General Carrera, um lago binacional de águas azuis maravilhosas. Quando ele chegou a Los Antiguos, ficou tão impressionado com a graça do vilarejo que, não resistindo, entrou pela avenida que margeia o lago, curtindo sua beleza. Entretanto, logo deu a volta para seguir em frente e, pouco depois de sair da vila, encontrou a alfândega argentina, onde iria efetuar os trâmites de saída. Como sempre, foi tudo muito rápido. Mais sete quilômetros à frente, agora em piso de terra batida, ele chegou à alfândega chilena.

Realmente, com os chilenos, nunca se tem moleza. Não só encontrou uma fila razoável como ele ainda foi obrigado a descarregar a mala e passá-la pelo escâner para verificar se não trazia alimentos ou outros produtos não permitidos. Na fila à sua frente, um casal de jovens mochileiros carregava algumas maçãs e não pôde entrar com elas no Chile. O oficial disse a eles que poderiam comê-las na hora ou jogá-las fora. Os coitados comeram uma cada e deixaram mais quatro por lá. Uma enorme bobagem.

A amolação de descarregar a mala e passar no escâner só ocorreu no Chile, sendo esta a segunda vez para JG. A primeira fora na passagem pelo Paso de San Francisco, quando, em companhia do Aloprado's, ele entrou pelo Atacama. Dessa vez, com o estado geral das costas, foi dureza, mas ele colocou a mala no chão e foi empurrando com o pé enquanto a fila andava! Feito o que tinha de fazer, com muito cuidado, ele recolocou a mala de novo na Branca de Neve e tocou em frente. A próxima etapa seria contornar o lago General Carrera até chegar à Carretera Austral, alguns quilômetros depois de um povoado chamado Puerto Guadal, situado a mais ou menos uns 150 quilômetros além da fronteira.

Depois de finalmente sair da alfândega, ele teve que atravessar o povoado de Chile Chico, muito pobre e sem grandes atrativos, que lhe pareceu uma daquelas vilas mexicanas de filme de faroeste, a ponto de fazê-lo se sentir o próprio Pancho Villa depois de baleado. Não mais que dois quilômetros à frente, começa a estrada de Los Lirios, de terra e tratada com um cascalho fino, firme, que lhe permitiu andar com certa tranquilidade. O que mais dificultava para pilotar era o fato de essa estrada ser estreita, sempre margeando o lago, muito próximo da borda, sem acostamento, com uma sucessão de curvas com inclinação negativa e aclives e declives acentuados, com baixa visibilidade. Em suma, transitar por ela exige muita concentração, até porque não há nenhum tipo de proteção nas bordas.

A tudo isso se somava o vento, que continuava forte à beça. Logo nos primeiros quilômetros rodados, ele parou num mirante com uma vista de todo o lago e, como o dia estava aberto, foi possível enxergar até a Cordilheira e seus picos congelados. Uma paisagem realmente de tirar o fôlego, e tudo ainda estava muito no começo. Ele ficou parado um bom tempo por lá e pensava que, apesar de todo esse visual, o imperativo era não se distrair.

Enquanto estava no mirante, chegaram três argentinos com motos grandes, coisa rara por lá, que faziam o caminho inverso ao dele.

"E aí, como está a estrada?"

"Sem grandes problemas, mas você tem de tomar cuidado com um lugar. Um verdadeiro *pozo de talco*, que cobre a largura toda da estrada e é muito perigoso."

"É muito fundo?"

"Fundo e extenso. Você vai encontrar o dito cujo daqui a trinta quilômetros, logo depois de uma curva forte, numa subida, e depois do tal poço a estrada segue num declive bem acentuado."

Enquanto um falava, um companheiro complementou:

"É de fato perigoso!"

JG não precisou ouvir a história toda para perceber, pelo estado da roupa do outro rapaz, o terceiro, que nada falou, que este havia caído por lá. Ele estava amarelo-claro por inteiro. Nada de mais grave tinha acontecido, mas tiveram que tirar a motocicleta do poço carregada na mão, porque ela afundou naquele talco finíssimo.

Agradecido com a dica, ele memorizou as informações daquele *arenal*, imaginando que talvez pudesse desviar por fora, pelas bordas, e retomou o caminho aproveitando a paisagem, que é realmente de fazer cair o queixo. Essa foi a estrada com o visual mais bonito até então da viagem e uma das mais belas de todas as viagens que ele fizera.

Ele ficou mais satisfeito ainda por não ter sofrido com as tais costelas de vaca insuportáveis, que, apesar de existirem, não eram tudo aquilo que ouvira dizer no posto de serviços em Perito Moreno. Ele já enfrentara piores em outras ocasiões.

Mesmo com o vento, era possível manter uma boa velocidade naquele piso, e, a cada curva mais acentuada em subida, ele aliviava um pouco a mão para reduzir, esperando o poço de pó. Só que nada de ele aparecer. Ainda assim, embora o piso estivesse firme, a pilotagem exigia atenções e cuidados. Antes de chegar lá, ele ultrapassou dois motociclistas argentinos, em motos relativamente pequenas, que andavam em velocidade inconstante, ora correndo como loucos, ora quase parando. Ele ficou um bom tempo atrás deles, até que surgiu um trecho de reta mais longa, e ele conseguiu acelerar e passar. Mas eles não aceitaram muito bem isso e quiseram competir, vindo atrás e forçando a pilotagem. JG preferiu deixá-los passar, porque não queria perder o controle da moto numa estrada não muito confiável. Mais alguns quilômetros à frente, ele encontrou novamente os dois, desta vez parados embaixo de uma sombra. Aproveitando a folga, ele resolveu acelerar, tentando criar uma grande distância entre eles. Não queria encrenca, e, naqueles 23 dias viajando, mantivera-se invicto, sem arrumar confusão.

Alguns poucos minutos depois, andando ainda acelerado, ao sair de uma curva, ele deu de cara com o poço de talco que, além de existir, começava no meio da curva à esquerda, que passava de um aclive para declive acentuado e ocupava toda a largura da estrada, com uns trinta a quarenta metros de comprimento. Não havia como fugir e, como desgraça nunca anda só, enquanto ele estava saindo da curva para mergulhar naquela caixa de talco amarela, subia uma picape 4x4 a toda. Impossível desviar.

Ele só teve tempo de se levantar na moto e continuar a tocada em pé. Foi a conta exata. A moto deu um salto para dentro do poço, que era composto de um talco finíssimo e bem profundo, e caiu com a roda traseira no solo, primeiro. Belo salto! Nesse instante, o motorista da picape reduziu drasticamente a velocidade. Enquanto a Branca de Neve levantava um mundaréu de pó ao tocar o solo, o que deixou JG totalmente sem visão, ele apenas deixou a Branca de Neve solta, livre, segurando firme o guidão na tentativa de evitar uma queda de lado. E deu certo; ele conseguiu sair daquele monte de talco sem cair, indo parar exatamente ao lado da picape, que encostara à beira da estrada. Ele ficou coberto por um pó fino que não lhe permitia distinguir a cor da roupa. Mas não caiu!

Tentando se refazer do susto, ele respirou fundo e agradeceu ao rapaz da picape por ter parado, enquanto este o olhava meio assustado, sem entender o que acontecia. Acelerou novamente e saiu devagar, com as pernas ainda trêmulas. Se caísse por lá, como ficariam as suas costas? Continuou andando bem devagar, batendo o pó da roupa por mais uns dez quilômetros, até que vislumbrou um mirante protegido onde era fácil parar. Encostou, tomou uma boa dose de água e se limpou um pouco melhor, espanando aquele talco. Foi pura sorte ter passado incólume por aquele lugar. Ele nunca tinha visto um talco tão fino como aquele.

Para piorar um pouco mais as condições de pilotagem, a partir daquele trecho e à medida que avançava, as costelas de vaca se acumulavam pelo caminho. A trepidação provocada por isso é bastante desagradável e desgastante. Foram mais de cem quilômetros pulando como canguru. Além do quê, com o cair da tarde, a temperatura também caía, e ficava cada vez mais frio. Seria necessário parar em algum ponto para colocar os forros novamente. Ele errara, o frio não havia acabado, infelizmente.

Não foi fácil encontrar um local apropriado fora da estrada para encostar com segurança, mesmo porque ele precisava pegar os forros no bauleto lateral, onde guardara imaginando que não faria mais tanto frio. Los Lirios tinha um certo tráfego que levantava bastante poeira. Por conta disso, ele preferiu seguir na raça até chegar em Puerto Guadal, um vilarejo e porto pesqueiro às margens do lago, uns noventa ou cem quilômetros depois daquele poço. Entrou pelo povoado, minúsculo, onde estacionou na praça central, a única. Suas poucas ruas, apenas cascalhadas, eram limpas, e as calçadas, bem arrumadas. Os jardins estavam cuidados e floridos, a ponto de lhe fazer inveja ao se lembrar das vilas do interior brasileiro.

Agasalhado e recuperado do susto, ele voltou para completar a Los Lirios e, alguns quilômetros depois, chegou à famigerada Ruta 7-Carretera Austral. Ali, ele começaria mais um dos objetivos da viagem de seus sonhos.

A descoberta de Los Lirios foi uma das maiores surpresas dessa viagem. Um espetáculo! Percorrer aquele caminho foi o ápice até então, porque é imperdível. Ficou difícil para ele apagar as imagens gravadas na retina. Ele estava até meio triste por ter acabado. Pensava, junto com a Branca de Neve, que aquela máxima de "ao viajar de moto, mais vale o caminho que o destino" mais uma vez se comprovava como uma grande e inquestionável verdade.

A Carretera Austral, oficialmente Ruta 7, no trecho por onde ele entrou, era de terra e mais conservada que todas as demais estradas não pavimentadas que ele utilizara até então nessa viagem. Também tem mais tráfego, e alguns malucos andam a toda pelo meio da pista. Independentemente disso, é só chegar e apreciar uma sucessão de belezas naturais de deixar qualquer um babando.

Poucos minutos depois de iniciar o passeio por essa estrada, ele alcançou a ponte sobre o canal do rio Ibáñez, que liga o lago General Carrera com o lago Bertrand, canal este que não deve ter mais do que cem metros de comprimento. É uma das águas mais lindas que ele já viu em toda a sua vida! Com o bônus da visão dos picos nevados ao fundo. É também um dos locais mais fotografados desse lado da Carretera, constam em todos os folhetos de turismo. Como ele chegou ali num dia privilegiado, com o sol da tarde refletindo na água e no gelo das montanhas, a paisagem era divina! Esse trecho do rio é, disparado, uma das paisagens mais fotogênicas jamais vistas.

Avançando por uns quinze quilômetros, ele chegou a Puerto Marmól um pequeno ancoradouro depois de uma ribanceira braba, à beira do lago, de onde partem os barcos para visitar as estruturas de mármore que se distribuem por aquela área, bem próximo à margem, incluindo a estrutura principal e mais visitada, conhecida como a Catedral de Marmól, formada por várias pequenas grutas e onde se pode navegar de bote, por entre elas, dependendo do nível das águas.

Assim que desceu a ribanceira, ele tentou contratar um passeio rápido àquela hora, mas era muito tarde. Ainda assim, conseguiu ver um pouco das estruturas de longe. Achou que não valeria a pena voltar no dia seguinte e consumir um dia de viagem, então se contentou com a bela visão a distância. Ali, tanto nas falésias quanto em determinados trechos do fundo do lago, era possível ver o mármore branco aflorando, e o efeito que produz na coloração da água é algo difícil de descrever, de tão especial.

Mesmo sem o passeio de barco, ele ficou entusiasmado só por ter descido aquela pirambeira para chegar ao píer. Duro foi subir de volta, com o cascalho solto como estava. Mas nessa hora, com a confiança em alta na Branca de Neve, uma heroína, ele não deu vexame. Lembrou-se do ocorrido quando da passagem pela pousada em Urubici e pensou que deveria ter filmado para provar aos Aloprado's sua perícia.

Enquanto estava ali parado, na beira do píer, aproveitou para examinar o estado das bengalas da suspensão dianteira e não se surpreendeu ao vê-las sujas, com aquele microvazamento. Foi a aventura de atravessar Los Lirios e suas costelas de vaca. Acostumara-se com a situação e não se preocupava mais, desde que a quantidade de óleo não aumentasse.

Retomou o trajeto e, poucos metros à frente, logo após uma curva, encontrou a estrada em manutenção e com o tráfego interrompido. Uma motoniveladora estava trabalhando e espalhou um material muito solto sobre a faixa de tráfego contrária, deixando-a intransitável, e começava a espalhá-lo também pela sua faixa. É o tal rípio verdadeiro, que estavam refazendo num pequeno trecho da Carretera. Pelo que ele sabia, aquilo, sim, que era rípio; e só existe no Chile. O resto não passa de terra revestida com cascalho.

Enquanto estava parado ele ficou tentando imaginar por onde passaria, até que o sinaleiro lhe mandou seguir pelo sulco deixado pela motoniveladora. Ele levou um susto e, a princípio, pensou em não obedecer, porque era visível o quão fofo estava aquilo, e ela andava muito devagar ao espalhar o material. No entanto, ao olhar pelo retrovisor, ele viu uma fila considerável de carros se formando atrás dele, e aí não teve jeito. Foi uma droga, mas ele respirou fundo e saiu devagar, imaginando o mico que seria se caísse. Foi controlando a velocidade para não atropelar a máquina por uns quinhentos metros até que ela saiu da frente e, com o piso mais firme, acelerou e sumiu. Foi um teste de competência inesperado que o deixou suando como se estivesse em uma daquelas provas de pilotagem *off-road*. Era razoavelmente perto de Puerto Tranquilo, e, desse sufoco até lá, ele foi plagiando o nome da cidade: tranquilo.

Em Las Heras, ao revisar o trajeto na noite anterior, ele não conseguiu reservar hotel por lá; só encontrou vagas em povoados ao redor, entre vinte e trinta quilômetros, alojamentos muito rudimentares, tipo cama e nada mais, ou *camping*. Decidiu arriscar e saiu sem reserva mesmo. Por isso, entrou na cidade, muito pequena, mas com forte apelo turístico e ajeitadinha, localizada de frente para o lago, uma vilazinha superagitada, no auge da temporada, e foi direto até o posto de informações turísticas, onde só conseguiu a confirmação de que não existia nenhuma opção para alojamento, de nenhum tipo.

Um rapaz que estava batendo papo com as pessoas do outro lado do balcão, bem jovem, se aproximou:

"Senhor, me desculpe, mas ouvi sua conversa... Também estou nessa situação, e arrumei um quarto num local conhecido. Se quiser, posso tentar encontrar um para o senhor!"

"E que tal é o lugar?"

"Muito simples, mas limpo, confortável e arrumado. E a proprietária cozinha para os hóspedes."

"É sua primeira vez lá?"

"Não. Eu sou guia, e acomodei meu grupo no hotel aqui, mas nessa época é muito difícil conseguir hospedagem. Quando não consigo nada por aqui, eu tento lá."

"É muito longe?"

"Não. Fica em Bahía Murta, trinta quilômetros à frente."

Sem ter outra alternativa, ele aceitou a ajuda, e o rapaz ligou para o local, conseguindo um quarto para ele. Era o último! Assim, ele agradeceu e seguiu direto para lá. No caminho, pensou que, se algo semelhante lhe acontecesse em São Paulo, ser abordado por algum desconhecido sugerindo um local para alojamento, ele recusaria no ato. Por lá, não lhe passou nenhuma sombra de dúvida pela cabeça.

Seguiu sem problemas pela estrada ótima e bela até chegar a essa casa, uma espécie de chácara à beira da estrada, de madeira, com dois andares, cujo fundo dava para o rio Ibáñez. O banheiro era coletivo, e os quartos, muito simples, limpos e arrumados. Como chegou relativamente cedo e os outros hóspedes ainda estavam em seus passeios, ele pôde se servir do banheiro à vontade; tomou um banho bem quente, porque estava muito frio, apesar do sol. A senhora, dona do local que ela administrava junto ao marido, lhe garantiu o jantar às 20h. Aproveitando que lá tinha Wi-Fi, ele foi ajustar o roteiro do dia seguinte, que seria todo na Carretera, com destino final em Puyuhuapi, outro vilarejo à beira de outro lago, dentro de outro parque de preservação ambiental. Seriam 430 quilômetros de estrada, dos quais mais da metade em rípio, o verdadeiro!

Enquanto refazia o planejamento, na sala de estar da casa, outros hóspedes foram chegando e juntou um grupinho de conversa em torno da viagem formado pelo rapaz, aquele mesmo guia que arrumara a pousada, o proprietário do local, que estava entusiasmado com as histórias que JG contava, incluindo o tombo na escada, e um casal chileno, aparentemente muito simples, que viajava de férias pelo sul do Chile com o filho de dez anos, um garoto curioso e muito bem-educado.

Quando ele contou como seria o roteiro dali em diante, o pai do garoto chileno insistiu em afirmar que os próximos dois dias lhe reservavam a paisagem mais bonita de todo o Chile.

Às 20h em ponto, como prometido, a senhora os avisou que serviria o jantar. Ele estava desesperado de fome, porque passara mais um dia sem almoço, e foi surpreendido com o cardápio servido: uma carne de cordeiro na panela e arroz com repolho, tudo com um tempero caseiro e delicioso. Terminado o jantar, ele ainda ficou mais algum tempo no papo e depois foi dormir. Estava se sentindo bem e sem dores, e, no fim, adorou ter ficado naquela casa em Bahía Murta. Que viagem!

27

CADÊ A ESTRADA?

Acordou bem cedo, novamente antes de o despertador tocar, e se sentia muito bem na, talvez, melhor manhã desde a queda que tivera na escada. Sentia uma grande melhora em seu estado geral. As dores nas costas e no tornozelo continuavam, é claro, só que ele achava que ocorrera um salto real na evolução do seu quadro clínico, principalmente em termos de mobilidade. O que era bom, porque ele enfrentaria mais um dia desafiador. Foi o primeiro a descer para o café da manhã, bem reforçado, acreditando que seria mais um dia em que não teria um almoço convencional. Ao ir para fora, montar a bagagem, sentiu o frio que fazia, encontrando o tempo completamente fechado. Chovera por toda a noite e, àquela hora, caía uma garoa fina e intermitente. Logo depois de descer para o café, o casal com o menino também chegou, e lhe fizeram companhia. O pai do garoto dizia insistentemente que JG iria conhecer o lugar mais bonito de todo o Chile naquele dia.

Como fazia toda manhã, antes de sair, ele consultou a previsão do tempo, e a indicação era de que a chuva pararia logo.

Assim, ele decidiu seguir sem a capa, só com o forro impermeável por baixo, uma segunda pele para frio intenso e as luvas de frio médias.

Com a tecnologia disponível hoje em dia e contando com aplicativos e sites de previsão de tempo e ventos, foi possível controlar durante toda a viagem essas projeções, e era baseado nelas que ele se organizava para enfrentar o clima toda manhã, antes de sair. Só tomou cuidado para não ficar condicionado ou encanado com as previsões ruins. Algumas vezes, as ruins não foram tão ruins assim, da mesma forma que as boas previsões também nem sempre eram tão boas. Usou esse recurso muito mais para prevenção, principalmente quanto às roupas a utilizar e eventuais trocas necessárias pelo meio do caminho. E elas foram importantes, porque ele enfrentou variações de até 35 graus num único dia, como no dia em que ele deixou o Ushuaia.

A chuvinha que caía deixou o primeiro trecho em rípio bem molhado, sem pó, sem lama e firme. As únicas coisas que o incomodaram, e só de vez em quando, foram os buracos e algumas poças. Fora isso, o caminho era uma sequência de paisagens deslumbrantes, com travessias de vales, serras, rios, cachoeiras e outros acidentes geográficos, de uma vegetação exuberante. Toda a Carretera Austral atravessa uma infinidade de parques de conservação natural, demonstrando a grande preocupação com o tema no Chile, pelo menos nessa parte do país, coerente com o grande fluxo turístico que existe por lá.

A primeira etapa do dia, de quase noventa quilômetros, foi toda em rípio, cortando de ponta a ponta a Reserva Nacional Cerro Castillo, até chegar à vila de mesmo nome, onde JG parou para abastecer e aproveitou para encher os pneus da moto, voltando para a calibração recomendada no manual. Estava seguindo o conselho recebido porque encontrara muita ponta de pedra realmente. A partir de Cerro Castillo, ele entrou por um bom asfalto ao atravessar parte da Reserva Nacional do vale do rio Simpson, com o visual mantendo o mesmo padrão de sonho.

Na verdade, toda a Carretera Austral se desenrola por entre os vales formados pelas montanhas da Cordilheira dos Andes, que oferecem a todo momento vistas maravilhosas dos picos com gelo permanente. Como o dia estava chuvoso e a chuva apertou um pouco mais ao redor de Cerro Castillo, com muita névoa baixa encobrindo algumas partes da paisagem.

JG rodava mais devagar, sem perceber, curtindo cada pedaço da Carretera, porque é muito difícil, para não dizer impossível, encontrar paisagem mais bonita que aquela. Igual, talvez.

Ao final do vale do rio Simpson, em cujo trajeto há um sem-número de mirantes (se ele fosse parar em todos, ainda estaria por lá até hoje), ele entrou numa cidade maior, Coyhaique, onde logo encontrou um posto de serviços com uma boa loja de conveniência, e, por ter abastecido menos de cem quilômetros antes, parou só para comer um lanche, um sanduíche leve. De lá, ainda em asfalto de boa qualidade, rodou até Villa Mañihuales, localizada dentro da Reserva Nacional Mañihuales, claro. Um povoado minúsculo, parecido com uma aldeia de madeireiros, com cabanas de madeira espalhadas pelo mato, meio sem organização urbana, lotado de jovens viajantes, alguns percorrendo a Carretera Austral de bicicleta e muitos a pé, como simples mochileiros e caroneiros. Um *point* alternativo. JG rodou por lá com a Branca de Neve à procura de um posto de serviços para abastecer, mas não encontrou. Não é que ele não achou. Realmente não tinha posto de combustível, nem venda em galões, aquela venda por particulares. A vila tem tanto cuidado ecológico que combustíveis fósseis não são bem-vindos! Pode isso? Ele deveria ter se prevenido e enchido o tanque em Coyhaique, mas dessa vez não haveria problemas, porque ele estava com o galão ainda cheio com a ótima gasolina argentina. Não é que a gasolina chilena não fosse boa, mas para JG a *premium* da YPF proporcionava melhor *performance*. Descarregou o galão todo e aproveitou para esticar um pouco as pernas. Não sentia muitas dores, a dificuldade real estava no subir e descer da motocicleta e durante as caminhadas, quando mancava.

A partir de Villa Mañihuales, recomeça o rípio, sempre em ótimas condições, e em seu topo tem-se a melhor vista do vale do rio Simpson, com um bom mirante; e a paisagem deslumbrante não muda. Logo ao sair da vila, ele enfrentou um aclive acentuado. Como a chuva não parava, ainda que não fosse forte, ele aproveitou não só para fotografar, mas também para trocar as luvas, que encharcaram. A roupa estava bem molhada, apesar de os forros estarem aguentando bem, e, como a temperatura estava agradável, não mais tão baixa, em torno dos 22 graus, permitia uma tocada tranquila e confortável. As luvas que ele usou, para um frio médio, aguentaram bem até esse ponto. Resolveu, então, trocar e colocar o par de luvas comum, pois o outro, impermeável, era muito quente para aquela temperatura e ele ficou com preguiça de procurá-lo dentro do bauleto lateral, no meio das roupas de frio extremo que guardara em Bahía Murta.

Retomando o caminho, pouco mais de cem quilômetros à frente, chegou ao Parque Nacional Queulat, a principal área de conservação ambiental da região, composta de uma enorme floresta, densa, em torno de uma serra alta e com um gigantesco lago do outro lado; na verdade, um dos inúmeros braços marítimos do Pacífico que há na região de Puerto Aysén, que mais parece um verdadeiro arquipélago, de tanta ilha e tantos canais. O caminho contorna esse canal pela margem direita até chegar à vila de Puyuhuapi, destino final para o dia.

Atravessa-se o parque por um trecho diferente da Carretera, em terra e bem mais simples e primitivo que os anteriores, e que, segundo o companheiro da pousada, era mantido assim para preservar ao máximo a natureza local, dificultando o trânsito. Uma beleza, sem dúvida, mas que se transformou num problema adicional, pois a chuva não parava, apesar das previsões contrárias.

A estrada, nesse trecho, corta uma serra subindo pelo meio da mata, em *caracoles,* com curvas superfechadas e descendo pelo outro lado do mesmo jeito. No instante em que começou a subida da serra, a chuva apertou mais, mas isso era o de menos. O piso começou a ter trechos com lama e barro, e existia um tráfego razoável, nos dois sentidos, obrigando-o a tomar muito cuidado com as entradas nas curvas para não encontrar ninguém pela contramão. Temia pela experiência que tivera em Angelina. No entanto, enfrentava um problema pior: o sistema de drenagem — ou, melhor, a inexistência de um, porque o que existia, de tão rudimentar, apresentava vários riachos e cachoeiras passando diretamente pelo leito do caminho. Não é força de expressão! Apesar das dificuldades e dos desafios, inegavelmente, o lugar era lindo, como diria Valentim. Sentia-se como participante dos antigos Camel Trophy, *expert* em pilotagem *off-road*. Na verdade, estava adorando tudo aquilo.

Com a chuva apertando, surgiam enxurradas cada vez mais fortes, exigindo muita atenção por onde se passasse, e, na maioria das vezes, obrigava-o a transitar por dentro d'água mesmo, sem saber o que estava por baixo daquela água turva. Na verdade, o caminho era lindo e assustador ao mesmo tempo. Um desafio novo e diferente numa viagem em que experimentara de tudo um pouco, com destaque para o teste na lama. A Branca de Neve também fora posta à prova, principalmente em termos da qualidade dos pneus, a essa altura já bem rodados, com mais de 10 mil quilômetros desde a saída de São Paulo. Só havia uma palavra para definir essa experiência doida: show! Segurança e eficiência total.

Apesar de toda a empolgação, ele avançava devagar e com o máximo de cuidado, sem conseguir parar para respirar, pois, assim que atingiu o topo da serra, ele iniciou uma descida abrupta, sem chance de descanso. No outro lado, as rampas eram ainda mais agressivas, e a chuva mudara de média para forte, o que, pelo menos, garantia a lavagem da viseira do capacete contra os respingos de lama levantados pelos veículos à frente ou que cruzavam com ele.

Com aquele clima, não havia a menor condição de parar para fotografar. A chuva, a má visibilidade, o estado da estrada, o piso liso e escorregadio e, principalmente, a ausência de pontos protegidos ou mirantes impediam qualquer tentativa de uma parada segura, obrigando-o a descer direto. Foram mais de sessenta quilômetros por essa serra, uma enorme dose de desafio e adrenalina, tanto que ele não teve sensação de frio nem de dor, nem nas costas, nem no tornozelo, em nenhum momento. Nem lembrou de seus problemas, mesmo tendo percorrido o trajeto todo em pé, para controlar melhor a motocicleta. Não foi mole, não!

Quando chegou lá embaixo, ao final da serra, deu de cara com o canal marítimo de Puyuhuapi, e não se trata de força de expressão, pois, se alguém descer o último trecho em alta velocidade e se distrair, passa reto e cai na água pelo fiorde, que tem uma altura de mais ou menos trinta metros. A partir dali, com o canal parecendo um enorme lago visto de frente, o trajeto segue seu contorno até chegar a Puyuhuapi, na sua extremidade norte, sempre num excelente asfalto. A chuva não dava trégua, apesar de não causar mais preocupação, porque ele estava chegando, e, em menos de uma hora, entraria pela vila.

Como nada por ali era fácil, faltando não mais do que dez quilômetros e com Puyuhuapi bem visível, a estrada sumiu. Literalmente. Despencara um pedaço inteiro dela, com mais de dois quilômetros de extensão, para dentro da água, e, por isso, tinham improvisado um serviço de balsa para chegar a

Puyuhuapi. Não havia alternativa a não ser esperar essa balsa. Ainda bem que ela estava próxima, navegando em sua direção.

Pelo menos, ele não estava sozinho naquela situação, parado embaixo de chuva e com frio, no ponto interrompido. Ele encontrou dois argentinos ali, com motos grandes e novas, que já estavam por lá quando chegou.

"Olá! Vocês estão vindo de onde?"

"Pegamos a Carretera em Villa O'Higgins."

"Uau, são uns duzentos quilômetros mais abaixo de onde entrei, por Los Lirios."

"E que tal o Paso de Chile Chico? Nós não conhecemos esse caminho."

"Maravilhoso! Uma das paisagens mais marcantes que conheci."

"Acho que faremos no próximo verão, então."

"Merece, eu diria que é imperdível!"

Enquanto esperavam a balsa e trocavam impressões da viagem, ele aproveitou também para trocar as luvas, porque a preguiça lhe custara caro. Aquele par normal que vestira em Villa Mañihuales, antes de entrar no Parque Queulat, estava encharcado, e suas mãos estavam congelando. Depois de abrir o bauleto, ainda foi preciso tirar muita coisa até achar as luvas de inverno pesadas. Parecia aquela cena de procurar a chave do carro em bolsa de mulher. Os argentinos não conseguiram evitar o riso. Antes de colocar as luvas secas, ele aproveitou para esquentar as mãos no motor da Branca de Neve, que estava sendo idolatrada pelos companheiros recém-conhecidos. Foi um grande alívio, apesar de que ele poderia ter evitado todo o desconforto calçando as luvas corretas lá atrás.

Quando a balsa chegou, causou estranheza aos três o sistema improvisado de acesso, que obrigou os veículos a entrar de ré para poder sair de frente, pois não havia espaço para manobras no desembarque. O acidente ocorrera naquela quarta-feira, três dias antes, depois de muita chuva. A encosta da montanha rompeu numa grande parte, mergulhando nas águas do canal. De dentro da balsa, puderam ver os estragos, e JG ficou imaginando se algum veículo estava passando pelo trecho quando tudo cedeu. Horrível!

A travessia demorou uns vinte minutos, e, ao chegarem, ficou claro o problema que exigiu a entrada de ré. O desembarque se dava por uma trilha improvisada em aclive muito acentuado, estreita, que levava a um trecho da estrada sem problemas, praticamente na entrada do povoado. As motocicletas tiveram de ser viradas na mão, levantando-se a roda dianteira, pois não havia espaço para manobras. JG se despediu dos companheiros e, com muito cuidado para não acabar com as costas, girou a Branca de Neve pela roda traseira. A carga nos bauletos ajudou o movimento. Seguiu para a vila, não sem antes ir ao único posto de serviços do local, na verdade, era apenas uma bomba de combustível, localizada no píer da vila, que possibilitava também o abastecimento dos barcos de pesca. O comprimento da mangueira era algo surreal. Uma vez por lá, ele encheu o tanque e o galão, preparando a moto para o dia seguinte.

A bomba ficava localizada na última viela do vilarejo. O alojamento reservado na noite anterior era, na verdade, uma *cabaña* de locação, a menos de cem metros dali. Ele seguiu até a cabana e, mal chegou, encontrou o senhorio, que o aguardava com a chave. Se apresentou, perguntando diretamente se existia calefação, dado o frio que sentia, molhado como estava. O senhor abriu um enorme sorriso.

"Claro, não só tem calefação como está ligada. Vamos entrar para eu lhe mostrar o chalé!"

A cabana era muito simpática, com dois quartos e um *hall* na parte de cima, e, no térreo, uma boa sala com cozinha americana completa e banheiro. Bem mobiliada, abrigaria com folga sete pessoas. E a calefação era o *must* da sala, deixando todos os ambientes quentinhos, o que o salvou. Com ela funcionando, foi possível secar todas as peças molhadas ao longo do dia, desde as botas e as luvas até as roupas que estavam em bolsos não impermeáveis da mala. Perfeito, salvara as cuecas!

Antes de o deixar, o senhorio avisou que não havia serviço de jantar e café da manhã, mas indicou-lhe duas alternativas de restaurantes, bem próximos dali. JG agradeceu e foi tratar de arrumar a roupa para secar e tomar um banho quente delicioso. A cabana também oferecia sinal de Wi-Fi, o que lhe permitiu ajustar o roteiro do dia seguinte e reservar um hotel próximo à Chaitén, uma vila à beira do Pacífico, último trecho continental da Carretera.

Com tudo certo, a noite chegando, apesar do adiantado da hora, sem chuva e muitas nuvens, além do frio, ele saiu caminhando, ou melhor, mancando, até um dos restaurantes que o senhorio lhe recomendara. Escolheu o mais próximo, a menos de três quadras, que o deixou positivamente surpreso, numa pousada de estilo alpino com móveis rústicos artesanais em madeira natural, tudo muito arrumado e bem decorado, onde ele foi logo atendido. Estava quase cheio, e a proprietária, que também era a *chef*, lhe arrumou uma mesa agradável, com vista para os janelões externos. Todos os demais que estavam no restaurante, àquela hora, eram turistas estrangeiros; a maioria, europeus. A senhora sugeriu uma carne grelhada, divinamente bem-servida. Ele jantou curtindo a paisagem pela janela à direita, com a vista do canal refletindo a luz da lua, e, pelo janelão à sua frente, avistava-se um pico nevado que parecia brilhar com o céu escurecido do início do anoitecer. Que dia especial fora aquele...

Após jantar e, no caminho de volta à cabana, ele achou bobagem passar num mercado para comprar coisas para o café da manhã. Seria melhor parar em algum posto de serviços no caminho e fazer um lanche. Sabia de um, a menos de cinquenta quilômetros dali, numa cidadezinha chamada La Junta. O dia seguinte não seria longo em termos de extensão a percorrer, não mais que duzentos quilômetros. Mas ele teria de ficar em Chaitén para poder pegar as balsas a fim de seguir até Puerto Montt, final da Carretera Austral.

Na saída do restaurante, resolveu andar um pouco para curtir mais Puyuhuapi, uma vila de colonização alemã, que preserva seu estilo alpino, então, seguiu pela calçada à margem d'água, devagar e mancando. Esse lugar é muito agradável para quem gosta de turismo de aventura. No caminho de volta para sua "mansão", ele avistou um velho conhecido transitando pela avenida principal e única, o *trailer La France*! Estava chegando de algum lugar, sempre atrás dele. Ele quase mandou uns acenos aos parceiros.

28

ERA UMA VEZ UM VULCÃO

Mal clareara quando JG acordou, em mais uma manhã muito fria. Realmente, ele errara em sua expectativa de que fosse fazer calor naquela etapa. Talvez só quando se aproximasse de Mendoza. Não chovia mais, porém o dia ainda estava bem nublado e o termômetro indicava 4 graus, sem previsão de ventos, mas a expectativa era de temperatura alta por volta da hora do almoço. Apesar de ter enfrentado ventos relativamente fortes na Carretera, ele estava com a impressão de que os temíveis ventos patagônicos não ultrapassavam a barreira da Cordilheira dos Andes, que deve funcionar como uma espécie de proteção. Ventos fortes no Chile, ele só enfrentara naquele dia, no parque em Puerto Natales, e, em Punta Arenas. Gelados como eram, a origem devia ser a Antártida ou o Pacífico.

Arrumou toda a tralha, aproveitando que as roupas estavam secas, e carregou a motocicleta para sair. Ainda sofria com as consequências do tombo, mas os incômodos eram bem mais suportáveis, e passaram a fazer parte do pacote de viagem. As questões mais delicadas eram subir e descer da moto, carregar peso e andar, pois esse exercício o fazia mancar, embora estivesse bem melhor. Imaginava que, ao chegar à Mendoza, não teria mais esses problemas. Quando ia dormir, o método de entrar na cama como cobra e se acomodar serpenteando funcionava, e eventuais movimentos podiam lhe acordar duas ou três vezes. Contudo, se acostumara com esses perrengues. Pensava em patentear o método e o nomeou *yoga ofídica*.

O proprietário da cabana recebeu a conta na véspera para não ter de combinar um horário de encontro para a manhã. Bastou trancá-la e deixar a chave num local indicado pelo senhorio e estava liberado. Sem passar por qualquer burocracia, logo ele entrou na estrada, que em seu primeiro trecho, de vinte quilômetros, era asfaltada. A partir dali ele seguiria por um rípio bem compactado e, devido à chuva do dia anterior, sem poeira. Uma delícia para pilotar, sempre com aquele visual, que continuava impressionante. Mata, rios e cascatas, névoa e picos gelados.

Curtindo muito as paisagens, ele chegou facilmente a La Junta, um pequeno e simpático povoado a mais ou menos cinquenta quilômetros de Puyuhuapi, onde encontrou um bom local para tomar um café reforçado. Eram 8h30 ainda e a temperatura começava a subir, junto com o surgimento do sol. A partir de Puyuhuapi, a Carretera Austral contorna o lago Rosselot, àquela hora da manhã coberto por uma névoa baixa que subia pela encosta das montanhas. A paisagem, além de ser bonita, era inédita, e ele não tinha enfrentado um clima tão úmido durante a viagem, então, parou para fotografar uma infinidade de vezes.

De La Junta até Villa Santa Lucia, foram mais setenta quilômetros, sempre naquele rípio que variava entre a ótima e a boa qualidade. O sol saiu de vez, acabando com o frio, mas não fez o calor que ele imaginava pegar. Todo o trecho segue o vale de um rio, por entre montanhas, e JG não sabia se ainda era o mesmo rio Simpson do dia anterior, mas era um espetáculo da natureza, que faz valer qualquer sacrifício para conhecer. Desde que saíra da Terra do Fogo ele não se deliciava com paisagens marcantes como essas, durante os dias de Carretera Austral e a descida de Los Lirios.

Quando estava para entrar na zona urbana de Villa Santa Lucia, viu que um comando militar do exército chileno fechara a estrada, próximo à primeira rua. Achando estranho todo aquele aparato para um desvio, ele foi parando a Branca de Neve e abrindo o capacete, enquanto um jovem soldado caminhava em sua direção.

"Olá, como está? Para onde vai?"

"Pretendo avançar até Santiago, parando hoje em Chaitén, seguindo pela balsa amanhã. Algum problema?"

"Não, nada com o que se preocupar. Estamos fazendo um exercício prático e, por questões de segurança, interrompemos o tráfego por dez minutos. Logo mais, lhe libero para seguir! Que tal o *recorrido*? Está vindo de onde?"

"Estou voltando do Ushuaia e entrei no Chile por Chile Chico. Na ida, segui por Puerto Natales e Punta Arenas."

JG quis dar destaque para os trechos chilenos.

"Que lindo! Deve ter conhecido todo o sul do Chile! Também, com uma máquina dessas, pode-se ir a qualquer lugar, independentemente das condições das estradas."

"É verdade! Essa motocicleta é perfeita para uma viagem dessas."

"E que tal o Chile? *Le gusta*?"

"Adorei. Este país é muito bonito e tem uma organização muito legal! Suas cidades, por menor que sejam, são limpas e arrumadas."

Os elogios fizeram efeito, e o jovem soldado sorriu, com o peito estufando de orgulho. Tanto que não perdeu a oportunidade de comentar, antes de lhe dar o sinal para seguir:

"Toda essa região é patrimônio nacional, e temos muito prazer em recebê-los em nossa casa. Pode avançar, senhor, que a rodovia está liberada."

Rapidamente, atravessou a Villa de Santa Lucia, um aglomerado de casas muito simples, e retomou a Carretera, rumo a Puerto Cárdenas, a meio caminho para Chaitén. A estrada estava ótima, apesar de que não aparentava a mesma qualidade do trecho anterior, mais estreita e com muitas curvas, mesmo plana. Porém a mata que a cercava era muito densa, deixando quase todo o caminho com sombras permanentes. O tráfego não era muito intenso, mas viam-se muitas vans de turismo por lá. Boa parte se dirigia a Futaleufú, na fronteira com a Argentina, próximo a Esquel, fazendo os passeios da província chamada de Região dos Lagos. De fato, uma região lindíssima, que exigia baixa velocidade para se poder curtir toda a sua beleza.

Puerto Cárdenas fica à margem do lago Yelcho, um dos mais belos dessa região, e, segundo as informações turísticas encontradas em um dos mirantes, o que comporta as águas mais transparentes do mundo. É impressionante a limpidez dessa água; é possível ver seu fundo em detalhes, como se estivesse sob uma placa de vidro limpíssima. Lindo. De tudo, o que mais chamou atenção foi uma pequena nuvem achatada, parada a poucos metros da superfície da água, bem no centro do lago, como se fosse um enorme pedaço de algodão. Imagem maravilhosa.

Enquanto estava parado, aproveitou para retirar totalmente os forros e trocar de blusa, porque a temperatura chegou a 26 graus. Não iria parar para abastecer, mas precisava encher o *camel pack* e comer alguma coisa. Apesar de ter rodado apenas uns 150 quilômetros, o fez em mais ou menos quatro horas, contando as paradas para fotografar, tomar o café em La Junta e outras distrações.

Puerto Cárdenas é uma vila pequena e turística, muito procurada pelos aficionados da pesca, e o que mais se vê por lá são pessoas de todas as idades, gêneros e nacionalidades com suas varas de pesca, dos mais variados tipos e tamanhos, indo em direção ao lago. Ele resolveu dar uma volta pela vila e, em cinco minutos, circulou pelas suas vielas e saiu em direção a Chaitén, a ex-principal cidade da região, à margem do Oceano Pacífico, que seria o ponto final do dia. Chaitén é uma cidade meio fantasma, pois foi praticamente destruída por causa da erupção do vulcão de mesmo nome em 2008. As cinzas expelidas geraram o afastamento do Pacífico em cinco quilômetros, tirando-lhe o status de cidade de veraneio à beira-mar, e suas lavas mudaram o percurso de um rio, dividindo a cidade em duas.

Interessava-lhe muito conhecê-la, então ele resolveu ir até lá no início da tarde e voltar para o hotel reservado antes do anoitecer, porque este ficava mais próximo de Puerto Cárdenas.

Ao chegar à Chaitén, ele teve uma primeira surpresa, pois não esperava ver tantos turistas circulando por lá. Desde caroneiros e mochileiros até ciclistas e outros que chegam de *ferryboat*, gerando um movimento razoável na cidade. Quando houve o acidente com o vulcão, tão forte que as nuvens de cinzas chegaram a impedir voos na Europa, Chaitén era a principal cidade da região e capital da província, mas foi totalmente desocupada; hoje, sua população retornou para lá parcialmente.

Mesmo não tendo mais a pujança de outrora, foi uma experiência imperdível nessa viagem de sonhos, pois JG chegou a pilotar a Branca de Neve pelo aterro natural de cinzas consolidadas onde antes era mar. Lembrou muito da antiga música que fala sobre o mar virar sertão. Uma sensação muito louca ficar aquelas quase duas horas zanzando pela cidade, uma espécie de Pompeia chilena. No meio da tarde, ele pegou um caminho para a base do vulcão Chaitén que o impressionou em dois aspectos. Primeiro, a rápida recuperação da vegetação, com várias áreas cobertas de verde e arbustos de porte razoável; e, segundo, a visão impactante do que sobrou do cone do vulcão, ainda ativo, com uma pequena nuvem de fumaça pairando sobre a borda do imenso buraco, claramente restos do morro após a explosão de magma, que ainda tinha resquícios de gelo em sua borda. Algo meio surreal para se admirar, principalmente por causa desse contraste frio/quente.

Depois, ele retomou a estrada em direção a Puerto Cárdenas, com destino ao hotel onde pernoitaria, à espera da balsa, que pegaria logo cedo, por Caleta Gonzalo, menos de sessenta quilômetros após Chaitén. Na verdade, iria fazer uma sequência de três travessias por balsas, para as quais ele reservara passagens em Ushuaia, pela internet. O primeiro trecho era muito curto, de oito quilômetros, por um canal do Pacífico até a rampa de Fiordo Largo. De lá, percorreria dez quilômetros em rípio até o embarque para a balsa que o levaria à Hornopirén, numa travessia marítima cuja previsão de navegação era de mais de seis horas. Essa coordenação era importante para assegurar que ele não ficasse pelo caminho. A travessia no sentido norte é feita com essas duas balsas na sequência, mas no sentido inverso; são necessárias três balsas, pois usam canais diferentes. E a de maior distância exige agendamento sempre. Já para o final, é preciso fazer mais uma pequena travessia para Puerto Montt, mas para esta pode-se comprar o *ticket* no próprio barco.

Antes de chegar ao hotel, foi com a Branca de Neve ao único posto de serviços do local e deixou-a pronta, com o tanque cheio, para o dia seguinte. Uma vez acomodado, se dedicou a revisar o roteiro; decidiu passar a noite seguinte em Puerto Montt e reservou um hotel no calçadão de frente para o mar. Teve dúvidas entre ficar por lá ou seguir um pouco mais adiante, até Puerto Varas, uns cinquenta quilômetros depois, mas teve medo de ficar muito cansado para uma esticada adicional. Mesmo sendo apenas uns 120 quilômetros totais de estrada, sempre em rípio, as quase oito horas de *ferryboat* deveriam ser exaustivas.

Também, estava na hora de confirmar a reserva na concessionária para a revisão da moto; ele combinara a entrega para a primeira hora da quinta-feira, dali a três dias. Assegurou a disponibilidade de um novo conjunto de pneus para a troca. A ideia original era colocar pneus de uso misto dessa vez, pois enfrentaria vários caminhos rudimentares no Atacama. Com o sucesso do modelo escolhido durante a primeira etapa, ficara em dúvida se não deveria colocar o mesmo modelo, achando que seriam capazes de aguentar até a chegada em casa, ao final da viagem. Decidiria em Mendoza.

Antes de jantar, ligou para seu filho, Maldo, que estava com os Aloprado's em São Borja, depois de terem saído de São Paulo dois dias antes, para encontrá-lo em Mendoza, em três dias. Estavam todos bem e prontos para começar a rodar na etapa internacional, tudo seguindo o planejamento que afirmara ser possível, há mais de dois anos. O grupo em São Borja estava completo, com Max, Valentim e Rubinho nas respectivas motocicletas e Maldo, Espiga e Joca na Defender 90, com a carreta acoplada. Iriam cruzar a alfândega para Santo Tomé, na Argentina, logo cedo, em direção a Rosário, onde dormiriam. Na noite seguinte, ficariam em Santa Rosa, no centro de La Pampa, para depois seguir até Mendoza, onde se encontrariam todos. Pretendiam seguir viagem em dois dias.

Com tudo certo, ele resolveu sair de moto para jantar num restaurante muito simples, mas não tão perto, à beira do lago Yelcho, onde experimentou as trutas frescas grelhadas, conforme recomendação expressa dos funcionários do hotel. Estavam maravilhosas. Não eram nem dez horas quando, ao se preparar para voltar ao hotel, encontrou um casal de brasileiros, que, ao virem a licença da moto, vieram se apresentar:

"Oi! Você é de São Paulo? Está vindo de onde?"

"Sou, sim! Fui de São Paulo ao Ushuaia, pela Argentina, e agora estou retornando pelo Chile!"

"E sempre sozinho? Que loucura!"

"Não foi sempre sozinho. Estive acompanhado nos primeiros dias, e agora vou encontrar com uma turma em Mendoza, daqui a três dias! Eles estão em São Borja hoje."

“Que doideira! E correu tudo bem? Algum problema em seu trajeto?”

“Tudo ótimo, o que não significa que não tive problemas. Sofri um tombo num trecho muito ruim, de cascalho e com muito vento, sem grandes consequências, e um outro, um pouco mais sério, a pé, na escada de um hotel. Tirando o fato de que manco um pouco ainda, o resto está tudo ótimo.”

“Que aventura! Há quantos dias você está na estrada?”

“Hoje, completo o 25º, sendo 22 deles sozinho. E vocês, vão até onde?”

“Amanhã, seguiremos pela Região dos Lagos, e de lá iremos para a Argentina, por Futaleufú. Vamos dormir em Esquel. E então seguiremos por Bariloche. Daí voltaremos para o Brasil de avião. Acho que conseguiremos chegar em casa mais ou menos no mesmo tempo, não?”

“Duvido, porque, de Mendoza, seguirei por Catamarca, passarei pelo Atacama e pelo altiplano boliviano e peruano, até chegar na Amazônia, quando então acho que descerei pelo Pantanal até chegar em casa.”

“Uau! Que loucura! Quanto tempo você levará para fazer tudo isso?”

“Imagino que mais 35 dias, mais ou menos.”

“E tudo sozinho?”

“Não. A partir de Mendoza, devo ter companheiros, não necessariamente as mesmas pessoas. Mas, para ser honesto, não fiquei sozinho a viagem inteira. Sempre tive alguma companhia. É muito legal a solidariedade e a atenção das pessoas quando você está na estrada.”

E foi com essa afirmação que ele se despediu e voltou para o hotel, sem a menor sensação de solidão. Nem se lembrava mais que viajara sozinho por tanto tempo.

29

UM DIA NO NAVIO

Acordou tão cedo naquela manhã de sol, bem mais quente que as anteriores, que acabou ganhando um tempo extra. A primeira balsa sairia às 10h15, e as demais seguiriam uma ordem sincronizada e adequada para que ele não tivesse que correr para o embarque. Dessa forma, logo após um café da manhã em que ele comeu pouco, preocupado que estava com eventuais desconfortos causados pelo balanço dos barcos, passou por Chaitén com mais de duas horas de antecedência. Boa parte desse trecho em rípio, com menos de cinquenta quilômetros, foi feito pelo vale do rio Negro. Ao se aproximar da cidade nova, conhecida por Chaitén Sur, separada da cidade original depois da inundação provocada pelas lavas do vulcão que alteraram o leito do rio Blanco, ele resolveu fazer mais um passeio pela vila: visitar o antigo porto do *ferry*, que mudou de lugar em 2008. Estar em um lugar que sofreu mudança tão radical por ação natural mexe com as pessoas, e não foi diferente com JG.

Seguindo o contorno da borda da baía de Chaitén, ele chegou ao minúsculo povoado de Santa Bárbara, o qual cruzou quase sem perceber, passando por suas dez ou quinze casas distribuídas ao longo da Carretera, sem qualquer padrão de urbanização, mas com uma curiosidade: eles têm um aeroporto! Na verdade, a pista de pouso se confunde com a pista da carreteira. Enquanto pilotava, ele acompanhou um pequeno teco-teco taxiando a sua direita. Realmente confuso! Nesse ponto, a Ruta 7 vira à direita, em sentido noroeste, contornando o vulcão Chaitén, ou melhor, o que sobrou dele após a erupção, sempre pelo Parque Pumalín.

No caminho, ele parou para conhecer as famosas árvores milenares do parque, num lugar chamado Sendero de Alerces, onde foi preciso abandonar a Branca de Neve e caminhar um pouco pela mata, seguindo uma trilha demarcada, até chegar onde estão às maiores, gigantes, algumas com troncos de diâmetro maior que dez metros. Um lugar interessante, que o ajudou a consumir a sobra de tempo.

Logo estava de volta, pilotando entre os lagos chamados, com muita originalidade, de Blanco e Negro, pelo meio da mata, onde há uma infinidade de mirantes; ele parou apenas no mirante do lago Negro. Mesmo indo devagar e surpreso com os inúmeros *campings* que encontrou pelo caminho, aparentemente lotados, ele chegou com vinte minutos de antecedência na Caleta Gonzalo, ponto de embarque da balsa. Deu tempo de aproveitar o toalete e comer umas barras de cereais. Os operadores que carregavam a balsa — bem maior que aquela do estreito de Magalhães, em Punta Delgada — comentaram que o mar estava muito tranquilo naquela manhã, embora estivesse nublado durante essa primeira parte do dia. Segundo eles, aquela região de mata fechada dificilmente oferece dias de sol aberto, por ser muito úmida e pela brisa constante que vem da baía. Realmente, era sensível a queda da temperatura em relação à de Puerto Cárdenas.

A travessia de oito quilômetros demorou pouco menos de uma hora e foi muito tranquila. Tão tranquila que não foi necessário fazer nenhum esforço para segurar a Branca de Neve, apesar da recomendação expressa dos operadores.

Para enfrentar a etapa seguinte, com o *ferryboat* fazendo um trajeto bem mais longo, a partir da rampa de Leptetu, ele percorreu apenas dez quilômetros em rípio, por uma garganta que atravessa montanhas bem altas cobertas por mata densa. Exatamente como falara o operador ao liberar a saída da Branca de Neve, o primeiro veículo que desembarcou.

"Vá tranquilo, que são quinze minutos de estrada, e a próxima balsa só sairá em 45 minutos. Na verdade, ela espera o último veículo que atravessou por essa aqui."

"E o piso, com essa umidade, tem ideia de como está?"

"O piso é bom, mas a estrada é estreita. No entanto o tráfego contrário deve ser nulo, porque os veículos que viajam no sentido contrário já estão por aqui, para subir nessa balsa e chegar à Caleta Gonzalo."

"Ótimo! *Gracias por las informaciones*!"

Após essa farta exibição de portunhol, ele acelerou e, aproveitando que deveria ser o primeiro a chegar em Leptetu, resolveu explorar o denominado *camino turístico,* o qual vale muito a pena percorrer. Apesar de curto, este oferece uma paisagem grandiosa, e, creio que para evitar desmatamentos, construíram esse tramo da estrada com largura suficiente para pouco mais que um veículo, uma estrada de pista simples e mão dupla, com metade da largura de uma convencional. Ele havia percorrido pouquíssimas trilhas com largura igual aquela, modelo meia pista. Até a sinalização indicava que a largura real de cada faixa era insuficiente para abrigar um carro comum. Talvez fosse mais adequado classificá-la como uma ciclovia um pouco mais larga.

Provavelmente, foi feita assim pelo fato de o tráfego ser praticamente em mão única, conforme o horário de chegada das balsas, sempre no sentido de uma para outra. Mas, se alguém der o azar de cruzar com um veículo em sentido contrário, será necessário que ambos os motoristas encostem bem próximo às laterais e usem uma parte do acostamento, se é que podemos chamar de acostamento aquela faixa de mato na lateral. Para as motocicletas, isso não era um grande problema, bastava não ficar muito no meio da pista para não dar de cara com alguém saindo de uma curva, o que não aconteceu. Já fora suficiente o acontecido em Angelina.

Ainda assim, ele estava tão enfeitiçado com toda aquela beleza natural do entorno que não resistiu a fazer algumas paradas para fotografar. E foi exatamente em uma dessas paradas que ele fez a segunda bobagem de toda a viagem até então. Ele considerava uma grande bobagem apenas ter derrubado a moto no hotel em El Calafate. Quanto ao tombo, sempre creditou a culpa ao pavimento e aos ventos. A queda na escada, fora mera fatalidade.

Resolveu encostar num trecho lindo, bem arborizado, e estacionou a Branca de Neve num sentido transversal à pista, num pequeno espaço de mato baixo, por onde descia um minúsculo córrego. O lugar era bucólico e charmoso, e o mato úmido do piso era extremamente escorregadio, tanto que, na hora de sair, ainda parado, a bota com sola de borracha escorregou e ele não conseguiu segurar a moto, deixando-a cair. Exatamente como no hotel em El Calafate. Até aí, nada de mais sério, exceto a frustração de ter feito essa bobagem e o medo de piorar o estado de suas costas ou do tornozelo, que já estavam bem menos doloridos àquela altura. Deu sorte; não danificou nem a moto nem agravou seus problemas, mas, sempre tem um "mas", restava levantá-la, carregada, e sozinho. Dados o peso e o piso, ele precisava de ajuda, ou então teria de descarregá-la primeiro, sem contar o risco de forçar as costas.

Indeciso, acabou sendo alcançado por um carro com uma família de chilenos que encontrara na balsa, o segundo a sair, e eles logo pararam para ajudá-lo. Sorte e gentileza. Em menos de trinta segundos, com o apoio do pai e do filho adolescente, eles colocaram a Branca de Neve na ativa e seguiram, dessa vez, direto para a rampa, evitando nova confusão.

Assim que ele embarcou, prendeu a Branca de Neve com cabos e foi liberado para subir até a ala de passageiros, para curtir a paisagem do fiorde Comau, uma grande área marítima protegida cujas margens são montanhas bem altas, algumas tinham seus picos nevados refletidos pelo sol, que abriu de vez. Maravilha! Isso fazia a viagem ser um passeio turístico de barco dos mais belos.

Depois ele foi à lanchonete, onde encontrou novamente a família que o ajudara com a moto no trecho anterior, e ali teve início uma conversa longa, que se estendeu por quase toda a navegação.

"De que parte do Brasil você é?"

"Sou paulista, de São Paulo. Conhece São Paulo?"

"Meu pai conhece bem, mas nós só fomos para o Rio de Janeiro e Salvador", respondeu o rapaz.

"Vocês me salvaram no caminho. Estou com um problema nas costas e no tornozelo, por causa de um tombo na escada de um hotel, há duas semanas. Nem sei se conseguiria levantar a moto."

"Esquece... em grupo, fica fácil. Você está viajando sozinho? Chegou até onde?", perguntou o pai, curioso.

"Fui até o Ushuaia, pela Argentina, e retorno agora até Mendoza."

"Com uma moto igual a sua, pode-se ir a qualquer lugar, não é mesmo?"

O comentário do filho deixava transparecer toda a admiração que ele tinha por Branca de Neve. E ele continuou:

"É o modelo novo, não é? Ainda não tinha visto uma ao vivo."

"Sim, é o novo modelo. E está indo bem... rodou quase 11 mil quilômetros em 25 dias."

"E você, não está cansado?"

"Cansado, até fico um pouco, mas tenho parado um tempo, mais ou menos a cada semana. Isso ajuda a repor as forças. E ainda falta muito para terminar a viagem."

"Quanto tempo vai levar para chegar ao Brasil?", perguntou o pai, meio sem entender.

"Devo ficar mais de um mês ainda na estrada!"

"Uau! Tudo isso para ir de Mendoza ao Brasil?", estranhou o rapaz, que estava muito atento à rota da viagem.

"Não! De Mendoza, subo ao norte, pela Catamarca, e entro para o Chile, pelo Atacama, e então retorno ao Brasil pela Amazônia, só então descendo para São Paulo."

"Que loucura! Tudo isso sozinho?!", o espanto dele colocou a senhora, que até então só acompanhava o bate-papo, na conversa.

"Não, não! Vou encontrar uma turma em Mendoza, e de lá seguiremos juntos. E vocês, são de Santiago?"

"Sim, mas atualmente moramos em Antofagasta, uma cidade portuária no norte do Atacama."

"Conheço, estive lá na primeira vez em que fomos ao Atacama, e passarei novamente por lá nessa oportunidade, a caminho de San Pedro."

"Quando estará por lá? Chegaremos em casa em quatro dias", disse a senhora.

"Estimo chegar em uma semana, mais ou menos. Dependo um pouco da velocidade de deslocamento que consiga fazer com um grupo grande."

Ao final da conversa, eles trocaram contatos para o caso de JG precisar de apoio quando estivesse por Antofagasta. O tombo no caminho resultou em mais uma oportunidade de fazer amizade e trocar conhecimento. Por toda a viagem, sempre que algo ruim acontecia com ele, choviam demonstrações de solidariedade e companheirismo.

Aproveitando o tempo disponível, ele resolveu descer ao convés dos veículos e dar uma revisada na Branca de Neve, principalmente para verificar o estado das bengalas de suspensão, que foi limpo em Puyuhuapi e, desde então, JG não checara mais. O rapaz chileno foi junto, para aplacar um pouco a curiosidade. O que encontrou não era novidade. Estava normal e sem qualquer vazamentos. Ele podia esquecer mesmo disso porque aquilo devia ser algo comum, causado pelo uso intensivo em regiões de alta temperatura.

No final da tarde, com o sol forte e a temperatura amena, a balsa embicou pela rampa de Hornopirén, um vilarejo mais bem-organizado e com melhor infraestrutura que os anteriores, inclusive com algumas opções para pernoite, principalmente *cabañas de locación*, algumas bem sofisticadas e à beira do canal. Mas, de tudo, o que mais o impressionou foi a visão do vulcão Hornopirén, com seu pico completamente recoberto de gelo, como um bolo de chocolate na forma de um cone com ponta de *marshmallow*! Lindo, sobretudo iluminado pelo sol amarelado de fim de tarde.

De lá, retomou a Carretera Austral por mais 55 quilômetros em rípio, sempre por vales entre montanhas altas cobertas de mata densa e muito pouca ocupação. Na verdade, cruzou por um único aglomerado de casas, conhecido por Pichicolo, num lugar em que a estrada se afasta do canal, que mais parece ser mar aberto, e retoma a direção noroeste até chegar novamente em outro vilarejo, chamado Contao. Mais alguns poucos quilômetros, sempre pela orla marítima, ele contornou uma longa praia de pedras pretas, com algumas casas de veraneio e pequenas chácaras no entorno, até chegar à última rampa de acesso à balsa, conhecida por Caleta Puelche. Embarcou tranquilo na derradeira travessia de um pequeno braço marítimo, de apenas seis quilômetros, completada em menos de vinte minutos. Sempre com o mar calmo e o tempo bom. Desceu em Caleta La Arena, um aglomerado de casas encravado entre dois morros altos sem a menor graça.

De lá até Puerto Montt, foram mais 44 quilômetros, quase integralmente seguindo o costão da baía Lenca. Ali, nos poucos trechos em que a pista não é espremida entre a montanha e o mar, há muitas chácaras, casas de veraneio e sítios. Finalmente um caminho asfaltado, com um tráfego razoável, pelo menos naquele horário, início de noite, apesar de ainda estar claro.

Foi uma decisão correta resolver passar a noite em Puerto Montt, em vez de seguir até Puerto Varas, porque ele teria que rodar mais quarenta quilômetros, o que seria desagradável e cansativo. Além do quê, atravessar Puerto Montt não é algo tão simples como foram as travessias urbanas no Chile até aquele momento, porque é uma cidade bem maior, com quase 180 mil habitantes, capital da província de Llanquihue, que tem uma forte economia, principalmente turística, que conta com a visitação aos vulcões Villarrica e Osorno, a exploração da região dos lagos e dos parques no entorno da Carretera.

O hotel escolhido se localizava na avenida Costanera, era vizinho do Shopping Center Paseo Costanera, que é na verdade o trecho derradeiro da Ruta 7-Carretera Austral. Ao parar na garagem do hotel, ele alcançara mais um objetivo da viagem de seus sonhos. Assim que saiu do banho e desceu para jantar, bem relaxado, ele começou a rememorar tudo o que aqueles quatro dias no Chile geraram de impacto nele, desde a entrada por Los Lirios até a Carretera, tendo percorrido aproximadamente novecentos quilômetros, em sua maioria, fora do asfalto, sem um único inconveniente, exceto a queda estúpida da Branca de Neve naquela manhã, no capim molhado, depois de Chaitén. Na verdade, ele se sentia afetado pela convivência tão próxima com aquela natureza bela e intocada.

Resolveu então que tomaria sua última dose de anti-inflamatório e iria comemorar com um bom uísque no sofisticado bar do hotel o sucesso dos 26 dias de viagem. Lembrou que deixara um rastro maravilhoso por onde passara, com os decalques do Aloprado's. Colou um no mirante de entrada em Los Lirios, assim que atravessou a fronteira da Argentina para o Chile, o segundo no mirante ao lado do canal do rio Ibáñez, defronte ao lago

Bertrand, outro no mirante de Mañihuales, com a visão esplendorosa do vale do rio Simpson, o quarto no monumento em frente ao lago Yelcho, em Puerto Cárdenas, mais um no monumento sobre a erupção do vulcão Chaitén de 2008 e o último agora, no monumento de saída da rampa em Hornopirén, em frente ao vulcão. Sua epopeia podia ser seguida não só pelo sistema de rastreamento que estava usando, que funcionara perfeitamente por toda a viagem, como também pelos decalques. Bastava segui-los.

Ainda teria mais uma noite sem companhia, em Talca, a caminho de Mendoza, mas dali a dois dias ele encontraria seus irmãos, o filho e o sobrinho no hotel reservado, que era capaz de abrigar a tropa toda. Seria uma mudança radical depois de 24 dias de pilotagem solo. Provavelmente, ele teria que reaprender a viajar em companhia. À medida que ajustava o roteiro para os próximos dois dias, percebia que a ansiedade pelo reencontro estava ganhando força. Resolveu tomar mais um uísque para acalmar e ir dormir. Era pouco mais de dez horas da noite, mas ele estava cansado e aturdido com tudo o que vivenciara. Precisava descansar porque enfrentaria, depois de um longo tempo, uma alta quilometragem novamente, acima de oitocentos quilômetros, desta vez pela Ruta 5, a principal autopista chilena de acesso ao sul do país, e com uma parcela considerável em pista dupla. Foi o final do trajeto pela Ruta 7, uma pena!

30

PERDIDO SEM SABER

Estava bem mais quente, apesar da brisa marítima com seu frescor, perceptível quando JG foi arrumar a bagagem na Branca de Neve, ainda antes do café. De qualquer forma, os ventos que poderiam incomodar não apareceriam mais, pelo menos até ele entrar no deserto de Atacama. Até lá, ele não precisaria se preocupar mais com isso.

Ainda impactado com o efeito das paisagens dos dias anteriores, ele entrou no restaurante meio desanimado. Enquanto comia, pensava que o dia seria uma chatice. Longo, com mais de oitocentos quilômetros para rodar, sempre por uma autopista onde ele deveria enfrentar um tráfego mais denso e consequentemente com policiamento, sem contar que deveria ter desaprendido como conduzir no trânsito depois de pilotar tanto tempo por áreas menos desenvolvidas. Não tinha nenhuma expectativa mais positiva para a rota, e pensava que lhe restaria apenas aproveitar mais a pilotagem numa rodovia em pista dupla sem paisagens marcantes.

A expectativa era baixa: a vista de longe do vulcão Osorno, distante uns cinquenta quilômetros da Ruta 5, e, mais adiante, o vulcão Villarrica, que ele veria mais de perto, por ter planejado desviar para uma estrada secundária e se aproximar mais, ainda que isso lhe exigisse percorrer uma distância extra. Esse desvio era uma recomendação de alguns turistas com quem conversara no bar do hotel na véspera, e ele resolvera incluí-lo no roteiro, na esperança de mitigar essa percepção de um dia sem graça.

Com esse espírito, ele saiu de Puerto Montt pela avenida principal, que, ao se distanciar da beira do mar, passa a ser uma rodovia em pista simples por pouco mais de trinta quilômetros, quando atinge o contorno de Puerto Varas, às margens do lago Llanquihue, onde ele enfrentou um tráfego mais pesado de caminhões naquela terça-feira. Para piorar, esse trecho da Ruta 5, mais urbano, estava em obras, e, consequentemente, apresentava algumas faixas interrompidas. Enquanto tocava naquele para e anda em meio às obras, ele avistou outra motocicleta grande à frente, com garupa e bastante carga, incluindo uma bandeirola, que, ao se aproximar, ele viu que era do Canadá. Em todas as viagens que fizera, ele sempre encontrara um motociclista canadense percorrendo o continente americano inteiro para chegar ao Ushuaia. Pelo menos, era o que ele imaginava. Uma viagem de fôlego e admirável, e que devia ser o roteiro dos sonhos deles.

Com aquela infinidade de interrupções, às quais se somavam os redutores de velocidade, ele acabou alcançando a motocicleta do canadense, e, logo em seguida, eles pararam lado a lado num semáforo.

"*Hey! How are you? Usted es de Chile?!*"

Foi o cumprimento do piloto, misturando um inglês com um sotaque esquisito com um espanhol péssimo, ao abrir o capacete e puxar conversa. Ele era de Montreal, o que justificava o sotaque, e foi até o Ushuaia com a esposa na garupa; estavam retornando. Ainda passariam mais 45 dias na estrada, segundo ele.

"Sou brasileiro. Venho do Ushuaia pela Carretera e vou seguir até Mendoza."

"Iremos pelo Chile até chegar ao Peru e, de lá, continuaremos o retorno pelo litoral. Na ida, viemos por dentro, passando por Bolívia e Argentina. Não seguiremos por Mendoza."

"E hoje, onde vocês pretendem parar?"

"Em Talca, e de lá, vamos para Santiago, onde ficaremos por uns dois dias descansando e conhecendo a cidade."

"Vocês vão adorar, conheço bem Santiago; é uma cidade muito atraente. Desta vez, vou passar direto, pois preciso encontrar uma turma em Mendoza."

Logo o semáforo abriu e, como ambos seguiriam para Talca, mesmo sem combinar, foram rodando juntos, pois tinham a mesma tocada. O canadense estava com mais carga e acabava quase sempre sendo ultrapassado em algum momento, até que, em algum ponto de parada ou numa redução de velocidade, se juntavam novamente e o papo continuava. A esposa dele falava espanhol melhor que ele. Na verdade, melhor que JG também.

Enquanto seguiam pela região de Osorno, ficaram impressionados com a paisagem não apenas do vulcão e de seu pico nevado, mas de todo o entorno. Aquela região é linda, mesmo nas áreas tomadas pela agricultura e pelo reflorestamento. Sempre paravam nos mesmos mirantes, aproveitando para se conhecer melhor e contar os *causos*, cujos destaques foram o tombo no tramo entre Gobernador Gregores e Tres Lagos, seguido pela queda na escada. O casal não passara por aquele trecho, porque descera a Ruta 3 direto de Buenos Aires para o Ushuaia. Uma pena, porque eles fizeram um caminho que garantiram ter sido uma etapa muito sem graça. Mas também acumularam alguns tombos, principalmente no altiplano boliviano e no deserto de Baja California, quando atravessavam o México.

Próximo a Osorno, eles pararam para abastecer, e JG pretendia seguir na companhia deles durante todo o dia. Ambos estavam seguindo a rota traçada no GPS, mas, alguns quilômetros depois de Loncoche, há uma bifurcação, e a rota de JG implicava sair à direita, pela Ruta Secundaria 91, com destino à Villarrica, cidade localizada à margem do lago de mesmo nome e aos pés do vulcão Villarrica.

Como estava à frente dos canadenses, ficou chateado por não ser seguido, ao vê-los permanecer na rodovia que abandonara. Esqueceu de comentar com eles que faria esse desvio na rota para ter um pouco mais de emoção no roteiro do dia. Uma pena... mas ele foi em frente.

O caminho era razoável, encontrava-se em bom estado, mas era estreito e sem acostamento, então, logo depois de entrar por essa via, ele avistou um VW Jetta parado meio na pista, meio fora dela e um jovem checando alguma coisa fora do carro. Ele teve a impressão de que poderia haver algum problema com o carro e fez sinal para saber se estava tudo bem. Como a resposta foi um sinal de positivo e a indicação era de que o motorista não precisava de ajuda, ele acelerou e seguiu, chegando na cidade depois de pouco mais de trinta quilômetros e com muito calor, com o termômetro indicando 28 graus. Resolveu parar em algum lugar à beira do lago e comer alguma coisa antes de avançar. A vista da avenida Costanera, mais uma, era linda!

Apesar de estar bem melhor em relação às consequências do acidente na escada, praticamente sem aqueles espasmos nas costas e bem menos dores nos ligamentos do tornozelo, ele temia pela sua situação ao final do dia, pois decidira não tomar mais remédios, encerrando a fase de anti-inflamatórios na noite de Puerto Montt.

Pensava nisso quando entrou na cidade, não tão grande, mas bem arrumada, e seguiu em direção à avenida Costanera até que encontrou um restaurante muito charmoso, que pertencia ao Iate Clube local, à beira do lago e de frente para o vulcão. O dia estava aberto e ensolarado, e a vista do pico congelado é imperdível. Só por ela, valeu a pena aquele desvio. Pediu um prato leve para almoçar, e de repente chegou o rapaz do Jetta, com cara de poucos amigos. Passou por ele sem dar a perceber que o reconhecera, algo que o incomodou, pois, com a Branca de Neve parada na porta do restaurante, uma motocicleta que nunca passava despercebida, era impossível não ser reconhecido. Quando se cruzaram na estrada, JG tivera o cuidado de verificar se o rapaz precisava de alguma coisa, e foi solenemente ignorado, era algo meio inesperado. Ele estava mal-acostumado, pois sempre o receberam superbem onde chegava. Apesar disso, ele comeu rapidamente e saiu logo para não perder mais tempo, com o objetivo de chegar à Ruta 5, na altura de um vilarejo chamado El Bosque, e retomar o caminho para Talca ainda no começo da tarde.

Saiu da zona urbana de Villarrica pelo caminho marcado no GPS e logo avistou uma enorme e bem surrada placa que informava que a rodovia estava em obras pelos próximos setenta quilômetros. A placa era muito velha, e, na verdade, seus dizeres eram um eufemismo. Poucos metros de avanço, e o asfalto simplesmente desapareceu, não havia uma estrada ou algo do gênero. O que restara do antigo leito carroçável eram pedaços de camadas de brita que um dia formaram a base do pavimento, e só. Um horror. Ele reduziu drasticamente a velocidade, passou a pilotar em pé e a escolher com cuidado por onde ia andar, sendo que, várias vezes, o melhor era seguir por fora de onde teria sido a estrada em seus bons tempos. Se fosse rípio ou cascalho, seria muito melhor. Mas oferecia uma compensação, pois o caminho contornava o lago a poucos metros de sua margem, num cenário de aventura belíssimo.

Ele não imaginava que passaria por algo tão rudimentar assim; parecia uma trilha para rodar a pé ou de *bike*, no máximo. Tanto estranhou, que passou a achar que tinha cometido algum erro de navegação, até checou várias vezes o GPS, que continuava confirmando que aquele era o trajeto planejado. A indicação do próximo *waypoint* era no término dessa rodovia, que aparecia no instrumento como *Ruta S 69B*, no cruzamento com a Ruta 5, pouco menos de setenta quilômetros adiante. Ele decidiu continuar, porque achava que fosse um trecho pequeno, cujas obras foram abandonadas à um certo tempo por algum motivo, então, com muito cuidado, avançou. Quanto mais avançava, mais preocupado ficava, porque ele não cruzara com ninguém naquele caminho. Andando realmente bem devagar, ele não parava de falar para a Branca de Neve que ali não era um lugar adequado para sofrer uma pane ou ter um pneu furado, pois eles não teriam ajuda ou socorro. O que o acalmava um pouco era saber que o sistema de rastreamento funcionava bem, mesmo quando esteve na Terra do Fogo. Apesar desses pensamentos, ele ainda aproveitava aquela estupenda paisagem, mais parecida com uma trilha, tendo a floresta à esquerda e o lago a sua direita, com o vulcão na margem oposta, majestoso. Fantástico!

Absorto com esses pensamentos contraditórios entre a beleza da paisagem e a preocupação quanto à segurança do trajeto, ele despertou ao notar um ponto bem à frente, onde se vislumbrava a movimentação de alguns caminhões; talvez fosse uma área de mineração, embora não houvesse qualquer indicação no GPS. Pensou que, numa emergência, era para lá que ele caminharia, apesar de estar a uns quinze ou vinte quilômetros de distância daquela provável mina. Pelo menos, lá teria gente.

Seguiu por essa rota durante vários quilômetros, sempre com o foco nessa área com movimentos visíveis, a certa distância, mas sem avistar um acesso ou um caminho de serviço, até que entrou por um trevo esquisito, também em péssimo estado. Era justamente o acesso à Ruta 5, mas não no ponto que imaginara quando fez o roteiro, porque acabou por sair à frente de El Bosque, e não antes. Apesar de estranhar, ele aproveitou o tráfego leve e seguiu em direção a Temuco. Sentia que escapara de uma fria, apesar de não ter entendido direito o que estava errado. Por conta desse episódio, o dia, que já não oferecia nada de monótono nem estava sem graça, passou a ser adrenalina pura, exigindo a pilotagem mais *off-road* de toda a viagem. Uma bela aventura, totalmente imprevista, que ampliou a quilometragem por caminhos sem pavimentos; dessa vez, de maneira involuntária.

Recuperando o fôlego, ele rodou por mais uns trinta quilômetros até chegar a um posto de serviços na entrada de Temuco, uma cidade de razoável porte e infraestrutura. Então, abasteceu e estacionou a moto ao lado da entrada da loja de conveniência para recarregar o *camel pack*. Nesse instante, chegou o rapaz do Jetta, o mesmo, que havia trocado a cara de emburrado pela de assustado, e começou a falar alto com todo mundo, contando que tinha percorrido uma estrada que não existia. Então o atendente da loja de conveniência lhe disse que aquela S 69, após Villarrica, fora abandonada havia mais de sete anos, quando ficou pronta uma nova S 69, mais curta e com um pavimento melhor, que era acessível antes de se chegar à cidade, e não depois. Por isso ninguém mais utilizava aquela rodovia, exceto os pescadores, inclusive porque ali existiam restrições ambientais. Ou seja, ambos percorreram o traçado antigo, o fantasma, daí o tal nome de S 69B. O cara do Jetta deve ter feito a mesma besteira. Não existia nenhum alerta ou informação no Google Earth. Certo estavam os canadenses, que seguiram sem desviar. Contudo, passado o susto, JG colocou essa experiência em seu livro de recordes, porque poucos foram os aventureiros que tiveram a oportunidade de conhecê-la.

Como essa confusão não teve grandes consequências, ele a classificou com uma burrada no capítulo de aventuras imprevistas, e, mais uma vez, constatou que um dia que deveria ser sem emoções não se confirmara. De quebra, ele poderia se gabar de ter contornado a borda do lago Villarrica pelo meio da mata por mais de sessenta quilômetros. Com o peito estufado, saiu acelerando, pois ainda restavam mais quatrocentos quilômetros até Talca, e ele não queria chegar muito tarde ao hotel reservado.

De volta à rodovia, nesse trecho em pista dupla, ele seguiu sempre acima dos 130 quilômetros por hora, pois, surpreendentemente, não encontrara tráfego pesado. O que o preocupava um pouco era a possibilidade de ocorrer uma eventual fiscalização, mas ele não passou por nenhum posto de fiscalização aberto ou com policiais. Aquela estrada, na verdade, é composta de enormes retas, algumas com mais de vinte quilômetros, absolutamente planas, cercadas por estâncias variadas e atravessando uma região fortemente dominada pela indústria madeireira. Desde que saíra das margens do golfo de Ancud, onde ao norte se localiza Puerto Montt, as fazendas de reflorestamento passaram a fazer parte da vista.

Apesar do calor mediano, ao entardecer, voltou a nublar, e a umidade estava bastante alta, o que gerava uma expectativa de chuva no final da tarde, além do desconforto causado pelo abafamento. No entanto isso não atrapalhava nem diminuía o bom astral, pois a ausência de dores, mesmo sem medicação, o deixava extremamente feliz. O maior susto de sua vida como motociclista, provocado pelo tombo na escada ainda em El Calafate, que poderia ter significado o fim de sua viagem de sonhos, tinha passado. Da mesma forma, aquela preocupação que o acompanhou por quase vinte dias, o tal do microvazamento de óleo, que deixava as bengalas da suspensão dianteira da Branca de Neve sujas, também havia se dissipado. É claro que a aventura pelo trecho abandonado, após Villarrica, provocou esse efeito nas bengalas novamente, mas nada que pudesse afetar a *performance* ocorrera.

De Temuco a Los Ángeles, estava tudo tão tranquilo, que ele chegou a pensar em religar a música, mas achou melhor se concentrar e evitar ser pego por uma fiscalização rodoviária errática. Enquanto se aproximava da cidade, à procura de um posto de serviços para abastecer pela última vez no dia, ele debatia com a Branca de Neve sobre o nome da cidade e questionava se havia alguma relação com sua xará americana. Nada! Talvez se devesse apenas à religiosidade de seus fundadores. Uma cidade simpática, limpa, como todas as outras, relativamente grande, que reservava pouca atração. No posto, ele recebeu a expressa recomendação de parar em Salto del Laja, um complexo de cachoeiras baixas, pouco mais de 25 quilômetros adiante, muito fácil de acessar por uma estrada secundária. Ele resolveu testar a dica, parando para fotografar e circular pelas barracas de artesanato, e encontrou algumas coisas bacanas. Logo depois, voltou para a estrada e seguiu para Chillán, que ele apenas contornou por um anel viário no caminho para Talca, evitando se atrasar demais.

Chillán é uma cidade de veraneio com forte turismo de inverno. Como estava no fim do verão, não tinha movimento de pessoas, e a visão das encostas sem gelo não o motivaram a perder tempo circulando por dentro dela. A última cidade razoavelmente grande antes de Talca é Linares, que tem um perfil mais agroindustrial e não é cortada pela Ruta 5, apesar de ser colada à estrada. Como ela não tem muitos atrativos, ele também passou direto por ali sem tirar uma única foto. Eram quase 18h, e ele estava na estrada desde às 8h30. Queria chegar logo, abastecer, preparar a Branca de Neve e traçar o roteiro para o dia seguinte. Ainda que estivesse se sentindo bem, o dia fora puxado e cansativo, com uma boa dose de aventura naquele trecho de Villarrica. Passara da hora de dar uma parada. Foram sete dias desde o último descanso, ainda em Ushuaia, e restava mais um, o último em viagem solo, para descansar um pouco da pilotagem. Esse trecho do sul chileno é absolutamente fantástico, e tudo tinha transcorrido tranquilamente, mas, também, é bem desafiador e exige demais do piloto.

Ele queria sair bem cedo de Talca porque temia a travessia de Santiago e, principalmente, o tempo gasto na fronteira no Paso Los Libertadores, ao lado do Aconcágua. Sabia de casos de pessoas que levaram cinco horas para concluir os trâmites.

O hotel escolhido para Talca ficava no centro, em plena Plaza de Armas, a poucos metros de um posto de serviços. Foi chegar, descarregar e tomar um banho relaxante para começar a revisar o roteiro. Resolveu pegar a estrada entre 7h e 7h30, por isso, carregou a bagagem na Branca de Neve ainda à noite, logo depois de revisar a rota, e foi jantar no próprio hotel. Seu último ato foi ligar para o filho, Maldo, e combinar o encontro para a noite seguinte, quando todos os Aloprado's estariam juntos. Quem chegasse ao hotel primeiro esperaria os outros, para todos jantarem juntos. O ponto de encontro seria o bar do hotel. Os Aloprado's estavam pernoitando em um hotel em Santa Rosa, no centro de La Pampa, após quatro dias de estrada. Faltava muito pouco para o reencontro!

31

ENFIM, JUNTOS

Como JG pretendia sair bem cedo de Talca, por volta das 7h, a motocicleta já estava pronta e o café da manhã, tomado. Enquanto ele se preparava para partir naquele dia de sol tímido e um pouco nublado, um senhor, com alguma dificuldade de caminhar, se aproximou e disse:

"Oi! Vi sua moto ontem ao chegar. Moro nesse prédio, vizinho do hotel. Também sou motociclista!"

"Que legal. Que moto você tem?"

"Uma igual a sua, mas com quinze anos a mais! Essa é o modelo novo, não é? Maravilhosa. Estou namorando a lindinha desde ontem!"

"Sim! Troquei um pouco antes dessa viagem! O senhor ainda roda com a sua?"

"Claro. Temos um motoclube com associados chilenos e argentinos. Todo ano, antes do Natal, fazemos uma viagem de uma semana, um ano pelo Chile e outro ano pela Argentina. Estou manco por causa de uma queda que sofri na última viagem!"

"Machucou muito?!"

"Afetou meus ligamentos, apenas. A moto está recuperada. Eu devo estar bom daqui a uns vinte dias."

JG preferiu não narrar seus infortúnios, mas, mesmo assim, a conversa durou de uns 20 a 25 minutos, e, em vez de incomodar, foi uma injeção de ânimo extra. Esse senhor, que deveria ter algo por volta de setenta anos, e também se apaixonou pela Branca de Neve, deu-lhe uma série de dicas, inclusive sobre como atravessar Santiago sem muita perda de tempo e os truques para não ser retido por muito tempo na alfândega.

O dia não seria muito longo em termos de quilometragem, algo ao redor dos 620 quilômetros, então essa pequena demora para sair só gerou mesmo uma enorme satisfação por ter conhecido aquele homem. O último dia chileno dessa fase estava começando bem. Ainda na cidade, antes de acessar a rodovia, num semáforo, ele encontrou outra moto grande, com placa do Brasil. Um gaúcho que dera uma fugida, rodando pelo norte da Argentina, e descido até Puerto Montt, no Chile. Também pernoitara em Talca, e, da mesma forma, pretendia esticar até Mendoza. O modelo da moto dele era o Adventure, com capacidade para armazenar 10 litros a mais de combustível, portanto, com quase duzentos quilômetros a mais de autonomia extra. Ou seja, em algum momento, ele iria seguir em frente enquanto JG teria de parar para abastecer.

Ainda assim, combinaram de seguir juntos até Santiago, pelo menos, onde ambos fariam o último abastecimento em terras chilenas.

Depois que saíram de Talca, trocaram ideias sobre a travessia dos rios Lontué e Teno, dois afluentes que cercam a cidade de Curicó e comportam calhas bem largas, que quebram um pouco a monotonia das retas da Ruta 5. Poucos quilômetros adiante, após um pequeno vilarejo e uma curva acentuada à esquerda, seguida de uma longa reta num raro aclive, eles avistaram um posto de fiscalização bem no seu final, no alto da colina. Andando à frente, JG seguiu com calma até se aproximar, e, ao ver o policial no meio da pista, ele reduziu ainda mais a velocidade, abrindo o capacete, quase parando. Quando o policial o viu, deu-lhe ordem para prosseguir. JG o cumprimentou, como sempre fazia nessas situações, e retomou o caminho acelerando devagar enquanto olhava pelo retrovisor para ver se o companheiro gaúcho também o seguiria. Não houve problemas, ele passou pelo mesmo ritual. Enquanto cruzava o posto, JG olhou para dentro da cabine de controle e viu dois motociclistas com suas motos estacionadas ao lado da caserna. Reparou que eram placas brasileiras, só não conseguiu distinguir de onde eram. O simples fato de vê-los parados, dentro do escritório da polícia, sinalizava encrenca.

Continuou o caminho, sempre revezando com o gaúcho quem ia na frente, até que entraram em Santiago e pararam no primeiro posto que encontraram. A parti dali, JG seguiria a recomendação do senhor chileno, que indicara a ele fazer a travessia pelo anel norte da via expressa Américo Vespucio, que meio que contorna Santiago pela periferia, sem a companhia do parceiro. Pararam na bomba e, assim que completaram o abastecimento das motos, aproveitaram para se despedir, desejando boa viagem mutuamente. O gaúcho seguiria por dentro de Santiago, pois iria rever uns amigos antes de atravessar o Paso Los Libertadores.

Com o tanque cheio, JG encostou a moto para completar o *camel pack* e reprogramar o GPS com base nas dicas do senhor chileno, para evitar se perder em Santiago e, principalmente, a passagem de Los Andes, que o homem insistentemente lhe recomendou evitar. Nesse instante, chegaram as duas motos que ele tinha visto no posto policial, era um casal de motociclistas de São Paulo em sua primeira viagem internacional. Foram parados por ultrapassar um caminhão pela faixa contínua antes do posto, naquela subida leve. Pior, acabaram extorquidos, com uma baita multa, ao redor de 100 mil pesos chilenos, aproximadamente R$ 570,00, que eles foram coagidos a pagar no ato sob a falácia de que, se não pagassem, não poderiam sair pela fronteira. E eles pagaram!

Encontravam-se num estado de espírito que misturava revolta e medo. Como um piloto que se considerava experiente, JG explicou que não havia nenhum risco de ficar preso numa alfândega por causa de multa não paga. Na fronteira é sempre exigido um documento de identificação do piloto, geralmente o passaporte, e os documentos de propriedade do veículo. Nem a carteira de habilitação é solicitada, na maioria das vezes. Além disso, ele estranhou uma cobrança de multa com esse valor. Era inédito para ele uma situação dessas. O fato é que eles deveriam ter respeitado as regras de trânsito. Foi então que comentaram que tinham sido parados em todos os postos de fiscalização que encontraram pelo caminho. Foi difícil controlar o riso, mas JG disfarçou e comentou que em 28 dias e quase 12 mil quilômetros, o pararam em duas ocasiões apenas, o multaram em uma, sem ter sido obrigado a pagar a multa no ato, como eles. E, para ajudar, mostrou a multa, eletronicamente emitida, que era muito diferente do recibo preenchido manualmente que carregavam. Claro que eles ficaram com mais raiva ainda.

Aproveitando a conversa, e para tranquilizá-los um pouco, JG os aconselhou a tomar cuidado nas entradas e saídas das cidades e nas divisas entre províncias, pois sempre existem controles próximos, e quem não passa por eles antes de chegar, passa, sem dúvida, ao sair. Na verdade, ficaram ainda mais preocupados, pois imaginavam enfrentar mais dez postos de controle até o Brasil. JG insistiu para que ficassem tranquilos e apenas tomassem cuidado e prestassem atenção nas regras de trânsito.

Se despediram, e cada qual seguiu seu rumo, pois o horizonte começava a escurecer e sinalizava mais uma daquelas chuvas de verão. JG não queria enfrentá-la na travessia do Paso, nas alturas, porque sabia que elas eram geladas.

Logo depois de passar por Santiago, ele seguiu pela Ruta 5 em direção à Los Andes, onde desviaria para Río Blanco, e pretendia abastecer mais uma vez por lá, seguindo então direto para Mendoza. Depois de rodar pouco mais de 150 quilômetros, as tais nuvens negras se aproximaram muito, e ele percebeu que seria inevitável tomar aquela chuva, que viria bem forte. Começou a torcer pela oportunidade de chegar a um posto antes de ela começar a cair. Não deu tempo; a água despencou quando faltavam uns vinte quilômetros para chegar ao trevo de Los Andes. Ele precisava de um abrigo para colocar a capa, porque a chuva estava muito forte e ficaria encharcado se continuasse. Foi quando ele avistou um posto de serviços justamente na saída do trevo e entrou pelo retorno para alcançá-lo. Apesar de não gostar de parar em sentido contrário ao que se trafega, naquela situação, não havia alternativa melhor.

Abasteceu e fez um lanche leve antes de seguir direto para a alfândega e, na sequência, Mendoza. Mesmo com a chuva e os papos pelo caminho, a velocidade média tinha sido muito boa até ali, o que lhe dava certa tranquilidade para enfrentar possíveis demoras na fronteira. Em termos de quilometragem, restavam pouco mais de duzentos quilômetros até o hotel, apesar da dificuldade que seria fazer os *caracoles* da subida pelo Paso.

Como estava bem molhado, e com a dificuldade de sempre para vestir a capa, ele pediu ajuda a um frentista, não sem antes passar um bom esguicho de ar na roupa, ajudando-a a secar. A chuva deveria parar logo, mas, como ele sabia que enfrentaria frio na subida da cordilheira, preferiu se agasalhar e subir protegido com a capa.

Ele estava quase pronto para sair quando, enquanto conversava com alguns admiradores da Branca de Neve, que, molhada pela chuva, até parecia mais ou menos limpa, viu o casal de brasileiros em suas motocicletas pegarem o trevo em direção a Los Andes, em vez de seguir à direita. Ele falara da recomendação que recebera do chileno pela manhã, para evitar esse caminho, porque era o roteiro que os caminhões faziam, lento e impossível de sair depois que se entra, mas, pelo jeito, eles decidiram não ouvi-lo. Como se dizia antigamente, cada cabeça, uma sentença, e era melhor ele tratar da própria vida e ir embora.

Quando ele começou a subir em direção aos *caracoles*, a chuva parou e o céu abriu, trazendo um azul forte e muita luminosidade. Essa melhora no tempo era muito bem-vinda, pois a temperatura estava baixando aceleradamente e, se aquela chuva continuasse, provavelmente ele sentiria frio. Sem chuva e com a capa emborrachada, mais os forros da roupa de proteção, ele não teria mais problemas. Estimara chegar ao topo com algo entre 7 e 10 graus, e estava preparado para isso, principalmente depois das experiências que tivera ao chegar e sair do Ushuaia.

O tráfego estava razoavelmente leve, talvez devido à hora e por ser meio de semana, uma quarta-feira, mas a velocidade baixa dos caminhões e dos ônibus o fazia reduzir a velocidade média da Branca de Neve. JG achava que o fato de viajar sozinho ajudaria, porque ele não ficaria preso ao comboio e poderia aproveitar as mínimas oportunidades de ultrapassagem, mas não foi bem assim.

Quando chegou no início dos *caracoles*, ele ficou chocado com a visão da estrada, pois a rampa era algo inacreditável, e o zigue-zague era radical, com as pistas se sobrepondo, intercalando curvas de mais de 180 graus à direita e à esquerda. Alguns trechos pareciam mais retorno que avanço. E a paisagem, então, com a tarde de céu azul fortíssimo, poucas nuvens e os picos gelados da cordilheira tão próximos, com destaque para o Aconcágua, qualquer um ficava embasbacado. Foi preciso muita concentração para não fazer besteira. Entre as paradas, o mirante da estação de esqui de Portillo é imperdível.

Contudo, logo ficou claro que a moleza acabaria. A uns três quilômetros da alfândega, pouco antes do túnel da travessia, começava a fila de veículos parados. Um festival de caminhões e ônibus turísticos a perder de vista. No entanto, assim que ele chegou, um caminhoneiro brasileiro lhe disse para seguir direto, porque tanto o procedimento como o acesso para motos era independente. Ufa! Mais uma vez, salvo pela solidariedade humana. Será que seria fácil?

Não foi! Quando chegou ao estacionamento, exigiram o exame da maleta pelo escâner, e todo o processo demorou quase três horas. Enquanto esperava na fila, muita história rolou. Encontrou motociclistas chilenos, argentinos, peruanos, brasileiros, alguns com motos grandes e vários com pequenas, de todos os tipos. Estava frio, mas não muito, cerca de 9 graus, e os funcionários diziam que o verão tinha sido quente. Acabou passando o tempo com tanta distração que nem se incomodou muito. Passava um pouco das 17h quando ele montou na Branca de Neve, que era uma espécie de objeto de admiração, ampliada depois de os interlocutores conhecerem as histórias de sua viagem solo. Aquela confusão acabou sendo boa para seu ego. E a expectativa de chegar ao hotel para o reencontro com os Aloprado's era enorme, deixando-o bastante ansioso.

Assim que saiu do túnel e, de fato, entrou na Argentina, ainda houve tempo para aproveitar alguns pontos turísticos que ele planejava conhecer desde antes de sair. Além do próprio túnel e de Las Curvas, vilarejo onde fica a estátua do Cristo Redentor e por onde passa a antiga estrada de ligação Chile-Argentina, em rípio e agora desativada, ele ainda parou na Puente del Inca, uma formação rochosa peculiar e supostamente usada pelos indígenas. Independente dessas paradas, os pouco mais de 150 quilômetros até Mendoza foram rápidos e tranquilos, com tráfego apenas razoável. Quando ele entrou pelo entorno de Mendoza, voltou aquela preocupação de pilotar em meio ao tráfego urbano no horário de pico. Eram quase 19h, num anoitecer ainda bem claro, mas também era a hora do *rush*. Com o auxílio do GPS, ele conseguiu se localizar, mesmo enfrentando alguns desvios por obras viárias, comuns nas cidades grandes, e em menos de meia hora chegara ao hotel. Cansado, sujo, com fome, mas feliz. Na verdade, eufórico. Ele acabara de completar 25 dias de viagem sozinho, tendo saído de casa há 28 dias, e rodado 12.350 quilômetros. O desempenho da Branca de Neve tinha sido espetacular, e, no dia seguinte, ela passaria por uma revisão que poderia corrigir qualquer problema que pudesse ocorrer, apesar de que ele não sentia nada de crítico, exceto aquela sujeira que observara nas bengalas da suspensão dianteira.

Entrou pela recepção do hotel e logo viu a tropa de choque do Aloprado's. Haviam chegado fazia menos de quarenta minutos, de Santa Rosa, e imediatamente a farra começou. Logo de cara, Valentim foi avisando que, como ficariam parados por pelo menos um dia, por conta da revisão da Branca de Neve, ele agendara uma excursão pelas vinícolas locais. Grande ideia. Depois de mais de vinte dias sem beber nada por causa dos anti-inflamatórios, JG estava pronto para retomar o hábito.

Rapidamente, descarregou a bagagem, dessa vez completa, deixando a moto livre e pronta para a oficina, agendada para o dia seguinte, tomou um banho restaurador e foi se encontrar com a turma. Estavam todos cheios de histórias para contar, desde a aventura de atravessar um riacho com a carreta por cima de uma parede de pedras e quase ser puxados pela correnteza até as peripécias experimentadas nesses mais de 12 mil quilômetros pelo sul do continente americano.

Como todos estavam exultantes e tinham muito para contar, resolveram jantar no próprio hotel, reservando os passeios para o dia seguinte. Uma coisa era fato: JG sentia-se diferente depois dessa experiência, e seus parceiros do Aloprado's percebiam isso. Ter feito esse trecho da viagem de seus sonhos sozinho fez dele uma pessoa mais confiante na solidariedade e na bondade do ser humano. A dúvida era: por quanto tempo? Não sentira solidão nem sofrera desconforto ou risco em nenhum momento, exceto naqueles segundos que passara no chão quando caiu depois de Gobernador Gregores, e em todos os momentos com incidentes houve alguém disposto a lhe ajudar. Que viagem fora essa! As histórias eram tantas que passava da meia-noite quando eles decidiram ir para a cama. JG levaria a Branca de Neve para a concessionária às 8h, e os Aloprado's decidiram comboiá-lo. Sairiam em quatro motos para a oficina, a poucas quadras do hotel. Fariam uma entrega em grande estilo.

32

DIA DE BACO

Todos os motociclistas do grupo estavam em pé logo nas primeiras horas da manhã. Os rapazes que conduziam a Defender ficaram na cama, aproveitando o dia de folga. Antes das 8h, JG e seus irmãos rodaram os poucos quarteirões até a concessionária, para levar a Branca de Neve à sua segunda revisão, com pouco mais de 20 mil quilômetros e após 12,5 mil quilômetros rodados desde a primeira revisão, feita ainda em São Paulo, antes da saída.

O serviço fora agendado prévio à saída para a aventura, praticamente um mês antes, e JG o confirmara por e-mail no dia em que chegou à Puerto Cárdenas. Ao entrar na oficina, não precisou se identificar. Pela sujeira da Branca de Neve e sua placa do Brasil, todos sabiam que o *maluco do brazuca* que viajara sozinho até o Ushuaia tinha chegado. Depois de várias "homenagens", ele deu início à apresentação da Branca de Neve e a uma avaliação genérica do seu estado ao chefe da oficina.

"Afora a revisão convencional dos 20 mil quilômetros, preciso que chequem todas as estruturas de fixação porque ela foi solicitada demais nesses trechos sem pavimento asfáltico."

"Faremos isso, mas primeiro precisamos lavá-la bem. Vamos começar com uma lavagem a quente. Temos que soltar toda essa sujeira que está fixada nela."

"Atentem ao fato de que ela irá rodar mais uns 10 mil quilômetros sem nova manutenção e em condições piores ou semelhantes às que enfrentou até aqui. E, exatamente por isso, preciso trocar os pneus. Eles estão quadrados, principalmente o traseiro, mas, em termos de borracha, acho que aguentariam mais uns 5 mil quilômetros."

"Sem dúvida! Confesso que estou surpreso com o estado deles. Esperava encontrá-los num estado bem pior."

"Rodei quase o tempo todo com 4 libras abaixo da pressão recomendada. Funcionou."

Realmente, o chefe da oficina não se cansava de admirar o estado geral dos pneus. Eles resistiram muito bem, acima de qualquer expectativa. Toda a discussão pré-viagem sobre como assegurar que fosse possível fazer todo o trecho com um só par fora inútil. Eles ainda conseguiriam rodar mais um bom pedaço, talvez até La Paz. Mas não era hora de correr riscos. Ele continuou:

"Para os próximos trechos, com grande percentual de rípio ou mesmo terra, vou preferir os pneus mistos, apesar da menor durabilidade."

"Perfeito. Vamos trocar por um par de novos, de uso misto. E existe algum problema específico, observado ao longo da viagem, para examinar?"

"Sim, desde que entrei na Ruta 40, em Malargüe, tem um microvazamento de óleo nas bengalas dianteiras. Aparecem quando ela é muito solicitada, e especialmente nos dias de calor."

"Ok, vamos verificar com cuidado, desmontando as bengalas. Logo depois da lavagem, a gente te liga com um diagnóstico mais preciso da revisão."

Depois dessa informação, os irmãos se despediram, rindo muito da romaria que presenciaram, com todos os mecânicos e funcionários dando um jeitinho de ver a Branca de Neve. Realmente, ela era a rainha do baile!

Para concluir, mais ou menos no meio da tarde o consultor técnico da concessionária ligou para informar que foram necessárias três lavadas a quente para conseguir acessar as peças da moto e providenciar a revisão, e, por conta desse perrengue, ele só teria condição de entregar a moto no início da tarde do dia seguinte.

Isso não era um problema. Embora o plano dos Aloprado's fosse ficar apenas um dia parado em Mendoza, todos sabiam que essa possibilidade de ficar mais um dia existia. A revisão deveria ser mais complexa mesmo. E a grande preocupação com as bengalas dianteiras? No mesmo telefonema, lhe informaram o diagnóstico final, que não o surpreendeu. Os anéis de vedação são cobertos de vaselina, para ajudar a reter o óleo, e, com o calor que JG enfrentou, principalmente na Argentina, a vaselina tinha derretido. A partir daí, quando a moto era mais solicitada, e sempre nas altas temperaturas, acabava vazando um pouco do óleo. No frio e em boas condições de rodagem, nada acontecia, porque o óleo, em sua viscosidade normal, não passa pelos retentores, que estavam perfeitos. Só isso. A quantidade de óleo encontrada nas bengalas estava de acordo com os padrões mínimos recomendados pelo fabricante. Exatamente como supôs o companheiro motociclista britânico que JG conhecera em Bariloche. Quem sabe, sabe. O resto chuta.

De volta ao hotel, na garupa do Valentim, pela primeira vez na vida, JG ficou realmente assustado. Andar na garupa é coisa de maluco. Mal chegou, precisou de um copo d'água para se recompor.

A excursão que seus irmãos planejaram para o dia, pelas vinícolas de Mendoza e seus arredores, era um programa particular, pois, como eles eram sete, compensava. Enquanto os rapazes terminavam o café da manhã, avisaram o guia que estavam disponíveis e ficaram no bar, aguardando a van. A ideia era visitar três vinícolas diferentes, a primeira com almoço, além da degustação. Essa primeira experiência seria um pouco mais demorada, mas para as outras eles previram gastar uma hora, mais o tempo de deslocamento. Deveriam voltar no final da tarde.

Como estavam no meio do período principal de colheita, que ocorre entre fevereiro e abril, puderam acompanhar o processo de seleção e preparo das uvas para a fermentação *in loco*. E por ser um grupo particular, o Aloprado's pôde aproveitar o tempo da forma que quis, o que foi perfeito.

Seus irmãos tiveram uma grande sacada nesse planejamento. JG, que bebera muito pouco ou quase nada nos 26 dias anteriores, ao começar a degustação na última vinícola, avisou o resto da tropa que ia passar a beber água, antes que ficasse bêbado. Uma pena, porque os vinhos eram ótimos.

Voltaram para o hotel no fim da tarde, cansados, mas bem-dispostos, porque o ar-condicionado da van dera suporte para o forte calor daquela tarde. Fazia 36 graus de novo! À noite, JG iria rearranjar as roupas de viagem nos bauletos, porque só voltaria a fazer frio quando eles chegassem aos trechos de grande altitude; mesmo assim, nada como aquelas temperaturas que ele experimentara entre Bariloche, Ushuaia e Puyuhuapi.

Durante o dia, os Aloprado's trocaram muitas histórias, incluindo algumas que ocorreram com a tropa no trajeto de casa até Mendoza. Das várias que JG ouviu, duas eram imperdíveis.

Mesmo com todo o cuidado tomado no planejamento, JG ignorou por completo o fato de a carreta ser um veículo, formalmente falando, erro primário, porque ela paga até IPVA. Sim, ele esqueceu de providenciar o seguro Carta Verde para ela, obrigatório para todos os veículos nos países do Mercosul. O Aloprado's saiu de Itu sem imaginar que faltava esse documento na pasta que JG organizara antes de iniciarem a viagem pela etapa das serras catarinenses. Só souberam do fato na passagem pela fronteira, em Santo Tomé, quando foram parados e o veículo foi proibido de avançar.

Com Valentim como *relações públicas,* nada é impossível, e, depois de um bom papo com a fiscalização, as motos foram liberadas para atravessar a fronteira e comprar o seguro para a carreta numa corretora que existia no lado argentino. O resumo da novela na primeira hora do dia foi que seis pessoas, com carreta, carga e mais três motocicletas, levaram quase três horas para sair de lá, depois de atravessar as cidades de São Borja e Santo Tomé, no horário de pico da manhã. Acabaram por começar a rodar na Ruta 14, pelo lado argentino, a caminho de Santa Fé, quase ao meio-dia.

E o culpado estava a milhares de quilômetros de lá, iniciando seu passeio pela Carretera Austral. Foi o cara mais xingado no dia.

A outra besteira foi culpa deles mesmo, e ocorreu no dia seguinte, enquanto avançavam para Santa Rosa, onde passaram a noite. Durante a travessia do Pampa, pararam para almoçar num rodízio argentino, onde os rapazes deram um enorme prejuízo aos proprietários e cometeram a insensatez, típica de marinheiros de primeira viagem, o que não era verdade, de pular o abastecimento previsto naquela localidade, por conta de perceberem uma melhora brutal de desempenho dos veículos com o uso da gasolina argentina, muito superior à brasileira, o que os deixou por demais confiantes em relação à autonomia. Acharam que poderiam avançar sem abastecer no ponto originalmente planejado, ganhando tempo ao atravessar aquele trecho sem graça. Só que a Lei de Murphy é implacável.

Já no início da tarde, a gasolina começou a acabar, e nada de aparecer algum posto de serviços, porque naquela região não existem postos de serviços isolados na estrada. Eles são encontrados apenas nas cidades ou nos vilarejos, e eles não passaram por nenhum depois daquele em que haviam planejado a parada de abastecimento, onde destruíram o rodízio.

À medida que o combustível ia ficando mais escasso, mais figa eles faziam, na esperança de chegar até um local de abastecimento, mas, num determinado momento, a motocicleta do Max deu duas tossidas e apagou. O Aloprado's estava viajando com carro de apoio e carreta, desde Itu, lotado de galões e com capacidade de 120 litros de combustível extra, mas todos estavam vazios! Isso porque o planejamento original incluía enchê-los logo que entrassem na Argentina. Por pura preguiça, não o fizeram. Mais uma dura lição! Deveriam ter abastecido como planejado. Acabaram pagando a conta não por azar, mas sim por burrice mesmo. Moral: se planejou, faça!

Exatamente como aconteceu com JG no trecho depois de San Luis. Sem saber, o Aloprado's cometeu a mesma estupidez em dois momentos diferentes. Para que carregar galões de combustível vazio? Para concluir a história, até que tiveram um pouco de sorte, pois pararam à beira de um bucólico riacho na única sombra que existia por quilômetros e ficaram à espera da turma da Defender, que chegou a um vilarejo mais adiante, a não mais do que trinta quilômetros dali, onde encontraram gasolina. Era o único posto de serviços existente num raio de uns duzentos quilômetros. Logo fizeram o transbordo de combustível para a moto de Max e foram para lá encher os tanques e se refrescar um pouco, com água, muita água. Segundo os irmãos, nunca beberam tanta água como durante aquela travessia do Pampa, sob um calor de 39 graus!

Para jantar, seguiram a recomendação do *concierge* do hotel e foram para uma *parrilla*, saborear um espetacular bife de *chorizo* acompanhado de um ótimo Malbec. A farra do Aloprado's nas paradas pós-pilotagem estava de volta. À noite, enquanto os velhos foram para cama, os rapazes resolveram conhecer uma balada local, aproveitando o dia extra na cidade, que não reservava nenhuma programação pela manhã.

Logo cedo, os quatros irmãos, em roupas civis, saíram pela cidade para passear a pé, aproveitando a manhã livre e sem motocicletas. Mendoza é uma cidade de contrastes, relativamente pequena em seu centro histórico, por onde eles andaram toda a manhã, reservando os passeios nos arredores para a saída de motocicleta no dia seguinte, quando rumariam para Tinogasta retomando a Ruta 40, sentido norte. No entanto, é enorme em sua periferia, a quarta cidade mais populosa do país. Na verdade, ela é espalhada, pois a região central é confinada pelos contrafortes andinos, e não permitem maior adensamento. Na hora do almoço, retornaram ao hotel, onde se juntaram aos rapazes que tinham acabado de acordar, mortos de fome! Saíram para comer em um dos vários restaurantes localizados nas proximidades do hotel, e, no meio da tarde, a oficina confirmou que a Branca de Neve estava pronta.

Admitindo que estava com saudades, JG foi buscá-la, novamente na garupa da moto do Valentim. Outro sufoco! Ao vê-la, limpíssima e com pneus novos, quase não a reconheceu. Parecia nova. Uma pena, porque ele sabia que não duraria um dia assim. Saiu para procurar um posto de serviços, sentindo que a revisão deixou a moto ainda mais macia. Estava cada vez mais empolgado com ela. Depois de abastecê-la, ele voltou ao hotel e deixou-a repousar até o final do dia. Com os irmãos, ele foi para o bar e iniciou a revisão do roteiro para o dia seguinte, confirmando as reservas de hotel para todos os dias em que viajariam com a tropa do Aloprado's. Era muita gente para alojar, e eles precisavam ter certeza de que conseguiriam lugar nos vilarejos pelos quais passariam. A viagem de sonhos prosseguia, mas com uma flexibilidade menor. Pelo menos até Jujuy, quando se separariam novamente e JG seguiria para o altiplano boliviano na companhia de Valentim e Rubinho.

À noite, resolveram se despedir de Mendoza com um jantar num restaurante chique que alguém no hotel sugeriu, degustando duas garrafas de um excepcional vinho argentino. Estavam muito animados, sabendo que os próximos dias seriam de desafios e aventuras. Mas também estavam confiantes e com o astral em alta. Principalmente JG, que tinha adorado a experiência de viajar sozinho, mas estava curtindo a companhia de seus irmãos e parceiros do Aloprado's. Foram se deitar cedo, pois pretendiam pegar a estrada por volta de oito e meia da manhã.

Para facilitar, arrumaram a carga extra nos bauletos das motos e da carreta, que possuía dois baús laterais com grande capacidade de carga. Isso ajudaria a aliviar o peso carregado pela Branca de Neve, também. JG voltaria a viajar com o luxo de uma primeira classe, como considerava a viagem acompanhada de um carro e uma carreta de apoio. O trecho que seria percorrido passou a ser caracterizado como a viagem de sonhos de luxo.

PARTE QUATRO

33

OS TRAPALHÕES

Passava um pouco das 8h30 quando o comboio com as quatro motos mais a Defender com a carreta avançou pela avenida Gobernador Ricardo Videla e rumou para a saída norte de Mendoza, no sentido da Ruta 40, no reencontro de JG e Branca de Neve com essa rodovia sensacional. O grupo chamava atenção dos pedestres, e JG, que ia à frente, sentia-se como um general no comando de uma tropa de ataque em plena guerra. Branca de Neve estava tão limpa que refletia os raios solares na manhã que começara bem quente, e como JG sabia que o destino final seria o deserto de Catamarca, esperava mais um dia com temperatura na faixa dos 39 graus.

Mendoza é realmente uma cidade bastante espalhada, mas, ao chegar próximo do aeroporto local, a sinalização da avenida indicava que já estavam na estrada, exatamente o último trecho que JG não conhecia da Ruta 40.

A primeira parada do dia seria em San Juan, para abastecimento, e a expectativa era impor um ritmo acelerado, pois eles rodariam numa rodovia de pista simples e bom pavimento, de tráfego muito leve. Tomariam cuidado com alguma eventual fiscalização, mas a ideia era andar numa velocidade de cruzeiro alta, tendo a Defender como limite.

Com os intercomunicadores emparelhados, o papo rolava solto, assim como recomeçaram as famosas aceleradas de Valentim, quando ele ultrapassava todo mundo e sumia, até ser encontrado alguns quilômetros à frente, fazendo hora. A paisagem era de uma aridez total, semidesértica, mas de uma beleza marcante. Novamente, retas e mais retas infindáveis numa planície na altitude, não tão baixa, ao redor de 750 metros, o que mitigava um pouco o calor. E foi assim até chegarem a uma localidade chamada Conchagal, um lugar no meio do nada, com nenhuma casa. Por ali, encontraram a rodovia interrompida e entraram por um desvio que deveria ser curto. Estavam à frente da Defender.

Por alguma razão, os motociclistas se distraíram e perderam a rota marcada no GPS, errando o caminho sem perceber, ao entrar por uma estrada rural de cascalho bastante razoável. Tão razoável que acharam que era o próprio desvio.

Depois de avançarem por alguns quilômetros, os quatro motociclistas começaram a estranhar a ausência de tráfego, pois até então havia outros veículos na estrada. Também nenhuma informação da Defender, que estava um pouco atrás deles, e, pior, eles não conseguiam sinal de celular. Na dúvida, ainda insistiram em avançar mais um pouco, mas logo se convenceram de que estavam perdidos e numa direção que não deveria ser a correta. Rubinho colocou um ponto final na história:

"Vamos voltar. Não pode ser por aqui, e os rapazes devem ter pegado outro caminho!"

"Melhor mesmo. Estamos indo para o leste, e San Juan deveria estar ao norte", completou Max.

Sem perder mais tempo, deram meia-volta e começaram a retornar com muito cuidado para não pegar outra variante, até chegar novamente à Ruta 40, no ponto por onde saíram. Foi quando descobriram que não tinham entrado pelo desvio da obra, mas, sim, por um caminho qualquer que partia da estrada asfaltada no mesmo ponto do desvio, apenas no lado contrário. O correto era sair pela esquerda, e essa saída era à direita. A sinalização não estava tão boa assim, porque os quatro patetas cometeram o mesmo engano. É o famoso "segue o líder", que naquele momento era JG, e "quebre a cara!". Estava aberto o festival de trapalhadas!

Nesse intervalo de tempo, perderam contato com a Defender, que seguiu direto, pelo caminho correto. Só depois de retomar o rumo e já próximo a San Juan, onde a estrada atravessava uma vinícola lindíssima, foi que conseguiram contato por celular com eles, que estavam bem à frente. Marcaram de se encontrar num posto de serviços visível pelos rapazes, distando apenas algumas centenas de metros adiante. Quando chegaram, os quatro velhos foram esculhambados pelos rapazes, que não perdoaram o erro primário de navegação. Não era só a companhia que estava de volta, mas as gozações também.

A próxima parada seria em San José de Jáchal, um vilarejo às margens do rio Jáchal, um daqueles rios de degelo com uma calha enorme, mas praticamente seco, que foi acompanhado pelo comboio por mais de setenta quilômetros. A Ruta 40 nesse trecho tem um pavimento de pior qualidade, com o asfalto trincado e alguns desníveis na pista, mas, ainda assim, não o suficiente para impedir uma boa velocidade.

Apesar do percalço antes de San Juan, o dia avançava bem, e a ideia era fazer um lanche nessa próxima parada; enquanto discutiam a programação pelos intercomunicadores, passaram por um posto de controle de tráfego da polícia local.

Valentim e JG seguiram tranquilos, mas Rubinho, Max e a turma na Defender foram parados. Depois de avançar mais um pouco, acionaram os intercomunicadores.

"O que foi que aconteceu?"

"Nada, é um comando, e eles pediram os documentos!"

Com a resposta de Max, Valentim emendou:

"Vamos esperar por aqui, então!"

Mas as coisas começaram a demorar, então eles resolveram voltar para ver o que estava acontecendo. É aquele papo de "ferrados por um, ferrados por todos". Para resumir, os policiais os achacaram descaradamente, pediram propina para liberá-los alegando uma irregularidade na documentação do seguro Carta Verde. As apólices foram preenchidas pela seguradora à mão, e eram uma cópia, e não datilografadas. Não havia nada de irregular, os policiais apenas usaram isso como pretexto para ameaçar multá-los, apreender as motos, essas coisas do gênero. Os irmãos ainda estavam vestindo os capacetes, portanto a comunicação entres eles continuava:

"Acho melhor não discutir mais e pagar alguma coisa, para eles nos liberarem. Temos um dia longo pela frente, faltam mais 450 quilômetros!"

"Concordo, JG. Deixa que eu negocio isso", respondeu Rubinho.

"Eu vou aí com você", completou Valentim, o menos irritado com a situação.

Aliás, poucas coisas irritam Valentim, ou quase nada, sua tranquilidade é seu estado normal. JG, por outro lado, de tanta raiva que estava, foi para perto dos rapazes no jipe, porque, se ele entrasse em cena, iria dificultar ainda mais as coisas. Mas ele não deixou de resmungar:

"Com mais de 120 mil quilômetros acumulados em viagens de motocicleta pelo Brasil e pelo exterior, boa parte deles na Argentina, sei lá quantas vezes eu fui parado em postos de controle, e esta é a primeira vez em que tenho de pagar propina para não me aborrecer mais!"

De fato, uma experiência incomum, que nunca fora uma preocupação dos Aloprado's, apesar de que diversos viajantes conhecidos deles narraram algumas situações semelhantes. Contudo, apesar da virgindade perdida, a tropa tinha que seguir.

Logo, pararam em San José de Jáchal, abasteceram e fizeram um lanche; a agitação estava acima do normal por causa do erro no desvio e da consequente gozação que tiveram de aguentar, acrescida do episódio com os policiais. O valor da propina era irrelevante, mas a situação fora por demais incômoda.

Retomando a estrada, a próxima e última parada do dia seria Nonogasta, ao sul do deserto de Catamarca, ainda acessada pela Ruta 40, mas, a partir de uma localidade chamada Guandacol, o rumo deixa de ser norte e passa a ser para o oeste. De Nonogasta, seguiriam por outra estrada, novamente no sentido norte, até Tinogasta.

E Guandacol também se notabilizou por uma aventura extra. Em meio àquelas longas e absolutamente planas retas, a estrada estava em obras e totalmente interrompida, por causa da ausência de pontes. Pouco antes de chegar ao vilarejo, eles entraram por um longo desvio em terra, em bom estado, que lhes proporcionou uma experiência diferente, porque eles subiram uma pequena serra que acompanhava o vale e oferecia uma vista magnífica, além dos *caracoles*. Dava para ver todo o vale lá embaixo, à medida que subiam, com variações nos ângulos de visão. Foi inevitável o retorno das exclamações de Valentim:

"Que lindo! Estava precisando dessa variação de traçado!"

E foi em meio àquela beleza de paisagem que surgiu o cenário ideal para mais um imprevisto. JG, que pilotava à frente do comboio, intencionando ganhar um pouco de distância para fotografar o grupo subindo pela estrada com o vale ao fundo, à certa altura, estranhou que ninguém mais aparecia. Preocupado, ele decidiu voltar e, poucos minutos depois, encontrou um aglomerado de gente ao redor da motocicleta do Valentim. Imediatamente, sacou o que havia acontecido.

Embevecido com todo aquele visual, Valentim se descuidou e acabou escorregando numa curva mais fechada. O tombo não teria grandes consequências se ele não tivesse quebrado o manete da embreagem. Ora, para um grupo que sempre se esmera ao planejar, isso não era problema. O Aloprado's havia levado um manete de reserva, desses genéricos, e, com um pouco de sofrimento e muito esforço do Max, o único daquele grupo com jeito para mecânico, foi possível trocá-lo e seguir o, como dizia Valentim, "*Ma-ra-vi-lho-so* trajeto! *Liiindooo*!"

Maravilha mesmo, e o planejamento, quase perfeito, salvou o dia.

Lá de cima, a vista com a qual foram agraciados recompensava tudo. Começara a chover no horizonte, e, de onde eles estavam, a visão da chuva no vale árido com a Ruta 40 no meio, bem visível, era especial.

O retorno ao vale se fez descendo mais alguns *caracoles* até próximo ao vilarejo, minúsculo e sem muita infraestrutura.

Na descida, deixaram a Defender com a carreta ir à frente do grupo, pois a dirigibilidade dela é bem mais difícil do que a das motocicletas, e os quatro mosqueteiros seguiram atrás, parando em alguns pontos para fotografar. Ao chegar lá embaixo, seguiram a recomendação de Max:

"Vamos enrolar o cabo, porque temos muito chão pela frente!"

E, acelerando, logo chegaram a Nonogasta, outro ponto perdido no mapa, onde abasteceram rapidamente e seguiram para Tinogasta, não sem antes colar um adesivo do Aloprado's na última placa de sinalização da Ruta 40. JG transformava-se em um dos motociclistas que mais quilômetros percorreram nessa estrada icônica, sem contar que foi nela, também, que ele sofreu um tombo pra valer. Era uma estrada inesquecível para ele, mesmo.

A sensação acumulada ao longo do dia era de que a aventura havia recomeçado, e as belezas naturais do entorno, com a sucessão de imprevistos, provocou uma boa perda de tempo. Com o asfalto excelente, que lhes permitia um bom desenvolvimento, eles aproveitaram como nunca para pilotar nesse trecho final de topografia bem mais irregular e em pleno deserto. Os rapazes que se revezavam na direção da Defender removeram o teto solar e percorreram um bom trecho em pé, com o corpo todo para fora. Era diversão total. Mesmo com as bobagens que faziam, era pura farra. E esse astral fazia muito bem a JG, depois de tanto tempo rodando sozinho durante todo o dia.

Antes desse momento, porém, ainda teve mais uma idiotice para atrasar. Alguns quilômetros depois de Nonogasta, o roteiro indicava que eles deveriam entrar à esquerda, saindo da Ruta 40 e pegando a Ruta Provincial 11, pelo meio do deserto de Catamarca. Valentim, em um daqueles seus arroubos de Valentino Rossi, acelerou e saiu na frente do grupo, aproveitando uma reta e o tráfego nulo. Porém, como não prestava atenção no GPS, ele não sabia o roteiro a fazer e, desligado como sempre, não entrou onde deveria, seguiu em frente.

O grupo ficou bem atrás e não havia como saber que ele passara reto — o resto do grupo entrou na rodovia correta. Ninguém se comunicou. Seguiram em frente por alguns quilômetros até estranharem o fato de que ninguém o alcançava, o que era incomum, porque, sempre que Valentim dava uma dessas arrancadas, ele ficava esperando os retardatários mais adiante, para zoar um pouco. Deduziram que ele seguira em frente pela Ruta 40 e por isso não estava no alcance do comunicador. Resolveram retornar ao cruzamento das duas rodovias. Uma vez por lá, esperaram mais um pouco, e nada de ele aparecer. Sinal de celular, nem pensar. E, mesmo que tocasse, ele não iria perceber nem atender. Decidiram que dois seguiriam pelo caminho errado à procura dele e o resto ficaria no cruzamento, sob a copa de uma pequena árvore, a única sombra que encontraram por lá. Rubinho e JG foram escalados e saíram à procura do dito cujo. Depois de rodar uns vinte quilômetros, eles o encontraram, belo e formoso, parado no acostamento, reclamando que não aguentava mais esperar naquele calor. JG ficou louco, mas se conteve, porque dar uma bronca nele e nada é a mesma coisa. Valentim apenas sorri, porque tudo que se fala para ele entra por um ouvido e sai pelo outro, sem nenhum efeito, exatamente como a propagação do som em pleno vácuo. JG guardou a bronca para o jantar, quando estaria mais calmo. O fato é que perderam mais um tempo com essa besteira, e eles precisavam acelerar o passo.

Ainda que andassem rápido, tentando recuperar o tempo perdido, a noite começara a cair, e Tinogasta não chegava. Quando escureceu de vez, surgiu um probleminha, não tão pequeno. JG não tinha certeza de que a pousada reservada estava adequadamente marcada no GPS, e de fato não estava! O roteiro daquele dia, quando reprocessado em Mendoza, marcava apenas a chegada ao povoado e não a localização da pousada escolhida. Mais uma falha grave dele. Ao chegarem à cidade, na verdade, uma pequena vila em pleno deserto, não sabiam para onde seguir, e, naquele escuro da noite, não conseguiam nem ao menos se localizar. Era um breu só.

Estavam parados, meio sem saber o que fazer, quando apareceram dois garotos, com suas motinhas, que pareciam ser duas cinquentinhas, e puxaram conversa. A primeira reação de JG era de puro desconforto e insegurança. Seus irmãos Max e Valentim entraram no papo e disseram de cara que estavam perdidos. O desejo de JG era o de matá-los, ainda que fosse a mais pura verdade. Ele temia que estivessem marcando bobeira, e aquilo era uma boa deixa para que fossem levados a algum ponto ermo, com tudo às escuras, e fossem assaltados.

Contudo, independentemente da chiadeira, ele foi solenemente ignorado, e seus irmãos disseram que a pousada se chamava Los Seismilles.

"La conosco! Sigam-me!"

Realmente, JG não queria ir, mas não teve jeito, porque, assim que os meninos saíram, todos os demais foram atrás. Então ele teve que segui-los também. A vila estava muito escura, e, quanto mais andavam, mais ampliava a impressão de JG de que não chegariam a lugar algum, e sua desconfiança e a insegurança só aumentavam.

Até que, de repente, do nada, os moleques pararam.

"*Es aquí*!"

Espanhol perfeitamente compreensível, seguido de muitos sorrisos, rapidamente eles se despediram e foram embora. Simples assim. E era lá mesmo. Sem a ajuda deles, não teriam achado o lugar.

Mais uma das muitas demonstrações de solidariedade que experimentara, em todos os países que visitara, e, na verdade, ele nunca sofrera qualquer tipo de ameaça ou desconforto; sempre teve uma excelente acolhida e uma mão amiga à disposição. Haja vista os acontecimentos no trecho em El Calafate. Parece que ele se esquecera o quão bem lhe trataram ao longo dessa aventura.

Toda a angústia e a preocupação desapareceram de vez com o show de recepção que tiveram na pousada. Estavam sendo esperados para um churrasco exclusivo, que estava em preparo, e que foi generosamente servido na calçada em frente à casa, dado o calor daquela primeira e maravilhosa noite no deserto. Uma noite de festa e congraçamento, em que comemoravam uma viagem que seria inesquecível. A viagem de sonhos!

Depois de um belo e autêntico churrasco argentino, regado a uma farta quantidade de Quilmes, os Aloprado's foram para a cama. O lugar era tão diferente, que eles tomaram banho frio, porque não havia aquecimento. Com o calor do deserto, a água estava muito agradável. E a exaustão do dia fez com que desmaiassem de sono ao se deitar. Mais um grande dia, o primeiro após JG completar um mês fora de casa.

34

UM RALI PARTICULAR

Essa nova etapa da viagem de sonhos seria, de fato, uma etapa de aventuras mais radicais, e o 32º dia seria a prova inconteste disso. Bem cedo, em outra manhã maravilhosa e radiante, logo depois de abastecer os veículos, porque eles haviam chegado tarde em Tinogasta e por isso não tiveram tempo de prepará-los na véspera e, também, de encher os galões de reserva que vinham sendo carregados na carreta desde Itu, os Aloprado's deixaram Tinogasta com destino a Chañaral, no litoral chileno. O planejamento previa subir a Cordilheira dos Andes, passar pela alfândega argentina, atravessar o Paso de San Francisco, completar os trâmites de entrada na alfândega chilena, cortar todo o deserto de Atacama e chegar às margens do Oceano Pacífico para dormir, tudo num só dia. Ou seja, sair da Argentina e cortar todo o Chile de leste a oeste. Em termos de distância, não seriam tantos quilômetros assim, algo em torno de 650, dos quais apenas os 250 quilômetros iniciais, na Argentina, eram asfaltados. Também o grupo estrearia na grande altitude, porque o Paso de

San Francisco fica a 4.726 metros do nível do mar. San Francisco não é o *paso* para travessia da cordilheira mais alto; há outro, acessível, mais ao sul, chamado de Água Negra, com 4.780 metros, mas este é muito rudimentar e nem sempre está aberto para travessia, e há também o Paso de Jama, mais conhecido e visitado, principalmente pelos brasileiros, não tão alto, com 4.092 metros, mas este exige que se percorra uma distância muito maior em sua elevada altitude. O que diferencia realmente o Paso de San Francisco dos demais é sua localização isolada e o trajeto pelo lado chileno. O asfalto termina exatamente embaixo do marco da fronteira física entre a Argentina e o Chile, e, dali, são mais 350 quilômetros em rípio até chegar à cidade de Diego de Almagro.

O deserto de Catamarca é realmente muito bonito e repleto de cores que o diferenciam, além de ter uma estrada de alta qualidade, com um asfalto perfeito, e muito bem sinalizada pelo lado argentino, o que garante uma viagem tranquila, até a altitude de 2 mil metros. Acima disso, os efeitos da oxigenação rarefeita são perceptíveis, impactando o fôlego e a energia. Enquanto JG estava sentado pilotando, ele não enfrentou grandes problemas, mas bastou parar e segurar a Branca de Neve para perceber o quão difícil estava; faltavam forças não só a ele, mas também aos demais parceiros. Além disso, os veículos também foram afetados.

Na altitude elevada, o ar rarefeito e a menor pressão atmosférica reduzem a viscosidade dos líquidos, principalmente dos óleos de lubrificação e fluidos dos freios hidráulicos, que perdem muito em eficiência. A Defender, por ser a diesel, começou a perder ainda mais potência, por causa de seu peso — mais de 2 toneladas —, e acabou ficando praticamente sem os freios hidráulicos, ao mesmo tempo que seu consumo disparou.

As motocicletas modernas, com injeção eletrônica e mapeamento eletrônico do motor, fazem a compensação da menor quantidade de oxigênio, gerando um efeito inverso no consumo, que até diminui; então, acabaram sofrendo muito pouco, exceto em relação aos seus freios, que também baixaram, como se diz no popular, com forte perda de eficácia na frenagem. No caso da Branca de Neve, o freio traseiro ficou quase inoperante. Como o freio motor é o mais importante nas baixas velocidades e nas descidas, não foi tão difícil controlá-la.

A primeira metade da manhã deveria ser tranquila, durante a subida pelo lado argentino, ainda que fosse relativamente lenta e exigisse atenção. Mesmo quando o frio passou a incomodar, ao ganharem altitude, e ao sentirem-se obrigados a parar para trocar as roupas de verão pelas de inverno. Ainda bem que estavam preparados para isso, inclusive a previsão foi de parar numa pousada que se localizava no meio do nada, que eles imaginaram que seria algo meio precário. Quando chegaram, foi uma enorme surpresa, pois ela era chiquérrima, justificando o fato de ser caríssima. O local chama-se Cortaderas, e encontra-se a mais ou menos 150 quilômetros de Tinogasta, próximo ao vulcão Copiapó e a outros picos, a 3.360 metros de altitude. Não vendiam combustível por ali, mas a parada foi ótima para as trocas de roupas.

Os Aloprado's ficaram impressionados por encontrar algo tão sofisticado em pleno deserto, num descampado total, mas com um pequeno riacho na frente, alimentado pelas geleiras permanentes do vulcão, e nada, literalmente mais nada para ver. Claro que a visão da cordilheira ao fundo, com seus picos e vulcões, era muito bonita e impressionava, além de a pousada oferecer excursões e escaladas na cordilheira e outros passeios pelo deserto, mas ficar ali significava se isolar do mundo mesmo. O espanto foi maior ainda quando eles conheceram as instalações internas, muito sofisticadas, com destaque para a suíte de núpcias, que os orgulhosos funcionários fizeram questão de mostrar. Não perdendo a oportunidade de ser folgado, JG aproveitou para trocar suas roupas em um dos banheiros da pousada.

Esse simples exercício de vestir camadas em cima de camadas para suportar o frio acabou por levá-lo à exaustão. Apesar disso, assim que todos se puseram adequadamente agasalhados, voltaram à estrada para vencer o restante da subida até a alfândega argentina, 75 quilômetros à frente.

Mais uma não integrada. Uma vez por lá, eles enfrentaram uma pequena fila para os trâmites por conta de dois caminhões que entravam na Argentina. JG tinha ficado mal-acostumado com a moleza de fazer a alfândega no Mercosul, apesar de que o próprio tamanho do grupo era responsável por parte da demora. Enquanto esperavam a vez, eles tiveram oportunidade de ver as primeiras alpacas pastando quase ao lado do prédio. Apesar do frio e do vento, não muito forte, mas gelado, JG saiu para fotografá-las, recordando-se de seus companheiros guanacos, parceiros no calor da Patagônia.

Ainda estavam por lá quando chegou um casal que voltava da fronteira em uma moto esporte. Os Aloprado's se surpreenderam com o fato de eles estarem em uma moto daquelas no deserto, algo meio arriscado e absolutamente incomum.

"Olá! Vocês atravessaram a fronteira com essa moto? Então o piso está bom!?"

A pergunta de Rubinho, que poderia ser de qualquer um deles, apenas demonstrava a ansiedade dos irmãos quanto à qualidade do rípio que logo mais eles iriam enfrentar, mas a resposta foi decepcionante:

"Infelizmente, não! Fomos apenas até o final do asfalto. Mas deu para ver que não está em boas condições."

"Como assim?", perguntou JG, mais aflito.

"Está mais solto e fofo que o habitual."

Nisso, um senhor com um carro meio antigo, também vindo de Tinogasta e que estava de saída, ouviu a conversa e falou que não iria atravessar o passo, localizado a 25 quilômetros da alfândega, mas sabia que o trecho chileno estava ruim. Ou seja, até aquele momento, os Aloprado's seriam os únicos candidatos.

Depois dos procedimentos concluídos, eles já estavam quase prontos para tocar em frente quando chegou um casal argentino de meia-idade em uma moto média. Aproveitaram para ter uma curta prosa com eles.

"Vocês irão para o Chile?"

"Sim, pretendemos chegar a Diego de Almagro ainda hoje!"

"Legal! Nós pretendemos avançar um pouco mais, até Chañaral."

"Vocês são otimistas! Ouvimos dizer que o rípio está muito ruim, por causa do Rali Dakar. Espero que não cheguem muito tarde! Se tiverem de ficar pela estrada, parem em uma dessas cabanas que existem espalhadas pela rodovia."

"Por quê? A gente viu esses vários iglus à margem da estrada, a poucos quilômetros de distância um do outro, mas não sei para que servem."

"São cabanas de proteção para os motoristas. Durante o inverno, é comum ter nevascas imprevisíveis, e os motoristas que ficam presos nas estradas interrompidas podem se refugiar nelas. Elas contêm oxigênio para emergências e um sistema de rádio para avisar sobre a eventual necessidade de resgate. Por isso é bom ficar próximo a elas."

Com sol, frio e agora um pouco assustados com tudo que lhes falaram sobre o pavimento a enfrentar, concluíram os trâmites e voltaram à estrada admirando o vulcão à frente, o Nevado San Francisco e as alpacas, continuando a subir, maravilhados pela escalada dos Andes, sempre ao som do "... que lindo...", de Valentim, solto a cada dez minutos, se tanto.

Próximo ao pico da subida, o comboio cruzou com o carro velho do argentino parado no acostamento, dando a impressão de superaquecimento, sem motorista. Aparentemente, alguma coisa dera errado no passeio dele.

Algo que causa estranheza é a distância entre as alfândegas durante a travessia do Paso de San Francisco, com mais de 130 quilômetros de estrada depois de sair legalmente da Argentina e antes de entrar legalmente no Chile. O viajante, nesse trecho, não está em nenhum país, do ponto de vista legal. JG comentou com a turma o quão esquisito era essa situação. Então, Max sugeriu uma tese:

"Me disseram que existe uma teoria médica que afirma que os seres humanos não conseguem viver de forma permanente acima de 3.800 metros do nível do mar."

"Se for isso, como explicar o caso dos habitantes do Himalaia, que vivem acima de 4.500 metros?", JG rebateu com outra pergunta que causava ainda mais dúvidas em todos.

"Sei lá!", respondeu Max.

As respostas de Max são sempre simples e objetivas.

***

Logo chegaram à fronteira física entre os países, e o engraçado foi que todos perceberam que o asfalto acabava embaixo do marco que divide a Argentina e o Chile. Rubinho não perdoou, rememorando as rusgas entre eles:

"A Argentina não doou um único centímetro de asfalto aos chilenos!"

Todos riram muito, mas logo ligaram o alerta máximo, pois a transição de piso foi um choque. O rípio não era mais rípio, e sim um cascalho solto sobre o qual era muito chato pilotar, exigindo cuidado e concentração. JG logo se lembrou da caixa de brita na Ruta 40, entre Gobernador Gregores e Tres Lagos, e, pior, das consequências sofridas. Porém, como não havia vento, ou melhor, havia um vento bem leve, ele estava muito mais tranquilo e confiante.

Na pousada em Tinogasta, o proprietário comentou que o Rali Dakar tinha passado por lá poucos dias antes, com centenas de veículos de apoio, mais a própria caravana das equipes competidoras, e acabaram por destruir o pavimento pelo uso intenso. De fato, um trecho muito grande do trajeto estava sendo restaurado, o que para as motocicletas era pior, pois o retrabalho ainda não concluído deixava o leito do caminho muito fofo e com muito pó. Também enfrentaram um tráfego de caminhões pesados que estavam a serviço das obras, mais um problema, além do poeirão que esses caminhões levantavam ao passar, que cegava a todos.

Logo depois de entrarem no Chile, eles chegaram à Laguna Verde, uma lagoa de água salgada muito bonita. É curioso que existem várias *lagunas verdes* espalhadas pelo deserto, e, durante a viagem, eles viram pelo menos mais duas, embora essa fosse razoavelmente grande. Na frente dela existia um posto avançado dos *carabineros*[10] chilenos, vazio e fechado.

O último abastecimento dos veículos foi feito em Tinogasta, pela manhã, ao saírem da pousada, 250 quilômetros antes da fronteira, ou seja, a autonomia do comboio era limitada quando começaram a descida pelo lado chileno.

"Manos, vamos precisar parar para reabastecer os galões daqui a pouco", comentou JG.

"Sim, mas eu acho que dá para chegar até a alfândega", respondeu Rubinho.

"Eu estou tranquilo", disse Max.

"Eu também", completou Valentim. "Mas vou perguntar para a turma do jipe como eles estão!"

Valentim tinha razão de se preocupar com a Defender, cujo consumo aumentara consideravelmente por causa da perda de eficiência do diesel na

10. Policia Militar Chilena e Argentina, no caso, batalhão responsável pela fronteira.

altitude. A autonomia dela, no entanto, era bem maior que a das motocicletas, e, Valentim voltou com uma resposta positiva.

Dessa maneira e muitos quilômetros à frente, sempre em descida, e com bastante emoção por conta do cascalho, eles chegaram até as estruturas administrativas da alfândega chilena, perfazendo um total de 380 quilômetros, muito bom para as quatro motos, e, mesmo sofrendo ao pilotar naquele tipo de piso, eles não passaram por nenhum incidente grave. O que maltratou foi o vento mais forte, que começara a partir do meio do trajeto, apesar de que ele ajudava a dispersar a poeira mais rapidamente. Haviam descido quase mil metros de altitude desde o pico, exatamente na fronteira entre os dois países, e continuavam nas alturas, faltando descer mais 3.700 metros até chegarem às margens do Pacífico.

Na alfândega, apesar de serem os únicos naquele momento, os Aloprado's perderam um bom tempo concluindo os procedimentos burocráticos, sempre bem mais chatos no Chile do que no lado argentino. Inclusive tiveram que descarregar todas as maletas e os bauletos e passá-los pelo escâner para verificação de conteúdo, mais uma vez, sempre no Chile! Foi um bom teste para as costas de JG, que estavam bem melhor, de fato. Aproveitaram a parada para o reabastecimento das motocicletas e da Defender, que estavam com os tanques quase secos, descarregando os seis galões de 20 litros, sendo dois de diesel para o jipe e quatro de gasolina, um para cada moto.

Naquela hora ventava uma barbaridade, dificultando o abastecimento, porque o único funil que eles levaram para os galões grandes era muito vagabundo e claramente inadequado. Também os galões, que foram baratos, eram inapropriados para descarregar o combustível nos tanques, principalmente no caso da Defender, cujo bocal é muito inclinado. Eram moles, e era difícil controlar a saída do líquido. O vento espalhava o combustível para fora. Enfim, depois de muito esforço e respingo de gasolina e diesel nas roupas, e por pura preguiça de carregá-los pelo resto da viagem, o Aloprado's doou os galões para os oficiais da alfândega. Foi um grande erro, pois poderiam correr sérios problemas se não encontrassem combustível em postos de serviços, pois eles não tinham mais como carregar combustível extra, exceto nos pequenos galões individuais das motos. Mas como ficaria a Defender, que consome diesel? Só pensaram nisso após terem deixado a alfândega!

Até saírem e retomarem o percurso, nenhum outro viajante havia chegado, nem o casal argentino, que, se estivesse seguindo para Diego de Almagro mesmo, deveria estar bem mais devagar que eles.

Com relação à passagem do Rali Dakar, eram visíveis as marcas deixadas pelos veículos no deserto em vários trechos. O rali tinha passado por aquelas terras a poucos dias, e dava para perceber a grandiosidade do que era. As trilhas deixadas pelos pilotos mostravam os caminhos escolhidos para a travessia do deserto, e, sabendo da velocidade média que os competidores atingem na competição, os irmãos só comentavam sobre a loucura de disputar uma prova daquelas. E eles reclamando do estado do caminho!

Continuaram com as preocupações, principalmente naqueles trechos em que ocorriam os trabalho de restauro, e, em um dos longos trechos em declive que estavam em obras de reaplicação do rípio, o comboio enfrentou o sempre chato sistema pare/siga, quando um sinaleiro retém um lado do fluxo. Seria mais tempo perdido, mas, na verdade, aquela foi uma parada providencial, pois todos se serviram do banheiro químico da obra. Tirando as alfândegas e a pousada em Cortaderas, não existiu nada mais pelo caminho. Já que foram obrigados a parar, era um bom momento para avaliação do estado geral das motocicletas. A Branca de Neve estava perfeita, apesar de que estava imunda, e, mesmo com a solicitação forçada naquele péssimo pavimento, ela não tinha nem um microvazamento. O frio da altitude deveria ajudar. No entanto, Max, sempre o mais azarado, notou que uma pedra quebrara o suporte do para-barro dianteiro de sua moto. Os irmãos sempre diziam que era preciso ter uma benzedeira em período integral para ele; impossível naquele fim de mundo!

Desde a saída da alfândega, a maior parte dos trechos em restauração estava concluída, e o pavimento apresentava uma melhora substancial, o que permitiu à turma experimentar o verdadeiro rípio, quase tão bom quanto o próprio asfalto. Após quase 13,5 mil quilômetros rodados, JG encontrara um realmente de qualidade e teve a certeza de que esse tipo de pavimento não existia na Argentina. O final da tarde se aproximava, e, apesar do pavimento firme, o sol começava a baixar no horizonte. O Aloprado's ainda estava longe de tudo e de todos, restando muitos quilômetros de subidas e principalmente descidas para enfrentar, com *caracoles* maravilhosos e uma paisagem espetacular de deserto para concluir na travessia da Cordilheira dos Andes. O cenário era de cinema, tipo *Star Wars,* e foi aí que, como pai, JG teve a enorme satisfação de comprovar a perícia do Maldo na direção da Defender. Notando que os freios não funcionavam mais, ele controlava a bichona naqueles zigue-zagues, com cotovelos seguidos de cotovelos e quase só em descida, apenas com o freio motor e o freio de mão, mecânico. Foi um show, apesar de tê-lo levado à exaustão.

Na prática, o grupo atravessava o Chile de leste a oeste, pelo meio da Cordilheira dos Andes e no deserto, numa única tarde e o tempo todo no rípio, que, em sua maior parte, estava em péssimo estado, com muito vento e frio na altitude e muito calor abaixo dos 2 mil metros, além de sofrer com a perda de potência do motor e da eficiência hidráulica dos sistemas de freios. Como cereja do bolo, todos enfrentaram a perda de fôlego causada pela altitude. Em suma, uma verdadeira aventura e um teste de resistência na viagem de sonhos. Foi surpreendente como todos aguentaram firme o baque e como o astral permaneceu alto o tempo todo.

A situação chegou a um estado tão crítico que, em alguns pontos, quando paravam para fotografar, a Defender seguia em frente, porque era muito difícil estacionar com segurança nos declives. E ainda estavam com a carreta, o que dificultava dirigir naquelas curvas de raios estreitos e ângulos mínimos. Foi realmente um exercício de perícia, por trezentos quilômetros e quase seis horas, com uma única parada significativa, na alfândega. Com toda essa dificuldade, o grupo seguia em direção ao mar pelas encostas da Cordilheira, por meio de rampas radicais, pelo caminho conhecido como Variante Pedernales. Escolheram esse caminho a dedo quando fizeram o planejamento exatamente por causa dessa quantidade de zigue-zagues. No entanto, ao chegarem lá, viram uma alternativa, que não parecia nada diferente nem mais fácil que a escolhida, que descia a cordilheira pelo lado oposto do vale. Era também uma pirambeira. Apesar do evidente desgaste físico provocado pelo trajeto, não foi possível desistir no meio da jornada porque não havia opção melhor pelo caminho. Quem entra pelo Paso de San Francisco tem de ir até o fim para sair, e o fim é em Diego de Almagro.

Localizada a uns cinquenta quilômetros após a variante, Diego de Almagro é a primeira cidade chilena depois da fronteira com a Argentina, a bem da verdade, a única vila depois de Fiambalá, que se localiza a cinquenta quilômetros à frente de Tinogasta. Antes disso, o asfalto finalmente aparece, quando se chega na Cuesta de Llanta. A partir dali, começa uma estrada muito bonita, margeando o rio de la Sal ao longo de todo o seu vale, bem menos árido do que as encostas que percorreram e sempre em declive. Ao entrarem pelo asfalto, a visibilidade ficou prejudicada pelo anoitecer. JG sentia que, por mais que rodassem, eles não chegavam a lugar algum.

Foi mais ou menos no meio do trecho asfaltado que as motocicletas começaram a abrir o bico e dar sinal de que estavam na reserva de combustível. E eles não tinham mais os galões grandes. JG não se conteve:

"Eu me sinto mais um do bando de bobocas e principiantes que somos. Se acabar o combustível de alguém, neste fim de mundo e no escuro, estaremos ferrados. Se ainda estivéssemos com os galões, poderíamos usá-los para buscar combustível no veículo que tivesse autonomia."

"É verdade. Pior é com o jipe, que está consumindo demais e é a diesel", concordou Rubinho, logo atrás dele.

Com o sufoco, o jeito foi pilotar rezando para não ficar sem combustível de novo, depois da experiência com Max que o grupo enfrentara antes do reencontro. No entanto seria a terceira crise de JG na viagem, porque ele já experimentara aperto semelhante em Río Grande e San Luis. Justamente por causa dessa tensão, a chegada a Diego de Almagro foi inesquecível. JG seguia à frente do grupo naquela escuridão, pilotando às cegas, orientado pelo GPS, e todos o seguiam. Ele torcia para ter acertado a localização do posto de serviços ao traçar a rota enquanto tentava controlar o consumo. Conduzia a Branca de Neve na ponta dos cascos, como se diz, até que enxergou as primeiras luzes da cidade, justamente da estação de trem e do posto, bem visível à beira da estrada. Sentindo um enorme alívio, começou a falar no intercomunicador:

"Vai dar pra chegar, vai dar!"

E deu mesmo. Ele parou direto na bomba e, ao encher o tanque da Branca de Neve, conseguiu pela primeira e única vez colocar 20,2 litros de gasolina! O manual fala em capacidade máxima de 20 litros, dos quais 4 litros são de reserva. Como ele não derramou nem uma gota para fora ao abastecer, restaram duas hipóteses: ou a Branca de Neve tinha rodado os últimos quilômetros no cheiro, ou a bomba local estava descalibrada e ele tinha sido roubado.

Não foi diferente com as outras motos, porém o mais surpreendente aconteceu com a Defender, o último veículo que chegou. O combustível acabou havia algum tempo, e os rapazes seguiram na banguela. E sem freios... pode? Na verdade, todos os sistemas hidráulicos já estavam se normalizando, pois a altitude era bem mais baixa, estavam bem próximos do litoral. Só que tinham descido na banguela mesmo, rodando os últimos quilômetros em ponto morto. Inacreditável! É aquela sorte que realmente faz a diferença, porque já anoitecera a tempos, e ter de voltar para buscá-la seria muito duro. Ainda mais sem os galões.

De Diego de Almagro a Chañaral, o destino final do dia, um vilarejo menor ainda e localizado à beira do Oceano Pacífico, seriam mais 65 quilômetros, sempre em asfalto e com algum tráfego, principalmente de caminhões. O que mais incomodava, depois de encherem os tanques, era o cansaço. Na verdade, eles estavam exaustos, com fome e teriam de completar esse trecho final noite adentro. Era o fim de um dia de viagem maluco e divertido como até então eles não tinham enfrentado.

Ao chegar a Chañaral, já eram quase dez horas da noite. Esse povoado, à beira-mar, foi um porto de escoamento de cobre operado pelos ingleses que há muitos anos não funcionava mais por causa da poluição causada pela descarga de resíduos de cobre jogados no oceano. O comércio da vila, que é meio fantasma, estava com tudo fechando ou fechado àquela hora. Imundos, com fome e sono, eles resolveram ir direto para o hotel reservado, pensando em comer algo por lá.

Porém, sempre há um porém, o hotel não existia mais. A Lei de Murphy atacara novamente, e não se trata de semântica. O hotel reservado, e pago, não existia mais. Sumira sem deixar vestígios. Não restou outra alternativa a não ser sair à procura de um lugar que pudesse acomodar sete pessoas, empoeiradas até as entranhas, que não tinham almoçado nem jantado, além de estarem viajando desde as sete e meia da manhã, ao saírem para cruzar toda a Cordilheira dos Andes.

Reviraram a cidade até que Valentim encontrou um local, um hotel que não era tão pequeno, mas que só dispunha de dois quartos vagos minúsculos. Gentilmente, providenciaram alguns colchões e os colocaram no chão dos quartos. Deveriam ser os mais simples de todo o hotel. Quanto à comida, com muito boa vontade, o senhorio conseguiu uma grande lata de azeitonas, pão e cervejas, bem geladas, tudo o que havia no bar do local àquela hora. Entretanto o mais pitoresco foi o banho, um show à parte. Para ter água quente era necessário abrir primeiro a torneira da pia e só depois a do chuveiro. Também não poderiam usar os banheiros dos dois quartos simultaneamente, pois o sistema de água quente não era suficiente. Resultado: feita a fila para os banhos, alguns optaram por tomar banho frio, para não ficar esperando. JG foi então conversar com os rapazes enquanto esperava sua vez e os encontrou dormindo no chão, de roupa e tudo. Estavam acabados. Tudo em nome da aventura, e que aventura! Esse dia entrou no livro de recordes do Aloprado's, pois eles pilotaram ou dirigiram durante onze horas em mais de catorze horas de trajeto, sem comer, exceto aquilo que levaram, algumas barras de cereais, água e salgadinhos. Coisa de maluco mesmo!

35

MAR E DESERTO

Os aventureiros do Aloprado's acordaram cedo naquela manhã, inclusive os três rapazes que sempre esticam o tempo de cama ao máximo, provavelmente devido à fome, e, desesperados pelo café da manhã, em mais um daqueles dias lindíssimos de sol, baixaram em peso no restaurante do hotel. Satisfeitos, ao sair do hotel, se depararam com a linda vista do mar, algo completamente distinto do que haviam experimentado a viagem inteira, principalmente depois de tanto deserto no dia anterior. Chamava atenção de todos o pequeno porto desativado e a dimensão de Chañaral, minúscula. Se não soubessem do envenenamento da água naquele lugar tão bonito, diriam que seria uma excelente cidadezinha para veraneio, às margens de uma bonita praia de areia e uma pequena baía de águas calmas. A vila se desenvolveu nas encostas de uma colina que ficava à esquerda, formando um bloco de três ou quatro quadras, se tanto.

O Pacífico ali tem uma água absolutamente transparente, com um tom entre o azul e o verde muito vivo. Curioso, JG questionara seus irmãos se aquela tonalidade era natural ou se o excesso de cobre na água a deixara assim, pois lhe parecia completamente diferente da cor da água ao sul do Chile, que ele conhecera recentemente. Aquela tonalidade era realmente linda. Pena que o mar não fosse adequado para banho. É claro que não havia ninguém na praia da cidade.

De Chañaral, eles pretendiam seguir por uma estrada de rípio por mais ou menos sessenta quilômetros, sempre pela beira do mar e passando por sucessivas praias do Parque Nacional Pan de Azúcar – o Chile também tem o seu. Uma estrada secundária e turística, com pouco tráfego local, utilizada pelos veranistas para acesso às praias e aos *campings* localizados ao longo desse parque.

O pavimento, de um rípio perfeito como asfalto, permitia desenvolver boa velocidade, mas o visual era tão incrível que eles optaram por andar devagar, mesmo sem combinar. As praias de areia do Pacífico, pelo menos nesse trecho, são raras, mas são lindas, e ficam em pleno deserto de Atacama. Não existe vegetação ou qualquer outra coisa separando a orla marítima do deserto, e, ao olhar à direita, os viajantes acompanham os picos das montanhas e dos vulcões, nem todos extintos, em meio a terrenos pedregosos e raríssimas dunas de areia. À esquerda, a visão é só o mar e as praias, a maioria de pedras escuras. Nada mais.

De tempos em tempos, eles passavam por algumas colônias de leões-marinhos e focas, e, segundo a perfeita definição de Valentim, ao se aglomerarem uns sobre os outros para tomar sol, eles eram os verdadeiros farofeiros.

Bem próximo à Isla Pan de Azúcar — um morrote claro, quase branco e bem baixo, pertíssimo da praia, e nem de longe comparável às montanhas andinas e menos ainda ao nosso Pão de Açúcar no Rio —, fica o centro administrativo do parque, com algumas instalações de apoio, *lodge*, um *camping* grande e cheio de gente e a principal praia, de areia mais para amarela do que branca, mas bonita. Dali, a estrada se afasta do mar, em direção à Ruta 5. A mesma que JG usou quando saiu da Carretera Austral, desde Puerto Montt até Los Andes.

O comboio não parou nas praias, exceto para fotografar a distância, pois o planejado seria rodar mais ou menos 410 quilômetros, sendo sessenta deles em rípio, e eles não queriam chegar tarde ao destino por dois motivos.

O primeiro é que Antofagasta é uma cidade grande e o principal porto mercantil do norte chileno. Por consequência, a expectativa era de que fosse movimentada, e eles temiam pegar trânsito no horário de pico e sofrer para chegar ao hotel, com o risco de o comboio se perder. O segundo é que eles ainda estavam sob efeito do dia anterior, que tinha sido exaustivo demais, e eles queriam recuperar as forças para prosseguir, porque pegariam deserto e altitude até San Pedro de Atacama, onde ficariam parados para aproveitar os passeios turísticos do entorno.

Voltando à estrada, depois de passar pela área administrativa do parque, o caminho segue para o leste, em meio a uns vales desérticos entre morros, até começar uma subida, que, como toda serra andina, tem seus *caracoles* e zigue-zagues, sempre com aquela beleza árida. Todo o trecho em rípio estava em ótimas condições, o que permitia que eles desenvolvessem uma boa velocidade, e era muito gostoso percorrê-lo.

"Que lindo! Essa visão do mar e do deserto é indescritível", gritou Valentim pelo intercomunicador.

"Lindo mesmo! E esse piso é uma delícia! A moto parece flutuar", complementou JG.

"Realmente, é bárbaro, ainda mais sem pó", emendou Max.

Nessa hora, eles perceberam que o Rubinho estava fora do alcance dos rádios, atrás do jipe. Andar fechando o comboio era sua especialidade. Normalmente, o Valentim ou o Max seguravam a velocidade para resgatá-lo. Era o caso.

Mas é claro que as coisas não se desenvolveram sem imprevistos pelo caminho, pois estes são rotineiros mesmo, e sempre alguém consegue fazer alguma besteira. Quando saiu de Chañaral, JG errou o caminho, apesar do GPS. Pura falta de atenção. Após o vilarejo, ele entrou por um caminho paralelo àquele que seria o correto. Todos os demais companheiros o seguiram fielmente, sem se atentar aos próprios navegadores. Até que JG percebeu o engano, depois de rodar não mais do que dois quilômetros.

"Ei, manos, pegamos o caminho errado! O correto seria aquela paralela", disse apontando para uma estrada a menos de quinhentos metros de onde estavam.

"É verdade", resmungou Max. "Eu nem prestei atenção, apenas te segui."

"Você e todos os outros", riu JG.

"Mas não devemos ter problema. Essas estradas devem se cruzar em algum ponto mais à frente. Vamos continuar mais um pouco", sugeriu Rubinho.

"Também acho, até porque ele é muito mais bonito. Estamos rodando a poucos metros da praia", completou Valentim, seguindo com seu mantra: "Que *liiindooo*!"

Sem se importar, eles avançaram até uma praia sem saída. Não restou alternativa senão manobrar e voltar ao começo. Apesar do erro de navegação, até que os Aloprado's estavam satisfeitos por terem feito esses dez ou quinze quilômetros a mais, graças à beleza daquele entorno. Esse litoral é muito bonito, e, realmente, há males que vêm para o bem.

Como detalhe adicional, o Parque Nacional Pan de Azúcar, por onde rodaram quase durante a manhã inteira, é imenso, e não termina naquele ponto em que derivaram para dentro do deserto. O parque avança bem mais para o norte, sempre entre o mar e o deserto, mas, a partir daquele ponto central, o caminho interno serve apenas para acesso às suas dependências, não há saída para a rodovia.

O grupo chegou à Ruta 5 numa localidade chamada Las Bombas, e o Max não perdeu a oportunidade de fazer mais um comentário maldoso.

"Imagino que o nome seja derivado de algum equipamento de bombeio utilizado em mineração. Mas, pra mim, é muito apropriado, porque esse lugar é uma bomba mesmo. Não tem nada aqui!"

"Tem toda a razão. Só tem aquele *comedor*, na beira de estrada, vazio", concordou JG, apontando para um casebre com uma placa de restaurante. "Também se chama La Bomba."

A Ruta 5, conhecida como Ruta Panamericana, seria o caminho natural para Antofagasta, mas eles planejaram seguir pelo litoral por dentro do parque desde Chañaral e fazer a ligação pela 5 até a Ruta 1, quando então voltariam a rodar pelo litoral. Esse entroncamento, a poucos quilômetros de Las Bombas, dá acesso a um vilarejo chamado Taltal, antiga base de apoio e residência dos ingleses quando estes exploravam as minas de cobre da região.

De Las Bombas a Taltal não são mais do que 65 quilômetros, em asfalto, dos quais metade é feito pela própria Ruta 1, uma estrada litorânea.

O grupo escolheu parar nessa cidade, e foi uma grata surpresa. Ela é encantadora apesar de simples, e, com a queda da atividade provocada pela saída dos ingleses há décadas, transformou-se num charmoso vilarejo turístico para veraneio. Tem hotéis e pousadas, bons restaurantes e fica de frente para uma praia de areia razoavelmente branca e fina, que permite um banho de mar sem problemas, se alguém tiver coragem de experimentar aquelas gélidas águas do Pacífico. O único dos Aloprado's que tentou foi o Joca, mas ele não foi além de molhar os pés. Enquanto andavam pela praia, tiveram a oportunidade de ver uma foca nadando muito próxima aos pilares de um píer, deixando os cachorros doidos. Também vários pelicanos além de outras aves estavam almoçando por lá, devido a quantidade de peixes existente naquela água.

Taltal, com seu casario antigo no centrinho à beira-mar, de forte influência do estilo colonial britânico, tem alguma semelhança com a vila de Paranapiacaba, com suas construções em madeira de até dois pisos, pilares em ferro fundido e bem conservadas. Atualmente, esses imóveis são pousadas, restaurantes, lojas de artesanato, etc., pintados em cores fortes e diferentes, mais ou menos à la Valparaíso, também no Chile, dando um colorido simpático. A ideia era almoçar lá, mas eles chegaram um pouco tarde para os costumes locais, ainda mais pelo fato de ser uma segunda-feira. Os restaurantes estavam cheios, e suas cozinhas, fechando. Começaram então a rodar, à procura de um lugar para comer, e enfrentaram algumas dificuldades para achar algum disposto a manter o serviço de cozinha aberto para mais sete bocas. Não queriam comer lanches ou salgadinhos novamente, depois de ter passado à base de barras de cereais e azeitonas no dia anterior. Até que uma senhora, proprietária de uma pousada de frente para o mar, comovida com as lamúrias do Valentim, que é um especialista em convencer qualquer um sobre qualquer coisa, os recebeu em seu belo restaurante contíguo à pousada e com uma linda vista para o oceano. Um show de lugar e atendimento!

Para facilitar os trabalhos, todos pediram o mesmo prato, e foi servido um almoço completo, com peixe fresco grelhado e seus acompanhamentos, preparado com esmero, num lugar com um padrão bem acima do que estavam acostumados. Os irmãos ficaram maravilhados com a gentileza das pessoas do local. Uma delícia de experiência, inclusive porque a comida estava ótima.

A opção pela Ruta 1 em vez da Ruta 5 também foi acertada pela sequência do trajeto. De Taltal, os Aloprado's continuaram por ela no início da tarde em quase duzentos quilômetros até serem obrigados a subir de novo para entrar novamente na Ruta 5 e só então pegar o acesso para Antofagasta, totalizando mais uns setenta quilômetros.

O trecho da rodovia depois de Taltal, sempre num asfalto novo e de ótima qualidade, margeia o Pacífico e o deserto em toda a sua extensão, com aquele visual que parece até artificial de tão perfeito. Ao olhar para um lado, só se vê a aridez do deserto, com os vulcões no horizonte, e, ao voltar a vista para o outro, os olhos se enchem do azul-esverdeado transparente do Pacífico. Esse contraste permanente por mais ou menos duzentos quilômetros é de arrepiar qualquer um. Como estavam rodando no nível do mar, não sentiam impacto da altitude nem da temperatura para atrapalhar a curtição. Era verão, e a brisa marítima leve deixava o clima fresco, ideal para andar de moto. JG dizia que estava num passeio de sonhos na viagem de seus sonhos, e seria impossível encontrar condições mais ideais.

Foram quase duas horas nesse trajeto, só variando quando passaram por uma enorme colônia de leões-marinhos muito barulhentos. Eles pararam no mirante para admirá-los.

"Parece uma assembleia de estudantes universitários", ironizou JG.

"Realmente... Como falam! Legal, mas disputar lugar com esses vários *tours* é dose", resmungou Max.

Não havia espaço nem para fotografar. Apesar disso, o dia não parava de surpreender, de forma sempre positiva, mesmo depois do forte impacto com a aventura do dia anterior.

Logo eles estavam avançando novamente e, ao final da Ruta 1, se afastaram do litoral para entrar de novo no deserto, de volta à Ruta Panamericana. Iriam retornar alguns poucos quilômetros em direção ao sul, pois desejavam visitar o monumento que é o símbolo do deserto: La Mano del Desierto.

É uma escultura enorme, do chileno Mario Irarrázabal, do início da década de 1990, uma mão humana perfeita parcialmente enterrada no deserto. Na verdade, ficam fora da areia metade da palma e todos os dedos. Muito semelhante à escultura que JG teve a oportunidade de conhecer em

Punta del Este, na praia do centro, chamada La Mano, datada do início da década de 1980.

"Não é plágio, pessoal. No Uruguai, me contaram a história. Ambas são do mesmo artista. A primeira, a do Uruguai, foi feita para um festival internacional junto com outros escultores, sendo que à época o artista era o mais jovem de todos, e também o menos reconhecido. Porém, La Mano se tornou o símbolo de Punta del Este, ao mesmo tempo que fez seu autor ficar mundialmente conhecido. Como chileno, Mario achou que devia uma homenagem ao Chile e ao Atacama e fez La Mano del Desierto como uma releitura da primeira escultura, com a mão bem menos enterrada; segundo ele, representando uma saudação ao povo chileno."

"Para mim, a impressão é de que a divindade do deserto acena aos que por aqui passam", sugeriu Valentim, sempre com seu misticismo mais aflorado.

Ir ao Atacama e não parar no monumento é o mesmo que, para os católicos, ir à Roma e não visitar o Vaticano. E os Aloprado's curtiram demais, até fizeram uma foto de todo o grupo, com as motos, a Defender e a carreta enfileiradas na frente, o que dá a ideia de como a escultura é grande. A foto foi uma gentileza de um casal de turistas que, apesar da boa vontade, cortou a ponta dos dedos da escultura.

Cumprido o ritual, e com a devida proteção dos deuses do deserto, eles seguiram para Antofagasta, onde se instalaram num hotel recém-reinaugurado à beira de uma pequena praia, no centro da cidade, ao lado do porto. Esse hotel da década de 1940, durante um tempo, foi o principal e mais luxuoso da cidade, mas entrou em decadência e acabou fechando, permanecendo assim por décadas. Um grupo investidor o adquiriu e tinha reiniciado as operações poucas semanas antes, ainda em regime pré-operacional, com as áreas de serviço, de lazer e um único andar de apartamentos restaurados, um espetáculo em termos de luxo, em estilo renascentista. Os demais estavam fechados e em obras. Os Aloprado's se hospedaram nele pelo fato de seu preço promocional ser baixíssimo, e a descoberta dessa oportunidade foi do Mau, um dos irmãos, que nem estava com eles. Um luxo quase de graça!

Embora fosse final de tarde quando eles chegaram, ainda deu tempo de aproveitar um pouco a área da piscina e a minúscula praia particular do hotel, de frente para uma pequena baía sem ondas e com algumas pedras que formavam ilhotas, pois estava sol e quente. Em uma delas repousava um enorme pelicano, a não mais de vinte metros da praia. Fantástico. Nunca souberam se ele era domesticado ou selvagem, e o bicho não se aproximou do local onde eles estavam.

O hotel ficava numa espécie de condomínio marítimo e pertencia ao Iate Clube da cidade, com a marina e um complexo de residências, ou casas de veraneio. O mar não era convidativo, inclusive por ser muito próximo do porto. Localizado na parte mais antiga e tradicional da cidade, com os bairros mais novos do outro lado do porto. Antofagasta é a quinta maior cidade do Chile, com pouco mais de 300 mil habitantes, uma cidade grande para os padrões do país e, de muita importância econômica, inclusive para a Argentina, por ser seu principal canal de exportação pelo Pacífico.

JG se lembrou da família que ele conhecera na Carretera, que o ajudou a levantar a Branca de Neve, quando ele a deixou cair no trecho entre as balsas, mas preferiu não procurá-los porque estava em bando, e eles não ficariam muito tempo por lá. Achou que não devia incomodá-los.

O dia terminou tão bem que os Aloprado's resolveram comemorar as maravilhas chilenas jantando no restaurante do Iate Clube, ao lado do hotel e associado a este, de forma que os hóspedes podiam frequentá-lo. Ao tentarem fazer reserva, souberam que o restaurante estava lotado, mas, com o empenho do pessoal do hotel, eles conseguiram uma ótima mesa para os sete e puderam aproveitar a bela e sofisticada noite, acompanhando os pratos com o excelente vinho branco chileno. Perfeito para recuperar definitivamente as forças e o ânimo do time. Afinal, a próxima parada seria em pleno deserto, e na altitude. Eles precisavam aproveitar aquela mordomia, porque isso não iria durar.

36

ATACAMA

A princípio, o grupo pretendia sair mais cedo na manhã daquela terça-feira, mas foi necessário esperar o comércio abrir para fazer câmbio de moedas num local próximo, indicado pela recepção do hotel. O estoque de dinheiro chileno esgotara, e não fora possível trocar moeda estrangeira no hotel. Rubinho, o gerente financeiro do Aloprado's descobrira uma loja próxima e assegurou a adequação da taxa.

No entanto o destaque da primeira hora foi mesmo a história que JG contou para os demais, logo após deixarem o hotel, depois do passeio à casa de câmbio.

"Cara, fiz uma grande bobagem", disse ele, abrindo um enorme sorriso e fazendo uma cara marota, típica de moleque.

"O que foi?"

Ainda rindo, ele respondeu ao Max, enquanto todos acompanhavam a conversa:

"Hoje cedinho, resolvi limpar as roupas e as botas que estavam imundas e usei as toalhas do hotel para enxugá-las, porque eu já tinha tomado banho. Quando vi a cor que elas ficaram, tão novas e sofisticadas, percebi a asneira que eu havia feito. Nem pano de chão fica daquele jeito. Ainda bem que só vão descobrir isso quando forem limpar o quarto."

Nisso, chega o Rubinho, que ouvira a conversa, e começa a gargalhar.

"Nem se preocupe. Acabei de fechar as contas, e o quarto que você ocupou estava reservado no nome do Mau. Para todos os efeitos, foi ele que o ocupou, e é a ele que irá sobrar a má fama. Mesmo sem viajar, ele fez uma bela porcaria."

A risada foi geral.

O dia amanheceu ensolarado e com uma temperatura agradável, depois da noite fresca, típica do início de outono. Sem precisar atravessar muitas ruas urbanas, logo eles estavam na rodovia em direção ao deserto, até que pegaram a Ruta 5 novamente e, na sequência, a 25, que os levaria à altitude e à Calama, cidade mineira onde se encontra a maior mina, ou melhor, o maior buraco de mina a céu aberto do mundo. O marketing de Chuquicamata anuncia que o buraco é visível do espaço, mas não foi possível a comprovação *in loco* pelo Alopradós. De qualquer forma, ali eles fariam a única parada intermediária antes de chegar à San Pedro de Atacama.

O caminho para Calama é também o acesso ao enorme complexo de observação astronômica instalado no Atacama, por vários países, entre eles, o Brasil. Há uma grande quantidade de telescópios dos mais variados tamanhos por lá, e eles são visíveis da estrada, no alto da serra.

"Parece um monte de formigueiros", exclamou Max.

"Dizem que esse local do deserto é o ponto de maior limpidez do céu para visualização dos astros no mundo", comentou JG.

"Pode até ser! Pelo esquema de segurança implantado, deve ser importante mesmo", disparou Valentim, observando o forte isolamento da área, semelhante a uma base militar.

As instalações científicas ficam à esquerda de quem segue para Calama, e na frente do complexo há um aeroporto bem-estruturado, com uma pista de pouso de boa dimensão, para aviões de grande porte, também fechado e com o mesmo esquema de proteção.

A área dos observatórios fica logo depois do final da subida, em pleno deserto, que coincidiu com a apresentação oficial do Aloprado's aos fortes ventos de lá. Fortes mesmo, e, é claro, bem quentes. Quase tão fortes como os mais fortes ventos da Patagônia que JG havia enfrentado por tanto tempo na etapa solo. Como saíram do hotel com as proteções de frio, aquele calor os obrigou a parar para trocá-las por roupas mais leves, e o vento era um dificultador adicional até para isso. A impressão era de que, se JG bobeasse, derrubaria até a Branca de Neve.

Para os outros motociclistas do grupo, foi a primeira experiência de pilotar com ventos fortes assim, e todos tiveram de aprender a técnica da inclinação com *sobre-esterço* na raça, meio sem querer, na base da intuição mesmo.

No início do trecho sob ventos, a tropa até se divertia pilotando as motocicletas inclinadas para um lado com o tronco inclinado para o outro, formando um trapézio, mas, com o passar do tempo, isso ficava cada vez mais cansativo por causa do esforço extra exigido nas mãos e nos braços. Como o vento nem sempre era constante, quando menos se esperava, surgia uma rajada mais forte em qualquer direção, o que exigia uma concentração muito alta para evitar surpresas e não ser derrubado. JG conhecia bem esse problema, e, enquanto eles lutavam contra o vento, discutiam as técnicas para enfrentá-lo.

"Acho que fica mais fácil cortar o vento aumentando a velocidade", propôs Valentim, sempre o mais arisco dos quatros irmãos.

"Honestamente, depois de tudo que sofri na Patagônia naqueles quinze dias de terror e agonia, creio que é exatamente o oposto", retrucou JG.

Rubinho entrou no "debate", que era entrecortado pelos sustos que volta e meia um deles levava:

"Pode até ser, mas há, é claro, a teoria cientificamente correta que trata do tema sobre o aspecto da solução de máximo atrito entre o pneu da moto e o pavimento..."

"*Tá*, mas, além de chata e incompreensível, essa teoria é de difícil aplicação prática", retrucou Max, coberto de razão.

"Prefiro reduzir a velocidade para ter o máximo de controle sobre a moto, sem levar essa velocidade a um nível que comprometa a estabilidade em duas rodas", insistiu JG, que na verdade estava preocupado com a reação de suas costas, com medo de que voltassem os espasmos e as dores, que tinham desaparecido recentemente.

Apesar de todas as teorias, na prática, eles não conseguiram andar fora da faixa entre setenta e noventa quilômetros por hora por toda a subida. Esse trecho da rodovia, por ser uma espécie de cânion, com barrancos altos nas laterais, canalizava o vento, criando um corredor infernal. O drama durou mais de uma hora.

Para JG, o mais ingrato foi administrar o choque causado pelo deslocamento de ar provocado pelos caminhões e ônibus em sentido contrário, por isso, quando ele via um deles se aproximando, reduzia muito, de forma a ser ultrapassado até pelo Rubinho, tranquilamente. Ainda assim, ele levou muito coice, que era sentido nas costas afetadas, pois o tráfego era bem razoável.

De qualquer maneira, durante o trajeto, apesar de o vento lateral a partir da metade da subida estar muito forte e quente, pelo menos sua direção era mais ou menos constante, não impedindo que eles chegassem inteiros para abastecer e fazer um lanche em Calama.

Na avenida de acesso à cidade, eles entraram num posto de serviços grande, com uma boa loja de conveniência e, então, aproveitaram para abastecer. O frentista que os atendeu, na ânsia de conversar com o grupo, falou insistentemente que eles deveriam ter muito cuidado e atenção porque a rádio havia anunciado um vento muito forte no deserto, no sentido San Pedro de Atacama. Os irmãos ficaram perguntando se o vento ocorreria antes ou depois de Calama, mas não conseguiam uma resposta objetiva. Passaram então a imaginar que pegariam uma ventania ainda mais forte que aquela da manhã. Previam um grande problema, e ninguém negava que ficaram encucados.

Calama é uma cidade relativamente grande com boa infraestrutura de serviços, só que sem nenhum apelo turístico. Na verdade, os Alloprado's a acharam feia mesmo. Sua importância se deve ao fato de abrigar a mina de Chuquicamata, além de ela estar muito próxima da fronteira com a Bolívia e ser o acesso, pelo sul, para o Salar de Uyuni, mais um daqueles caminhos de aventuras extremas. Sua localização a coloca no meio dos roteiros turísticos do Atacama, mas ela não é um ponto de visitação obrigatório. Tudo que tem para oferecer é a tal mina de cobre, localizada a apenas dezessete quilômetros de distância.

A princípio, os Aloprado's pretendiam visitar a mina, mas, como deveriam ter imaginado, não era possível nem se aproximar dela, muito menos passar pela entrada e ir até seu interior, onde os trabalhos de mineração ocorriam normalmente. Assim, exceto dar uma volta curta por uma estradinha plana no deserto, não havia nada para se ver por ali. Essa perda de tempo durante o passeio não significou grandes prejuízos em termos de horário, porque San Pedro de Atacama se localiza a apenas cem quilômetros dali, e o Aloprado's dispunha de tempo de sobra para gastar à tarde.

Abastecidos e com uma grande preocupação referente ao possível risco de enfrentar um novo vendaval, eles seguiram viagem em direção a San Pedro de Atacama, onde passariam três noites, sonhadas como um verdadeiro período de férias. JG sabia que a Branca de Neve também precisava de um descanso mais prolongado. Apesar da pouca distância que restava a percorrer no dia, algumas coisas estavam diferentes por causa do impacto da altitude. Depois de deixarem Antofagasta no nível do mar, em Calama, eles passaram a rodar acima dos 2.300 metros, com alguns picos de mais de 3 mil metros. Depois de Calama, só sairiam da altitude quando voltassem à Argentina, do outro lado da Cordilheira.

O primeiro tramo ao retomarem a estrada, sempre pelo deserto, era muito monótono, com retas muito longas, planas, e absolutamente sem graça, uma enorme planície sem nada, apenas areia e cascalho. Enquanto avançavam, esperavam a tal ventania especialmente nesse ponto, mas nada aconteceu, ou, se pegaram algum vento, os Aloprado's o consideraram uma brisa, sobretudo em comparação àquele que enfrentaram pela manhã. O trecho inclusive permitiu que eles desenvolvessem uma boa média de velocidade, mesmo com a Defender, que nem de longe é um veículo rápido.

Conforme se aproximavam de San Pedro, começaram a notar que o deserto mudava, a medida que a rodovia passava por uma sucessão de vales e pequenas elevações, sempre com muito serpenteio em meio a passos montanhosos, e a paisagem se transformou totalmente, surgindo vistas deslumbrantes e muito distintas, que quebravam a monotonia daquele início de tarde. Era como a travessia de uma serra, mas diferente de tudo que tinham visto até aquele momento. Estavam se aproximando da região conhecida como Valle de la Luna; sem dúvida, um dos locais mais impressionantes e inusitados até então.

De cara, a origem do nome é claramente compreensível. Ao sair de um aclive por entre montanhas rochosas, o grupo se deparou com um vale a perder de vista, onde o deserto parecia ser outro. As cores das rochas ali tendem para o cinza-claro e prata, as pedras são mais pontiagudas, e despontam altas dunas de areia clara e muito mais fina. Tudo muito bonito e contrastante. É coisa de outro mundo mesmo.

Era impossível não parar ali, e logo eles encontraram um mirante no alto do trecho que deixou a todos impactados com a ampla visão do vale. Enquanto os quatro irmãos fotografavam e esticavam um pouco as pernas, os três rapazes da Defender saíram a pé pelo deserto, empolgados com a vista, fazendo uma exploração pelo lugar. Eles não eram os únicos que tinham resolvido passar um bom tempo correndo pelas areias do vale. Outros turistas também andavam por lá.

De onde estavam, era possível avistar a vila de San Pedro de Atacama, claramente um oásis no meio do deserto. Ao longe, no horizonte, os vários vulcões também eram visíveis, e, entre todos, o imponente Licancabur se sobressaía, justificando a razão de ele ser o símbolo de San Pedro de Atacama. Com quase 6 mil metros de altura, ele é considerado semiativo, o que não fazia muito sentido para os neófitos do Aloprado's.

"O que seria um vulcão semiativo? Não sei muito bem o que significa!"

"Também acho esquisito. Para mim, ou está ativo, capaz de expelir lava em algum momento, ou não", concordou Max.

"Na verdade, essa discussão é meio sem nexo, pois somos todos absolutamente ignorantes. O que importa é que só dá ele no pedaço."

Com a observação amarga do Rubinho, os três passaram para outro assunto. Valentim saíra correndo pela areia atrás dos rapazes, como se fosse um atleta.

"Vai dormir com dores hoje", cutucou Max.

"Prepare-se para o consumo de anti-inflamatórios", completou maldosamente JG.

Ficaram uns quarenta minutos parados por lá, animados com a perspectiva para os próximos dias. Todos estavam com altas expectativas em relação a San Pedro, mas a paisagem que se oferecia era prenúncio de algo que poderia ir muito além. Independentemente disso, passaram um bom tempo esperando os rapazes retornarem. Junto a eles, chegou Valentim, ofegante. Ele se esquecera de que estava acima de 2.500 metros. Ia sofrer pelo resto do dia, mas JG não perdoou:

"Espero que tenha bastante chá de coca no hotel, porque você vai precisar!"

"Sem dúvida! Nem sei se consigo subir na moto", ele respondeu rindo.

Com San Pedro visível no meio do vale, eles voltaram à estrada, descendo aquele zigue-zague até atingir o oásis, circundado por um riacho que margeia toda a vila, ajudando a compor um cenário típico de vilarejo rural. Tanto foi assim que, ao chegarem na entrada, deram de cara com um rebanho de ovelhas e alguns pastores em seus cavalos, mantendo fechadas todas as ruelas, o que os obrigou a parar, pois impediam totalmente a passagem. Uma cena *sui generis*, pois não se via nem um metro quadrado de pasto com capim por perto, para os animais. Tudo ao redor era deserto.

Não tiveram escolha a não ser esperar. JG ficou cercado de ovelhas por todos os lados, que não se intimidaram com a Branca de Neve. Ele acelerou mais forte algumas vezes para testar a reação delas ao barulho, mas nada aconteceu. Só lhe restava rir e ter paciência. Depois de alguns minutos, quando os bichos se dispersaram, eles conseguiram desviar para outra viela e sair daquele "congestionamento".

Outro caso que chamou atenção deles foi o fato de os nativos e moradores do deserto terem conseguido manter preservadas suas construções de pedra, adobe[11] e madeira. A vila é extremamente turística, com espaços comerciais, alguns até sofisticados, restaurantes badalados e hotéis e *resorts* elegantes, mas o grande contraste entre o novo e o antigo não afeta a originalidade da aldeia. JG chegou a comentar que lhe lembrava muito a cidade de Búzios no estado do Rio de Janeiro, de trinta anos atrás.

Enquanto se dirigiam ao hotel, eles observaram uma grande quantidade de estrangeiros, principalmente europeus, dos mais diferentes tipos e das mais variadas classes socioeconômicas. San Pedro mistura um turismo exótico e místico com o ar bucólico que choca quando se chega ao centro,

---

11. Tijolo grande de argila, seco ou cozido ao sol, às vezes acrescido de palha ou capim, para torná-lo mais resistente.

que oferece um bom número de lojas, bares e restaurantes numa grande avenida de terra batida (não existem ruas pavimentadas por lá) por onde circulam desde turistas endinheirados até mochileiros, ciclistas, jovens alternativos e outros que viajam com pouco dinheiro e se viram para conhecer todas as atrações que o local oferece. É um pedacinho de mundo, verdadeiro microcosmo da viagem de aventura.

Na verdade, os Aloprado's logo perceberam que San Pedro era o ponto focal do turismo no deserto de Atacama; bastava ver a elevada concentração de agências e guias turísticos, com oferta de passeios de todos os tipos e para todos os gostos, tanto para o deserto como fora dele, incluindo as viagens de van até o Salar de Uyuni, na Bolívia, que atravessam boa parte do deserto e do próprio *salar*, com duração de até quatro dias de solavancos e muito pó, com hospedagem em alojamentos para lá de precários.

Também é um bom centro de oferta de artesanato, local e regional, com peças de países vizinhos, como Peru e Bolívia. Não ficar em San Pedro de Atacama aquelas três noites seria perder a oportunidade de conhecer um pouco mais suas atrações e a própria beleza do deserto. Exatamente o que eles procuravam.

Assim que chegaram ao hotel e se acomodaram, depois de se servirem de várias doses de chá de coca, principalmente o Valentim, que abusara no Valle de la Luna, eles resolveram curtir a noite fria da cidade, deixando a programação turística para a manhã seguinte. Enquanto os rapazes se informavam sobre as oportunidades de diversões noturnas, razoavelmente variadas e com uma balada recomendável, os velhos montaram os pacotes de excursão. Jantaram num bom restaurante no centro e voltaram para o hotel. Apesar do calor da tarde, ao chegarem, a temperatura havia caído bastante com o anoitecer, exigindo que se agasalhassem.

Satisfeitos, acabaram indo dormir cedo, porque estavam muito cansados; talvez ainda fosse reflexo do pesado dia de chegada ao Chile. JG estava feliz demais porque seus espasmos nas costas não tinham voltado, mesmo com todo o esforço e o tempo despendidos na pilotagem. Dos azares do tombo, restara apenas o mancar ao andar, porém, sem as dores que o incomodara tanto durante uns vintes dias. O inchaço diminuiu muito. Ele ainda precisaria de mais de um mês para estar plenamente recuperado das entorses, mas o pior aparentava ter passado.

37

SIMPLESMENTE TURISMO

Além dos aventureiros, também as motos sofreram uma grande solicitação, principalmente no trecho entre Tinogasta e Chañaral, e aquelas que vieram de Itu e São Paulo para o encontro com JG e Branca de Neve em Mendoza estavam não só imundas como mereciam um cuidado que incluísse verificar o estado do óleo de lubrificação. Por isso, os irmãos reservaram a primeira manhã para as obrigações com elas, enquanto os três rapazes dormiam um pouco mais, pois tinham chegado tarde da balada na véspera.

Apesar do frio intenso durante a noite, que exigia que eles saíssem devidamente agasalhados à tarde, durante o dia fazia um calor relativamente forte, prevalecendo a força do sol em vez da altitude. Depois de tomarem o café no hotel, eles resolveram levar as motocicletas até uma oficina indicada pelos funcionários, situada a não mais de quinhentos metros de onde estavam.

Como era muito próximo e eles iriam rodar pela periferia da vila, resolveram curtir um pouco o lindo dia de sol, saindo sem colocar capacete e aproveitando a sensação de liberdade ao pilotar com os cabelos ao vento, apesar de JG ser careca. A oficina, tão perto, ficava quase fora do povoado, na última rua e de frente para um pequeno trecho descampado do oásis onde a vila se desenvolveu, único local com alguma vegetação e onde pastavam as ovelhas que tumultuaram às vielas na tarde anterior. Nesse passeio foi possível perceber a real dimensão de toda a vila, minúscula.

Quando saíram da oficina com todas as motocicletas checadas e em ordem, eles resolveram voltar ao hotel pelo outro lado da vila, completando a volta, mais quinhentos a setecentos metros de viário, se tanto, felizes e despreocupados, sem saber que passariam em frente ao destacamento dos carabineiros. Aquele ponto era a saída para a rodovia que os levaria ao Paso de Jama, a uns 160 quilômetros de lá. E era também onde se localizava a alfândega chilena, que ficava em San Pedro de Atacama, e ninguém sabia! Não deu outra: os quatro foram parados pelo oficial de plantão, por estarem sem capacetes.

Hora de o negociador mor do grupo entrar em ação. Depois de muito papo a cargo do Valentim, o policial que os parou permitiu que um deles fosse até o hotel, pegasse os capacetes e os trouxesse para que todos saíssem de lá devidamente equipados. Apesar de não multá-los, ele distribuiu uma boa bronca. Foi nesse instante que ficou clara a diferença entre o policiamento chileno e o argentino, que não se incomoda com a ausência de capacete pelos motociclistas locais, mas gosta de um enrosco na fiscalização.

O grupo delegou a tarefa de buscá-los ao Rubinho, e, enquanto eles esperavam embaixo de uma sombra, curtiram a admiração do policial pelas motocicletas, com destaque para a Branca de Neve, embora elas estivessem imundas.

Tudo resolvido com a volta do Rubinho, foram para a pousada, onde encontraram um esguicho de jardim nos fundos e lavaram as motos meio às escondidas, antes de sair para passear, a pé. Com o avançado da manhã e os rapazes acordados, eles seguiram para o centrinho, onde iriam providenciar as reservas dos *tours* que haviam planejado ainda no Brasil, e que são imperdíveis.

Na sequência, bateram perna pela principal e única rua comercial visitando as lojas e comprando uma série de lembranças para levar. O casario típico de aldeia do deserto, bem conservado, e suas ruas de terra criam uma atmosfera de retorno ao tempo muito gostosa para um passeio. A altitude é elevada, mas os Aloprado's suportaram bem o ar mais rarefeito, talvez por causa da quantidade de chá de coca que bebiam, a ponto de a caminhada do dia anterior não deixar sequelas.

Resolveram almoçar por lá e entraram num restaurante muito simples, mas descolado, com móveis rústicos e uma decoração que imitava os padrões nativos. Quando pediram o cardápio, foi um choque, pois este era muito sofisticado; inclusive, gerou até um questionamento sobre a origem dos ingredientes dos quais eles dispunham no meio do deserto. Contudo eles não se importaram muito com isso, e o almoço foi uma delícia. Os rapazes, sempre uns mortos de fome, se esbaldaram, com a ávida companhia de Valentim. Uma farra!

Saíram tarde do restaurante, e, depois de caminharem até o hotel, Max, com seu olho de lince, reparou nos pneus da carreta.

"Manos, deem uma olhada. Os pneus estão literalmente no fim, aparecendo a lona!"

"P****, estão mesmo! Mas eram novos quando saímos de Itu", estranhou Valentim.

Realmente, a carreta fora equipada com pneus zero quilômetro, e tinha rodado pouco mais de 4 mil quilômetros, sem peso extra, pois só transportaram as malas e os galões, e, na maior parte do trajeto, vazios. O que mais estranharam era o fato de ninguém ter percebido a degradação em qualquer outra parada anterior.

"Acho que o esforço da travessia da Cordilheira em direção a Diego de Almagro e Chañaral entortou o chassis. Não vejo outra hipótese! Ela não bateu em nada", conjecturou Max.

"Pode até ser, mas, seja qual for a causa, precisaremos trocar os pneus, porque eles não aguentarão o retorno. Vamos ver onde tem uma loja de pneus", propôs JG, tentando ser objetivo, apesar de ter ficado irritado com essa descoberta.

Foram consultar os funcionários do hotel e voltaram com a informação de que só era encontrável em Calama. Nesse instante, JG percebeu que o

Aloprado's estava viajando sem estepe para a carreta. Isso, sim, era um risco, fruto de falha de planejamento que poderia ter gerado muitos problemas.

Max, promovido a chefe do serviço de peças e manutenção do grupo, o convocou para acompanhá-lo, e ambos seguiram para Calama, com o objetivo de colocar dois pneus novos na carreta.

Enquanto isso, os três rapazes alugaram umas bicicletas para fazer um passeio pelos arredores de San Pedro, e Valentim e Rubinho ficaram rodando pela vila, procurando mais algumas bugigangas para comprar.

A viagem inesperada para Calama foi até uma diversão extra, pois permitiu que eles registrassem o recorde de velocidade da história da Defender, confirmado pelo GPS, e que perdura até os dias de hoje. Atingiram 137 quilômetros por hora, motivo de orgulho para JG, que a dirigia, mas, de fato, não foi preciso nenhuma habilidade extra. Foi pura sorte pegar um vendaval pela traseira que empurrou a bichinha naquele longo trecho de reta do deserto, já próximo a Calama. De qualquer forma, o fato é que o Aloprado's registra uma velocidade para uma Defender 90 que dificilmente a própria Land Rover conseguiu em alguma outra ocasião no mundo. Maravilhas do deserto! Esse fato foi motivo de comemoração no jantar, em San Pedro.

À noite, depois de comerem, retornaram ao hotel e foram cedo para cama, porque o dia seguinte seria longo e exaustivo; começaria logo de madrugada.

Iniciariam com o *tour* para os Geysers del Tatio, na Bolívia, a noventa quilômetros de San Pedro, por isso teriam de sair do hotel bem cedo, antes das seis horas da manhã. Estava muito frio nesse horário, tão frio que Maldo estreou a touca e a malha de lã com estampas nativas daquela região, que ele comprara nas lojinhas de coisas típicas da cidade, na tarde anterior, e ele completou o traje com um par de luvas de motociclista que JG trazia na bagagem, de reserva, antiquíssimo. Ficou um nativo perfeito!

O grupo a princípio pensara fazer esse roteiro com as motos, mas, depois das recomendações dos funcionários da pousada, eles preferiram seguir num *tour* em ônibus turístico. Logo ficou claro que essa foi a melhor opção. A estrada é péssima, com muita poeira, areia fofa e profunda por longos trechos; as distâncias não são pequenas, e o *tour* oferece uma boa e necessária estrutura, principalmente em termos de comida, pois não há bares, lanchonetes nem nada similar nesses locais.

Os *geysers* são realmente interessantíssimos, e muito mais ativos nas primeiras horas da manhã — foram classificados por JG como uma das atrações mais marcantes de toda a viagem, no nível dos glaciares. Quando chegaram lá, o sol estava surgindo por trás dos picos, e os guias explicaram o motivo de madrugar para chegar tão cedo. O ar bem frio da noite deixa a superfície do solo gelada, e essa grande diferença de temperatura em relação aos gases e à água do subsolo, que são realmente muito quentes, podendo até queimar a pele, gera uma alta pressão que faz com que os esguichos atinjam uma grande altura, e de forma frequente.

Ao longo do dia, o sol aquece o solo, e a diferença de temperatura e pressão diminui drasticamente, reduzindo a altura e a frequência dos esguichos. O show fica menos impactante. Quando chegaram, ainda foram agraciados com um café da manhã servido pelos guias, para reforçar as condições de explorar o local, mesmo porque todos tinham saído do hotel de madrugada, antes do serviço de café; ou seja, só conseguiram uma caneca de chá de coca!

Dentro do complexo há uma grande e rústica piscina de água quente natural e relaxante, cujo único inconveniente é o frio que se sente do lado de fora. De novo, um prato cheio para os rapazes. Enquanto os três se banhavam, JG andava por outros pontos do parque, que não é pequeno, e é bem interessante e cheio de surpresas. Os três jovens foram acompanhados em seus exercícios aquáticos pelo Valentim, o mais topa-tudo dos Aloprado's. É importante frisar que os *geysers* estão a mais de 4.300 metros de altitude, o que requer um certo cuidado com esforços físicos.

No final da manhã, iniciaram a volta, e o *tour* parou numa pequena aldeia no caminho, com uma única rua e à beira de um riacho, em pleno deserto. Uma vez por lá, conseguiram comer alguma coisa em meio a várias bancas de artesanato dos nativos bolivianos. Ninguém do Aloprado's consegue afirmar, mas eles têm quase certeza de que ainda estavam na Bolívia. Os rapazes ficaram tão empolgados com um filhote de lhama branquinha e fofa, que Maldo queria comprá-la e trazê-la para o Brasil. Era de balançar o coração mesmo, e o pior é que o "dono" aceitava vendê-la por um valor irrisório.

Em tempo, eles também não se lembram de nenhum procedimento burocrático de alfândega ao entrar e sair da Bolívia, pois ali não existe uma.

JG acha que eles apenas levaram os passaportes e os mostraram para algum oficial que entrou no ônibus, mas nem disso ele tem certeza.

À tarde, seguiram para o deserto pelo lado chileno, e fizeram uma primeira parada nos Ojos del Salar, dois fossos de grande diâmetro, talvez de uns vinte metros ou pouco mais, um ao lado do outro, repletos de água doce e de profundidades tão grandes que os guias dizem ser desconhecidas, apesar de constar no Google que ambos têm cerca de quarenta metros de profundidade. Pode-se mergulhar de sua margem e nadar. O único a se aventurar foi o Espiga.

"Uau! A água é gelada! Vocês não vão entrar?", ele perguntou depois de um espetacular salto acrobático.

"Entendemos que você representou bem a turma! Divirta-se!"

Com a resposta irônica de Rubinho aprovada pelos demais, ficou claro que a motivação para o sacrifício era nenhuma.

De lá, seguiram para o Salar de Atacama, enorme e com partes secas e úmidas, incluindo uma lagoa salgada, onde é permitido nadar. Essa lagoa realmente tem tanto sal que é impossível afundar nela. Dessa vez, todos entraram na água, e o banho de salmoura foi muito relaxante, ainda mais porque a água estava quentinha. Uma delícia.

"Acho que tem muito mais sal aqui do que no Mar Morto", comentou JG.

"É verdade. Eu rolo, qualquer que seja o movimento que faça, ao tentar nadar."

"Mas isso não seria porque você está um pouco roliço?", alfinetou Rubinho em cima do comentário inocente do Valentim.

Além das *zoações* e de muitas risadas, eles estavam espantados com a quantidade de sal da água. Visível ao olhar para a pele. É tanto sal que, se não se lavar na saída, o cara fica como um croquete passado na farinha, só que branca. Maldo, que resolvera trocar o calção, deixou o molhado para secar sem lavar e, pode comprovar o estrago do sal. O tecido seco ficou duro como uma pedra. Para piorar, a sensação do sal seco na pele não é nada agradável.

"Eu me sinto como carne para churrasco", disse JG.

"Para virar bacalhau, basta nos pendurarmos num varal", completou o Max.

É tanto sal realmente que, depois de sair da lagoa, é imperativo retirá-lo, e os guias fazem isso lavando as pessoas com um enorme pulverizador de água doce, como aqueles usados para umedecer plantas.

"Manos, imagina a loucura que seria pilotar com esse sal seco na pele de volta para o hotel. Impossível vir para cá sem estrutura."

A conclusão de Rubinho era opinião unânime do grupo. Aquela lavada com água doce foi fundamental para recuperar o conforto.

Terminaram o dia ainda pelo *salar*, com um drinque oferecido pelos organizadores do *tour*, enquanto apreciavam o estupendo pôr do sol no deserto. Não poderiam fazer tudo isso se tivessem ido por conta própria com as motos. Foi uma decisão acertadíssima terem optado pela excursão, e, considerando que pilotar sobre a areia fofa do deserto seria um verdadeiro martírio, a conclusão de todos foi que a opção de fazer o *tour* tinha sido um grande acerto.

De volta ao hotel, enquanto os velhos exaustos queriam apenas uma cama após o jantar, os três rapazes, aproveitando todo o entusiasmo da juventude, tiveram energia para outro passeio, que os levou a explorar o céu repleto de estrelas durante a noite no deserto, algo realmente inigualável. Os irmãos foram dormir cedo para rodar no dia seguinte, quando atravessariam o Paso de Jama em direção a San Salvador de Jujuy, de volta à Argentina e majoritariamente percorrido em grandes altitudes. Os jovens, ainda que tivessem dormido pouco, voltaram maravilhados com a visão do céu do Atacama todo estrelado ao longo da madrugada, e aproveitaram o fato de que a certa distância da vila o escuro do deserto é total. Mesmo com o frio intenso que enfrentaram, eles curtiram demais essa aventura, que acabou por confirmar que fazia sentido ter todos aqueles telescópios por lá. Para uma viagem de sonhos, San Pedro de Atacama é parada obrigatória!

38

CORDILHEIRA COLORIDA

Os Aloprado's achavam que fossem cair em depressão a partir do início do trajeto para San Salvador de Jujuy. Seria o último dia da turma completa, porque, na sequência, enquanto JG, Valentim e Rubinho seguiriam para o altiplano boliviano-peruano, o restante da turma voltaria para o Brasil, em mais cinco dias pelas estradas, acessando o Chaco argentino via Salta e Cafayate. Max não perdeu seu humor ácido no café da manhã em San Pedro:

"Alguém tem que trabalhar, né?!"

Em meio aos sorrisos meio amarelados, todos sabiam que teriam de rodar por muito tempo na altitude ao longo do dia, algo inédito nessa viagem, apesar de preverem a dificuldade, depois da descoberta forçada da localização do posto dos carabineiros, quando saíram sem os capacetes. Essa descoberta, de que a alfândega chilena estava a duzentos metros de San Pedro, ou seja, a praticamente 160 quilômetros da fronteira física com a Argentina, poderia comprovar aquela tese que discutiram ainda na fronteira Argentina-Chile, sobre a recomendação médica de humanos evitarem viver em altitudes acima de 3.800 metros, ser verídica. Nesse caso, San Pedro seria o mais próximo local da divisa abaixo desse limite, e isso indicava que a rota poderia ser difícil!

Antes de testar essa hipótese, tiveram de enfrentar a passagem pela alfândega. Pensavam que não seria algo tão complexo, por estarem de saída do Chile. Ledo engano, pois foi muito demorada, não só por ter muita gente na fila, mas, principalmente, porque o Maldo não encontrava o papel de entrada da Defender no Chile.

Foi uma grande confusão, que teve como consequência, além da necessidade de preenchimento de um monte de formulários, a imposição de aguardar a confirmação da entrada dela, que deveria ser enviada pelo posto do Paso de San Francisco por fax. Quanta burocracia! Parece que os chilenos estão na Idade da Pedra!

Os Aloprado's ficaram quase duas horas por lá, até receberem uma espécie de alvará liberatório. Com isso, e depois de muitas zoeiras com o distraído, acusado de ter puxado o tio Valentim, o recordista mundial de perdas em viagem, eles pegaram a estrada, após dois dias completos de descanso. JG já estava com saudades de pilotar, embora esse fosse o seu 37º dia de viagem desde que saíra de São Paulo.

O caminho para a fronteira é muito bom e oferece uma vista maravilhosa do deserto e da cadeia de vulcões, passando ao lado do Licancabur, que, com seus 5.916 metros, prevalece sobre os demais, sempre visível. E, sabendo que não é um vulcão extinto, pois ainda ocorrem algumas erupções de tempos em tempos, ao ver uma pequena nuvem densa bem em cima do seu pico, JG comentou com os irmãos, pelos intercomunicadores:

"Estou com a impressão de que é fumaça sendo expelida... será?"

"Parece, realmente, mas não pode ser", respondeu Max, mais tranquilo.

"Acho que podemos acelerar um pouco, não?", retrucou Rubinho.

A pergunta do Rubinho só poderia ser gozação. Justo quem estava sugerindo que andassem rápido!

O dia estava lindo, aberto e quente, desde a saída de San Pedro, mas logo depois eles enfrentaram mais um dos incontáveis imprevistos da viagem. Justamente nesse dia, a mãe natureza reservou ao Aloprado's um imprevisto dos mais especiais. Eles estavam subindo pela cordilheira, passando dos

3.800 metros, altitude mínima que manteriam pelos próximos trezentos quilômetros, quando o tempo começou a mudar.

O calor se foi, e o frio intenso, inevitável naquela altitude, os obrigou a parar um pouco para trocar as roupas comuns pelas de frio, o que, como sempre, consumiu o fôlego deles na oxigenação rarefeita. Então, começaram a aparecer nuvens escuras, bem carregadas, pintando o céu azul com densas manchas negras, embora fossem esparsas. Era um céu diferente, que eles ainda não tinham visto no deserto, até que começou a cair uma chuva razoavelmente intensa, distribuída por vários pontos isolados. Fenômeno raríssimo, que ocorre a cada dez anos, em média. Era um prêmio, e, por ironia, chovia exatamente sobre eles, enquanto se podiam avistar várias partes do deserto em que não estava caindo uma única gota.

A Lei de Murphy se manifestava mais uma vez. A altitude afetava o fôlego deles, provocando-lhes cansaço à medida que se esforçavam; aquele frio gelava até os ossos, só faltava mesmo chover para que eles congelassem de vez e fossem obrigados a vestir as capas. Chovia bem em cima deles numa região do mundo em que nunca chove, em pleno deserto. A nuvem negra e encharcada foi acompanhando os Aloprado's quase até a fronteira.

"Cara, não sei quem é o pé-frio da turma, talvez seja você, Max, mas que tem um pé-frio entre nós, disso eu não tenho dúvida!", disse JG.

"Sai pra lá, JG. Sem essa. Esse azar não é meu, não!"

"Azar? Que azar? Isso é a maior sorte! Quem já pegou uma chuva num deserto em que nunca chove? Fomos agraciados!", exclamou Valentim, todo feliz.

"Agraciados? Não bastasse estar congelando, ainda vou acabar encharcado! Agradeço...", retrucou o Rubinho.

Então eles resolveram parar novamente, desta vez, para vestir as capas, ou seja, colocar mais uma camada de roupa por cima, a impermeável. É muito difícil colocar uma capa sobre a roupa de inverno, ainda mais tomando chuva. Precisaram uns da ajuda dos outros, sobretudo JG, com aquela famigerada capa inteiriça, bem mais difícil de colocar. O esforço que ele foi obrigado a despender para vesti-la, mesmo com a ajuda dos irmãos, foi tamanho que ele ficou exausto; ele achou que não fosse conseguir mais se recuperar naquela altitude. Ainda assim, subiu na Branca de Neve e, depois de se sentar, se recompôs um pouco para voltar a pilotar.

Havia uma vantagem adicional em colocar a capa impermeável, porque isso ajudava a reduzir o efeito do ar gelado e, consequentemente, o desconforto pelo frio. No entanto a exaustão provocada pela altitude aliada à chuva que os perseguia acabou impedindo o grupo de parar para apreciar algumas das atrações pelas quais cruzaram no trecho, principalmente no Reserva Nacional Los Flamencos, e também deixaram de apreciar um conjunto de pedras que parecem monges, chamadas de Monjes de la Pacana. Ambos ficam no meio do caminho, pelo lado do Chile, antes da fronteira com a Argentina, entre os vários serpenteios dos picos da Cordilheira dos Andes. É de fato um caminho muito bonito, e, mesmo com chuva, eles puderam admirá-lo. Preferiram olhar tudo a distância, sem parar.

Se o Paso de San Francisco tinha sido um desafio por causa da extensão da travessia no rípio, o Paso de Jama também seria, em razão do tempo que consumiram pilotando em grande altitude, apesar de a rodovia se encontrar em excelente estado. As experiências foram distintas, porém, espetaculares e inesquecíveis. O deserto não é uniforme, mas é sempre marcante, com toda a sua aridez. O visual nunca é igual, assim como as sensações provocadas em quem pilota sobre ele. Não dá para dizer qual foi a melhor escolha. O bom mesmo, na unânime opinião de todos, foi ter experimentado ambas as alternativas. É aquela máxima de não repetir o caminho da ida quando se volta, dogma de planejamento de JG.

Sem mais paradas e sem a chuva, que havia terminado pouco tempo antes, eles chegaram à alfândega argentina, situada a apenas cinco quilômetros depois da fronteira física com o Chile, numa altitude de 4.100 metros, aproximadamente.

"Max, aquela história de recomendação médica em relação à presença humana acima dos 3.800 metros, como altitude-limite, é totalmente furada! Será que só vale para os chilenos?", questionou JG, meio incomodado.

"Se é furada ou não, eu não sei. Mas que essa altitude é barra-pesada, disso eu tenho certeza", respondeu Max.

"Eu também. Acho que não consigo segurar a Branca de Neve ao parar!"

Enquanto JG reclamava ao se aproximar da chegada, um oficial solicitou que eles descessem das motocicletas e as carregassem até um estacionamento apropriado, poucos metros à frente, à direita. Como realmente JG não tinha mais forças, ele argumentou, gastando todo o seu portunhol:

"Senhor, eu acho que não vou conseguir empurrá-la até lá. Estou sem forças!"

Deveria ser tão perceptível a situação em que ele se encontrava que o oficial o autorizou a levar a Branca de Neve pilotando e o acompanhou até a parada, ajudando-o a segurá-la enquanto descia. JG estava se sentindo um velho acabado.

Logo depois, o mesmo oficial lhe ofereceu uma poltrona que ficava numa salinha bem na entrada do edifício, onde era possível respirar um pouco de oxigênio para se recuperar. Ou seja, não devia ser incomum aquela situação. Na verdade, estava escrito na testa dele, em letras garrafais: esgotado!

No passo, além das instalações administrativas da alfândega, havia um grande posto de serviços com loja de conveniência e restaurante, escritórios e alojamentos para a polícia e os oficiais fronteiriços, com bastante gente trabalhando na altitude em regime permanente. Lembravam bem as instalações de La Esperanza, no meio da Patagônia. Esse posto fronteiriço era um dos maiores e mais completos que JG conhecera na Argentina, equivalente aos de Puerto Yguazú e San Sebástian/Tierra del Fuego.

A alfândega estava bem movimentada, com muitos turistas e muita carga, por isso os Aloprado's acabaram ficando um bom tempo na fila para os procedimentos. No entanto, quando chegou a vez deles, foi tudo bem rápido e sem complicações. Quanta diferença em relação ao Chile!

O resto da turma estava bem melhor, e logo começaram com a zoeira.

"Talvez você não tenha mais idade para uma viagem dessas", disparou o Valentim, rindo, seguido dos demais.

"É melhor não responder, para economizar oxigênio!"

JG resolveu aceitar a sugestão de Max e ficar de boca fechada. Talvez aquilo fosse verdade, mas, independentemente disso, ele recusou o oxigênio oferecido, por temer que seu organismo pudesse ter mais dificuldade para se adaptar depois, quando voltasse a pilotar naquela altitude, ao sair. Após algum tempo sentado e sem fazer esforço, ele recuperou o mínimo de energia necessária para seguir em frente.

Os Aloprado's estavam viajando com uma pequena garrafa de oxigênio que Valentim, o doutor cirurgião-dentista, sempre precavido, levara em sua bagagem, mas não a usaram em momento algum. A única ocasião em que alguém poderia ter necessitado dela foi essa, mas havia alternativa na alfândega. Pelo caminho, não tinha sido necessário seu uso.

Depois de completados os trâmites, eles viram que o planejamento para o trajeto entre San Pedro de Atacama e San Salvador de Jujuy, destino final do dia, indicava a existência de apenas dois postos de serviços; o primeiro deles ficava na própria alfândega, na Argentina, e o outro em Susques, também na Argentina. A ideia original era abastecer na alfândega, o que permitiria a todos seguir até o fim sem que fosse necessário fazer uma nova parada. Inclusive porque eles não sabiam se haveria diesel no outro posto de serviços.

No entanto, em grupo grande, existe sempre alguém disposto a fazer besteira. Por causa do tamanho da fila no posto da alfândega, e confiando no baixo consumo da Branca de Neve naquela altitude, JG preferiu não entrar na fila e deixou para abastecer em Susques, pouco mais de 120 quilômetros adiante. Ele foi o último a ser liberado na alfândega, e, na verdade, ficou com preguiça, achando que iria retardar todo o grupo.

Como seus irmãos foram liberados antes, eles não se arriscaram, preferiram seguir o roteiro. E fizeram o certo. Ao chegar em Susques, ainda no alto da Cordilheira, eles começaram a procurar o tal posto.

O local indicado pelo GPS era à beira da estrada, na verdade, um *grifo*, como eles chamam os pontos onde se vende gasolina em galões avulsos. Os Aloprado's preferiram entrar e procurar o posto da cidade.

Não é muito sensato chamar Susques de cidade. Está mais para uma aldeia no deserto, muito pobre e simples, com ruas sem pavimento e casas de adobe sem acabamento. No que entraram para procurar o posto, seguindo as indicações de alguns locais, começou a preocupação. Pior foi o choque que tiveram ao encontrá-lo.

"Entramos num filme que poderia se chamar 'De volta para o passado'", JG exclamou.

"De fato, parece o sertão do Brasil, na década de 1930 ou 40", bradou o Max.

O tal posto possuía uma única bomba, ainda de operação manual, em frente a um casebre que mais parecia uma choupana feita de palha e barro.

"E eu ainda pensava em usar o banheiro! Vou deixar para o deserto", completou Max, desanimado.

Não havia escolha, principalmente depois que dispensaram os galões. Quem seguiu o planejado, ou seja, todos os demais, e encheu o tanque lá atrás, na fronteira, ficou rindo da idiotice dele, que, sem achar graça, abasteceu. Ele teve a chance de evitar a bobeira, então, foi merecido! Ainda bem que ele não teve nenhum problema com aquela gasolina e a Branca de Neve seguiu bem até o final. Melhor assim.

Susques fica a 3.600 metros de altitude, e é uma autêntica vila andina argentina, então, ter entrado nela não foi de todo mal, pois, assim, puderam conhecê-la. Como fica num platô acima da rodovia, não se vê quase nada dela lá da estrada, e em Susques começa a efetiva descida dos Andes até Jujuy, que se localiza a aproximadamente 1.200 metros de altitude.

Uma vila muito pobre, sem muita infraestrutura, mas, a partir dela, não existe mais nada nos próximos duzentos quilômetros. Portanto, por menos que ofereça, só por lá que se pode contar com alguma coisa em termos de apoio, pois San Pedro está a 280 quilômetros para trás. Uma curiosidade é que, em Susques, a Ruta 52, que eles percorriam, cruza com a mítica Ruta 40 em seu trecho norte, um dos mais rudimentares, com seus mais de 5 mil quilômetros e que liga a Argentina de norte a sul, sempre seguindo paralela à Cordilheira dos Andes. JG a conhecera em cerca de 80% de sua extensão. No século passado, a Ruta 40 era a verdadeira Ruta Panamericana, em seu trecho mais ao sul. Com a construção do sistema viário chileno, passou a ser apenas uma estrada nacional argentina, boa parte dela esquecida por conta das alternativas de trajetos mais modernos.

Ao descer os Andes, a Ruta 52 corta o Salar Grande pelo meio, um lugar interessante, que, apesar de ser uma área de extração de sal em operação, tem alguns pontos turísticos e é um bom local para recarregar as baterias e descansar um pouco, com destaque para o Bar de Sal. Ao longo da rodovia, no trecho em que esta atravessa o *salar*, há algumas estátuas de animais feitas com pedra de sal, em estilo primitivista, bem cafonas. A essa altura, o calor voltava a incomodar, então a parada no *salar* foi ideal para a retirada dos forros de frio, bem no momento em que os efeitos da altitude também começaram a desaparecer.

Seguindo em frente e ainda descendo, eles começaram a perceber a transformação do entorno à medida que se aproximavam da região de Purmamarca, repleta de belezas naturais. Nesse ponto, a Ruta 52 completa a travessia dos Andes por um vale seguindo o rio Purmamarca, com suas margens férteis e ocupadas por fazendas, muito espremidas pelas montanhas totalmente áridas. É uma região lindíssima e com razoável infraestrutura turística, inclusive contando com algumas pousadas bem sofisticadas. A estrada se desenvolve num zigue-zague incrível, e o tráfego de lá não é tão intenso, apesar da dificuldade da Defender nas ultrapassagens por causa da quantidade de curvas da pista. Esse visual diferente e colorido do deserto teve seu ápice quando o Aloprado's passou por uma região que mais parece um desenho de animação, chamada Sierra de los Siete Colores, um complexo de maciços com formações rochosas de cores distintas. Relembrando o episódio da contagem dos sete lagos em Bariloche, JG não perdeu a oportunidade e repetiu o exercício:

"Manos, pelas minhas contas, existem mesmo as tais sete diferentes tonalidades de rochas!"

"Também contei", exclamou Valentim, e completou: "Tenho a impressão de que as montanhas foram pintadas em faixas coloridas inclinadas. Que lindo isso tudo!"

"Estava demorando...", disparou Rubinho, milagrosamente andando à frente de Max.

"O mais interessante é que é realmente lindo e as cores não se repetem", concordou Max.

À medida que se aproximavam do final da Ruta 52, o terreno ficava cada vez menos árido, e recomeçaram a aparecer aqueles cactos enormes e suas lindas flores, que eles tinham visto em Catamarca. A beleza das flores lembrava a dos cactos que JG teve no jardim de sua casa em São Paulo.

"Será que estou nostálgico, e está me batendo um banzo de retorno?"

Os irmãos até riram, porque sabiam que faltavam mais doze dias, no mínimo, para ele voltar para casa.

De Purmamarca até San Salvador de Jujuy, uma capital de província grande e bem arrumada, foi só descida pela Ruta 9, um passeio maravilhoso pelas margens do rio Grande, porém, enfrentando o calor do final de verão do norte argentino. Um bom motivo para comer uma bela carne no jantar, acompanhada de uma Quilmes geladíssima. Era o sonho de consumo da tropa.

Chegaram tranquilos à cidade, ainda à luz do dia, e puderam aproveitar um pouco de San Salvador de Jujuy e de sua hospitalidade, garantida por uma típica *parrillada* em mais uma ótima churrascaria que ficava próxima ao hotel e à Plaza de Armas, muito bonita e bem cuidada. Como de praxe, os rapazes aproveitaram a chegada à cidade grande e, estimulados pelos funcionários do hotel, ainda tiveram pique para conhecer uma balada local. No entanto, logo cedo, na manhã seguinte, todos estavam preparados para um dia de quilometragem mais longa e a separação dos grupos. Os três mosqueteiros — JG, Valentim e Rubinho — seguiriam rumo à Bolívia, e o resto do grupo iria para Santiago del Estero, por Salta, para depois atravessar El Chaco e entrar no Brasil via Foz do Iguaçu.

Além do cansaço, causado mais pela altitude do que pela extensão percorrida, JG sofria com a tristeza da separação. Aqueles oito dias com a turma toda do Aloprado's foram de farra total, e, depois dos 25 dias sozinho pelo sul do continente, tudo foi só alegria para ele. Entretanto o trecho que viria pela frente, com Uyuni, Machu Picchu e outras coisas, seria o coroamento da viagem de seus sonhos, e isso o deixava muito ansioso. Era hora de ir dormir.

PARTE CINCO

39

VIVA BOLÍVIA

Amanheceu outro estupendo dia, lindo e com sol firme, apesar da temperatura mais amena. JG achava que não iria mais sofrer com calor a partir de San Salvador de Jujuy. Os três irmãos previam um dia relativamente tranquilo até Tupiza, na Bolívia, depois da fronteira em La Quiaca, última cidade ao norte da Argentina, vizinha de Villazón, rigorosamente uma de frente para a outra, apenas separadas pelo leito de um rio quase seco. Rodariam pouco mais de quatrocentos quilômetros, sempre por asfalto, sem pressão de tempo, mesmo que a alfândega Argentina-Bolívia fosse muito demorada. Essa era a maior preocupação deles para o dia.

Aproveitaram o fato de ter tempo para se despedir com calma do Max, do Maldo, do Espiga e do Joca, que rodariam bem mais, a caminho de Santiago del Estero, prevendo chegar lá no início da noite, com sorte, ainda sob a luz do sol. Como o dia dos três irmãos não seria muito longo, eles aproveitaram para dar uma circulada pela cidade, para conhecê-la um pouco mais, e porque esta seria a última cidade de grande porte que eles visitariam até chegar a Oruro, dali a três dias. Enquanto estavam nessa espécie de *tour* urbano, tiveram a oportunidade de assistir a uma cena inesperada e surreal.

Avançavam calmamente por uma avenida que termina em outra transversal, de forma que, na esquina, era compulsório virar à direita ou à esquerda. Nesse T, no outro lado da transversal, ficava um quartel ou algo semelhante, que tomava todo o quarteirão.

JG não se lembra se havia um semáforo ali, mas isso era indiferente, porque qualquer motorista deveria parar antes de virar para um lado ou outro, mesmo àquela hora, com pouco tráfego. Logo que parou na esquina, ele ouviu o alerta do Valentim:

"Cara, olha essa moto! Parece que não vai parar!"

E não parou. Eles tiveram a impressão de que era um soldado, pilotando uma motocicleta de porte médio, que resolveu entrar direto no quartel atravessando a rua transversal. O portão de entrada do quartel ficava de frente para essa avenida onde eles estavam.

O problema foi que uma van se aproximava pela transversal, claramente a via preferencial, diga-se de passagem. Apesar disso, a moto continuou em linha reta, não reduziu, e, embora estivesse em baixa velocidade, entrou no meio da van. Parecia uma cena de filme em *slow motion*. Aparentemente, só houve danos materiais. Poucas vezes JG presenciara um acidente mais idiota do que esse.

***

Como eram gringos, acharam que o melhor a fazer seria sair de lá e procurar um posto de serviços para abastecer, mesmo porque eles não tinham preparado as motos na véspera; sabiam aquele deveria ser um dia folgado de tempo. Estava tudo bem calmo até ocorrer o acidente número dois do dia, só que dessa vez com Valentim. Num posto grande, eles encontraram um casal de gaúchos que estava voltando de carro para o Brasil depois de visitar o Atacama, e aproveitaram para bater um papo. Concluído o abastecimento e lavado os faróis, como de praxe, os irmãos estacionaram as motos perto da loja de conveniência. Valentim, como sempre distraído, abaixou o descanso da moto sobre o dedão do pé esquerdo, deixando-a, com todo o seu peso, ainda mais carregada como estava, descansar livremente sobre ele. Deve ter doído horrores, mas macho que é macho mantém a pose, e Valentim, depois de se recuperar do golpe, preferiu não tirar a bota, para não ver a extensão do estrago.

Só à noite, no hotel, ao descalçar a bota, ele viu não mais um dedo, e sim algo parecido com uma beterraba. Os irmãos temeram que não fora só uma luxação, podendo mesmo ser uma fratura do dedo. De qualquer forma, estava muito machucado e feio o bichinho. A partir daí, recomeçou o uso da farmácia de viagem, com novo consumo de anti-inflamatório, pomadas e outras coisas.

"Acho que essa farmácia ambulante é o equipamento de apoio mais utilizado em nossas viagens", brincou JG.

Todos concordaram sorrindo, até mesmo Valentim, que não perdia a pose.

Ainda meio impactados pelos incidentes de logo cedo, retomaram o caminho pela Ruta 9 em direção a La Quiaca, seguindo o leito do rio Grande. Margeando o rio por mais de trezentos quilômetros, sempre com a Cordilheira a não mais de cem quilômetros à esquerda, com seus picos nevados e vulcões bem visíveis, fica fácil entender a razão de seu nome.

Todo o entorno percorrido após Jujuy compõe a região de Purmamarca, a mesma que eles atravessaram em sentido contrário na véspera, quando chegaram do Atacama, que os deixou maravilhados por sua beleza. O trecho que percorreram era por outra estrada, mas tão belo quanto o da tarde anterior. Enquanto avançavam, JG meio pensava e meio falava com a Branca de Neve, vício que manteve depois dos 25 dias de viagem solo, que ambos estavam percorrendo o final do norte argentino, e isso significava que atravessariam o país integralmente, desde o Ushuaia. Era um privilégio realizar a viagem de seus sonhos.

Há pouquíssimas cidades e vilas pelo caminho, aquela é uma região árida e vazia, o que tornou difícil encontrar um posto de serviços perto da hora do almoço, depois de concluírem a travessia de Purmamarca. Estavam no meio do nada quando foram surpreendidos por mais um enorme rebanho de carneiros que tomou conta da estrada enquanto passavam. JG, que andava à frente, se viu obrigado a parar completamente no meio da pista, e foi cercado pelos animais por todos os lados, que nem desviavam da Branca de Neve enquanto atravessavam de um lado para o outro, como se JG e a moto nem existissem. Sem saber o que fazer, ele permaneceu parado por uns dez minutos, até poder prosseguir, enquanto Valentim e Rubinho riam e fotografavam a cena.

"Tem coisas nessa viagem que só acontecem comigo!"

Os dois irmãos nem comentaram nada, eles só riam da cena. JG parecia um perfeito caubói em seu cavalo de aço, mas totalmente inepto!

Logo depois, chegaram à um posto de serviços razoável e entraram para abastecer, achando que ali teria algo para comer, mas se decepcionaram. Não havia nada, exceto um boteco ao lado, com o pomposo nome de Kiosko Santa Rita, então eles se dirigiram para lá. Na verdade, chamar aquilo de boteco era encher muito a bola do local.

"Isso aqui está me lembrando aquelas vendas do interior, à beira da estrada do sítio em Itu", comentou JG.

"Só que me parece de uma pobreza ainda maior", completou Rubinho, com mais acidez e menos romantismo.

Valentim, sempre o mais esfomeado de todos, apenas comparado aos rapazes, que sempre se pareceram com menores abandonados, saiu de dentro do lugar corroborando os comentários:

"É melhor comer algumas bolachas salgadas e aproveitar que tem isotônico. Não tenho coragem de comer a comida que fazem aqui."

E foi o que eles fizeram. A partir daquele momento, passaram a ter a convicção de que deixavam a civilização para trás e retomavam a aventura, tanto que JG até fez um comentário a respeito do espetacular almoço que teriam, no auge de seu otimismo:

"Vai ser uma delícia. Se é o que tem, vamos aproveitar!"

Depois de "satisfeitos", seguiram em direção a La Quiaca, sempre pela margem do rio Grande e sob uma temperatura amena, apesar do sol. Lentamente, estavam ganhando altitude, por isso não sentiam mais aquele calor excessivo. Tudo seguia bem até eles passarem por um posto de fiscalização e controle dos carabineiros. JG, que seguia à frente, avisou Valentim e Rubinho, pelos intercomunicadores, que o policial, aparentemente muito jovem e mais parecendo um garoto ainda, o mandara parar. Depois desse alerta, Valentim e Rubinho ficaram a certa distância, para ver o que iria acontecer, enquanto se preparavam, pegando os documentos.

Depois que JG jogou fora a bolsa de tanque em Chos Malal, seus documentos passaram a ficar no bauleto traseiro, então ele desceu para abri-lo. Enquanto isso, ele narrava aos irmãos as reações do rapaz, rindo:

"Cara, esse garoto está babando na Branca de Neve. Acho que ele nunca viu uma moto igual a esta!"

"Ótimo! Trate-o bem, para não dar enrosco", respondeu Valentim, antecipando a preocupação com o cara. JG é muito estourado, e Valentim temia uma confusão.

Enquanto isso, o policial, cheio de sorrisos, dava início a um festival de perguntas, as mesmas de sempre, tipo de onde eram, para onde iam, etc. JG olhou para a pequena cabine do comando e viu que os colegas do rapaz estavam acompanhando a conversa sem muito interesse, à sombra de um puxadinho. Quando estava para pegar os documentos, guardados numa pasta com todos os demais papéis, incluindo o estoque de adesivos do Alopradо's, ele foi surpreendido por uma pergunta do rapaz:

"Você não teria um *regalo* para brindar-me?"

JG tomou um susto enorme, porque entendera a pergunta como um pedido de propina, então imediatamente ele avisou os irmãos:

"Ele pediu um *regalo*. Não vou pagar um puto para esse cara!"

"Calma, JG, deixa ele ver os documentos primeiro", falou Valentim, tentando acalmar o irmão.

Quando ele abriu a tal pasta de documentos, já pronto para discutir e brigar, o policial viu os adesivos, e seus olhos brilharam. Ele não se conteve e, como uma criança, perguntou:

"Você pode nos dar um destes?"

Aliviado, ele separou quatro adesivos, para o total da tropa, e os entregou ao rapaz. A alegria e a satisfação do policial foi imensa, ele parecia até uma criança. Tudo o que ele queria era alguma lembrança deles. Absolutamente encantado e agradecido, ele mal olhou os documentos, e nem solicitou os documentos dos outros irmãos. Ainda, como uma espécie de retribuição, informou-lhes sobre uma interrupção na estrada pouco antes da chegada a La Quiaca, onde a ponte de acesso à cidade havia cedido, impedindo a passagem. A previsão era de que só estaria liberada no final da tarde.

"Mas não se preocupem. Existe um desvio, em rípio, que contorna a cidade e termina na avenida de acesso à alfândega, de uns trinta quilômetros mais ou menos, acessível um pouco antes da fila dos veículos parados, por trás de uma construção. Assim que encontrarem a fila, o desvio está à esquerda!"

Essa dica foi a salvação deles, e, agradecendo efusivamente, seguiram em frente. Muitos quilômetros depois, ao se aproximarem de La Quiaca, eles viram a enorme fila de veículos parados, então perceberam a fria que seria se não fosse a informação do agradecido policial. De cara, encontraram o tal desvio, e foram seguidos por outros veículos que não sabiam dessa alternativa. Graças ao jovem carabineiro, eles entraram em La Quiaca pela porta dos fundos, e não perderam muito tempo. Então, resolveram procurar um posto de serviços para abastecer com gasolina argentina antes de entrar na Bolívia.

Ao chegar à alfândega, eles encontraram um grupo grande de pessoas à frente na fila e, pior, como previam, a fronteira Argentina-Bolívia não era integrada, e era bem mais burocrática que as outras pelas quais eles passaram, principalmente pelo lado boliviano.

Ainda assim, tudo correu bem, exceto pelo tempo que levou; seguramente, mais de duas horas, mais ou menos o esperado por eles. Na companhia do Valentim, sempre zen, fica impossível até mesmo se irritar; ele faz parecer que tudo é normal e que não há complicações. Mas o fato é que, para entrar na Bolívia, é um tal de carimbar aqui, acolá e mais ali, a ponto de deixar o JG irritado e levá-lo a disparar mais esta:

"Deveria estar ouvindo *Plunct Plact Zuuum*, do Raul Seixas. É o tema musical desse lugar!"

A lembrança da música do disco *Carimbador Maluco*, que fez sucesso com o conjunto infantil Balão Mágico, era perfeita para a situação, e os irmãos riram muito disso.

Enfim, de um jeito ou de outro, eles passaram para o lado da Bolívia e entraram em Villazón, que é separada de La Quiaca apenas pelo rio Grande, que nesse ponto nem é tão grande. Enquanto o especialista Rubinho se encarregava de fazer o câmbio de moedas, pesquisando com afinco as taxas em todas as casas de câmbio da rua, Valentim e JG deram uma pequena volta pela vila, que não tinha absolutamente nenhum atrativo. Ter escolhido passar a noite em Tupiza resultou mais um grande acerto.

Com tudo pronto, eles seguiram pela única rua, que, dois quarteirões adiante, é a própria rodovia para Tupiza, e, logo passaram embaixo do arco de boas-vindas aos turistas. Entravam numa planície árida e sem nada para ver, exceto terra seca. De qualquer forma, a sensação de ter entrado sem nenhum constrangimento no país provocou nova discussão sobre o tema "insegurança", recorrente quando o assunto é viagem de moto pela Bolívia.

"Olhando por tudo, não consigo ver nada que me deixe inseguro", ponderou Rubinho.

"Realmente, apesar de apenas termos começado a percorrer a Bolívia, eu imaginava encontrar algo mais constrangedor, uns tipos estranhos, que nos olhassem com cara feia", concordou Valentim.

"Enquanto você estava na casa de câmbio, eu circulei um pouco pela rua de Villazón e não vi nada de mais, fora a pobreza e uma certa feiura. Mas não me senti amedrontado", comentou JG.

"Mas é melhor ficarmos atentos e não darmos bobeira", sugeriu Rubinho, "porque o seguro morreu de velho!"

Depois de rodarem uns noventa quilômetros por uma boa estrada asfaltada, plana, e com longas retas, sempre por aquela planície vazia, eles chegaram a Tupiza, uma pequena cidade mineira na entrada do deserto do Uyuni e início do altiplano boliviano. Apesar do tamanho e da simplicidade da vila, a primeira impressão foi positiva, completamente diferente de Villazón.

"Uma coisa, eu tenho certeza: ficar aqui é muito melhor para passar a noite do que em La Quiaca ou Villazón, sem dúvida!", disse JG.

"Concordo plenamente. A vila é bem mais arrumadinha do que eu esperava, principalmente se a compararmos com aquelas duas cidades que aparentam muito menos recursos a oferecer, que deixamos para trás", concluiu Rubinho.

"Também acho. Só que esse hotel onde fizemos a reserva não está me parecendo a melhor escolha, muito pelo contrário", disse Valentim.

A observação do Valentim ia exatamente ao encontro do que os outros dois estavam pensando. Parados em frente ao hotel, na principal rua da vila, eles concordaram que a aparência dele não era nada boa, indicando grande decadência. Logo adiante, nem meio quarteirão depois, na mesma rua, existia outro hotel que parecia ser melhor. Em comum acordo, eles resolveram verificar se eles dispunham de um quarto para três pessoas. Caso tivesse vaga, eles cancelariam a reserva no hotel anterior.

"Deixa que eu vejo se vale a pena. Vou até lá enquanto vocês olham as motos!", disse Rubinho, caminhando em direção ao hotel.

Poucos minutos depois, ele voltou com boas notícias. Deram sorte, foi uma escolha ótima. O quarto era grande e oferecia uma vista maravilhosa para os maciços rochosos avermelhados, situados a menos de quinhentos metros do fundo do hotel. O desafio do dia seguinte seria justamente a travessia daquelas montanhas, entrando pelo deserto, cruzando-o de ponta a ponta em dois dias. Os três sonhavam com isso.

O único inconveniente, e um claro indicador de que estavam na altitude, foi o fato de sentirem os efeitos da baixa oxigenação ao se instalarem, pois o quarto era no terceiro andar e o hotel não oferecia elevadores. Precisaram subir com os bauletos e as malas, o que exigiu uma parada intermediária na escadaria para recuperar o fôlego. Tupiza se localiza a 2.950 metros de altitude e fica no início do altiplano boliviano. A partir desse dia, os Aloprado's ficariam a um mínimo de 3.650 metros de altitude e em alguns momentos muito acima dos 4 mil por mais onze dias, além do tempo que passaram entre Calama e San Pedro de Atacama. No total, seriam quinze dias acima de 3 mil metros.

Quando planejaram a viagem, e principalmente depois do ocorrido com JG no Paso de Jama, os irmãos imaginaram que a adaptação à altitude se daria em uns três ou quatro dias. Só que não foi assim. Os efeitos da perda de resistência na altitude persistiram por todos os dias em que estiveram acima de 3 mil metros. Ainda que não tivessem sofrido quaisquer outras consequências exceto o cansaço, os efeitos da má oxigenação eram perceptíveis. Para pilotar não existe crise, porém, carregar cargas, montar e desmontar as bagagens na moto ou empurrá-la para algum lugar os deixavam sem fôlego; não era frescura. Entretanto, não adiantava espernear; seria assim no altiplano até o dia de voltar para o Brasil, porque eles não ficariam mais abaixo dos 3 mil metros até chegarem em Puerto Maldonado.

Depois de recompostos, ficaram um tempo no jardim do hotel apreciando o espetacular cenário do entardecer, com uma lua quase cheia surgindo sobre as montanhas, apesar de o sol ainda não ter se posto. Era chocante, como exclamava Valentim sem parar.

"Que lindo! Não vou precisar olhar as fotos para me lembrar dessa lua. Basta fechar os olhos."

Ele estava coberto de razão. Tupiza se transformara em uma unanimidade, uma das melhores surpresas de toda a viagem, contribuindo para a definição de viagem de sonhos. A razão talvez fosse o fato de que as expectativas eram tão baixas que qualquer coisa boa causava um impacto muito positivo.

Ao anoitecer, depois de bem instalados, eles saíram a pé pela cidadezinha em seu centrinho, que era bem em frente ao hotel, onde também se localizava o mercado municipal, que chamou atenção dos irmãos, porque tinha de tudo, muita coisa *in natura* e, surpreendentemente, daquela região, comercializada diretamente pelo produtor. Pelo menos, era o discurso dos comerciantes dali. JG não resistiu e resolveu comprar uma pera. Ele não conseguia acreditar que produziam peras tão bonitas no deserto.

Assim que se dirigiu à banca, uma senhora, vestida conforme os costumes locais, que aparentava ser a dona, não quis atendê-lo. Simplesmente, sem lhe dirigir uma palavra, deu-lhe as costas e foi para o fundo da barraca. A filha, que assistira à cena, veio em seu socorro, se desculpando e explicando que os nativos, principalmente os mais idosos, são muito ressentidos com os estrangeiros. Para eles, os gringos, como os não bolivianos são chamados, eram todos usurpadores, por isso aquela senhora o via como um ocidental colonizador — um gringo! Com base nessa informação, JG começou a compreender a visível idolatria dos nativos ao presidente Evo Morales. Ele era um índio num país onde 98% da população era composta de índios que, durante séculos, foram ignorados pela elite colonizadora que se manteve no poder.

A Bolívia os surpreendia a cada minuto. Passaram uma noite linda, com comida boa, cerveja local gelada, pessoas agradáveis, simples e sempre prontas a lhes apoiar e ajudar. O que lhes causou certa estranheza foi o frio. Imaginaram que no deserto não seria tão frio assim. A noite foi ficando cada vez mais gelada, exigindo que se agasalhassem bem.

Essa noite tão especial em Tupiza fez com que os irmãos fossem dormir superanimados. Ao voltar ao hotel, contemplaram um céu estrelado, com uma lua quase cheia, apesar do enorme frio. A primeira noite na Bolívia em uma cidade perdida no mapa deixou-os especialmente surpresos com aquelas tão simples belezas, um prenúncio das experiências que estavam apenas se iniciando. A viagem de sonhos de JG lhe reservava locais bastante exóticos, e seria fantástica.

Só lhe restava uma pulga atrás da orelha, pois, a partir dali, eles iriam enfrentar o deserto pra valer. Iria ser fácil?

40

FOI FÁCIL

Como se diz por aí, chega uma hora em que os meninos devem se comportar como homens. E aquela era a hora dos irmãos, que tinham deixado de ser meninos havia muitos anos. Levantaram-se cedo, as motos já estavam preparadas na véspera, e eles sabiam que o próximo posto de serviços ficava em Uyuni, no final do trajeto do dia. Não percorreriam muitos quilômetros, pouco mais de 250, mas tudo seria pelo deserto, e fariam uma única parada, num povoado chamado Atocha, mais ou menos na metade do trajeto. Não sabiam onde encontrariam combustível. Sempre que falavam com terceiros sobre o acesso ao *salar*, a recomendação era que seguissem até Potosí e depois descessem para Uyuni, pelo asfalto. Um caminho muito longo, com mais de quinhentos quilômetros, que atravessa uma cadeia de montanhas muitas altas, algumas com mais de 5 mil metros de altitude, o que consumiria o dia inteiro de viagem e exigiria mais combustível.

A questão sobre abastecimento de combustível na Bolívia merece uma atenção especial, porque, além da dificuldade de encontrar postos de serviços em regiões remotas ou mesmo do risco de encontrar um posto sem combustível, como ocorreram em algumas ocasiões com os Aloprado's, há o complicador legal de venda de gasolina a estrangeiros. Por isso eles encheram os tanques e os galões antes de entrarem na Bolívia, para facilitar.

A Bolívia tem um bom abastecimento de gás, mas não de petróleo; eles importam tudo o que consomem, na base de escambo internacional, usando o gás (que para eles é abundante) para a troca. Como política de governo, há um enorme subsídio no preço do combustível para o consumidor local, e cabe aos estrangeiros pagar o valor real do produto, sem direito a esse subsídio. O preço aos estrangeiros é algo como três vezes mais. Para complicar a questão, isso não é praticado com disciplina. Em alguns postos de serviços, os gringos podem pagar o valor normal da bomba. Talvez porque o frentista não se disponha a fazer o processo burocrático exigido para venda aos estrangeiros, cuja mais-valia arrecadada é do Estado, e não do posto. Em outros, normalmente em centros maiores, os Aloprado's pagaram o valor cheio para gringos, e umas poucas vezes, tiveram o atendimento recusado, puro e simples assim. Por isso é altamente recomendável levar um galão de combustível, se for entrar na Bolívia. Por outro lado, a gasolina local é muito boa, e não houve nenhum problema com a *performance* das motocicletas abastecidas com ela.

Voltando ao trajeto, cuidaram de sair de Tupiza com um estoque de água e barras de cereais, porque não sabiam se iriam encontrar algo para comer em Atocha, e, embora não estivesse aquele calor escaldante, o sol estava forte. Deixaram a vila, situada pouco abaixo de 3 mil metros de altitude, por uma estradinha que subia, em ritmo muito forte. Com menos de trinta quilômetros, eles atingiram mais de 3.500 metros de altitude, e passaram de 4 mil metros antes de rodar cinquenta quilômetros. Era a entrada oficial no altiplano, que eles só deixariam depois de Cusco, no Peru, no final da viagem.

Entre as várias preocupações, uma das maiores era o encontro com os temíveis *arenales*, bolsões de areia fofa, fina e profunda, depois de Atocha. Além deles, o fato de o trajeto desaparecer no Google Maps alguns quilômetros antes de chegar em Atocha, sem qualquer indicação, também incomodava. Mas eles ouviram relatos de motociclistas que haviam concluído esse percurso, inclusive sabiam que existia linhas de ônibus que passavam por lá.

Com esses pontos em mente, avançaram por uma estrada de terra ainda em bom estado, que passa por entre montanhas e à beira de rios secos, oferecendo um visual árido e muito bonito. Apesar de ser também um deserto, Uyuni é bem diferente do Atacama. E não é de todo desabitado, pois passaram por um ou dois aglomerados de casas nativas, com não mais do que quatro ou cinco delas, sempre em adobe, e elas pareciam perdidas no meio do nada. Umas casinhas com as cores do Estado boliviano chamaram atenção deles. Eram escolas rurais, que contam sempre com enfermarias integradas. As poucas crianças fora das escolas estavam uniformizadas, com roupas inspiradas no estilo inglês, com gravatinhas.

"Estou surpreso", exclamou Valentim. "Esse é um tipo de investimento que pode mudar um país."

"Verdade! Em menos de cinquenta quilômetros, passamos por duas escolas rurais que devem atender uns dez alunos, se tanto", completou Rubinho.

Todavia, o trajeto não era uma maravilha nem de longe, e, à medida que avançavam, começava o inferno das costelas de vaca, cada vez em maior quantidade. As ondulações causadas pelo vento machucavam as motocicletas e os pilotos.

"Vamos ver como se saem a Branca de Neve e as bengalas de suspensão. Só vivi experiência igual a esta na descida de Los Lirios, quando entrei no Chile", lembrou-se JG, com medo de que voltassem os vazamentos de óleo.

"Caraca... essa trepidação cansa barbaridade. Acho que deve ser extremamente eficiente como tortura. Qualquer um confessa com essa chacoalhada", brincou Rubinho.

Não só confessa. Era por demais incômoda, mas os Aloprado's não pretendiam parar muito porque pensavam no tempo que gastariam para completar a rota. Resistiram e seguiram, parando apenas para fotografar em locais surpreendentes. Era de fato um deserto muito diferente do chileno, apesar de ser tão próximo.

Mesmo com toda a trepidação, eles avançavam razoavelmente bem, até que chegaram a um ponto em que foram obrigados a parar, bem acima de 4 mil metros de altitude, quando encontraram uma barreira com uma corda atravessando a estrada e uma pequena cabine improvisada do lado.

"Será que erramos o caminho, ou vamos ser assaltados? Não acredito que tenha polícia por aqui!"

As dúvidas de Valentim e dos outros dois foram quase imediatamente sanadas quando um nativo se apresentou para cobrar pedágio. Algo tão surpreendente que lhes provocou um acesso de riso, não perceptível, porque eles estavam usando os capacetes. Pedágio numa trilha de terra no meio do nada? Só rindo mesmo. Mas logo as coisas se esclareceram, quando JG perguntou em tom irônico:

"Pedágio?! Precisamos pagar para atravessar esta autoestrada?"

"Não, senhor. Aqui começa o Parque Nacional do Uyuni, em terras indígenas. O pedágio é para autorizarmos a travessia de vocês pelas nossas terras!"

"E quanto devemos pagar?", perguntou JG novamente, absolutamente incrédulo.

"O que está no recibo", respondeu o boliviano, entregando um papel para cada um, provocando mais risos ainda.

Apesar de acharem completamente surreal, eles nem discutiram, porque o valor era insignificante, talvez o equivalente a R$ 1,00 para cada. Sem mais embromação, eles pagaram e aproveitaram para bater um papinho com o chefe da praça. E saíram comentando a cena:

"O que me chama atenção é que tudo é oficial, apesar de não parecer. Olhem no recibo, devidamente carimbado. Eles têm autorização por lei federal para cobrar."

"Verdade, Rubinho, e nós teremos que mostrar o recibo ao sair do parque. Vejam que a lei autoriza a cobrança de uma taxa turística. Nada a ver com o uso da estrada. Isso é gratuito.

Com essa última descoberta de Valentim, os Aloprado's passaram a achar que a cobrança do pedágio nem era tão absurda assim. E no parque, que nada mais era do que o próprio deserto nas alturas, também havia um aglomerado de casas, não maior que os anteriores, e mais uma escola rural com seu posto de saúde.

Não era possível pilotar por aquele caminho sem passar por alguns sustos, e foram vários, a maioria decorrente das derrapagens ao passar nas curvas em velocidade superior à recomendada, quando encontravam areia no meio delas. Quem andava na frente servia de cobaia, mas, de todos, JG foi se transformando no especialista. Numa oportunidade, ele escorregou forte e acabou no barranco, à esquerda. Pior, com a Branca de Neve por cima da perna esquerda, que ficou presa embaixo do bauleto lateral. Se o barranco não fosse de areia muito fofa, ele iria se estrepar, mas nada aconteceu; ele ficou apenas com a perna enterrada na areia com a moto por cima. Valentim e Rubinho levantaram a moto e o soltaram. Imediatamente, sem nenhum dano, ele sacudiu o pó e seguiu em frente, rindo junto com os irmãos, apesar de seu ego ter levado uma boa arranhada. Ele tinha ido parar no chão de bobeira.

Quando o GPS indicou que faltavam mais ou menos uns 25 quilômetros para chegar em Atocha, o caminho acabou, exatamente como indicara o Google Maps. Simples assim, na beira de um rio de degelo, o rio Allita, cujo leito é muito largo, muito largo mesmo. Mesmo naquele clima seco de deserto, o canal tinha água, com uma profundidade de cerca de vinte a trinta centímetros e tinha uma largura que variava de dez a trinta metros. O leito com água era sinalizado com umas plaquetas que em algum passado remoto deveriam ter sido reflexivas.

"Manos, saquei por que no Gloogle Maps não existe a conexão viária até Atocha. O caminho realmente acaba aqui", disse JG.

A brilhante conclusão de JG não acrescentou nada. O ponto era: como prosseguir? Por fim, depois de um amplo colóquio, eles concluíram que o melhor era seguir pelo leito seco, acompanhando a marcação. Rubinho optou por atravessar o rio entendendo que a margem oposta estava mais firme. JG seguiu pela margem direita, com Valentim em seu encalço a poucos metros.

Rubinho estava com a razão, mas apenas por uma pequena distância. Não rodaram mais do que quatrocentos metros, e a Branca de Neve afundou numa areia aparentemente dura, mas que, na realidade, era bem fofa, derrubando JG meio que em câmera lenta. Valentim, que o seguia, conseguiu parar e teve um ataque de riso. Pior, Rubinho chegou num ponto em que não dava para prosseguir pela margem esquerda devido aos enormes obstáculos, realmente intransponíveis, que o obrigou a atravessar o rio novamente para os encontrar no ponto da queda. Não aconteceu nada de ruim, exceto com a moral de JG, que, com essa, acumulava mais uma queda.

Depois de JG levantar e confirmar que estava tudo em ordem, eles decidiram seguir mais próximos da água, na esperança de encontrar um piso mais firme, e foi assim que rodaram mais alguns metros, Rubinho atrás de JG, dessa vez filmando, acompanhado por Valentim.

Nessa viagem, Rubinho estava estreando uma GoPro e ainda estava aprendendo a mexer nessa câmera. Essa foi a primeira e única viagem filmada dos Aloprado's. Essa câmera teve uma vida muito efêmera, perecendo em um acidente logo após a viagem. Justo naquele instante, ele a ligou, e conseguiu captar uma das melhores sequências de todo o filme, porque, depois de avançarem mais alguns poucos metros, houve um novo afundamento e um novo tombo da Branca de Neve, que, dessa vez, foi filmado. Era uma comédia estilo pastelão, com JG como ator principal. Estava virando rotina, cada vez com mais gozação e menos orgulho ainda, por parte de JG . Se continuasse desse jeito, ele não chegaria inteiro em Atocha.

"Cara, eu desisto! Como vamos avançar?", disse ele.

Antes de alguém pensar em uma resposta, eles avistaram uma picape que vinha na direção deles, e, ao passar, o motorista acenou e seguiu. Ela estava numa boa velocidade, só que passou pelo meio do leito d'água.

"Imbecis! Parecemos os três patetas! Essa sinalização indica os limites laterais do que seria a parte trafegável do leito", disse JG.

"Você tem razão. É para seguir pela água, dentro da faixa sinalizada!"

Depois da descoberta do óbvio, eles entraram na água, molhando os pés, a perna, as botas, a roupa e tudo mais, então, seguiram pelos vinte e poucos quilômetros restantes em terreno firme, estável, espirrando água como se fosse uma brincadeira de moleque.

Ao se aproximarem de Atocha, Valentim comentou em voz alta que achava que deveria ter existido uma estrada por ali antes.

"Olhem à direita, aquela ponte enorme próxima ao início da cidade, que liga nada a lugar nenhum."

"Prefiro olhar para aquele caminhão de minério vindo em nossa direção a toda. Parece que não vai desviar."

Com o alerta de Rubinho, cada um se jogou para a borda mais próxima, evitando um acidente, mas não o banho da água espirrada. Molhados assim, eles entraram em Atocha. Uma aldeia com quatro quarteirões de comprimento por três de largura e uma parada do trem que cruza a região mineira e é o principal meio de transporte e abastecimento do povoado. O curioso foi encontrar a avenida central pavimentada com blocos sextavados de concreto, terminando numa praça bem arrumadinha, onde acaba também a cidade. Inesperado. Os Aloprado's contornaram a praça à procura de um lugar decente para comer e não se entusiasmaram com nada que encontraram aberto, pois não eram mais que barracos improvisados. Os bares e restaurantes estavam fechados.

Optaram por sentar-se à sombra, à beira da calçada, e se deliciaram com as barras de cereais que tinham. A altitude fazia seus estragos, os três estavam bem cansados.

Enquanto comiam, observavam um avião monomotor, aparentemente completo, transformado em monumento e fixado sobre uma estrutura metálica, como se sobrevoasse a praça. Esse avião apresentava o grafismo oficial do Rali Dakar, e eles ficaram conjecturando qual o papel que lhe coube durante a edição do rali, que passou por Uyuni alguns anos antes. Mais uma vez, os Aloprado's percorriam trechos em comum com o rali.

Restava-lhes uma dúvida recorrente, exposta por Valentim:

"Será que a próxima etapa vai ser mais fácil? Faltam mais de cem quilômetros até o povoado de Uyuni!"

"Não sei, mas ainda temos os famosos *arenales*!", disse JG.

E ele estava coberto de razão. Independentemente do que lhes reservasse o próximo tramo, os *arenales*, três trechos curtos, de quinhentos a mil metros cada, estariam pelo caminho.

"Cara, só registrando que gastamos toda a manhã para fazer esses primeiros cem quilômetros! Fácil não vai ser!"

Depois desse último comentário de Rubinho, a trinca resolveu se mexer e retomar a rota. Antes, analisaram o estado geral das motocicletas, pois a água do rio as deixaram um pouco mais limpas. Aparentemente, estava tudo bem, mesmo com toda a trepidação causada pelas costelas de vaca.

Voltaram ao leito do rio e seguiram por mais alguns quilômetros dentro d'água, até acessar o caminho em terra firme. Nesse ponto, JG percebeu que a rota que eles haviam percorrido sobre o leito do rio e a marcada no GPS coincidiam perfeitamente. O correto era mesmo seguir por ele. Foi o maior teste de roteirização dos Aloprado's, porque o deserto não oferece outra referência para localização. Eles estavam prontos e seguros para pilotar com a ajuda de instrumentos.

Em relação às indagações durante o descanso em Atocha, a conclusão sobre o trecho final foi unânime: é bem pior que o inicial! Muito mais costelas de vaca e irregularidades na pista, mais quilômetros com cascalho ou areia fofa e um deserto mais plano, sempre acima dos 3.900 metros. Ou seja, chegaram ao altiplano, literalmente, perto do nada.

Vieram os tais *arenales*, os poços fundos de areia fina que mais parece talco, que eles venceram milagrosamente, sem tombos. Pilotar ali exige uma velocidade mínima e constante, sem muita aceleração. JG se lembrava do ocorrido em Los Lirios e por isso não abusou; ao contrário, tomou muito cuidado. Embora não tenha sido nada fácil, os três irmãos passaram, com a ajuda de muito pé no chão para não cair, mas não houve grandes consequências. Até a entorse no tornozelo direito de JG não incomodou tanto, apesar de ele ter sido bem exigido. Após o último, aliviado por achar que o difícil ficara para trás, JG proporcionou aos seus irmãos uma das cenas mais hilárias de toda a viagem, isso é, quando eles se lembram dela, porque vivenciá-la não foi tão engraçado assim.

Andando à frente do grupo, ele resolveu acelerar numa reta longa e com pouca ondulação. Talvez tenha atingido uns oitenta ou noventa quilômetros por hora. Ao final da reta, ele se deparou com uma curva em 90 graus à direita, que o obrigou a reduzir a velocidade. Até teria sido suficiente a redução se não houvesse um pequeno areal logo depois de ele ter entrado pela curva, bem no meio dela, que era imperceptível. A Branca de Neve ameaçou sair de frente e iria derrubá-lo de novo. Em pé, ele conseguiu controlá-la, mantendo-a na pista, mas não pôde frear, senão cairia. Ainda numa boa velocidade, ele não conseguiu entrar em outra curva a 90 graus, dessa vez, para a esquerda e passou reto. O trecho era na verdade uma grande curva em S, quadrada, que não era possível prever. O GPS indicava essas curvas, só que muito mais suaves. Não deu outra! Ele saltou pelo barranco à frente, meio em rampa, pelo lado direito da pista, e aterrissou no deserto, na verdade, em uma das poucas dunas de areia fofa que havia por lá. As rodas afundaram um pouco, e a Branca de Neve ficou parada, em pé, perfeitamente equilibrada. A alguns metros dali, um grupo de operários da manutenção da estrada estava curtindo a sesta, o que lhes permitiu assistir à cena de camarote. Foi uma gargalhada geral enquanto corriam para ajudá-lo, apesar de inutilidade do ato, pois JG estava perfeitamente sentado, no banco da moto estabilizada, com as duas rodas meio afundadas na areia. O capacete impedia de verem a cara dele, mas, se fosse possível ver, aí sim seria hilário, porque ele ficou mortificado. Mais uma bobeada. Não dá para abusar nesse tipo de estrada. Começou, então, a resmungar algo, mais para si do que para os outros:

"Esta foi a terceira do dia, e em todas eu tive sorte. Melhor parar de arriscar. Vou acabar me estrepando e pondo fim à minha viagem de sonhos. A esta altura do campeonato, estou à frente do Valentim no patamar de azares, que na realidade são asneiras mesmo. Burro, idiota..."

Quando Valentim e Rubinho perceberam que fora só um susto, começaram a gargalhar, e, mesmo reconhecendo que o irmão estava coberto de razão, eles optaram por não falar nada. E não era para menos, pois, num único dia, ele batera todos os recordes de tombos do grupo, ou quase. Parecia que desaprendera a regra fundamental de uma viagem segura de moto: a prudência. Na verdade, o que se passava era algo fatal: o excesso de confiança. Ignorar regras básicas de segurança, pondo em risco a integridade dele e da moto, poderia ter estragado a aventura de todos. Ele precisava tomar mais cuidado e se concentrar dali em diante.

Em meio a mais alguns pequenos sustos, chegaram à cidade de Uyuni antes do entardecer, onde pararam exclusivamente para abastecer. Era um vilarejo muito pobre e sem graça, onde, exceto alguns serviços de apoio e um cemitério de trens, em que estão abandonadas antigas composições ferroviárias de várias épocas, que serviram à indústria de mineração, não existe nada de interessante. O tal cemitério fica bem perto do posto de serviços, e bastou uma volta para vê-lo e se darem por satisfeitos. A vinte quilômetros dali, seguindo por uma estrada asfaltada, se localiza Colchani, uma vila com dez ou quinze casas em que não há nem combustível, mas que é a porta do *salar*.

Finalmente chegaram ao Salar de Uyuni, algo absolutamente fascinante, e o hotel que reservaram ficava localizado dentro dele, à direita, a menos de dois quilômetros de onde estavam. Como ainda estavam no meio da tarde, eles resolveram rodar pelo *salar* imediatamente, sem ao menos descarregar as malas. Seguiram as marcas de pneus e a rota para a Isla de los Pescadores, vivenciando uma experiência única e incrível.

A temperatura estava por volta de 14 graus, com o sol ainda forte no horizonte, e, pilotar naquele piso gerou sensações diversas. É incrível a percepção de tração que se tem ao pilotar sobre o sal rígido, o que somado à quase nenhuma resistência do ar à motocicleta, nos 3.660 metros de altitude, permite velocidades absurdas com muita facilidade. As motos atingiram velocidades fantásticas sem nenhum esforço. A Branca de Neve, por exemplo, bateu os duzentos quilômetros por hora, marcados no GPS, enquanto o velocímetro indicava 215, sua velocidade máxima segundo o manual. As motos do Valentim e do Rubinho a acompanharam tranquilamente. Na verdade, era o Valentim que puxava a fila. Uma loucura!

Independente da velocidade, a sensação era de total segurança, num piso absolutamente plano, firme e confortável para a pilotagem. Deve ser por isso que as grandes marcas mundiais de velocidade são alcançadas em salares, sendo Bonneville, em Utah, nos Estados Unidos, o mais famoso. Se os Aloprado's tivessem ido ao Uyuni no auge do verão, com a camada de água que se forma por lá nessa época, não teria sido possível viver essa experiência.

Com mais de 10 mil quilômetros quadrados, Uyuni é o maior e mais alto deserto de sal do mundo, com uma variação média de altitude inferior a um metro. Por sua dimensão e pelo extraordinário nivelamento, o *salar* é utilizado mundialmente como referência para calibragem dos altímetros dos satélites.

Eles não estavam sozinhos por lá, cruzaram com muitos turistas, mas naquela tarde não encontraram nenhum outro motociclista, e, depois de rodarem um bom tempo, pararam numa construção, um antigo hotel de sal atualmente abandonado que serve de apoio aos turistas e comporta uma espécie de loja de conveniência. Lá, eles fixaram o adesivo do Aloprado's, com enorme satisfação. Ao lado desse templo em homenagem aos viajantes fica uma ilhota de sal que contém uma grande quantidade de bandeiras de vários locais, países e times de futebol deixadas pelos visitantes. Como não podia deixar de ser, JG estufou o peito ao ver a bandeira do seu glorioso Corinthians tremulando sob o vento frio do *salar*.

Na sequência, eles pararam no monumento em homenagem ao Rali Dakar, um monólito formado por grandes pedras de sal, com a inscrição Dakar e Bolívia na frente e os outros três lados com representações de locais típicos bolivianos. Deve ter uns vinte metros de lado por vinte de altura, sendo que a base quadrada é encimada pelo busto do Tuareg, o símbolo do Dakar.

A famosa foto do "estive aqui" era fundamental, e os irmãos conseguiram uma boa alma para fotografá-los juntos. Um marco na história dos Aloprado's, aquele fora um dia longo, exaustivo, cheio de desafios e incidentes, mas eles eram vencedores. Era uma satisfação imensa e única; no fundo, a sensação que JG buscava na viagem de seus sonhos.

De lá, eles seguiram para o hotel, que era inteiramente construído com pedras de sal, ainda sob a luz do dia, mas vislumbrando o nascer da lua, totalmente cheia, em pleno *salar*. Era sorte demais estarem no dia certo e no local ideal para admirar uma lua daquelas no céu limpo do deserto.

Na recepção, eles causaram uma certa estranheza no funcionário de plantão, por conta da aparência de maltrapilhos deles, causada pelo pó.

"Ele está assustado com a quantidade de poeira que tomamos", disse Valentim, rindo.

"Senhores", disse o rapaz, "basta assinarem essas fichas, que eu preencho os dados depois. Sei que a viagem de Potosí a Uyuni é muito exaustiva, vocês merecem um descanso."

"Mas não viemos de Potosí. Estamos chegando de Tupiza, vindo por Atocha."

"Mas como passaram? Nos disseram que a linha de ônibus está suspensa pelo deserto."

"Viemos em nossas motos, e achamos o caminho tranquilo até, não foi, manos?"

As respostas de JG eram totalmente provocativas, e isso se evidenciava no sorriso irônico em seu rosto. Todo o orgulho que fora deixando pelo caminho com a sucessão de besteiras e quedas durante o dia tinha sido imediatamente recuperado. Só rindo mesmo. O Aloprado's é um clube de metidos!

O hotel escolhido era excelente, e depois do banho eles saíram para uma espécie de terraço externo onde assistiram ao pôr do sol no *salar*, concomitante ao nascer da lua cheia, que subia no céu estupidamente estrelado. O frio era muito intenso, mas nada afetava a beleza daquele espetáculo de luzes e cores. Ficaram lá até o *salar* ser totalmente coberto pela escuridão. A lua era um deslumbre à parte, e seu reflexo prateado no *salar* parecia criar uma estrada metálica para o infinito.

"Vontade de pegar a Branca de Neve e percorrê-la até o horizonte."

A contragosto e quase congelados, entraram para jantar e dormir, numa maravilhosa e necessária noite de descanso. Apesar da exaustão e de todos os incidentes que se acumulavam diariamente, aquela era a verdadeira viagem de sonhos, muito acima das expectativas originais. Para JG, nem parecia que ele completara 39 dias de estrada. E o dia seguinte, quando concluiriam a travessia do deserto, chegando até Oruro, para depois seguirem até La Paz, reservava mais.

41

DO PÓ VIEMOS, PARA O PÓ IREMOS

JG acordou ainda impactado pelo efeito das maravilhas vividas no dia e na noite anteriores, antes de o despertador tocar. Achou que tinha sido o primeiro, mas, como sempre, estava enganado. Valentim não só estava em pé como já arrumara sua bagagem.

"Mano, coloquei a cara para fora, e está um gelo. Deve ter atingido uma temperatura negativa de madrugada."

"Mas está sol, o que significa que vai esquentar ao longo do dia. E, como vamos estar no deserto durante metade do dia, vamos nos aquecer, sem dúvida. Eu vou com o forro, mas com a segunda pele normal."

A preocupação com a variação de temperatura era constante, e, depois de tanto tempo na estrada enfrentando temperaturas extremas de frio e calor, JG desenvolvera um entendimento bastante efetivo sobre o que vestir e quando.

Desde a chegada ao hotel, no final da tarde do dia anterior, eles perceberam que lá o frio era muito intenso. Quando entraram pela recepção, quentinha, e com várias lareiras acesas pelo hotel todo, viram que não iam ter moleza. No momento em que chegaram, a temperatura estava ao redor de 8 graus, e eles deixaram as motocicletas bem em frente à entrada principal do hotel, no sol. De manhã, ainda antes do café, ao carregar as bagagens e lubrificar a corrente da moto do Rubinho, eles sentiram não só o frio forte, ao redor dos 3 graus negativos, mas também notaram que a moto dele e a Branca de Neve estavam ao sol, enquanto a do Valentim ficara à sombra. Sobre o banco, o orvalho da noite havia congelado.

Arrumaram tudo e foram para o restaurante, aproveitar o café da manhã, sabendo que teriam mais um dia de lanche como almoço. O destino final era La Paz, e eles enfrentariam mais de trezentos quilômetros de deserto até chegarem a Oruro, completando a segunda metade do deserto de Uyuni. Depois, seguiriam para a capital da Bolívia por uma autoestrada asfaltada.

Bem alimentados e com tudo pronto, tomaram o cuidado de se agasalhar bem, com uma camada extra sobre a segunda pele para esse primeiro trecho, e montaram nas motos. Ao dar a partida, a moto de Valentim simplesmente não deu nenhum sinal de vida. Nada. Com o frio da noite gélida, a bateria não reagiu. Olharam a temperatura e, àquela hora, estava 3 graus positivos. Esquentava rapidamente.

Valentim teve uma ideia simples: colocá-la ao sol por alguns minutos. Foi o que fizeram, deixaram-na aquecer naturalmente. Funcionou, e pouco tempo depois eles estavam prontos para outro dia de muita terra e pó pela frente. Depois de fecharem a conta e informar ao pessoal do hotel sobre o destino, eles foram taxativos em afirmar que os mais de trezentos quilômetros sem asfalto até Oruro não seriam nada fáceis. O pessimismo deles até gerou uma confusão em relação às expectativas para o dia. A ideia dos Alopradós era chegar a Oruro em pouco mais de cinco horas e meia, abastecer, comer algo rápido e seguir até La Paz, onde dormiriam.

Os funcionários do hotel insistiam em dizer que eles deveriam passar a noite em Oruro, pois seria muito mais demorado que isso. JG, mesmo com um pouco de dúvida, achou que a referência de tempo deles deveria estar baseada no trajeto com carro, e não de moto. Uma confusão que volta e meia acontece, porque quem não está habituado com a eficiência da moto não sabe que ela tende a render muito mais que um carro em termos de tempo médio de percurso. Mesmo caso da aposta de Carajás.

Por isso, ele preferiu continuar acreditando que cumpriria a meta de chegar a La Paz no final da tarde daquele dia, ainda que de Oruro a La Paz fossem 230 quilômetros a mais. O que realmente temiam eram as eventuais demoras por conta da fiscalização e do controle de velocidade. Até então, na Bolívia, só tinham rodado por estradas asfaltadas naqueles noventa quilômetros iniciais entre Villazón e Tupiza. Não passaram por nenhum controle naquele trecho, mas, como sempre ouviram histórias sobre o rigor da polícia carabineira boliviana, principalmente com os estrangeiros, o temor era razoável. Além do que, era muito fácil deduzir, pelo tamanho das motocicletas, que eles eram gringos.

Entre Uyuni e Oruro não existe nada, nem combustível, exceto eventuais vendedores de galões avulsos nos povoados espalhados pelo deserto. Os Aloprado's esperavam ter acertado o planejamento, pois, caso contrário, perderiam um dia de viagem parados num lugar sem nenhum atrativo.

A temperatura durante o dia se manteve o tempo todo abaixo dos 15 graus, mesmo no sol do deserto, efeito da altitude. Isso serviu de referência para as roupas adequadas ao altiplano. Já o caminho, a cada quilômetro percorrido, parecia indicar que a turma do hotel tinha razão.

"Cara, como é ruim isso aqui! E, com tanto desvio, estamos fazendo uma média mais baixa do que previmos", disse JG.

"É verdade, mas acho que o pior é o tráfego e a poeira que os veículos levantam", reclamou Rubinho.

"Mas vamos com muita atenção, por causa dessa má visibilidade. Se atrasarmos, azar", recomendou Valentim, preocupado com a segurança ao cruzar os veículos.

"Como disseram no hotel, essas obras são eternas. E têm que ser, porque, na verdade, são apenas manutenção do pavimento em terra."

"Torço para pegar um caminhão-pipa pela frente molhando o piso, mas é o bicho mais raro aqui."

"JG, me preocupa menos a poeira e mais o combustível, porque vamos chegar em Oruro no osso, no final da reserva."

O comentário de Rubinho era válido, ainda que soubessem que na altitude e em baixa velocidade o consumo é mais baixo para as motos com injeção eletrônica.

"Sem grilo, pessoal, estamos com os galões cheios desde a Argentina! Não tem risco."

"Mas não é o risco de pane seca, e sim o fator tempo que nos preocupa, Valentim. Não queremos entrar em La Paz no escuro. É uma cidade grande, e deve ser ruim rodar por lá!"

JG estava certo em sua preocupação. Até porque o piso de cascalho mais solto, com um tráfego maior, dificultava acelerar, ainda que, por sorte, nada de mais sério tivesse acontecido exceto aqueles pequenos sustos de escorregadas controláveis, com os quais foram se acostumando.

Por fim, chegaram inteiros e imundos ao subúrbio de Oruro no início da tarde, e, depois de muito tempo só rodando por caminhos de terra, pegaram uma avenida ampla, de duas pistas, pavimentada, mas em péssimo estado de conservação.

À medida que avançavam, procurando algum posto de serviços para parar, eles começaram a ficar mal impressionados, a ponto de optarem por atravessar a cidade e tentar algo mais confiável na saída de Oruro. Tudo piorou ao chegarem num ponto em que a avenida estava interrompida, os obrigando a pegar mais um desvio, por uma rua de terra esburacada, com muita água escorrendo pelo chão.

"Acho que isso aqui é um esgoto a céu aberto. Não vou passar com a Branca de Neve por aí!"

"Também não. Que cidade mais feia é essa?"

Rubinho demonstrava mais do que desânimo. Estava cansado de tanto pó e terra. Próximo à saída de Oruro, Valentim viu um posto de serviços menos ruim e entrou, seguido pelos demais. Abasteceram e comeram algo leve e rápido. Enquanto estavam parados, JG foi checar o estado da Branca de Neve e do GPS.

"Manos, até que viemos bem. Estamos absolutamente dentro do tempo planejado."

"Os caras do hotel iriam se surpreender conosco mais uma vez", disse Valentim, rindo com a notícia.

"Melhor assim. Já pensou se tivéssemos que dormir por aqui?"

Essa ideia era péssima para todos, não só para o Rubinho, que sugeriu acelerar em direção a La Paz, dizendo que tudo que ele queria naquele momento era um banho. Por unanimidade, decidiram não perder mais tempo por lá.

Todos detestaram Oruro, a primeira cidade grande da Bolívia que conheceram. Pode até ter sido uma impressão errada, pois a atravessaram por bairros que podiam ser periféricos e pobres apenas. Mas, de fato, eles não viram nada que justificasse passar uma noite lá.

A segunda parte do dia foi bem mais fácil, pelo menos até chegar a Los Altos, bairro de La Paz situado a 4.100 metros de altitude. Os 230 quilômetros de estrada foram vencidos sem grandes dificuldades, rodando sempre acima de 3.700 metros e com alguns trechos até que bem bonitos. Em alguns vales, a aridez não era tanta, mas eles não passaram por nada que pudesse ter algum jeitinho de mata. O altiplano é muito árido, e as terras férteis ficam ao leste e ao norte de La Paz.

As preocupações quanto à fiscalização foram à toa, pois não os pararam uma única vez, embora eles tivessem passado por alguns postos de controle; muito poucos, na verdade. Não houve nenhum incômodo. À medida que se aproximavam de La Paz, o tráfego aumentava.

"Nunca vi tanta van da Kia como aqui", comentou Valentim.

"Realmente. E elas não passam por manutenção desde o dia em que saíram da fábrica! Não aguento mais respirar essa fumaça de diesel!"

A chiadeira de Rubinho era justa, mas as coisas só pioraram ao entrarem na zona urbana.

"Cara, se o inferno existe, é aqui! Que loucura!"

Nada pode descrever o caos que é o trânsito daquela cidade. É simplesmente infernal! Basta imaginar que usam cordas como separador de faixas de trânsito nas avenidas. Não é linguagem figurada. Todo o transporte público, ou pelo menos a sua maior parte, é feito pelas vans, cujo proprietário é o próprio condutor, e eles tomam as ruas, as calçadas ou qualquer outro espaço disponível, disputando os usuários em meio a um caos inacreditável.

Para piorar, a cada cinquenta ou cem metros havia uma lombada, então, andar de moto naquela doideira era correr o risco de cair, porque só usavam a primeira ou a segunda marcha, permanentemente. Imagina o incômodo de JG com sua já conhecida aversão ao tráfego urbano.

"De longe, este é o pior trânsito que enfrentei em quarenta dias de viagem! Loucura..."

E era mesmo, a ponto de fazê-lo suar frio naquele dia, mesmo com todo frio que estava.

No meio da balbúrdia, ao mesmo tempo que disputavam espaço com uma fila de vans em ritmo de tartaruga, eles tinham que se proteger de alguns motoristas mais afoitos que tentavam ultrapassar a todos, empurrando-os para as cordas ao lado. Precisaram de cuidado e atenção para não se enroscar nelas. As múltiplas faixas da avenida, exceto uma deixada para o trânsito, eram destinadas à carga e descarga de pessoas, em filas triplas ou mais.

"Devemos estar no horário de pico, da saída das pessoas do trabalho", comentou Valentim, que ia à frente da tropa.

"Acho que você tem razão. Parece um formigueiro!"

Enquanto Rubinho, que o seguia, corroborava o espanto, JG levou um baita susto ao ver Valentim, quando passava por uma lombada, perder seu bauleto lateral no meio da rua. Não faltava mais nada para enlouquecê-los de vez. Era a Lei de Murphy de volta!

A situação estava tão confusa que eles pararam as três motos no meio da faixa transitável para pegar o dito cujo, recolocá-lo e seguir em frente. O incidente chamou atenção de alguns pedestres que disputavam lugar com as vans, na tentativa de atravessar a avenida, e, solícitos, vieram ajudar a recolocá-lo. Detalhe: como estavam a 4.100 metros de altitude, o simples esforço de recolocar o bauleto agravou a falta de fôlego e dificultou ainda mais as coisas. Contudo, eles ainda teriam mais confusão durante o dia.

Como o hotel reservado ficava numa região mais central, eles precisavam sair dali, porque o GPS indicava mais trinta quilômetros até o destino. La Paz é enorme! Apesar de ser fim de tarde, ainda estava claro, e eles retomaram o rumo, porque não queriam rodar no escuro.

"Tudo tem algo bom. Esse incidente teve um lado muito positivo, pois dissipou qualquer dúvida que poderíamos ter em relação à segurança", comentou Valentim.

"Verdade! Ninguém criou qualquer situação de constrangimento a nenhum de nós."

Rubinho tinha razão, eles experimentaram um caos tranquilo, se é que existe isso, e aceleraram para cobrir esses mais de trinta quilômetros até a parte central da cidade, localizada no fundo do vale, a 3.100 metros. Estavam numa grande avenida que mais parecia uma autoestrada, sem fim e em declive permanente, por onde desceram mil metros. Um absurdo esse desnível entre pontos de uma mesma cidade! Só em La Paz, mesmo. Não é preciso explicar por que aquele bairro de entrada é chamado Los Altos.

Toda a encosta desse enorme buraco é tomada pela cidade, que tem uma urbanização não uniforme, misturando bairros e áreas de média, baixa e baixíssima renda. E a cidade é toda assim, tudo misturado, com dois ou três quarteirões arrumados e bonitos seguidos de mais dois ou três bem pobres. No entanto os Aloprado's ficaram com uma boa impressão da bagunça, por mais incrível que possa parecer; não se sentiram inseguros nem desconfortáveis. Na verdade, eles gostaram de La Paz, onde passariam duas noites.

Contudo, é uma cidade de difícil circulação, instalada num vale muito pequeno para as dimensões que atingiu, com mais de 2,1 milhões habitantes. Só depois de conhecê-la um pouco foi que descobriram que La Paz é a sede do governo da Bolívia, mas não é a capital do país. A capital é Sucre, no centro-sul boliviano, que tem aproximadamente 300 mil habitantes.

Já anoitecera e estava escuro quando chegaram ao hotel, num bairro chique e arborizado, completamente diferente do que vivenciaram na chegada à La Paz, e eles tiveram uma grata surpresa. Belíssimo e sofisticado, muito diferente do padrão usual da viagem e muito acima das expectativas. Ficaram eufóricos ao parar as motos imundas na frente da imponente entrada para o enorme e luxuoso saguão, com a recepção ao fundo. Sujos como estavam, era um contraste chocante com o pessoal de terno e gravata ou os vestidos clássicos que circulavam pelo saguão.

Alegria de pobre dura pouco, então eles logo descobriram que aquele não era o hotel reservado. JG confundiu os nomes quando fez a reserva, pelo fato de serem idênticos e pertencerem à mesma rede, porém o que lançara no GPS era outro, bem mais chique, sofisticado e caro, o principal hotel da cidade, localizado no melhor bairro. O reservado, confirmado pelo pessoal da recepção, ficava a uma boa distância dali.

Os Aloprado's estavam tão cansados que, apesar dos preços das diárias, eles resolveram ficar por lá mesmo ao descobrir toda a confusão. Até Rubinho, sempre mais econômico, aceitou na boa. Mas a recepção informou que não seria possível, porque não havia quartos vagos. Como era início de noite de uma segunda-feira, eles duvidaram que era verdade, achando que não os aceitaram pelo estado de imundice em que se encontravam, que não combinava com o nível dos hóspedes daquele lugar.

Infelizmente para os três, essa não foi a pior parte da história. Depois de resolvida a confusão e com o endereço correto do hotel reservado, eles não conseguiam localizá-lo no GPS. Só descobriram que ainda estavam com o mapa da Argentina instalado nele mais tarde, já no hotel correto! E não tinham ideia de como chegar nesse hotel sem uma rota a seguir. Até que um taxista, uma boa alma que lá chegou para descarregar um hóspede, se dispôs a levá-los até o local de destino. Assim combinado, seguiram na cola do cara sem a mínima noção de onde estavam indo. O motorista, talvez para testá-los, andava bem rápido por uma sucessão de ruas e avenidas num sobe e desce danado, e não era fácil acompanhá-lo, mas acabou sendo a salvação deles, porque o tal hotel não era nem perto e nem fácil de chegar! Serviu para conhecer mais um pouco La Paz e ver que era uma cidade com um ar cosmopolita.

O prazer de estar no lugar certo e fazer o *check-in* só não foi maior do que o de tomar o tão esperado banho. O hotel era, de fato, um *flat*, e a reserva feita, de uma suíte ampla e confortável, foi perfeita para rearranjarem as bagagens e as roupas, limpar os equipamentos de motociclistas e reduzir a quantidade de pó acumulada. A situação deles na chegada era tão feia que um funcionário do hotel deu um banho de esguicho nas motos. No final das contas, o local reservado era muito mais adequado que o outro, apesar de ser um pouco mais simples.

Estavam completando dez dias após o reencontro em Mendoza, tendo pilotado por trechos de dificuldade muito alta, e era o sétimo dia consecutivo na altitude. La Paz iria oferecer o conforto de que necessitavam para recuperar as energias.

Aproveitaram e pediram uma indicação de um restaurante para jantar, dizendo que gostariam de comer alguma carne, e a moça da recepção imediatamente sugeriu o restaurante do próprio hotel, que, segundo ela, era uma churrascaria muito bem frequentada pelos locais. Embora fosse uma noite de segunda-feira, a churrascaria estava lotada. Era véspera de um feriado nacional. Como o hotel conseguiu uma mesa, eles não quiseram nem sair para a rua. Era comer e dormir.

42

E É DA MORTE!

O plano dos Aloprado's para o período em La Paz era percorrer a Estrada da Morte e depois passear um pouco pela cidade para conhecer seu centro histórico. Resolveram reservar um dia exclusivo para ir a Coroico pela famosa e temida estrada, acreditando que estariam de volta à tarde para aproveitar o final do dia e descansar. Na sequência, sairiam da Bolívia em direção a Puno, no Peru. Isso deveria dar condições para que se recuperassem do cansaço provocado pelo altiplano e pelos dois dias de travessia no deserto de Uyuni. Percorreriam a Estrada da Morte sem preocupação com o tempo, talvez gastando pouco mais que uma manhã, pois, para ir e voltar, são menos de 220 quilômetros no total, sendo que a Estrada da Morte propriamente dita não tem mais do que 45 quilômetros. O resto é tudo asfalto novo. Do inferno da entrada em La Paz ao desafio da Estrada da Morte, os irmãos brincavam dizendo que aqueles dois dias representavam viver *A Divina Comédia* boliviana.

Todo aquele tempo acumulado em alta altitude, embora não tivessem economizado na hidratação, principalmente tomando chá de coca, deixou claro que a expectativa original de que ficariam aclimatados não correspondeu à realidade. Suportaram bem, sem outras consequências exceto a falta de fôlego quando se esforçavam, mas nada de normalizar. Para piorar, enfrentaram temperaturas abaixo do esperado, pois imaginavam que os primeiros dias de outono ainda trariam temperaturas mais próximas do verão. Porém foi tudo diferente, tanto que, na véspera, ao chegarem ao hotel no início da noite, o termômetro marcava 7 graus, e foi baixando.

Naquela manhã, levantaram-se cedo, descansados, e desceram para o café da manhã. Encontraram a mesma recepcionista que estava lá quando chegaram, que os informou que, por ser feriado, seria conveniente fazer reserva nos restaurantes, pois era hábito das famílias comer fora.

"Ótimo! Vamos descer a estrada para Coroico e estaremos de volta para o almoço. Acho que é melhor reservar lugar aqui mesmo, no restaurante do hotel, que deve ser mais fácil."

A jovem não se conteve e começou a rir, quase gargalhando.

"Reservarei três lugares para o jantar!"

Quem riu então foram os irmãos. Aquele pessoal não tinha a mínima noção de tempo quando se tratava de viajar em motocicletas. Foram para a mesa do café comentando a cena.

"De novo, a mesma coisa. Percorrer 220 quilômetros, sendo menos de cinquenta em terra, não consome quatro horas", gabou-se JG.

"É mesmo! Ainda que a estrada seja estupidamente complexa, não levaremos mais do que cinco horas. Estaremos de volta entre 13h e 14h", concordou Rubinho, com uma cara de menosprezo pelo comentário irônico da moça.

"Sem dúvida. Basta lembrar que ontem fizemos 310 quilômetros no deserto em menos de seis horas. E isso porque não conseguimos desenvolver uma boa velocidade. São sem-noção mesmo!"

Confiança era a palavra de ordem dos irmãos, depois do sucesso dos dois dias de aventuras pelo Uyuni. Mas deveriam sair logo, porque estavam no centro da cidade e levariam um bom tempo só para atingir a rodovia que segue para o leste boliviano. Pelo menos, dessa vez tinham a vantagem de que não precisariam passar pelo inferno de Los Altos, ao sul, mas circular por La Paz nunca é fácil, qualquer que seja o local. O feriado seria um facilitador.

Pegaram uma estrada muito boa, nova, contornando os picos da Cordilheira Real, onde inicia uma transição da região semiárida do altiplano boliviano para uma de floresta subtropical, à grande altitude. Cruzaram um pico a mais de 4.650 metros de altitude, e a paisagem era espantosa. Constantes mudanças de cenários radicais, alternando regiões áridas com florestas nativas, oferecendo um verdadeiro passeio por mais de setenta quilômetros de zigue-zagues intermináveis, vistas maravilhosas dos vales com os *caracoles* à frente, lagos em grande altitude e sempre com a temperatura muito baixa, inclusive com gelo boiando por pequenos cursos d'água à margem do caminho. Foi assim até chegar à famigerada Estrada da Morte.

Essa estrada faz a descida da Cordilheira até o fundo do vale do rio Coroico, e era o único caminho para a região nordeste da Bolívia até ser desativada e substituída por outra, mais atual, pavimentada, cujo traçado segue o outro lado do rio, subindo a cordilheira pela margem esquerda. Com essa alternativa mais adequada e segura, a estrada original se transformou em uma atração turística. A fama provocada pelos incontáveis acidentes, a maioria, fatais, em sua época de ouro, deu origem ao nome.

Atualmente, há muito tráfego de turistas com bicicletas por lá, com os *tours* oferecidos nas agências, acompanhados por vans, além dos mochileiros a pé, que são muito comuns, como na Carretera Austral. Esporadicamente, passa algum veículo; geralmente, de locais.

Quando escolheram a rota, estavam em dúvida se deveriam descer por ela e voltar pela estrada nova ou fazer o contrário. Acabaram optando pela descida, porque acharam que seria mais fácil e mais proveitoso. Depois da experiência, os Aloprado's são unânimes em afirmar que o melhor é descer por ela, mesmo. A extensão total é de 45 quilômetros, contando com o trecho de acesso a Coroico, uma vilazinha turística, com uma praça cheia de botecos e restaurantes, em frente a uma igreja. Um paraíso para os ecoturistas, e basta meia hora para conhecê-la inteira.

Quando chegaram ao início da Estrada da Morte, os três mantinham a convicção de que estariam de volta a La Paz para o almoço, e se divertiram com uma placa bilíngue que avisava aos viajantes que era de responsabilidade de cada um a segurança ao transitá-la. A mesma placa apresenta algumas recomendações, sendo que a mais chamativa é o fato de ser obrigatório o uso da mão-inglesa para direção, ou seja, o lado correto da descida para os veículos é pela esquerda, enquanto os veículos que sobem devem fazê-lo pela direita.

Com aquela confiança toda, eles acharam que os letreiros eram meio propaganda turística; até fotografaram a tal placa e, então, começaram a descida, com JG à frente. Em seu trecho inicial, a estrada estava firme, era razoavelmente ampla e oferecia uma vista de tirar o fôlego. É impossível avistar o fundo do vale por ali. Fora isso, nada de mais.

"Manos, isso aqui está me lembrando a descida da serra do Corvo Branco, e acho que lá foi mais difícil", disse JG.

"Realmente! Se for isso, vou ficar decepcionado", disse Valentim.

O sol surgia no meio da manhã, e a névoa que os acompanhava desde a saída do hotel se dissipava, apesar de ainda estar frio, e o tempo limpo, mas eles continuavam a não enxergar o fundo do vale, que estava a mais de 3 mil metros de profundidade.

Não chegaram a percorrer nem algumas dezenas de metros e, logo após a primeira curva, começaram a entender as placas de aviso. A estrada vai ficando muito estreita e passa a ser uma trilha com largura em torno de dois metros e meio. Do lado direito, tem um paredão de pedra, e do esquerdo, um barranco sem fim e sem nenhum tipo de proteção. As retas não chegam a ter cinquenta ou sessenta metros, e as curvas são absurdas, sem visibilidade nenhuma. Estava claro por que o regulamento mandava buzinar antes de entrar nas curvas.

"Cara, não sei mais se a de Santa Catarina é pior. Isso aqui é pura nitroglicerina", corrigiu JG, sem ouvir resposta.

A tensão aumentava, e o silêncio nos intercomunicadores se ampliava. Apesar do piso firme, apresentava muita erosão, e, em vários locais, um cascalho fino cobria a pista e era ideal para provocar um deslizamento das motos numa freada mais abrupta. Aquele caminho exige muita atenção e concentração, principalmente porque a cada curva surge algo completamente diferente e inesperado. Parecia que rodavam sobre as nuvens, sem nenhuma noção de profundidade. Passaram por alguns trechos famosos, como o que obriga a pilotar por debaixo de uma queda-d'água, literalmente, seguindo pelo leito do córrego, que é a própria pista, cheio de pedras, por uns cem metros, quando então forma outra cascata, caindo pelo barranco do outro lado. O banho é garantido, e, depois de concluído, pode-se dizer que é divertido. Ainda bem que, por ser outono, o riacho estava com pouca água.

Os Aloprado's até tentaram seguir a orientação de descer pela mão esquerda, mas era extremamente perigoso pilotar beirando o barranco, que não tem nenhuma proteção no caso de queda. Instintivamente, passaram a pilotar na contramão, ou seja, descendo encostado ao paredão do lado direito, muito mais seguro.

Essa inversão de mão imposta pelo regulamento facilita a vida dos motoristas de veículos maiores, de quatro rodas, ao permitir a visão da barroca pela frente e da posição das rodas esquerdas ao descer, aumentando a segurança deles. Pode até ser funcional, mas intensifica a insegurança ao descer com as motos, que teriam que andar muito próximas à borda do despenhadeiro. Logo nos primeiros quilômetros, eles abandonaram conscientemente e por completo essa recomendação. E JG estava seguro de que, para motociclistas, seria melhor descer pela direita mesmo.

Mal começaram a descida em sua parte mais radical, e põe radical nisso, surgiram as encrencas. Primeiro, um ciclista, descendo a toda velocidade, ao ultrapassar o grupo, xingou-os aos berros por estarem na mão errada, como se não houvesse espaço suficiente para uma bicicleta ultrapassar uma moto quase parando. Um idiota! Depois, a cada grupo de ciclistas que eles avistavam, mesmo que estivessem em velocidade normal, era necessário acelerar para alcançá-los e passá-los, porque estes fechavam toda a pista, ao mesmo tempo que os eventuais pedestres ou mochileiros em bandos exigiam cuidados para não serem atropelados, porque andavam espalhados pela estrada como se não existisse mais ninguém no mundo. Como era feriado, encontraram um número maior de visitantes.

A qualquer dia ou hora, com ou sem gente, essa estrada é imperdível, com uma vista tão impressionante que os Aloprado's paravam sempre que encontravam um lugar seguro para fotografar, o que era muito raro, e o famoso "... que lindo!" de Valentim era ouvido a todo instante.

Os irmãos pouco conversavam, exceto nas paradas, mas estavam extasiados, além de tensos. A Cordilheira Real é coberta de mata densa, com vegetação exuberante, mesmo naquela altitude, e a descida é muito forte, saindo dos seus mais de 3 mil metros de altitude para, em menos de quarenta quilômetros, chegar a mil metros em seu ponto mais baixo. Como consequência direta dessa redução na altitude, a temperatura aumentava rápido enquanto desciam. Começaram o dia com 6 graus, e, quando pararam para retirar as proteções de frio, estava 28 graus.

A cada curva que passavam, a vista era diferente, mas sempre estupenda, quase sempre acompanhada de algum susto. Quase todos leves, exceto por uma surpresa, que aconteceu com JG novamente, que andava à frente do grupo, bem devagar. Ao se aproximar de uma curva muito fechada à direita, mesmo buzinando, conforme o recomendado, ele deu de cara com um pequeno caminhão-tanque, carregado (???), subindo pelo lado interno. Claro que, tecnicamente, o errado era ele. Não havia como voltar para a esquerda, porque o caminhão ocupava a plataforma inteira na curva, e só lhe deixara o vazio do despenhadeiro. Então ele teve de parar totalmente, literalmente apoiando o ombro no paredão da direita, na pedra, na tentativa de abrir espaço à sua esquerda para o doido passar. A fina foi tão grande que, para afastar a cabeça e não ser atingido pelos ganchos laterais da carroceria, ele encostou o capacete na parede de pedra. Enquanto isso, ao passar por ele, o motorista, além expressar os cumprimentos à senhora sua mãe, não deu nenhuma aliviada no acelerador, para não perder o embalo naquela rampa. JG ficou imóvel, como se estivesse congelado, e torcendo para dar tudo certo. Depois dessa passagem, meio sem saber como, ele completou a curva e parou num mirante improvisado logo à frente, com as pernas tremendo, sem conseguir avançar.

Outra situação inesquecível que viveram foi com o mesmo ciclista com pinta de experiente, que os ultrapassou como se estivesse em pleno Tour de France, e os xingou bastante por estarem descendo pela direita. O cara deve ter prosseguido em alta velocidade por mais algum tempo, mas os Aloprado's encontraram o figura no chão, todo arrebentado, bem antes da metade da descida. Até pararam para oferecer ajuda ao grupo que o socorria. Esse babaca não foi o único a cair, mas deve ter sido o caso de maior gravidade. Todo ralado, ele terminou seu passeio de carro.

Com esses incidentes e outros menores, seguiram em frente convictos de que era melhor descumprir a regra da mão-inglesa, e foi o que fizeram até atingir a parte plana. Ao final do trecho, restou ainda a aventura da travessia de um riacho que cruza a estrada por cima do leito, sem nenhum tipo de drenagem e com um volume considerável de água, com o fundo todo em pedra solta. Sem grandes consequências, exceto uma boa enxaguada, eles passaram uma moto por vez, com muito cuidado para não escorregar.

A concentração na pilotagem para descer foi tão grande que Rubinho não se lembrou de ligar a câmera em vários dos trechos mais críticos, justamente por ser exigido demais. Quando chegaram em Coroico, eles pararam as motos na praça e perceberam que já passava da hora do almoço, e vários restaurantes estavam fechando suas cozinhas. A moça do hotel estava certa. Eles só voltariam a La Paz no final do dia.

As motos foram estacionadas ao lado da praça principal, num ponto de sombra, bem em frente a um posto policial. Imediatamente, um dos policiais se aproximou. Pronto! Lá vem encrenca, pensou JG. No que o viu caminhando em sua direção, foi se antecipando para pegar os documentos, mas o policial começou a puxar um papo.

"Que máquina! De onde vens?"

"Do Brasil, São Paulo!"

"E, de Bolívia, retornam ao Brasil?"

"Não, ainda vamos ao Peru. Seguimos amanhã pela manhã!"

"Que bela!"

A curiosidade e a admiração dele pelas motos era enorme, especialmente pela Branca de Neve. Depois de responder às perguntas, e na tentativa de ser cordial, JG perguntou se poderiam deixar as motos naquele local. Com uma animação fora do comum, o policial respondeu que sim, e que ficaria no posto o tempo todo, e não deixaria ninguém mexer nelas. Ao voltar para junto dos irmãos, rindo, ele não perdeu a oportunidade de comentar:

"Encontramos um flanelinha oficial! Essa polícia boliviana é um terror mesmo! Os gringos que se cuidem!"

Os restaurantes já estavam fechando as cozinhas, e eles acabaram entrando em um que se propôs a atendê-los. Uma comida muito meia-boca, composta de um filé de sola de sapato e um refrigerante quente. Por lá, encontraram uma família de mochileiros, alemães ou franceses — um casal e o filho de uns dez ou doze anos, que havia chegado a Coroico pelas trilhas no meio da mata, depois de caminharem quatro dias. Rubinho não se conformou.

“Tem louco pra tudo! Acho que isso não é ser pai, é ser maldoso!”

Mas como o que vale é cada um na sua, ele ficou quieto degustando seu almoço sofrível. Porém, Valentim não perdeu a oportunidade de arranhar um papo com eles.

Não abasteceram as motos na saída de La Paz, porque os tanques ainda estavam razoavelmente cheios desde a véspera. A ideia era completar em Coroico, e, como fariam um bate e volta apenas, não levaram os galões. Quebraram a cara por causa do feriado; encontraram o único posto de serviços de Coroico fechado.

“Acho que não tem problema. Vi um posto de serviços no alto da cordilheira, próximo a La Paz, na vinda”, lembrou-se JG.

“Eu também vi, deve estar a uns cem quilômetros daqui. Acho que dá para chegar lá”, completou Rubinho.

Ao saírem de Coroico, enfrentaram mais uns quinze quilômetros de estrada de terra, justamente o trecho final da Estrada da Morte, após o acesso para a vila, até alcançar a estrada nova, a partir de uma grande ponte que atravessa o rio, no fundo do vale. A temperatura naquele começo de tarde era de 31 graus, a exatos 1.046 metros de altitude, e eles retornariam aos 3.350 do hotel atravessando novamente a Cordilheira Real, e seu pico de 4.650 metros. Um show de passeio, ainda mais porque a volta deveria ser uma moleza, principalmente depois das dificuldades da descida.

O caminho asfaltado é um pouco mais longo, com quase 120 quilômetros no total, ou seja, eles imaginavam não mais que uma hora para percorrê-lo, por uma estrada recém-construída e bem cuidada. O que não previam é que ela fosse tão travada e tivesse curvas tão acentuadas quanto a antiga, o que os impedia de atingir grandes velocidades. Foram tantas curvas que seus punhos ficaram doloridos. Além disso, sofreram com o tráfego razoável em ambos os sentidos, o que dificultava ainda mais as ultrapassagens.

“Manos, está ficando cada vez mais frio. Vamos ter que parar logo para colocar os forros”, comentou Valentim.

“Sugiro pararmos no posto de serviços. Acho que não falta muito”, respondeu JG.

Rubinho concordou, e eles seguiram, com as motocicletas já entrando na reserva de combustível, e nada de chegar ao tal posto. A subida íngreme continuava, a gasolina se esgotava, o frio aumentava, e nada. Quando atingiram o topo da serra, a mais de 4 mil metros, e finalmente entraram no posto, já era o final da tarde, eles estavam congelados, numa temperatura abaixo de 7 graus e no limite do combustível. Deviam ter parado antes para se agasalhar adequadamente.

"Cara, estou congelado. Nunca senti tanto frio. Minha mão está dura, não estou aguentando mais pilotar", reclamou JG, "nem na chuva ou na neve que peguei lá pra baixo passei tanto frio!"

"Eu também. Coloca a mão no motor para aquecer", sugeriu Valentim.

"Esse aquecedor de manopla da Branca de Neve tem um limite. Esse frio o ultrapassou", ele completou.

Para piorar, o ar rarefeito dificultava ainda mais fazer esforço. Depois de vestirem os forros das roupas para enfrentar o frio, eles estavam sem fôlego e com dificuldades para empurrar as motos até a bomba de combustível.

"Estou com a mesma sensação que eu estava quando voltei do Atacama, no Paso de Jama, só que com o agravante do frio. Deveria ter colocado a roupa protetora bem mais cedo."

"Verdade! Depois que perdemos temperatura, fica difícil esquentar novamente", concordou Rubinho, "mas acho que você está com outro problema. O escapamento da Branca de Neve está me parecendo solto. Vi que a ponteira se mexia muito na estrada."

Era só o que faltava. Foram dar uma olhada, e realmente o parafuso de fixação do escape no chassi tinha caído em algum momento. Isso poderia ter ocorrido até bem antes, porque esse parafuso fica escondido pelo bauleto lateral. A trepidação e os solavancos aos quais a Branca de Neve fora submetida naqueles últimos dois dias devia ter provocado isso, mas, independentemente do quando e como ocorreu, eles precisavam fixá-lo para impedir a quebra do tubo. Rubinho deu a ideia de usar um dos *straps* que levavam, feito com o mesmo material do cinto de segurança. Deu certinho para passar pelos buracos de fixação original, então eles apertaram a trava ao máximo e cortaram as pontas para que elas não enroscassem na roda. Pronto! Conseguiram consertar a Branca de Neve sem precisar pedir socorro ao Max.

Enfim, abastecidos e mais aquecidos com o auxílio do calor do motor, seguiram para o hotel. As coisas só começaram a melhorar quando se aproximaram da periferia de La Paz e desceram para o centro. JG, ao chegar, ainda estava gelado e cansado, mas em melhores condições do que estivera no posto de serviços. Um banho quente resolveria tudo, e depois eles procurariam um lugar para jantar, mesmo sem reserva. Precisavam se deitar cedo, após essa aventura exaustiva, ainda mais porque, no dia seguinte, iriam para o Peru, contornando o lago Titicaca. Quanto à vontade de conhecer o centro histórico de La Paz, ficaria para uma próxima oportunidade.

Entraram pela recepção e encontram a mesma moça que não se incomodara com a arrogância deles pela manhã. Parecia que ela os esperava, e os recebeu com um baita sorriso no rosto, logo informando que deixara reservado uma boa mesa no restaurante para o jantar, pois, devido ao feriado, o restaurante estava lotado. Todos riram muito, e nem precisaram comentar como fora a experiência. Como disse o Valentim: "Viajar de moto pela Bolívia e não curtir a Estrada da Morte é perder o melhor da festa. Mas reserve o dia inteiro!"

Entraram no restaurante e logo perceberam que a reserva tinha sido providencial, porque algumas famílias em grandes mesas faziam uma barulheira bem incômoda. O programa deles era comer em família mesmo. Aproveitaram para degustar uma carne grelhada na pedra que estava maravilhosa, e Valentim, o mais corajoso do trio, finalmente experimentou a carne de alpaca, que é um pouco mais dura que a de boi. Naquele restaurante, ela estava ótima e bem saborosa.

43

MAR NAS ALTURAS

Desde o início, os Aloprado's tiveram muitas dúvidas a respeito de qual seria a rota ideal de entrada no Peru. A princípio, pretendiam seguir por Copacabana, uma cidade à beira do lago Titicaca, fazer a alfândega Bolívia-Peru em Desaguadero e passar a noite em Puno. Esse trajeto exigia fazer a travessia de balsa pelo braço esquerdo do Titicaca, antes de chegar em Copacabana. Todos com quem conversaram nos dias em que estiveram na Bolívia, incluindo alguns turistas, recomendaram evitar esses caminhos e ir direto para Desaguadero.

Os motivos eram diversos, desde o fato de Copacabana não ter grandes atrativos, para não dizer que é muito feia, até o fato de a passagem pela alfândega ser demorada, por ser muito cheia, além da burocracia na travessia da fronteira Peru-Bolívia também ser famosa. Convencidos disso tudo, eles prepararam as motocicletas logo pela manhã, em mais um dia muito frio, mas sem a névoa que eles enfrentaram na manhã anterior. Logo depois do café, os três rumaram para Los Altos, a fim de pegar a rodovia em direção ao norte.

A saída de La Paz nessa direção foi realmente uma epopeia, embora não tivessem passado pela confusão da chegada pela entrada sul da cidade. Num momento da subida, aquela avenida, que mais parece uma autoestrada, bifurca, e os irmãos seguiram por algumas ruas escalando a encosta da montanha e atravessando uma região residencial de baixa renda e alta densidade populacional. As motocicletas chamavam muita atenção, mas o único movimento percebido era das crianças acenando para o cortejo.

Sem sustos ou constrangimentos, chegaram à estrada e puderam acelerar por uma região com topografia um pouco mais irregular e menos árida que a parte sul do altiplano. Uma paisagem menos monótona, mas sem aquela exuberância toda que encontraram durante o passeio pela Estrada da Morte, ao percorrerem a Cordilheira Real. O percurso da manhã foi todo muito tranquilo e, novamente, não houve nenhum incômodo com postos de controle ou fiscalização rodoviária. Na verdade, não chegaram a ver nenhum carabineiro na estrada.

O cenário começou a mudar quando se aproximavam de Desaguadero, que não é uma cidade tão pequena e tem um movimento considerável por causa da fronteira. O ápice foi o caos completo que encontraram na rodovia, uns dois quilômetros antes dela, com uma enorme fila de caminhões e veículos parados nos dois lados do acostamento e na faixa de trânsito normal. Pior do que aquele congestionamento na travessia entre o Chile e a Argentina quando JG entrou novamente na Patagônia, voltando do Ushuaia. O astral foi a zero!

"Caramba! Se tivermos que respeitar essa fila, vamos demorar dias para atravessar", reclamou JG.

"Acho que devemos avançar com as motos até encontrar alguém que nos dê alguma informação confiável", disse Valentim, acelerando e seguindo sem ouvir as respostas.

Rubinho e JG o seguiram sem discutir, e, mais próximo dos escritórios, encontraram um oficial que tentava organizar um pouco aquela loucura. Valentim se dirigiu a ele, com sua incrível tranquilidade e dando uma de *João sem braço*.

"Companheiro, estamos perdidos. O senhor poderia nos informar onde é a fila para motociclistas?"

"Não é aqui. Esta passagem é só para veículos de carga. Vocês precisam voltar mais ou menos onde começa a fila, entrar por Desaguadero à esquerda, seguindo as placas. O caminho é bem sinalizado."

Ufa! Estavam com sorte e encontraram alguém com boa vontade. Voltaram todo o percurso e logo entraram na rua de acesso à cidade, com a sinalização para a alfândega bem visível.

Desaguadero deve seu nome ao rio criado pelo canal de vazão das águas do Titicaca, que divide a Bolívia e o Peru. Aquela entrada levou-os por ruas da periferia da cidade até a alfândega, que é bem estruturada, e o procedimento de saída é tranquilo. Apesar de a alfândega ali não ser integrada, o turista entra numa fila única e vai passando guichê por guichê sem perder muito tempo. Primeiro, com os bolivianos, e depois, pelo lado peruano; bem menos complexo que o ingresso na Bolívia. Apesar de concluírem os trâmites sem grandes complicações, eles enfrentaram uma fila grande, pois um ônibus de turistas chegou um pouco antes deles, descarregando mais de quarenta pessoas. No entanto, foi só manter a paciência e cumprir a ordem de chegada. Enquanto os irmãos estavam na fila, encontraram um casal de americanos que vinha de Los Angeles e ia para o Ushuaia, na Argentina, de moto. Em comparação à aventura deles, a viagem de JG ficou parecendo um daqueles bate e volta de fim de semana. Como estavam num circuito invertido, o encontro foi oportuno para troca de informações e experiências. O mais marcante era que eles estavam amando a América do Sul e ficaram excitados com o que ouviram.

"Conhecer a Carretera Austral, os glaciares e atravessar a Patagônia, locais visitados por mim recentemente, foi algo que me marcou muito. Não se deixem levar por pressão de tempo, pois esta pode ser a viagem da sua vida."

"É exatamente como estamos entendendo esta nossa experiência: a viagem da nossa vida. Bela definição!"

A resposta deles deixava claro para todos o quanto de emoções as viagens de motocicleta despertam nesses aventureiros.

A fila acabou levando umas duas horas, mas a burocracia foi razoavelmente simples, provando que é mais fácil sair da Bolívia do que entrar nela.

Ainda assim, ao completarem todo o procedimento já era início da tarde e os irmãos estavam felizes por não terem passado por Copacabana. A opção foi a salvação do dia, pois, caso contrário, ao insistir na travessia por lá, provavelmente ainda estariam na travessia da balsa.

Ao avançar pelo lado peruano, percebe-se que Desaguadero é muito semelhante ao Chuí; não faz diferença se você está no lado boliviano ou peruano, que se parece mais com uma zona periférica da mesma cidade. Na verdade, são duas cidades com o mesmo nome, ligadas por uma única ponte, relativamente pequena. Chama atenção a quantidade de pessoas que circulam por ela, somada à aglomeração de ambulantes vendendo roupas, comida, bugigangas, um artesanato meio industrializado, etc. Daí a fama da cidade, de ser confusa e lotada. No entanto, ela é minúscula; tem pouco mais de 2 mil habitantes — que deixaram a impressão de estarem todos trabalhando na faixa de cem metros de rua ao lado da fronteira, tal a quantidade de gente por lá.

Os Aloprado's não consumiram mais que alguns minutos para voltar à rodovia peruana que é o trecho da Ruta Panamericana pelo Peru, que se encontrava em ótimo estado, e parece uma rodovia litorânea, seguindo à margem do lago Titicaca por todo o tempo até Puno, com aquele mar de água azul-escura que encanta com sua dimensão. O Titicaca é o segundo maior lago da América do Sul, e é tão grande que permite a navegação comercial em grande escala, dada a sua profundidade, que dizem atingir cerca de 180 metros. E é lindo, impressionante, e proporcionou-lhes um passeio muito agradável pilotando por ali naquela tarde lindíssima, ensolarada e fresca.

JG estava muito feliz por iniciar mais uma etapa da viagem de seus sonhos ao entrar no quinto país que seria visitado logo depois da décima travessia de fronteira em 42 dias de aventuras.

O Peru começou a deixar suas marcas desde os primeiros momentos que passaram por lá. Logo que entraram na rodovia, os Aloprado's se depararam com uma festividade de um grupo grande de nativos que estavam vestidos a caráter, ocupando a pista inteira. Eles dançavam e cantavam ao som de instrumentos típicos, como se fosse uma espécie de desfile carnavalesco. Eram umas trinta ou quarenta pessoas, de todas as idades, muito alegres. Os três irmãos foram obrigados a parar no acostamento e esperar essa turma passar, imaginando que poderia ser algum evento religioso ou até mesmo um casamento, mas não souberam de fato o que era. Foi uma bonita bagunça, com muita alegria, em plena tarde de quarta-feira. Eles ficaram mais de vinte minutos ali, encostados, esperando o cortejo liberar a estrada para que pudessem prosseguir, e então seguiram no maior alto-astral.

"Manos, que incrível! Este é o quinto país estrangeiro da minha viagem, e sou recebido com uma festa dessas!", disse JG.

"É... eles estavam aqui, só aguardando a sua chegada para começar o desfile", ironizou Rubinho.

Apesar da piada, JG se sentia tão bem que estava inclinado a acreditar que tinha sido para ele mesmo. A tarde foi supertranquila enquanto percorriam os 150 quilômetros até Puno, contornando o lago, que quase por todo o percurso tem sua borda bem próxima, a não mais do que quinze metros da rodovia. Ao longo da estrada, eles foram passando por vários vilarejos de veraneio, alguns até bem simpáticos, além das muitas áreas de pesca e fazendas de criação de peixes. O dia estava especialmente bonito, ensolarado e fresco, ideal para pilotar, e aquele trajeto oferece uma sensação de estar à beira do mar. A cor da água, de um azul-escuro intenso, parecido com o do Mediterrâneo, e a dimensão do lago produzem esse efeito.

Sem qualquer tipo de contratempo, e sem passar por um único ponto de fiscalização, chegaram a Puno. A tarde ia avançada, e, ao entrar pela cidade, a primeira impressão foi ótima. Um lugar histórico, repleto de construções coloniais imponentes, com destaque para sua catedral, magnífica, dominando a Plaza de Armas, completamente cercada de construções do período da colonização espanhola.

A uma quadra de distância da Plaza de Armas há outra praça, ligada por um calçadão exclusivo para pedestres e circundada por um casario antigo, baixo, muito bem conservado, que nos remete ao século XVIII. Uma cidade realmente muito charmosa. O hotel reservado era muito próximo dessas praças, na verdade, se localizava a meio quarteirão de distância de ambas.

Quando eles chegaram, houve um pequeno incidente. Rubinho, que tem a mania de andar atrás dos demais, estava sem o intercomunicador, porque a bateria do dele descarregou. Então, ele se perdeu em alguma virada de esquina e ficou dando voltas no quarteirão, e não conseguia encontrar o hotel, que estava a poucos metros dele, na pequena travessa. Valentim e

JG foram caçá-lo na rua e o encontraram em uma de suas passadas pela esquina.

Uma vez instalados e de banho tomado, saíram para dar um passeio a pé. Apesar de terem rodado muito pouco em termos de quilometragem naquele dia, não mais do que 280 quilômetros, consumiram um bom tempo na fronteira. Como não tinham almoçado, estavam com muita fome, mas precisavam esperar que os restaurantes abrissem, então, antes, aproveitaram para procurar uma loja de seguros que vendesse o Seguro Obrigatório de Acidentes de Trânsito, o SOAT, que não é vendido fora do Peru. Ao contrário dos procedimentos nos demais países pelos quais haviam passado, no Peru, entra-se com o veículo sem o seguro e o adquire no primeiro lugar que encontrar, normalmente, numa loja próxima à alfândega. Se alguém for parado pela polícia sem ele, recebe uma multa na certa, mas os Aloprado's decidiram deixar para comprá-lo em Puno, para evitar o tumulto em Desaguadero, que era um vilarejo muito rudimentar. Acharam melhor correr esse risco do que perder tempo naquela confusão, mas deu tudo certo.

A poucos metros da praça principal havia uma dessas lojas onde vendiam o tal seguro, segundo indicação dos funcionários do hotel, mas que estava fechada naquele horário. Tudo bem, deixaram para fazer a compra no dia seguinte. Sem ter outra coisa a fazer, andaram um pouco pelo centro, porque o restaurante recomendado para o jantar ficava a poucos metros da seguradora, mas também ainda estava fechado.

Pertencente à uma ex-turista francesa, que se encantara com a cidade e com o país, o restaurante foi instalado no segundo andar de um casarão colonial antigo, de frente para a praça central. Um lugar simples, porém bonito, e com uma comida deliciosa. Não por acaso, ficou lotado, com pessoas de todo o mundo; eles só conseguiram um lugar para se sentar porque chegaram cedo. O Peru é realmente uma caixinha de surpresas, como diriam alguns jogadores de futebol. E tem um turismo muito forte. Que viagem de sonhos!

Naquela noite especialmente gelada, durante aquele jantar perfeito, os irmãos tiveram a oportunidade de revisitar todas as lembranças e experiências vividas nos quatro dias que ficaram na Bolívia.

"Sinceramente? Eu me apaixonei pelo país, por suas belezas naturais, pelo deserto, pelo *salar*, o caos de La Paz, a Estrada da Morte e pelo lago Titicaca. Quanta lembrança...", disse JG.

"Concordo... Além disso, as pessoas ali são alegres e simples, embora às vezes sejam um pouco desconfiadas. Me pareceu até que algumas são excessivamente humildes", completou Valentim.

"Uma grande surpresa mesmo, e a comida é ótima!"

"Verdade. Achava que fôssemos encontrar coisas mais esquisitas. O Valentim vai engordar nessa viagem!", disse Rubinho, meio maldoso.

Então, eles concluíram que não havia qualquer motivo lógico que justificasse temer visitá-la. Muito pelo contrário, a Bolívia é uma parte fundamental do roteiro de uma viagem de sonhos.

Voltaram para o hotel despreocupados e leves. A etapa que gerara as maiores preocupações antes da saída tinha sido uma completa diversão. No dia seguinte, aproveitariam mais o lago.

De manhã, bem cedo, pegaram um barco em excursão pelo lago Titicaca, com destino às ilhas Uros, as ilhas artificiais flutuantes, um passeio contratado na véspera. Muito legal, mas deixou a clara impressão de que estavam num cenário turístico quase artificial. O guia lhes contou a história de que a etnia Uros não existia mais, por ter se unido a outra, inclusive adotando sua língua e seus costumes, restando apenas a tradição da construção das ilhas e das habitações com uma planta que se parece muito com o junco, a tal da totora, como a chamam. Os *cholas* e nativos pareciam estar representando, e cobravam por tudo, desde a venda de seus artigos artesanais até a autorização para fotografar. Ainda assim, o passeio valeu a pena, pois era um ambiente muito diferente e com muita história.

Resolveram almoçar por lá mesmo, aproveitando o tradicional prato de trutas fritas, pescadas no próprio lago. Apesar da sensação de que as tribos hoje moram em Puno e trabalham nas ilhas, o passeio deve ser feito por quem visita Puno com tempo, pois é completamente diferente de tudo o que eles conheciam.

De volta à cidade, foram comprar o tal seguro, antes de a loja fechar novamente. Então, decidiram visitar as ruínas de Sillustani, que são próximas dali. Aproveitaram para satisfazer à curiosidade de Valentim, que não sossegava desde que chegaram, na véspera.

"Vamos pegar um desses *tuk-tuk* peruanos para ir até lá?"

"Podemos. O Rubinho negocia a tarifa", propôs JG.

"Escolhe um, Valentim", sugeriu o irmão mais novo.

Não haveria dúvida. Todos sabiam que ele escolheria o mais empetecado possível. Parece que esses veículos, mistos de táxi com moto, estão num permanente concurso de acessórios e decoração. Uma farra brega!

As ruínas são de um cemitério pré-incaica; têm umas colunas circulares de pedra, que foram construídas para serem as criptas da nobreza. O lugar é legal, mas o que realmente é de tirar o fôlego é a vista do lago que se tem de lá. Imperdível. Valentim não se cansou de soltar sua exclamação favorita: "Que lindo!"

No final da tarde, com a temperatura caindo bastante, eles voltaram para a cidade, pegaram as motos e foram até um posto de serviços para prepará-las para o dia seguinte, que também seria um dia de deslocamento curto, mas por trechos mais complexos, desde a altitude que enfrentariam até pegarem um pequeno tramo de terra. Voltariam aos banhos de pó.

Tudo pronto e preparado, foram jantar no mesmo restaurante da véspera, da francesa, realmente um lugar simpático com uma comida ótima. Ainda passaram um tempo dando uma última circulada por Puno antes de dormir, despedindo-se da vila, que deixou ótimas lembranças. Foram dois dias tranquilos, apesar da altitude. No entanto eles sabiam que a próxima moleza que teriam seria apenas em Machu Picchu. Estavam prontos para os novos desafios.

44

VULCÕES, CÂNION E MAIS PÓ

O dia amanheceu frio, seco e com muito sol. Logo após o café da manhã, os Aloprado's saíram rumo a Chivay. O trajeto programado para o dia não seria tão longo, não mais do que 380 quilômetros, mas levaram água e barras de cereais para um eventual "almoço", pois avançariam pelo altiplano peruano, sempre acima de 3.600 metros, cruzando o povoado de Vacas até Patahuasi, pela Reserva Nacional de Salinas y Aguada Blanca e o *mirador de los vulcones*, sem muitos pontos de paradas intermediárias. Nas pesquisas prévias, não encontraram lugar onde pudessem parar para um lanche. Acertaram na mosca, mais uma vez. Não havia nada pelo caminho até Chivay. Apenas algumas cabanas rudimentares à beira da pista, na região do parque, então, decidiram não arriscar.

Toda aquela área do altiplano peruano é um semiárido, ou puro deserto, cuja única parte com alguma vegetação é justamente a região do parque, apesar de ser rala e raquítica. Pela estrada que seguiam, após chegar à entrada principal do parque, se continuassem em frente, desceriam o altiplano em direção a

Arequipa, e logo chegariam a Lima, à margem do Pacífico, mas o rumo traçado era Chivay, na borda do Cañon del Colca, a partir de onde começariam a visita ao Valle de los Cóndores. Portanto, pegaram sentido norte, depois de contornar todo o parque.

Ao sair de Puno, escolheram, meio a contragosto de Rubinho, um caminho em terra que se encontrava em bom estado, até Santa Lucia, e, de lá, entraram pelo asfalto, que vinha de Juliaca. A opção de usar esse trecho em terra era para evitar a ida até Juliaca e ter de retornar à Santa Lucia, encurtando em sessenta quilômetros o trajeto e ainda evitando a perda de um bom tempo por não rodar tanto em zonas urbanas, porém à custa de mais um pouco de poeira. Mas nem isso aconteceu, porque o tráfego foi mínimo, quase nulo.

Ao começar o contorno do parque, se nota a mudança gradativa da paisagem e da topografia, mantendo-se o ar desértico, mas com muito mais relevos, gerando uma sucessão de curvas, aclives e declives deliciosos. O altiplano não é permanente plano e regular, e menos ainda monótono. A cada trecho o visual é diferente e inusitado. Principalmente em suas bordas.

A única coisa realmente constante é a secura do ar e a altitude. O trajeto feito contorna o parque quase totalmente; primeiro, no sentido oeste e, depois, na direção norte, quando a estrada começa a subir fortemente, em meio a montanhas e desfiladeiros, até atingir uma região de serra, acima de 4.800 metros. Um lugar de tirar o fôlego, e praticamente sem tráfego. No pico dessa região há um mirante, de onde é possível avistar oito vulcões simultaneamente no horizonte. No próprio mirante, pedras grafadas indicam o nome e a altitude de cada um deles, a começar pelo vulcão Misti, à esquerda, ainda ativo e com seus mais de 5.800 metros e o pico permanentemente nevado, localizado de frente para Arequipa. Uma visão linda e impressionante, portanto, ponto de parada obrigatória.

O mirante está ao lado de um pequeno cânion relativamente profundo onde há um rio de águas transparentes que faz uma curva poucos metros depois, formando uma linda praia em sua margem. É incrível a quantidade de belas imagens que a paisagem do entorno oferece, apesar de não se ver nada verde. Para qualquer lado que se olhe, a visão é diferente, e, embora seja tudo árido, sem qualquer sinal de vegetação, há uma multiplicidade de cores incríveis. Os irmãos passaram um bom tempo por lá, mas tiveram de tomar cuidado ao se movimentar naquela altitude, pois qualquer acelerada do passo lhes consumia o fôlego.

A partir desse ponto, a estrada começa uma descida alucinante para Chivay, formada por *caracoles* agressivos, até atingir os 3.600 metros novamente. No 11º dia consecutivo acima dessa altitude, num sobe e desce que não tem fim, os irmãos finalmente concluíram ser impossível se adaptar facilmente às alturas.

"Até agora, não me sinto adaptado à altitude. Essa história de que bastam quatro ou cinco dias para se adaptar é furada", reclamou Valentim.

"Não é só você", disse JG. "Eu também estou exatamente como no primeiro dia. Se fizer qualquer esforço, perco o fôlego."

"Eu também", disse Rubinho, "mas acho que demos sorte de não termos tido outras complicações, como dores de cabeça ou enjoos e dores de estômago..."

"É porque temos bebido muito líquido, como água ou mesmo isotônico. Sem contar a quantidade absurda de chá de coca que tomamos. É o que os nativos dizem, o que ameniza o tal mal da altura é a hidratação."

"Ok, ameniza, mas não cura. Quanto tempo será que leva para uma pessoa se aclimatar?", perguntou Valentim, enquanto subia na moto.

"Sei lá, o doutor aqui é você", respondeu Rubinho, rindo.

Apesar da distância razoavelmente curta para o dia e sem paradas mais demoradas, inclusive por não terem parado para almoço no caminho, por absoluta falta de alternativas, chegaram em frente ao monumental pórtico de entrada de Chivay quase no final da tarde. Estavam certos ao terem planejado a visitar ao Valle de los Cóndores para a manhã do dia seguinte. Não daria tempo de irem até lá no mesmo dia. Chivay é um povoado pequeno e bonitinho, com uns vinte quarteirões, no máximo, distribuídos ao redor de uma praça muito bem arrumada e cuidada. A vila tem poucas ruas calçadas, mas elas são bem limpas e seu casario, apesar de simples, é bem conservado.

"Esse povoado está me lembrando aqueles filmes de *spaghetti western*, antigos. Sinto-me como Giuliano Gemma."

"Valentim, acho que você está mais para Sancho Pança!"

Rubinho apenas riu com a zoeira. Contudo eles estavam impressionados com a localização da vila, à margem do rio Colca, que forma o cânion que leva seu nome. E é lá que tem um dos pouquíssimos pontos de travessia para o lado oposto do cânion. Justamente aquele que usariam para ir a Cusco, a caminho de Ollantaytambo, depois de visitar os condores-dos-andes, no dia seguinte.

Após terem se instalados numa simpática e simples pousada, os irmãos resolveram dar uma volta pela vila enquanto faziam hora para o jantar. Ao chegarem à praça central, muito florida e bem cuidada, avistaram a rua mais turística do vilarejo, que começa a partir de uma de suas esquinas e é fechada ao tráfego; um calçadão, que fica de frente para o mercado municipal, um espaço grande e diversificado, com bancas de comércio variado, barracas de comida e muita oferta de frutas e legumes frescos. Curiosos, eles logo começaram a circular pelo espaço e, de novo, ficaram surpresos com a quantidade de produtos naturais à disposição, ditos regionais. Depois de tantos quilômetros rodados no altiplano, não passaram por uma única área de cultivo desses produtos. JG não resistiu e comprou outra pera; dessa vez, sem nenhuma restrição por parte do senhor peruano que o atendeu. E era muito saborosa. Ele não se conteve, lembrando de sua passagem por Neuquén, na Argentina, e resolveu questionar o proprietário da banca:

"Ótima, senhor. São argentinas, de Neuquén?"

"Não, claro que não. É produto peruano, da região de Arequipa! Não sabia que os argentinos produziam peras!"

Com essa resposta, ele agradeceu mais uma vez e saiu rindo. A Capital da Pera, como se autodenomina Neuquén, não é reconhecida no Peru.

Ao sair do mercado e procurar os irmãos no calçadão, ele encontrou Valentim e Rubinho admirando uma van estacionada com a porta traseira aberta, expondo um enorme pernil traseiro de alpaca, fresco, para venda. Quando viram aquilo, os Aloprado's decidiram que o cardápio do jantar não teria carne de alpaca.

Quando anoiteceu, mortos de fome, eles escolheram um restaurante nessa mesma rua, estiloso, que ficava num salão no segundo andar e dava vista para a rua. Ao estudarem o cardápio, pela primeira vez, viram em destaque a iguaria do deserto peruano, o *cuy*, um rato do deserto que se parece com um porquinho-da-índia grande. São servidos fritos. Nenhum dos Aloprado's, nem mesmo Valentim, teve coragem de experimentá-lo; resolveram escolher a tradicional carne de boi grelhada na pedra, acompanhada de uma boa cerveja artesanal, uma IPA local, excelente. Era difícil acreditar que uma vila tão simples pudesse oferecer coisas tão boas.

Valentim, que sempre foi o mais ousado para esses experimentos alimentares, junto com Maldo, dessa vez, arrepiou carreira, mas alegou que o motivo era pena do bichinho. De qualquer forma, a carne que serviram estava deliciosa. De lá, voltaram direto para a pousada, sem muita enrolação, porque precisavam dormir cedo para levantar antes de amanhecer, pois o dia seguinte prometia.

A proprietária da pousada os instruíra a sair bem cedo para visitar o Valle de los Cóndores, que se localiza a uns setenta quilômetros de distância de onde eles estavam, contornando o Cañon del Colca a partir de Chivay. O condor-dos-andes, que habita aquela região, é a maior ave voadora do mundo; a envergadura de suas asas pode atingir mais de três metros. Por isso, para alçar voo, ele depende das correntes de ar quente ascendentes que se formam no fundo do cânion com o nascer do sol, resultantes da diferença de temperatura entre o frio da água do rio e o calor do solo desértico. Depois que o fundo do vale se aquece, eles não conseguem mais levantar voo. Assim, quem saiu, saiu. Quem não saiu, não sai mais.

Portanto, a senhora se propôs a preparar o café antes do horário habitual, recomendando que saíssem antes dos ônibus de turistas. E foi o que fizeram: entraram na estrada para o vale por volta das 7h.

Essa estrada margeia o cânion desde Chivay, e é, em sua maior parte, de terra, e uma atração por si só. Não só a vista do vale e de suas margens — onde os nativos desde a era pré-incaica trabalham a terra em terraços, na encosta do cânion — é interessante, mas também a própria estrada, que é ótima para ser percorrida de motocicleta. Há dois pequenos túneis rústicos, escavados na rocha, sem revestimento e sem iluminação, que causam um *frisson* ao ser atravessados. Eles também experimentaram curvas de 90 graus por dentro de um pequeno córrego de águas cristalinas, e cruzaram vários povoados à beira do cânion, locais de turistas de aventuras radicais. Essa região se transformou em um dos principais destinos turísticos do Peru, com grande fluxo de pessoas.

A dona da pousada estava coberta de razão ao insistir para que eles saíssem cedo, principalmente porque puderam se antecipar à grande quantidade de ônibus e vans de turismo que circulavam por lá; do contrário, seria pó o caminho todo. Tudo correu bem até chegarem à entrada do Parque Nacional do Cañon del Colca, onde é necessário parar para comprar os ingressos. Logo que saíram dali, Valentim sentiu a roda traseira da moto balançar e parou para ver o que estava acontecendo.

"Valentim, seu pneu está furado", alertou JG, "e deve ser um furo grande, porque esvaziou o pneu inteiro!"

Essa foi a primeira e a única ocorrência desse tipo sofrida pelos Alloprado's até hoje nas viagens de longa distância.

"Cara, em toda a minha vida de motociclista, só enfrentei três furos. Aquele fatídico, que me derrubou em Carajás, e mais dois em pequenos passeios, um próximo a Cajamar, em São Paulo, e outro em Capivari. Nesses dois últimos eu estava com o Rubinho e havia borracheiros muito perto, o que me permitiu ir rodando até eles."

"Eu também nunca tirei uma roda para conserto, nem a dianteira nem a traseira. Assisti a vários vídeos de como fazer, mas confesso que continuo achando que não sei como trocar um pneu de motocicleta, e não quero ser testado."

Depois desse comentário de Rubinho, os três inexperientes foram ler as instruções sobre como usar o *kit* de reparo, o famoso macarrão, para tampar o rasgo. Para obter efeito num furo daquele tamanho, precisaram lançar mão de dois *kits*. Por sorte, Valentim levara um minicompressor de ar, que funcionou. Garoto prevenido é assim. Principalmente por terem precisado de dois *kits* para fechar o rasgo, acabaram perdendo um tempo razoável, então foram ultrapassados por quase todos os turistas em seus ônibus e nas vans, os mesmos que eles haviam deixado para trás ao sair cedo. Ou seja, na parte final da estrada, até chegarem ao mirante, tomaram uma poeira danada!

Pior, chegaram um pouco tarde e perderam uma parte do espetáculo, porque a maioria dos condores-dos-andes já tinha alçado voo. Sobrou um, atrasado em relação aos demais, que acabou proporcionando um espetáculo solo e que JG pensou em apelidar de Rubinho. Por prudência, ele resolveu não fazer a piada. Ainda assim, os três irmãos conseguiram ver o bicho voando pelo cânion, e é realmente algo muito interessante.

Contudo, não são apenas os condores-dos-andes que fizeram valer a pena esse passeio; o próprio cânion é fantástico. Seus 4.160 metros de profundidade, mais que o dobro do *Grand Canyon* no Arizona, nos Estados Unidos, chocam e proporcionam uma paisagem especial. Vale lembrar que o cânion não é algo despovoado; uma parcela de seu entorno e de suas encostas é colonizada. Os irmãos aproveitaram demais aquele passeio e usaram o tempo no mirante para se recuperar dos esforços despendidos ao consertar o pneu na altitude. Restava a preocupação sobre o tempo de validade daquele conserto, porque nenhum deles tinha qualquer referência ou experiência para avaliar, e eles sabiam que ainda teriam muitos trechos precários para percorrer. Independentemente disso, resolveram iniciar a volta a Chivay, pois faltavam 540 quilômetros de estrada para Ollantaytambo, dos quais quase duzentos deles seriam por caminhos de terra, a serem concluídos naquele dia.

No retorno, atravessaram Chivay sem parar, apesar do sentimento de saudades do vilarejo simpático, e cruzaram a pequena ponte sobre o rio Colca, a uma quadra da praça. Naquele ponto, notaram que o rio é bem pequeno em relação à dimensão do cânion. Subiram pela margem oposta, no rumo nordeste, prontos para atravessar duas serras muito altas, onde cruzariam picos de mais de 4.700 metros, além de enfrentar uma infinidade de zigue-zagues e curvas perigosas, com algum tráfego de caminhão de minério. A cada minuto que avançavam, surgia uma paisagem diferente. A aventura continuava, e o altiplano peruano é múltiplo e diverso, sem nenhuma monotonia.

"Manos, não sei vocês, mas eu não aguento mais tanto pó", reclamou Rubinho, logo após a passagem de mais um caminhão.

"Eu também não! Não vejo a hora de chegar ao asfalto", respondeu JG.

"É realmente desanimador. Pelas minhas contas, foi algo como oitocentos quilômetros nesse martírio desde a entrada no altiplano", completou Valentim.

E ele estava certo. Apenas a partir da cidade com o sugestivo nome de Descanso os Aloprado's entrariam por uma rodovia pavimentada, e, a partir dali, seria asfalto até o final, no Brasil. Estavam sonhando com isso, e faltava pouco. Para JG, então, que estava a 45 dias na estrada, já tendo percorrido mais de 3 mil quilômetros em terra ou rípio, a angústia era maior.

Entretanto, nem tudo seria tão fácil; muita coisa ainda estava por acontecer. A começar pelo frio. Após o início quente da manhã ao voltarem do cânion, o frio aumentava com o ganho de altitude. Pior, depois de muito tempo, eles voltaram a sofrer com os ventos, quando estavam acima dos 4.200 metros. Não eram tão fortes como aqueles do Atacama, e menos ainda que os enfrentados na Patagônia, mas eram fortes o suficiente para incomodar, e com um agravante: eram gelados, como na volta de Coroico. Com a altitude, a sensação de cansaço aumentava muito sob esses ventos.

Como sempre, ao longo de todo o trajeto, seguiram ouvindo pelo intercomunicador o mantra principal do Valentim, o inesquecível e inimitável "... que lindo!". E, logo após uma curva com ele à frente, ouviram mais um grito desses enquanto o cara acelerava, saindo da distância de alcance até perder a comunicação. Até aí, nenhuma novidade para os dois abandonados.

Alguns quilômetros adiante, numa subida em reta longa, JG viu o Valentim no barranco e a moto parada na pista. Preocupado com o que tinha acontecido, ele encostou a Branca de Neve ao lado da moto dele.

"Valentim, o que aconteceu? Você caiu? Está bem?"

"Calma, cara. Não aconteceu nada. Estou só admirando o lago no fundo do vale, lá embaixo!"

"Mas por que você saiu assim e parou, largando a moto no meio da estrada?"

"Estava com vontade de fazer xixi! Resolvi dar uma esticadinha e precisei descer rápido..."

Era impossível não rir, ou melhor, gargalhar. JG não acreditou no que ouvira. Foi então que o Rubinho chegou e, também sem entender nada, parou entre a Branca de Neve e a moto abandonada do Valentim. Enquanto isso, JG tentava explicar a situação:

"Valentim parou para fazer xixi e se distraiu com o lago que tem lá embaixo..."

"E precisa largar essa p****...", essa foi a resposta do Rubinho, que não completou a frase.

Ao tentar apoiar o pé no chão, Rubinho escorregou, talvez por conta de alguma irregularidade do piso, perdeu o equilíbrio e caiu para a esquerda, sobre a Branca de Neve, derrubando JG também. Foi a famosa bobagem em cascata. Havia algum tempo que nenhum deles fazia besteira. JG, desde o caminho de Atocha, quando imaginou ter esgotado a cota aceitável, e

Valentim, desde o ferimento do dedão, que, diga-se de passagem, continuava bem ruim; a coisa tinha sido séria, mas, mesmo assim, ele continuou pilotando o tempo todo em alto-astral e sem reclamar.

Pelo menos dessa vez ninguém testemunhou mais essa estupidez, e a GoPro não estava ligada. Aquele tombo é do tipo que acaba com o currículo de qualquer motociclista. Como não houve nenhum dano nas motos nem para os pilotos, o que restou foi uma enorme gargalhada. A do Rubinho, um pouco mais amarela. Depois de se ajudarem mutuamente a levantar as duas motos e recuperar o fôlego, os irmãos não comentaram mais a estupidez. Nessas horas, a experiência diz que é melhor ficar quieto e seguir em frente.

Na sequência, chegaram a um povoado minúsculo chamado Yauri; um amontoado de casas que servia de apoio a uma grande instalação mineira próxima. Os três estavam com fome e resolveram procurar um lugar onde comer, de preferência, um que servisse alguma comida de verdade. Eles estavam enjoados de só terem barras de cereais como almoço.

Sem grandes esperanças, olharam com atenção a única rua da vila e viram um hotelzinho muito simples, com uma placa de restaurante. Foram até lá e chegaram a tempo de encontrarem um caminhoneiro saindo para voltar ao serviço. Era o último freguês. Entraram e foram recebidos pelo dono do estabelecimento, completamente vazio naquele horário, que prometeu preparar um macarrão com frango para eles. Considerando a grande gentileza dele em atendê-los, resolveram aceitar de imediato e ficar por lá mesmo, até porque não deveria ter outra alternativa.

O homem administrava o caixa e atendia os clientes, a mulher comandava a cozinha, e as filhas serviam às mesas. O local dispunha de ar-condicionado, banheiro limpo, mesas com toalhas, refrigerantes e isotônicos gelados. Um paraíso naquele fim de mundo. Mas restava a dúvida quanto à qualidade da comida. Até que chegaram os pratos: um macarrão com um molho de tomate desbotado, acompanhado por uma coxa e sobrecoxa, cozidas e também meio pálidas, por cima. Visualmente, nada que empolgasse, mas, até por educação, por eles terem sido tão gentis ao atendê-los, os irmãos resolveram encarar aquela comida. De forma unânime, acharam uma delícia, de verdade. Os três bateram seus respectivos pratos. Foi o almoço mais inesperado que tiveram até então, e eles acharam que a comida estava boa, de fato. Não foi uma falsa impressão causada pela fome, enorme.

E foi ótimo terem finalmente almoçado comida de verdade, pois isso os reanimou para prosseguir por mais uma centena de quilômetros na terra e no pó, sempre com aquele tráfego de caminhões de minério levantando poeira. A paisagem árida valia muito a pena; eles passaram por vários picos nevados àquela altitude e contornaram o lago de uma usina hidrelétrica de porte razoável que provavelmente abastecia a mina com energia.

Uma hora depois de deixarem Yauri, alcançaram a estrada de asfalto. A partir dali, sem mais obstáculos, chegaram a Cusco, ainda com o dia claro, no final da tarde, e a temperatura estava em queda. Completavam mais uma travessia épica!

Entraram pelo contorno, evitando o centro, e saíram na rodovia que desce para Ollantaytambo, o ponto mais próximo de Machu Picchu a que se pode chegar com um veículo particular, e o destino final do dia.

Havia escurecido, e, com o cair da noite, o frio aumentara. Percorreram os 75 quilômetros finais, cheio de curvas, saindo de pouco mais de 3.300 metros de altitude de Cusco até os 2.800 de Ollantaytambo, evitando passar pelo Valle Sagrado de los Incas. Deixaram para percorrê-lo quando voltassem de Machu Picchu, novamente a caminho de Cusco, para então visitar toda aquela região e a principal cidade turística do Peru. Pilotar à noite não os incomodou muito, embora exigisse um pouco mais de atenção; lembrando que eles tinham abastecido na saída de Cusco. Um único aspecto a ressaltar sobre esse trecho é o tráfego, muito denso, talvez por causa do horário de pico e dificultado pela sucessão de *caracoles*. Depois de La Paz, foi o primeiro trânsito intenso que enfrentaram.

Sem problemas ou imprevistos adicionais, entraram na cidade e logo estavam no hotel, que era muito bem localizado, bem próximo à estação de onde sai o trem para Machu Picchu, e muito confortável, de frente para a chamada Fortaleza Inca, na encosta das montanhas que fecham o Valle Sagrado, que era visível do jardim interno do hotel. A cidade, apesar de ser pequena, é muito charmosa e tem um aspecto meio rural, às margens do rio Urubamba.

"Não poderíamos ter escolhido lugar melhor. Perfeito! A cama ao lado da janela é minha."

Depois dessa imposição de Valentim, sem discutir, eles se arrumaram e seguiram para um restaurante recomendado pelo hotel, bem no centro, aproveitando para conhecer um pouco dessa pequena cidade que é uma festa, lotada de turistas de todos os cantos em suas ruas, na pracinha, nos restaurantes e bares. Adoraram ter ficado por lá, mas foram cedo para a cama, pois pegariam o trem para Machu Picchu, que saía da estação local de manhã, às 6h30. Mais um dia para acordar de madrugada, antes de amanhecer.

45

MACHU PICCHU

JG foi despertado de manhã bem cedo, às 5h30, pelos seus irmãos, que mais pareciam crianças indo pela primeira vez à Disneylândia. Os Aloprado's tomariam o trem, que sai muito cedo de Cusco em direção à Aguas Calientes, e, de lá, pegariam um ônibus, para passar o dia em Machu Picchu. Ollantaytambo fora escolhida como ponto para embarque por ser a última parada do trem antes de Aguas Calientes, ou seja, eles puderam se levantar um pouco mais tarde do que seria necessário caso tivessem ficado em Cusco e saído de lá.

Além disso, por ser o único dos irmãos que conhecia a região, ele sugeriu, quando definiram o roteiro, que ficassem em Ollantaytambo, porque isso facilitaria a visita ao Valle Sagrado de los Incas, que tem diversas atrações. A ideia era passar o dia todo em Machu Picchu, consumindo o mínimo de tempo em ir e voltar, e, na manhã seguinte, teriam todo o tempo do mundo para percorrer os cem quilômetros de volta à Cusco, onde aproveitariam a cidade por uma tarde inteira, e então começariam fazer o retorno ao Brasil na manhã do outro dia.

Embora conhecesse Machu Picchu, a oportunidade de rever um dos mais incríveis lugares da Terra, com sua mística, sua história e suas maravilhosas vistas, o deixava excitado. Para quem odeia madrugar, despertar àquela hora, pela segunda vez consecutiva, só seria justificável por algo excepcional. Exatamente o que é Machu Picchu.

Quando esteve ali pela primeira vez, ele chegou a dormir lá em cima e pôde aproveitar toda a paisagem deslumbrante antes da chegada dos turistas e após a saída deles. É realmente uma das principais maravilhas do mundo, e não importa quantas vezes você a visite, Machu Picchu é sempre um lugar único, que faz valer a pena qualquer sacrifício. Seria realmente um dos grandes marcos da viagem de seus sonhos, e os irmãos reservaram um adesivo dos Aloprado's para colá-lo por lá.

Toda a região composta por Machu Picchu e o Valle Sagrado de los Incas engloba uma imensa série de ruínas e sítios históricos que comprovam o enorme avanço e a riqueza do Império Inca e culminam em Cusco, segundo os Aloprado's, o *gran finale* da parte internacional da viagem, a cereja do bolo.

Antes de irem tomar café no restaurante do hotel, eles checaram a temperatura, que era de 11 graus, frio que exige bons agasalhos. Sabiam que passariam calor ao longo do dia, e que esfriaria de novo ao anoitecer. Enquanto pilotavam, essas variações eram facilmente administráveis com a adequação dos forros e os complementos da roupa de proteção de motociclistas que carregavam nos bauletos, mas, para esse dia, com roupas civis, se atrapalhariam mais, porque as roupas de inverno teriam de ser carregadas na mão durante o período de calor. Sabendo disso, JG vestiu um agasalho mais leve.

"É macho mesmo esse nosso irmão, hein, Rubinho?", provocou Valentim.

"Não é questão de ser ou não ser macho! Vamos ficar no trem até chegarmos a Aguas Calientes. Quando chegarmos lá, terá esquentado. Não estou a fim de ficar carregando casaco enquanto passeio pelas ruínas!", retrucou JG.

"O JG tem razão", concordou Rubinho. "Não vou levar muita coisa também. Se passar frio, é só até a estação, aqui ao lado!"

Com esse argumento, convenceram Valentim a não se agasalhar demais. Após o café, e com frio, correram para a estação, chegando na plataforma de embarque poucos minutos antes da partida do trem, que vinha de Cusco. Esse trem, operado pela *Orient Express*, a mesma operadora do Expresso Oriente na Europa, é especial. Seus vagões confortáveis e modernos, com janelas panorâmicas que avançam pelo teto, permitem uma visão completa da paisagem. E isso torna a viagem extremamente agradável, porque logo ao sair da estação de Ollantaytambo podem-se ver as ruínas da Fortaleza Inca nas encostas da montanha que fecha o Valle Sagrado de los Incas, enquanto do lado esquerdo se vê o rio Urubamba, ainda correndo pelo fundo plano do vale para avançar em meio ao início da mata, que é parte da Amazônia, logo adiante. Como embarcaram na última vila do Valle Sagrado, a viagem dos Alopradŏs foi expressa, com uma única parada na estação em Aguas Calientes.

Esse vilarejo, ponto final do trem após a transição da região fria e seca de Cusco para o verde do fundo do vale, na floresta, é espremido pelos picos nevados da cordilheira no horizonte. O contraste entre essas três paisagens tão distintas e simultâneas é algo maluco e único. Tudo absolutamente disponível para os passageiros.

Ao chegar em Aguas Calientes, os três deram uma volta pela feirinha local, estrategicamente grudada na estação, enquanto esperavam a saída do ônibus reservado que os levaria morro acima pela estradinha em zigue-zague, para vencer os oitocentos metros de altura até o pico, onde estão as ruínas. A outra alternativa, uma caminhada esforçada de quase duas horas, era inviável para Valentim, com o ferimento no dedão, e para JG, que, embora estivesse bem melhor do tornozelo, ainda apresentava algumas limitações. Os Alopradŏs adquiriram os ingressos do trem e do ônibus com muita antecedência, bem antes de sair do Brasil, via internet. Seria impossível conseguir lugar comprando na hora.

Assim que desceram do ônibus, avistaram um pátio onde fica o *lodge* que dispõe de uns dez quartos de luxo para quem pretende passar a noite lá em cima, e também a área administrativa do complexo, com lojas, lanchonetes, banheiros e a bilheteria, onde se compra o *ticket* para visitação na hora mesmo, pois, apesar de haver limitação de pessoas para ingresso nas ruínas, o volume é controlado pelo fluxo dos ônibus diários.

Ao comprar o ingresso, Rubinho contratou o passeio com um guia que liderava um grupo de turistas. Foi genial, porque o guia faz o passeio completo pelas ruínas, que dura mais ou menos toda a manhã. Depois, ficaram com o resto da tarde livre, e puderam caminhar pelos lugares mais interessantes até as 17h, quando a área é fechada, e todos os turistas descem de volta para Aguas Calientes, com o objetivo de pegar o trem de retorno a suas cidades.

O passeio com o guia foi muito útil para que compreendessem a importância de tudo o que sobrou daquele lugar. Quando visitavam o local mais distante, no alto das ruínas e na entrada original da cidade de Machu Picchu, a Puerta del Sol, chegou um outro grupo de turistas.

"Dá uma olhada nessa turma que está entrando; parece um bando de mendigos depois da guerra", comentou Valentim, enquanto olhavam para um grupo de dez pessoas que passava pelo tal portão.

"São os turistas que fazem as trilhas incas, com duração que varia de dois a quatro dias, a depender do ponto de onde se inicia, e eles seguem pelo topo das montanhas", comentou JG.

"São malucos, isso, sim! Devem ter saído no auge do preparo físico para chegar aqui quase como mortos-vivos! Parecem personagens saindo de um filme de vampiros!"

Esse último comentário, de Valentim, se referia ao efeito plenamente perceptível causado pelo ar rarefeito das altas altitudes sob esforço, somado ao frio que aquelas pessoas deviam ter passado durante as noites no alto das montanhas. Realmente, devem ser meio malucos os turistas que optam por esse programa.

Terminado o *tour*, eles voltaram para a entrada do complexo, onde almoçaram algo leve antes de aproveitar a liberdade de andar por todos os lugares novamente até chegar a hora de descer para pegar o trem.

Passaram o resto da tarde caminhando por todo o complexo, sempre fugindo da aglomeração de turistas, aproveitando o dia maravilhoso de sol e a ótima visibilidade, não tão comum nessa época do ano. A alta temporada lá é mais perto do inverno, apesar de nunca ser vazio. O risco seria pegarem chuva, mas o clima colaborou, aliás, como colaborou por toda a viagem.

"Manos, vocês topam subir para o pico onde aquele grupo está indo?"

"*Tá* louco, Valentim? São quase duas horas de escalada numa escadaria de pedra. Não tenho fôlego, idade, nem tornozelo pra isso", respondeu JG, meio assustado.

"Acho que ele está te *zoando*! Nenhum de nós conseguiria subir isso numa boa! Eu estou satisfeito por estar nessa altura", completou Rubinho.

Mesmo sem ter certeza de que Valentim estava brincando, a proposta de subir Huayna Picchu foi descartada, e eles continuaram explorando o sol, as lhamas e o ambiente místico. Até que, em determinado momento, perceberam que Valentim sumira. Até a pé ele se perde!

"JG, você viu para onde o Valentim foi? Ele estava conosco a um minuto atrás!"

"Não, mas isso não é novidade. Vamos voltar, que ele deve estar enroscado em alguma pedra."

Ele não estava enroscado, mas, sim, sentado na murada do platô em direção ao oeste, com a luz do sol batendo em seu rosto, meditando. Os dois irmãos ficaram por ali, esperando.

"Não sei por que não me surpreendo", resmungou Rubinho, com um sorriso na cara.

Quando chegou a hora de descer, bateu uma certa melancolia. Visitar Machu Picchu é algo que muda as pessoas, e não foi diferente com os Aloprado's. Eles estavam leves e refeitos de todas as maluquices que tinham enfrentado nessa viagem, e JG achava que uma viagem de sonhos teria de terminar ali. Entretanto, não terminaria, pois eles ainda teriam mais três dias de estrada para percorrer.

JG decidira voltar de avião com os irmãos, a partir de Rio Branco. Precisava retomar a vida! No ônibus, enquanto descia silenciosamente para Aguas Calientes pelos *caracoles* da encosta de Machu Picchu, ele rememorou tudo de especial que vivenciara desde o primeiro dia na estrada. Que privilégio!

Assim que chegaram, embarcaram no trem reservado e seguiram de volta para Ollantaytambo, comentando as maravilhas que curtiram ao longo do dia. Tão longo que, ao escurecer e perder-se a visão da paisagem exuberante da selva, eles dormiram profundamente, só acordando com a parada do trem na estação.

Aproveitaram para trocar algumas impressões sobre o que viram enquanto caminhavam para o hotel; já sentindo bastante frio.

"Tudo aqui me impressionou, até Aguas Calientes. Só ao chegar entendi por que não poderíamos vir de moto, por causa do tamanho do povoado, espremido entre as montanhas e o rio. Não existe espaço para outros veículos mesmo."

"É verdade, Valentim, mas, para mim, o que chama atenção é a escolha do local em que resolveram fazer uma cidade. O paredão das montanhas é tão íngreme que você vê o rio lá embaixo, olhando de qualquer ponto da borda. Exceto pela entrada das trilhas, Machu Pichu era inexpugnável!"

"Realmente, só visitando mesmo para entender toda a sua grandeza. Tudo impressiona, inclusive o que nos ensinaram sobre os incas, sua cultura, sua tecnologia e os conceitos sociais e religiosos."

Rubinho estava certo. É muito difícil destacar algo, tudo é especial, a ponto de os ter deixado orgulhosos pelo fato de terem conseguido fixar o adesivo dos Aloprado's no vidro da janela da lanchonete, junto a outros de várias partes do mundo. Estava feito o registro da passagem deles!

Ao deixarem a estação em direção ao hotel, a três quadras, o frio estava de volta, e eles congelaram antes de se abrigarem. Depois de um bom banho, mais confortáveis, foram até o centrinho à procura de um restaurante, seguindo outra dica da turma do hotel. Encontraram o lugar lotado. Tiveram de esperar por mais de quarenta minutos para se sentar. Muitos estrangeiros, de diversos países estavam por lá. Mas, pelo que perceberam, não havia outros motociclistas por lá.

Logo depois de jantar, eles voltaram para o hotel. Não se levantariam tão cedo, na manhã seguinte, mas estavam exaustos com o longo e divertido dia. Eles mereciam boas horas de sono. Machu Picchu é uma experiência impactante demais e exige tempo para ser absorvida!

Depois de uma noite reparadora, acordaram um pouco mais tarde; eram 9h quando saíram do hotel para pegar as motos. Um sol gostoso e a temperatura amena tornaram aquele dia perfeito para um passeio, e era exatamente o que eles pretendiam fazer.

A ideia era percorrer calmamente o vale e os poucos mais de cem quilômetros entre Ollantaytambo e Cusco, um circuito que merece muitas paradas, pois, a cada vinte quilômetros no máximo, surgem ruínas, fortalezas e sítios históricos, que terminam em Sacsayhuaman, bem próximo a Cusco, de volta às alturas. Nesse trajeto, é imperdível uma parada no mercado de Pisac, típico mercado inca preservado até hoje, e nos banhos incas, em Tambomachay.

Resolveram que gastariam a manhã inteira nessa rota, curtindo o fato de que a estrada é paralela ao traçado da ferrovia que leva à Machu Picchu e ao rio Urubamba, até chegar a Pisac e começar a subir em direção à Cusco.

Sem pressa, resolveram dar uma última volta por Ollantaytambo, acessando o caminho para a Fortaleza Inca, que era visível dos jardins do hotel, e, depois deram uma circulada pelos terraços das encostas, pois a cidade é murada pelos maciços onde os incas plantavam nos terraços preparados. Esse passeio inicial só reforçou o acerto da escolha de Ollantaytambo para as duas noites que passaram lá.

"Dizem que aqui é o lugar mais bonito de todo o vale. Não sei se é verdade, mas eu adorei", disse Valentim, sem soltar o famoso "... que lindo!"

"Também não sei se é o mais bonito, mas os incas consideravam esta cidade a porta sagrada para Machu Picchu. Devia ser importante", concordou JG.

"Gozado! Dá pra ver quase tudo sem sair da moto, porque podemos chegar bem perto das ruínas!"

Fazia sentido a observação de Rubinho. Pelo vale, é possível acessar as atrações muito facilmente, porque as ruínas estão ao lado da rua. Voltaram para a estrada, sem se incomodar com a infinidade de lombadas naquela que é quase uma avenida urbana, e que atravessa um *pueblo* atrás do outro. No caso dos Aloprado's, as lombadas facilitavam as ultrapassagens dos carros, sempre muito lentos naquela pista simples e cheia de curvas.

A próxima parada foi Urubamba, onde os irmãos circularam pelas ruínas da cidade antiga, sem parar, e curtiram a vista da fortaleza, na encosta da montanha. Dali, seguiram em direção a Pisac, primeiro visitando o antigo cemitério inca, chamado Tancanamarca. Pelas dimensões da Pisac original, é provável que ela fosse uma cidade maior que Machu Picchu. Dizem que, enquanto Machu Picchu era a cidade real e religiosa, Pisac seria a cidade economicamente forte do reino. Pode até ser, pois o vale tem muito mais espaço para a agricultura do que a floresta.

Como parada, visitaram o mercado de Pisac, reconhecido como o mais completo mercado inca em operação, e ele é repleto de artesanato, inclusive com muitas peças de prata, tradição mineira local e que foi uma das responsáveis por atrair os espanhóis ao vale. Por conta dessa colonização, existe o centro colonial, ainda habitado, muito interessante, por onde os Aloprado's passaram com suas motocicletas.

Ao sair de Pisac, pegaram a estrada que sobe para Cusco, onde há uma infinidade de mirantes com vista para o vale. Era impossível não parar, principalmente se você estivesse viajando na companhia de Valentim.

"Que lindo! Vou tirar uma foto rapidinho!"

E lá ia ele, entrando pelo mirante, sacando o celular e fotografando a vista sem nem descer da moto.

A subida da serra é muito gostosa, apesar de ali o trânsito ser mais denso. Ao chegar mais próximo de Cusco, passa-se por uma região menos árida, com mata densa e várias plantações, que devem formar o cinturão verde dessa que é uma das principais cidades do país. É próximo a esse ponto que se encontram os banhos incas, Tambomachay, um sítio arqueológico com aquedutos e piscinas entre rochas, que, segundo dizem, era um local de culto às águas. Os Aloprado's pararam por ali e aproveitaram para se refrescar, porque o sol começava a fazer estrago; estava muito calor, com uma temperatura por volta de 30 graus.

"Manos, vamos parar nas ruínas de Sacsayhuaman antes de entrar em Cusco? É no caminho!"

"Boa, Rubinho! De lá, vamos para o hotel e comemos alguma coisa pela cidade", concordou Valentim.

Também concordando, JG logo entrou no acesso ao mais impressionante sítio arqueológico da região, por causa da dimensão das pedras que formam as fortificações. Como aquilo foi construído, esta é a grande questão. Os incas dominavam técnicas sofisticadas realmente. A vista de Cusco a partir dessas ruínas, que estão alguns metros acima da cidade, e muito próximas, é algo inacreditável. Ficaram um bom tempo por lá, até que a fome começou a bater. Então, resolveram avançar.

"Acho que foram os cem quilômetros mais lentos que percorri na minha vida de motociclista. Valeu demais a pena!"

"Tem razão, JG. Este lugar aqui era a proteção de Cusco para o acesso pelo vale. Que manhã...", concordou Valentim.

"A moleza acabou! Estamos entrando no Vale de Huatanay. E Cusco tem trânsito de cidade grande!"

Rubinho estava correto em seu comentário, pois, além de ser considerada a capital histórica do Peru, Cusco tem uma grande importância econômica não só pelo turismo, mas também por sua estrutura de serviços e seu entorno agrícola.

Por conta de seu porte, com mais de 300 mil habitantes, seu viário mistura o trânsito do dia a dia dos moradores com o enorme fluxo de turistas que a visitam. Resultado: não é muito fácil andar de motocicleta por lá, embora não seja aquele caos de La Paz. O tráfego, apesar de ser razoavelmente denso, é organizado e flui bem. Apenas é obrigatório se concentrar no para e anda dos semáforos, em meio aos motoristas que se esquecem de sinalizar nas mudanças de faixas, e em tudo o que pilotar na cidade implica, e que particularmente JG detesta.

"Cara, ficamos tantos dias andando em estradas ou caminhos secundários, sem tráfego importante, que nem sei se ainda consigo pilotar aqui."

"Calma, mano. Vamos devagar, que a gente chega. Logo estaremos readaptados."

"Verdade, basta ter concentração."

Sem grandes complicações, chegaram ao hotel reservado, apenas se enrolando um pouco para achar seu acesso, pois estava situado no miolo de um quarteirão, e a entrada de hóspedes era numa viela só de pedestres. A entrada de veículos era feita pelos fundos, por um estacionamento que não pertencia ao hotel, e, naquela área, não era permitida a circulação de veículos.

Os Aloprado's só acharam o caminho na segunda tentativa, com o apoio de um guarda de trânsito local. Ali é o miolo do centro histórico e do complexo tombado como Patrimônio da Humanidade, conforme a Unesco.

Era um hotel simples, charmoso e aconchegante, superbem localizado. Uma espécie de refúgio tranquilo em meio ao burburinho da região turística.

Passava da hora do almoço quando deixaram finalmente as motos no estacionamento e fizeram o *check-in*.

O carinho, a atenção e a gentileza dos proprietários foi tão grande que culminou com a oferta da lavagem das motos pelo filho deles, em troca de alguns trocados, proposta aceita imediatamente.

Estavam mortos de fome, devido ao adiantado da hora. No hotel, os informaram de um restaurante, exatamente ao lado, que era simples, mas oferecia uma comida ótima. Foi outra farra, regada a muita cerveja gelada!

Os irmãos tiraram a tarde para andar por todo o centro histórico, pelos monumentos e sítios arqueológicos urbanos, sempre surpreendidos com o padrão de conservação que encontraram.

"Estou surpreso com tudo. A cidade está melhor e mais bem cuidada do que quando a conheci", comentou JG.

"Para mim, que é a primeira vez... não imaginava um padrão turístico com essa qualidade. Coisa de Primeiro Mundo."

"É mesmo! Concordo com você, Valentim. Acho que o Peru é o país que melhor se organizou para o turismo na América do Sul. Estou impressionado com tudo que vi e curti, desde a nossa chegada a Puno."

Rubinho estava maravilhado. Por conta dessa sensação única, eles bateram perna até o anoitecer, quando voltaram para o hotel a fim de se preparar para o jantar. JG ainda mancava, mas não sentia mais dores, e os exercícios dos dois últimos dias comprovavam isso.

Prontos, foram ao restaurante indicado, que ficava na Plaza de Armas, o grande *point* da noite, onde a iluminação reforçava toda a beleza das construções coloniais espanholas mescladas com a arquitetura inca. Mais uma vez, andaram pela cidade, que, a cada esquina, revelava uma nova, ou melhor, antiga maravilha. O detalhe é que fazia muito frio.

"Acho que esta é nossa última noite de frio. Nossa aventura nas alturas está no fim", disse Valentim, meio melancólico.

"Sem dúvida, podemos nos despedir desse clima e dessa altitude. Amanhã avançaremos pela floresta, quente e úmida."

Com essa lembrança de Rubinho em relação ao que viria, eles começaram a voltar para o hotel. O passeio final pela Plaza de Armas de Cusco parecia uma despedida cinematográfica, ao som de uma trilha sonora maravilhosa e conhecida. Por onde se anda ali, encontra-se sempre algum músico tocando *El Cóndor Pasa*, no ritmo gravado por Simon & Garfunkel, transformada em hino nacional turístico do Peru. Grande final para anunciar que os Alopradoʼs iniciariam a volta.

46

LINDA AMAZÔNIA

Durante o café da manhã no hotel em Cusco, os irmãos repassaram os últimos dias, e lamentavam o que chamaram de começo do fim. Entrariam no penúltimo dia de viagem com uma quilometragem razoável a percorrer: 520 quilômetros por estradas asfaltadas, saindo definitivamente do altiplano peruano, com destino final em Puerto Maldonado, em plena selva amazônica, ainda no Peru, e a pouco mais de duzentos metros acima do nível do mar.

Tirando o princípio de melancolia, natural em fim de viagem, eles listaram alguns fatos positivos, dentre eles, que, finalmente, abandonariam as grandes altitudes depois de catorze dias. Em nenhum momento durante esse período os Aloprado's ficaram abaixo dos 3 mil metros, e, na maior parte do tempo, estavam acima dos 3.500. Aquela história da aclimatação do metabolismo em uma atmosfera de pouca oxigenação é totalmente furada. Eles sofreram com o cansaço toda vez que fizeram muito esforço, e enjoaram do chá de coca. O doutor cirurgião-dentista Valentim tinha uma tese acadêmica para esse tema:

"Acabei por concluir, depois dessa experiência prática nas alturas, que uma real adaptação deve demorar bem mais. Não vou perder tempo em estudar isso, mas, para mim, o que aconteceu é que aprendemos a conviver com essa realidade e nos adequamos. Mas não nos adaptamos!"

"A altitude não foi impedimento para nada, mas é algo que deve ser considerado e exige cuidado e atenção", concordou JG.

"Digamos que esta etapa foi uma verdadeira viagem nas alturas", retrucou Rubinho, rindo.

"Caros, eu estou no 48º dia e não posso dizer que a altitude foi o maior problema da viagem, muito pelo contrário. Tirando o tombo na escada, algo até fora do contexto, acho que as piores coisas ainda foram o trecho entre Tres Lagos e Gobernador Gregores e os ventos patagônicos. A altitude foi apenas mais um dos componentes que exigiu atenção e cuidado, mas não um problema."

Com esse discurso, os Aloprado's concluíram que pilotar é um prazer sempre, em quaisquer condições. E essa viagem lhes proporcionou a maior variedade de condições possíveis, seja em termos de clima, de piso ou mesmo de companhia. Metade do tempo da viagem de JG, ele fez sozinho, e a outra metade, em grupo, em sua maior parte, pequeno, e apenas alguns dias com um grupo grande. Eles também tiveram surpresas todos os dias, e, mesmo quando imaginaram que teriam um dia ou um trajeto monótono, se enganaram totalmente. Por isso, restava alguma esperança de que essa última etapa da rota pudesse oferecer alguma satisfação, mas não podiam negar que as expectativas eram baixas.

Saíram de Cusco, última cidade grande até chegarem a Rio Branco, no Acre, situada num vale árido a 3.300 metros, em mais uma manhã de sol e frio, e, quando chegaram à estrada para o sul, enfrentaram um pouco de tráfego, atravessando uma sucessão de pequenos povoados sem muito apelo até seguirem para o leste, em direção à Cordilheira dos Andes, pelo vale do rio Urubamba, sempre muito fértil, uma paisagem rara no Peru, pelo menos para os irmãos, que viajaram quase todo o tempo por regiões extremamente áridas. O sol esquentou a manhã, e o caminho os levou por uma topografia agradável, sem nenhuma monotonia, até Oropesa, quando entraram pela IIRSA Norte, uma estrada peruana administrada por uma empresa privada e que os levaria até a fronteira com o Brasil.

Variando entre travessias de serras e fundos de vale, seguiram pela encosta da cordilheira, com alterações de climas e cenários chocantes. À medida que avançavam pelos contrafortes da cordilheira, para aquela que seria a última travessia da Cordilheira dos Andes, que somava um total de nove na viagem de sonhos de JG, vales verdes e rios límpidos se sucediam pela manhã cada vez mais quente. De repente, deram início à subida da cordilheira propriamente dita, e a paisagem pouco a pouco se transformava, de uma floresta densa para uma aridez total, com a vegetação cada vez mais rala até virar um deserto de pedras escuras e leitos d'água congelados, com picos nevados tão próximos que pareciam poder ser percorridos pelos Aloprado's. Uma paisagem completamente distinta de tudo o que viram enquanto pilotavam pelo altiplano peruano. O auge foi quando passaram ao lado do Nevado Auzangate, atingindo 4.986 metros, conforme registrado pelo GPS; foi a maior altitude que alcançaram até hoje com as motos.

"Cara, com esse frio e nessa altitude, temos que louvar as motos. A Branca de Neve não teve nenhuma alteração de *performance*", disse JG.

"Verdade. Parece que estamos fazendo um teste com os equipamentos. O fabricante poderia nos pagar para dar um depoimento", brincou Rubinho.

"Não sei se qualquer motocicleta aguentaria o que estas aqui estão passando", falou Valentim.

De fato, as motos sofreram não só com temperaturas extremas e os pavimentos péssimos, mas também com uma sucessão de tombos, manutenção precária e múltiplos tipos de combustível. Teste de resistência maior do que esse é difícil.

Após contornar o Auzangate, sob um frio imenso naquela altitude, eles começaram a descida pelo lado oposto da cordilheira, e, novamente, com alterações radicais na paisagem. A essa altura, encontraram pela primeira vez um rio que, mais adiante, dá origem ao Madre de Dios, que, naquele ponto, não tem mais do que cinco metros de largura, na região de Marcapata, em torno dos 1.800 metros de altitude. Tecnicamente, estavam começando a percorrer a Amazônia, e, pelo meio de uma mata densa, a rodovia entra num declive sem fim, com tanto zigue-zague que é de dar tontura. Apesar da excelente qualidade da rodovia, a descida pela Cordilheira é alucinante, e muito mais agressiva do que qualquer outra que os Aloprado's experimentaram. Uma surpresa!

"Esta é minha nona travessia pela Cordilheira, e olha que percorri desde o norte peruano até o sul da Terra do Fogo, mas esta descida me parece a mais radical de todas! Mais do que a Variante Pedernales, no Chile."

"Pode até ser mesmo. Meus punhos estão sofrendo", concordou Valentim.

JG sentia ter se transformado num *expert* na Cordilheira, mas essa descida foi a que mais mexeram com as sensações dele. Aquela melancolia do café da manhã não durou nem quinze minutos. Além do quê, Valentim não permitia grandes elucubrações mentais, pois, no máximo, a cada dez minutos, ecoava seu grito de guerra: "Que *liiindooo*!" Rubinho e JG só riam.

Contudo, ao adentrar a floresta, com a altitude bem mais baixa, o calor começou a incomodar, e muito. Precisariam tirar os forros para o frio e se preparar para transpirar. Fazia muito tempo que só andavam em temperaturas amenas ou sob um frio pleno. Ou seja, naquela manhã, os Aloprado's passaram por três ou quatro regiões completamente distintas em termos de paisagem e clima.

A rodovia segue sempre pela margem esquerda do Madre de Dios até uma localidade chamada Mandor, e os irmãos estranharam que, apesar das indicações, não havia nada ali. Absolutamente nada mesmo, apenas a ponte que cruza o rio para a margem direita, em plena floresta. Nesse ponto, a altitude era de aproximadamente mil metros, e o calor e a umidade, amazônicos. A beleza e a qualidade da estrada, sem nenhum tráfego e naquele calor, provocavam o desejo de acelerar, aumentando o fluxo de ar, mas era impossível.

A rodovia, além de ter uma sequência interminável de curvas fortes e estar cercada de uma vegetação exuberante, que distrai o piloto a todo o momento, oferece uma característica marcante. A drenagem dos riachos e das pequenas cachoeiras, abundantes por ali, assim como das enxurradas causadas pelas chuvas tropicais, praticamente diárias, é, em sua maioria, executada por cima da pista. Existem grandes depressões de pavimento rígido que recebem e direcionam o fluxo da água diretamente para o rio ao lado, o Madre de Dios. Enquanto não choveu, uma parte dessas depressões estavam secas, mas nem todas. Mesmo as secas funcionam como redutor natural de velocidade. O estado de novo e o padrão excelente de conservação da pista ofereciam muita segurança na pilotagem, mas não permitiam velocidades altas.

Pouco tempo depois de terem entrado definitivamente na floresta, o céu começou a escurecer e ficou evidente que ia cair um aguaceiro. Mal deu tempo de parar e colocar as capas, e a chuva os pegou. Uma chuva forte, que, ao mesmo tempo que dificultava um pouco mais a pilotagem, ajudava a refrescar. Os três seguiram em frente, pois pretendiam chegar logo em Quince Mil, o último povoado antes de Puerto Maldonado, e comer algo. Sabiam que, depois de lá, não encontrariam mais nada. Chegaram ao local, minúsculo, embaixo de chuva, e pararam em uma das barracas de venda de beira de estrada para saciar a fome e a sede. Tinham rodado 240 quilômetros desde Cusco, praticamente sozinhos por bem mais de cem quilômetros. Naquele dia, quase não enfrentaram tráfego.

O local era um misto de venda, mercadinho, bar e restaurante; tinha de tudo um pouco: remédio, comida, material de limpeza, brinquedos, etc. De cara, o Valentim, que fora o primeiro a explorar aquilo tudo, saiu com um comentário sobre a placa, que oferecia a recomendação para refeições:

"Cardápio do dia: bolachas, barras de cerais e *Gatorade*. Alguém arrisca caldo de galinha ou taco frito com tacanho?", ele perguntou ironicamente, apontando para a tal placa.

"Você vai nessa?"

"Não!"

Aí, JG não se conteve:

"Se você, que come até pedra, não vai arriscar, imagina a gente!"

Enquanto eles conversavam, Rubinho estava pagando um pacote de bolacha com *Gatorade*, com uma cara meio de nojo. E ainda avisou a todos:

"Cuidado, porque qualquer coisa aqui tem moscas como acompanha mento!"

As coisas não deviam ser tão ruins assim como diziam, mas os três concordaram que era melhor não arriscar. Ao terminarem o lauto almoço, aproveitaram para abastecer, porque estavam no último posto de serviços antes de Puerto Maldonado, a mais ou menos 250 quilômetros à frente.

Ao sair de Quince Mil, a chuva diminuiu até parar de vez, permitindo que avançassem no seco, e, em pouco mais de meia hora, as roupas que vestiam estavam lavadas e completamente secas. Todo o pó fora levado. Branca de Neve voltara a ser branca. Sem mais contratempos, avançaram pelo meio da mata, admirando a floresta por toda a tarde.

"Manos, isso aqui está me fazendo muito bem. Voltei aos meus tempos de Carajás, onde aprendi a pilotar. A floresta é inesquecível! Estamos, finalmente, no meio da Amazônia!"

"Linda, realmente. É de derrubar o queixo", concordou Valentim.

"Que *liiindooo*!"

Rubinho não perdia uma oportunidade de zoar, mas se apropriar do mantra de Valentim era uma ousadia. Todos caíram na gargalhada.

Enfim, mais na farra que no esforço, chegaram à entrada de Puerto Maldonado, ainda com luz natural, mas sem sol. O dia estava no final. A estrada se transformara na principal avenida urbana, sempre seguindo o rio Madre de Dios, inicialmente por uma longa reta até uma curva em 90 graus, à direita. O rio corta Maldonado pelo meio, uma cidade razoavelmente grande para os padrões do Peru, próxima dos 40 mil habitantes, e seria a última capital de província que conheceriam, pois já estavam nos arredores do Brasil. A IIRSA Norte termina na fronteira, em Iñapari, uma cidade contígua a Assis Brasil, no Acre. Ao chegar em Puerto Maldonado, ela é interrompida ao se transformar na avenida que atravessa a cidade até atingir a enorme ponte que une os dois lados do rio, com quase um quilômetro de extensão, e continua depois, como uma quase reta até seu final, quando chega na entrada do vilarejo de Iñapari, antes da ponte sobre o rio Acre.

Os Aloprado's reservaram um hotel mais no centro, próximo do posto de serviços e dos restaurantes e de fácil acesso para a saída, no dia seguinte. Os melhores hotéis de lá são tipo *ecolodge*, afastados da cidade, tendo a floresta como atração. Para eles, que só passariam a noite, seria mais fácil ficar por ali mesmo. Difícil foi encontrar alguma coisa razoável.

Mesmo com a rota gravada no GPS, não foi muito fácil localizá-lo, e, exceto por algumas poucas ruas, a maioria era de terra, e todas com valetas enormes, que as interrompiam em determinados pontos, provavelmente para permitir a drenagem da água da chuva tropical. O hotel ficava numa paralela à avenida que estavam, e começava a escurecer quando JG e Rubinho, que seguiam à frente, conseguiram localizar a tal rua para acessá-lo. Valentim vinha bem mais atrás, distraído como sempre, provavelmente admirando alguma coisa, embora fosse difícil achar algo que pudesse ser admirado por lá, pois tudo era muito feio e sem graça.

Era impossível saber se ele estava acessível pelos intercomunicadores, pois Valentim sempre perde o contato, por se adiantar ou se afastar demais, e, quando isso ocorre, é preciso despertar o intercomunicador. E ele simplesmente se esquece disso. Ao perceber que ficara para trás, ele acelerou para alcançar os irmãos, e, ao vê-los virar à direita, não pensou duas vezes, fez a mesma coisa. Na velocidade que estava, escorregou no asfalto sujo de terra e deslizou na frente de todos na rua. Detalhe: como uma cidade do interior, os habitantes ali têm o costume de ficar nas calçadas batendo papo e fugindo do calor de dentro das casas. Essa cena foi uma entrada triunfal e um show à parte, curtido por boa quantidade de espectadores. Pela dimensão da cidade, deve ter sido *o* acontecimento do dia, com os Aloprado's fazendo história! Passado o susto, e sem danos, graças ao protetor de motor, os três seguiram para o hotel sem perder a oportunidade de zoar um pouco. Era o mínimo!

"Com essa última, e aquele *strike* do Rubinho a caminho de Ollantaytambo, eu considero que ambos me igualaram em besteiras, zerando o placar", disse JG.

Feliz por essa estatística, ele não deu margem a comentários, mas, na verdade, não havia como não concordar. Bobagens e imprevistos foram razoavelmente distribuídos na viagem. É claro que ele tinha sido o único que conseguiu se arrebentar fora da motocicleta, mas, segundo sua tese, o tombo na escada em El Calafate não entrava nessa discussão. Seus irmãos não eram da mesma opinião, mas preferiam não discutir.

Quando chegaram ao hotel, foi uma decepção. O que encontraram era motivo para depressão; um dos piores de toda a viagem, mesmo considerando a improvisação em Chañaral. Deu até saudades do hotel de Tupiza, um vilarejo que era bem menor e mais pobre. Para piorar, não oferecia ar-condicionado no quarto reservado. Depois de muita discussão, Valentim conseguiu convencer o proprietário a mudá-los para um quarto com ar-condicionado. Porém, decidiram deixar o equipamento ligado apenas enquanto estavam fora, para jantar. A ideia era refrescar o quarto durante a ausência deles para poder desligar o equipamento quando voltassem, porque eles temiam o risco de curto-circuito, dado o estado da coisa. Pretendiam dormir sem sustos.

47

TRISTE AMAZÔNIA

Era cedo quando acordaram e desceram para o café. Uma manhã nublada e úmida, apesar de quente, indicando grande probabilidade de chuva. Por isso, resolveram sair logo e evitar a tradicional chuva da tarde, algo meio automático na Amazônia. O dia seria um pouco complexo, pois, além da alfândega Peru-Brasil, a última, considerando que JG havia enfrentado treze no total, eles ainda deveriam entregar as motos no ponto combinado com o transportador. Em termos de quilometragem, seriam pouco mais de 580 quilômetros. Logo estariam acelerando rumo ao Brasil, no 25º dia de aventura de Valentim e Rubinho e o 49º de JG.

Atravessaram a longa ponte sobre o rio Madre de Dios e se despediram definitivamente dele, entrando novamente pela IIRSA Norte, sempre pelo meio da floresta, que oferecia a mesma beleza e qualidade do trecho percorrido no dia anterior, ainda cheia de curvas, riachos e cachoeiras e muita mata.

A esperada chuva não apareceu, muito pelo contrário; ao longo da manhã o sol veio forte, e, junto, o calor. A floresta pelo lado peruano estava intacta, ou pelo menos não era visível nenhuma grande degradação a partir da estrada, que segue sempre com o mesmo padrão de qualidade. Apesar de ser uma concessão privada, motocicletas não pagam pedágio ali, aliás, como em todos os outros países, exceto no Brasil e no deserto boliviano, claro.

Na metade final da rota pelo lado peruano, a mata começa a rarear, o calor aumenta ainda mais e podem ser vistas pequenas propriedades rurais, próximas à estrada. Nesses quilômetros finais, os efeitos do desmatamento descontrolado passaram a ser visíveis, com alguns agrupamentos na beira da estrada bem miseráveis, quebrando a maravilhosa experiência que fora os mais de 350 quilômetros percorridos na floresta.

No final da manhã, chegaram a Iñapari, um povoado de duas ruas, pobre e feio, sem nenhum charme, completamente diferente de tudo o que viram ao longo daqueles dias no Peru. Fora a estrada, que se transforma em uma avenida de duas pistas e dois quarteirões, a única coisa que se destaca é a alfândega, não integrada. Entretanto, o procedimento de saída do Peru é muito rápido e simples, e os Aloprado's não tiveram nenhum problema. Após sua conclusão, ou seja, depois de sair do Peru, resolveram parar numa lanchonete de Iñapari, um verdadeiro boteco peruano ao lado da alfândega, para gastar as moedas e o resto de dinheiro miúdo em *soles*. Naquele momento, com o sol muito forte, o calor incomodava demais. Só depois é que eles avançaram pela ponte binacional sobre o rio Acre, a divisa física entre os dois países, e entraram no acesso para Assis Brasil, uma cidade mais urbanizada e bem maior que sua contraparte peruana, a pouco mais de três quilômetros da margem do rio.

A alfândega brasileira ficava antes da cidade, e, ao chegarem, não havia outros viajantes. Embora fossem os únicos, e apesar dos trâmites de entrada muito simples, só não foram imediatamente liberados porque perderam algum tempo conversando com os oficiais. A curiosidade deles a respeito da viagem era enorme, e todos foram muito simpáticos naquele ponto remoto e isolado. Para JG, então, foi um momento interessante e especial, em virtude da saudade que estava do Brasil e da língua portuguesa. Ele se habituara tanto com seu portunhol que precisou de um certo tempo para compreender o português.

Enquanto os Aloprado's contaram algumas de suas histórias de viagem, a equipe da alfândega insistiu em recomendar que tivessem muito cuidado na estrada até Rio Branco, pois ela estava em petição de miséria. Tanta insistência chamou atenção deles, por isso, quando saíram de lá, eles foram direto para um posto de serviços ao lado do prédio administrativo para abastecer, enquanto Rubinho comentava sobre a recomendação:

"Pela insistência da turma, aquilo deve estar muito ruim!"

"Pode até ser, mas eu não acho que a gente deva se preocupar muito. Geralmente, asfalto ruim é menos desconfortável para motos do que para carros", respondeu JG com certa tranquilidade.

"Acho que, independentemente de qualquer coisa, devemos ficar atentos para desviar de buracos e falhas que possam danificar as rodas ou provocar uma queda", reagiu Valentim.

Enquanto abasteciam no posto, encontraram um motorista de caminhão, meio acampado por ali, aguardando o processo de liberação da carga. Seu destino final era a região de Cusco, de onde os irmãos estavam acabando de chegar. Logo começou uma conversa:

"De onde vocês vieram? Com essas motocicletas, devem estar fazendo uma viagem maravilhosa!"

"Sem dúvida! Saímos de Puerto Maldonado hoje. Estávamos em Cusco", respondeu Valentim, simplificando um pouco o roteiro.

"Seguem para Rio Branco ou vão descer direto?"

"Vamos para Rio Branco hoje. Pretendemos passar a noite lá", ele respondeu, sem entrar em detalhes sobre o despacho das motocicletas.

"Então, tomem muito cuidado com a estrada. Está horrível, mais parece uma pista de motocross!"

Com mais esse toque, os irmãos ligaram o alerta. Pelo grau de insistência, a coisa deveria estar feia mesmo. Ainda bem que a moto é mais controlável nesse tipo de estrada. Rapidamente, se despediram e saíram, pois não podiam fazer muita hora. Os Aloprado's tinham horário para chegar em Rio Branco, porque o voo para casa seria no início da madrugada do dia seguinte, ou seja, precisavam chegar a tempo de entregar as motos, jantar e embarcar no avião. Reservaram um hotel próximo ao centro para que pudessem descarregar as motocicletas, separar o que levariam no voo e o que seria despachado junto com as motos, nos bauletos, tomar um bom banho e, se possível, descansar um pouco.

Com esse planejamento, avançaram por Assis Brasil pensando em acelerar, e foi aí que começou o martírio. A BR-317 é um tapete de buracos, sem nenhuma conservação. Uma surpresa tão negativa que gerou vergonha.

"Cara, que lixo! Andamos por regiões remotas de países bem mais pobres que o Brasil e não enfrentamos nenhuma rodovia pavimentada que se assemelhasse a isso."

"Lixo mesmo. Estamos realmente correndo o risco de sofrer um acidente", chiou Rubinho.

"É, manos, os caras estavam com a razão", complementou Valentim.

Logo depois dessa conversa pelo intercomunicador, em que concluíram que a estrada precisava, mesmo, de cuidados excepcionais, aconteceu um incidente com o Rubinho que ilustra o quadro com perfeição.

Quem andava na frente da turma ia, pelo intercomunicador, avisando dos buracos e das eventuais necessidades de desvios, inclusive porque o tráfego contrário nem sempre conseguia manter a mão correta, para fugir da buraqueira. Naquele momento, Valentim estava à frente, Rubinho no meio, seguido por JG. Até que Valentim deu o alerta.

"Buraco enorme, cuidado, tem que desviar!"

Rubinho não estava a uma distância suficiente para desviar e sair pela borda da estrada, então apenas reduziu a velocidade. O buraco era gigante, e a moto saltou para dentro dele. No choque com o fundo, pulou novamente, e o bauleto traseiro se soltou e voou. E voou de fato, subindo alto e se espatifando no solo. Como JG estava mais afastado, conseguiu desviar pela borda, mas ele assistiu a toda a cena com visão privilegiada. Com muita perícia, Rubinho conseguiu controlar a moto, não cair e parar um pouco adiante.

O bauleto se rompeu e ficou em estado crítico, espalhando roupas e objetos pela pista. Um baita susto. Depois de recuperar o fôlego, eles conseguiram remontar tudo e fixar o bauleto provisoriamente com *silver tape*, *straps* e aranhas que eles tinham levado. Perderam um bom tempo montando essa gambiarra, e, a partir desse momento, alguém precisaria rodar atrás do Rubinho Barrichello para garantir que, caso algo caísse, seria percebido.

Mas não era só esse trecho que estava ruim. Passaram por pontos praticamente intransitáveis, principalmente para caminhões, e encontraram lugares com buracos enormes e tampados com terra compactada. Pior: havia trechos de pista cujo pavimento era apenas terra compactada, com quilômetros de extensão, e, diga-se de passagem, foram os melhores trechos. JG não se conformava.

"Parece que estamos em algum lugar perdido da África."

"Que coisa horrível. É vergonhoso, realmente", esbravejou Valentim.

"Comecei minha vida como motociclista na Amazônia, e estava com a expectativa de reviver as lembranças da exuberância e da beleza da floresta que me cativou há mais de trinta anos. Que decepção!", lamentou-se JG.

A frustração deles era imensa. Toda a beleza da natureza que encontraram no lado peruano, desde que atravessaram a cordilheira até próximo à fronteira, não se via no lado brasileiro.

Foram quilômetros e quilômetros de pastos e áreas desmatadas, sem nenhum cuidado maior com o tratamento de matas ciliares; os rios estavam sujos, muitos acampamentos improvisados de migrantes à beira da rodovia, se legais ou ilegais, não dá para saber, e a clara impressão de muita miséria. E, como ápice do desleixo, uma estrada num estado lastimável.

As coisas só começam a melhorar, incluindo a rodovia, ao se aproximarem de Rio Branco. De cidade, que possamos chamar assim, nesses 350 quilômetros após Assis Brasil, só existe Brasiléia, que fica na chamada tríplice fronteira, entre Brasil, Peru e Bolívia. Depois disso, até os Aloprado's se aproximarem de Rio Branco, não viram absolutamente nada que pudesse ser considerado razoavelmente interessante.

Com um certo alívio, eles entraram na cidade no meio da tarde e foram direto ao hotel. Estavam cansados, incomodados com o calor, e precisavam, antes de tudo, se hidratar. JG, particularmente, sentia um gosto amargo na boca, pela vergonha e frustração que a feiura do trecho brasileiro lhe causou. Ficou feliz por ter abortado o retorno de moto do Acre para São Paulo. Se o padrão das estradas e da paisagem fosse igual ao desse dia, seria um grande martírio de viagem. Faria a Transpantaneira e Bonito em outra ocasião, saindo por São Paulo.

Depois de um bom banho e descanso, o ânimo melhorou, mas eles precisavam levar as motos para o ponto de encontro, na verdade, o pátio logístico da transportadora, localizado na entrada de Rio Branco, exatamente por onde chegaram.

Antes, gastaram um bom tempo refazendo a distribuição das coisas para levar o mínimo possível de tralha de mão no avião, pois, além das roupas normais e dos artigos de toalete, tinham capacetes, roupas de pilotagem, incluindo as proteções de chuva e frio, botas, luvas, equipamentos sensíveis como iPad, máquina fotográfica e suas lentes e o próprio GPS. Colocaram nos bauletos das motos o que seguiria de caminhão com elas e reorganizaram as malas para carregar o que iria na mão e o que seria despachado no voo. Logística chata, mas que gerou muita zoação.

Contudo, JG não se esqueceu de sua terceira promessa: jogou fora sua tão usada e gloriosa capa de chuva. Quando voltasse a São Paulo, providenciaria uma nova, de duas peças.

"Acho que está mais fácil carregar essa tralha toda de moto do que de avião", comentou Valentim.

"Pelo menos de moto, não corremos o risco de pagar excesso de bagagem", brincou Rubinho, sempre preocupado com os custos.

"Pior é que, com avião, ainda corremos o risco de extravio", zombou JG.

Tudo pronto, eles montaram pela última vez nas motos e se dirigiram ao pátio da transportadora. Pouco falaram no caminho. JG, então, começou um resumo mental de toda a sua viagem e retomou o diálogo com a Branca de Neve, sua heroína ao longo daqueles dias.

"É, mocinha, foi uma grande vitória! Rodamos quase 20 mil quilômetros em estradas nas mais diversas condições. Nada aconteceu com você, mesmo com os tombos e meus maus-tratos!". Então ele se lembrou do furo no pneu da moto do Valentim em Colca e comentou em voz alta: "Valentim, você rodou mais de 1,7 mil quilômetros com o pneu traseiro remendado, desde o Cañon del Colca, sem esvaziar uma libra!"

"Pura verdade, o macarrão funciona. Havia me esquecido do furo!"

JG continuava com seus pensamentos junto com Branca de Neve:

"Pilotei, conforme o computador de bordo, por 237 horas, e não teve estrada de terra ou rípio em quaisquer que fossem as condições que nos impediram de continuar. Mesmo com quinze dias consecutivos em grandes altitudes, passando por temperaturas de menos 1 grau a 39 graus, e você aguentou firme, permanecendo intacta!"

Estava terminando a avaliação, superpositiva, quando chegaram ao ponto de despacho das motos. Foi quando ele percebeu que estava triste e melancólico.

O atendimento foi ótimo e tranquilo, o que lhes deu segurança de que o esquema era sério. Lá no pátio, estavam quatro motos grandes, recém-descarregadas, despachadas de São Paulo por seus proprietários. Eles chegariam para retirá-las no dia seguinte, quando fariam uma viagem semelhante à dos Aloprado's, porém em sentido inverso. Examinaram bem o estado geral delas e viram o cuidado com que foram tratadas, com proteções plásticas e isopor. JG, que a cada momento ficava mais triste de se despedir da Branca de Neve, sua grande companheira, com essa constatação positiva, ficou um pouco mais confortável. Fora uma boa escolha.

A ideia dos irmãos era tomar um táxi no local e fazer um passeio por Rio Branco, enquanto escurecia, encontrar um local para jantar, voltar ao hotel, pegar as malas e seguir para o aeroporto. Seria tudo perfeito se alguém não tivesse esquecido os documentos da moto no hotel, só percebendo no instante de preencher os papéis do despacho. Claro que esse alguém só poderia ser o Valentim.

Não teve jeito, tiveram que pegar um táxi para voltar ao hotel. Lá, se separaram, e um táxi ficou com JG e Rubinho, os acompanhando até o momento da ida ao aeroporto, carregado com as malas, e outro levou Valentim com os documentos para concluir o despacho da moto dele.

Encerraram a conta, e Rubinho e JG seguiram para um shopping recém-inaugurado, onde fizeram hora até o retorno do irmão esquecidinho. Comeram algo por lá e, na hora adequada, foram para o aeroporto.

O pouco tempo que circularam por Rio Branco deixou uma sensação positiva, uma cidade arrumada, um belo casario antigo, talvez da época do *auge* da extração de borracha, além de ter uma bonita área de lazer à beira do rio, no antigo porto fluvial do rio Acre.

O shopping fica fora do centro da cidade, num bairro de urbanização moderna, com condomínios de alta renda, e no mesmo caminho do aeroporto, de forma que chegaram com tranquilidade para o *check-in* e o despacho da bagagem. Iriam enfrentar um voo longo e exaustivo, o que, aliado à imensa sensação de dever cumprido, os faria dormir com tranquilidade. JG sentia um enorme aperto no coração, tanto por deixar Branca de Neve, depois de tantos desafios, como por estar acabando a viagem.

Contudo, ele chegou renovado em casa, pronto para retomar a vida cotidiana. Uma viagem como essa é uma lavagem cerebral gigantesca. Ter enfrentado tudo o que ele enfrentou, e concluído integralmente o roteiro que sonhara, era algo que o enchia de confiança e otimismo. Foi uma espécie de "eu posso!"

Menos de uma semana depois de voltar para casa, eles receberam o aviso da transportadora de que as motos estavam em São Bernardo - SP prontas, no pátio, para retirada. Imediatamente, JG foi buscar a Branca de Neve e a levou direto para a concessionária, para uma revisão completa, e, é claro, uma superlavagem. Resumo dos serviços de manutenção: exceto a retirada do *strap* que segurou o escapamento desde a volta da Estrada da Morte, na Bolívia, nada de mais significativo ocorrera. E o mecânico reclamou que, de tão firme que estava a gambiarra, ele teve de cortar a fita com uma faca aquecida. Isso que é serviço bem-feito. Ah, e mais uma constatação: a de que a Branca de Neve é uma supermoto!

Agora, se alguém perguntar a ele o que seria uma viagem de sonhos, tranquilamente ele diria que foi a que ele fez com a Branca de Neve!

EPÍLOGO

O que seria o epílogo para uma viagem de sonhos? Quase 20 mil quilômetros rodados em 240 horas? Para JG, um balanço de vida como motociclista talvez fosse o ideal.

Acumulou mais de quarenta anos pelas estradas do chamado Cone Sul, tendo conhecido, em termos percentuais, mais a Argentina e o Chile que o próprio Brasil. Em ambos os países, ele percorreu do norte ao sul e do leste ao oeste, ou vice-versa, mais de uma vez. Ao todo, circulou por seis países, conhecendo sua gente, sua cultura e suas histórias.

Ao longo dessa jornada, experimentou estradas de terra e areia, o rípio, o verdadeiro e o falso, aquele só de cascalho, asfalto bom e ruim ou mesmo péssimo, e acumulou um conjunto de tombos, sustos e imprevistos, mas nunca sofreu uma pane mecânica ou algo que o tenha obrigado a desistir da viagem, exceto naquele fatídico churrasco na longínqua Carajás, ainda no início de suas aventuras motociclísticas.

Por quarenta anos, pilotou com temperaturas que variaram de 1 grau negativo a 42 graus positivos, sob um sol escaldante ou chuva por todo o dia, enfrentou neve e a má oxigenação das alturas, além de fortíssimos ventos, alguns acima de 50 nós, quentes ou gelados, e, ainda assim, nem mesmo um único e simples resfriado ele pegou. Como já comentado, sofreu três furos de pneu em toda a sua vida, mais um com a moto de seu parceiro, e, por motivos diversos, nunca precisou retirar uma roda da motocicleta, algo que ele admite não saber como fazer. E, mesmo quando o furo poderia significar algum problema para o prosseguimento da viagem, eles pilotaram por mais 1,7 mil quilômetros em segurança, até chegar em casa.

Graças a suas viagens, ele cruzou a Cordilheira dos Andes um sem-número de vezes, no verão e no inverno, visitou geleiras e glaciares, atravessou rios, por dentro d'água mesmo, pilotou em desertos de terra e de sal, atravessou matas ralas e florestas densas, dentre elas, a Amazônica, a qual teve oportunidade de conhecer pelo lado brasileiro e peruano, talvez a maior responsável por toda a sua paixão pelas motos. Pilotou à beira-mar e alçou picos montanhosos a quase 5 mil metros de altitude no mesmo dia, sempre suportado pela sua companheira, chegando a pilotá-la por mais de onze horas em um único dia.

Com a experiência que adquiriu, acertou ao apostar sempre nas motocicletas de modelo *trail*, evoluindo ao longo do tempo e com a maturidade. Ele teve apenas cinco no período todo; a primeira, de 250 cilindradas, até chegar à perfeição da Branca de Neve e suas 1.250 cilindradas. Curioso que passou por apenas dois fabricantes distintos, o que o transformou num apaixonado e ferrenho defensor da marca da Pimentinha e da própria Branca de Neve. Um show.

Algumas coisas são marcantes e parecem ter sido feitas ou escritas para JG.

"Tenho um hino que me acompanhou pelos mais de 125 mil quilômetros de estradas pela vida: a música *A vida do viajante*, do grande Luiz Gonzaga, que transmite com perfeição todas as emoções que essas viagens deixaram, desde as saudades da família e dos amigos até o enfrentamento e as privações de alguns imprevistos, sempre coroado pelas imagens das paisagens e belezas dos lugares visitados. Uma perfeita metáfora de minhas experiências.

Mas nada disso se compara às oportunidades de contato com os mais variados tipos de gente, das mais simples e pobres às mais ricas, cultas e sofisticadas. Em todos os dias e em diversas situações, sempre contei com o carinho, a solidariedade, o apoio e a amizade das pessoas, mesmo com aquelas com as quais eu não mantive mais do que alguns minutos de conversa. É isso que me faz ter a convicção de que não importa se a viagem é feita com ou sem companhia. Tanto faz! Ambas as situações deixaram lembranças maravilhosas, que me modificaram como ser humano, de forma definitiva. Eu sempre digo que as pessoas são boas e solidárias; pode haver exceções, sempre há, e estas só servem para confirmar a regra."

JG é um cara de meia-idade que tem consciência de que é viciado em viajar de motocicleta, e esse vício só é atenuado com as pequenas idas até sua chácara no fim de semana, nos bate e volta nos caminhos secundários ao redor de São Paulo e Itu e, também, é tratado em suas graves crises com as viagens de longa distância. Mas ele sempre soube que esse vício é incurável. Pode ser administrado com essa rotina, mas uma longa abstinência pode gerar, inevitavelmente, uma grave crise de ansiedade. Parece coisa de criança, mas é a realidade. A ponto de a própria família reconhecer os momentos em que a pressão é insuportável e que chega a hora de ele viver uma nova aventura. Pode-se dizer que uma viagem, para ele, mesmo que seja curta e simples, transformou-se numa espécie de *rehab*!

E, pior, em menor ou maior grau, o mesmo acontece com seus irmãos, ou seja, é um padrão no Aloprado's. Por isso, todos têm a certeza de que essa característica é um traço genético, marcante e herdado do avô, o eterno presidente do motoclube particular.

As aventuras que resultaram na viagem de seus sonhos podem ser refeitas, apesar de eles terem esgotado os adesivos do motoclube. Mas foi um orgulho enorme terem distribuído o registro simplório da passagem por lugares e caminhos realmente icônicos. Qualquer um pode seguir esse rastro propositalmente deixado, e terá feito todo o roteiro.

O Aloprado's começou a colocar sua marca na estrada do Rastro da Serpente, seguindo pela descida de Piên para o vale de Pomerode, em Urubici, na serra do Corvo Branco, na estrada do Rio do Rastro. Depois, avançou para o sul, marcando a rodovia quando corta a Estação Ecológica do Taim, no Rio Grande do Sul. Os registros em José Ignacio, Punta del

Este e Colonia del Sacramento, ícones turísticos do Uruguai, foram seguidos pelo decalque que marcou a travessia da ponte sobre o rio Uruguai, na chegada a Rosário, e na placa de ingresso na Ruta 40, no trevo após Malargüe, continuando com outro no trevo em Barrancas e mais além, no posto de serviços de Bajo Caracoles. Ainda pela maravilhosa e imperdível Ruta 40, marcou a saída de Villa la Angustura, pela deslumbrante Ruta de los Siete Lagos, seguida por outro no trevo de La Esperanza, e o final, na entrada de Río Turbio, completando toda a Ruta 40.

Entretanto, isso foi apenas o começo, pois há um adesivo na entrada do Parque Nacional Torres del Paine, em Puerto Natales, e outro na avenida beira-mar da fria e sem-sal Punta Arenas, antecedendo o inesquecível Marco del Fin del Mundo, em Ushuaia. O rastro segue pelo mirante de entrada do caminho de Los Lirios, já de retorno ao Chile, e, logo depois, na chegada à Ruta 7 — Carretera Austral, que consumiu uma enorme quantidade de adesivos, que foram colados ainda em Puyuhuapi, no mirante do vale do rio Simpson, na arrasadora Chaitén, no antigo ponto de desembarque do *ferryboat*, desativado após a erupção do vulcão, e na saída da balsa em Hornopirén, culminando no encerramento dessa maravilhosa estrada, na entrada de Puerto Montt.

Apesar de todas as agruras, JG se lembrou de colocar um adesivo naquela trilha maluca às margens do lago Villarrica, seguido por mais um no Paso los Libertadores, a caminho de Mendoza. A passagem pelo Paso de San Francisco também mereceu o registro, seguido por outro em San Pedro de Atacama e, depois, espalhou-se um pouco, após a doação para o oficial que o ajudou na saída da Argentina, quando JG estava a caminho da Bolívia. Nesse país, foram merecedores da honraria o Salar de Uyuni e a placa de ingresso da Estrada da Morte. De lá, mais adesivos registraram a chegada ao mirante do Valle de los Cóndores em Chivay, Machu Picchu e Cusco, todos no Peru. Por fim, um último adesivo foi colado em uma placa no início da travessia pela Amazônia, registrando a passagem por um dos mais esplendorosos trechos para se percorrer de motocicleta. Será que é pouco?

Para JG, a resposta é simples!

"Sim. Ainda faltam alguns locais para conhecer de moto. E eles estão no Brasil."

Se alguém der trela, ele não vai deixar de citar que precisa conhecer a Transpantaneira, visitar Bonito, se aventurar pelo Jalapão e explorar a Chapada dos Veadeiros. Na verdade, a demanda por oportunidades e destinos não acabará nunca, ainda mais vivendo em um país de dimensão continental e lindo como o nosso. E isso é extremamente motivador para JG. Não existe a menor dificuldade para ele de alimentar seu vício!

Vício esse que ele insiste em disseminar junto aos seus amigos e conhecidos; e, ao fornecer material para este livro, ele imagina cooptar mais alguns. Por isso, seu último conselho:

"Não importa para onde você queira ir ou como pode ir, mas não desperdice uma oportunidade de fazer uma viagem de motocicleta. No mínimo, economizará uma boa grana em terapia!"

ESTA OBRA FOI COMPOSTA PELA CASA DE IDEIAS EM HELVETICA NEUE LT STD
E MINION PRO, CORPO 11,5 E IMPRESSA EM OFSETE SOBRE PAPEL PÓLEN SOFT
80 GRAMAS PARA A EDITORA OCTAVO EM FEVEREIRO DE 2020.